2019
浙江工业发展报告

ZHEJIANG INDUSTRIAL DEVELOPMENT REPORT

徐旭 主编

浙江省工业和信息化研究院 编

ZHEJIANG UNIVERSITY PRESS
浙江大学出版社

图书在版编目（CIP）数据

　2019浙江工业发展报告 / 徐旭主编. — 杭州 ：浙江大学出版社，2019．12
　ISBN 978-7-308-19901-8

　Ⅰ．①2… Ⅱ．①徐… Ⅲ．①工业发展 — 研究报告 — 浙江 — 2019 Ⅳ．①F427．55

　中国版本图书馆CIP数据核字(2020)第003269号

2019浙江工业发展报告

徐　旭　主编

责任编辑	傅百荣	
责任校对	梁　兵	
封面设计	李　莎	
出　　版	浙江大学出版社	
	（杭州市天目山路148号　邮政编码310007）	
	（网址：http://www.zjupress.com）	
排　　版	杭州嘉业印务有限公司	
印　　刷	杭州嘉业印务有限公司	
开　　本	889mm×1194mm　1/16	
印　　张	19	
插　　页	7	
字　　数	600千	
版 印 次	2019年12月第1版　2019年12月第1次印刷	
书　　号	ISBN 978-7-308-19901-8	
定　　价	120.00元	

浙江大学出版社市场运营中心联系方式:0571-88925591;http://zjdxcbs.tmall.com

《2019浙江工业发展报告》编委会名单

2019年11月7日下午，全省传统制造业改造提升现场推进会在宁波召开。省委书记车俊出席并参观了全省推进传统制造业改造提升成果展。会议指出，要坚持腾笼换鸟、凤凰涅槃，加快推进传统制造业改造提升，形成产业、企业、产品、创新"四个新优势"，提升制造业整体竞争力，实现制造业高质量发展。

2019年12月19日，浙江省省长袁家军到省经信厅调研指导，仔细察看了"百日攻坚"作战图和"数字经信"相关平台建设情况。袁家军指出，要深入实施数字经济"一号工程"，大力推动八大万亿产业发展，着力打造一批有国际竞争力的先进制造业集群；要深化供给侧结构性改革，不断提升工业经济治理能力现代化水平，推动工业经济高质量发展。

　　2019年6月5日，浙江省委常委、常务副省长冯飞赴宁波杭州湾新区调研，并实地考察了复旦杭州湾科创园、杭州湾数字经济产业园等园区建设情况。冯飞表示，要高起点、高标准建设好杭州湾新区，进一步增强统筹协调，调动各方积极性，对标全球，抢抓机遇，努力把杭州湾新区打造成更高能级大平台，为全省高质量发展作出贡献。

　　2019年9月6日至8日，浙江省副省长高兴夫出席在宁波举行的2019世界数字经济大会暨第九届中国智慧城市与智能经济博览会并致辞。高兴夫指出，要汇集全球智慧与力量，推动数字技术与实体经济深度融合，不断提高传统产业数字化、智能化水平，加速重构经济发展与政府治理模式，为经济发展注入新动能。

　　2019年12月10日至12日，浙江省经信厅党组书记、厅长徐旭带队调研杭州制造业项目实施情况，先后走访浙江春风动力、杭州西奥电梯等13家企业。徐旭指出，先进制造业是工业转型升级的核心领域，是参与国际竞争的先导力量，要抓住国家和省委省政府实施智能制造发展战略的有利时机，以"1+N"工业互联网平台为支撑，加强产业链协同创新，提升产业基础高级化、产业链现代化水平。

　　2019年3月12日，浙江省经信厅副厅长凌云赴绍兴市调研，实地考察了三力士股份有限公司等。凌云指出，要进一步加大研发投入，增强科技创新能力；要以国际化视野，广泛开展国际合作；要政企合力，加快推进智能化技术改造。

2019年10月21日，浙江省纪委省监委派驻省经信厅纪检监察组组长、党组成员黄克旭出席在乌镇召开的第六届世界互联网大会，并现场参观"互联网之光"博览会。黄克旭指出，企业在创新创业、追求效益的同时，要充分发挥党建引领作用，压实"一岗双责"，营造风清气正的干事创业环境，保障企业稳健发展。

2019年5月22日，浙江省经信厅副厅长吴君青出席在台州市召开的全省第六场工业互联网平台推广现场会，实地调研了（吉利）亚欧汽车、杰克缝纫机、优特轴承等企业。吴君青指出，浙江省具有发展工业互联网的良好基础和先发优势，广大企业要积极拥抱工业互联网发展，加深认识、抢抓机遇，积极建平台、用平台，走出一条产业数字化的转型之路。

　　2019年10月23日至25日，浙江省经信厅副厅长杜华红带队赴龙游、金华、天台开展"三服务"活动，并重点调研轨道交通装备产业发展情况，实地考察了贝尔轨道装备、中浙高铁轴承、天宁合金、金字机械等企业。杜华红指出，加强协同创新，提升产品配套能力，将制造业中的优势产业导入轨道交通产业，推进轨道交通配套产业抱团发展。

　　2019年11月22日，浙江省经信厅副厅长岳阳在义乌考察聚邦智能制造产业园，了解园内企业的产值、税收等生产经营情况，以及企业入园后存在的困难和问题。岳阳强调，要坚持打造升级版小微企业园的发展定位，高标准、严要求，把小微企业园真正打造为小微企业健康发展的生态系统。

　　2019年8月27日，浙江省经信厅副厅长诸葛建赴长兴调研绿色包装产业工作，并实地考察了山联（长兴）新材料股份有限公司等。诸葛建指出，企业要加快发展步伐，做好市场推广，减少对环境的污染；要加快参与行业标准制定，实现材料减量化，助推绿色包装行业实现可利用、再循环。

　　2019年11月27日，浙江省经信厅总工程师厉敏赴湖州市开展数字经济发展工作专项考核，并调研了德清智能网联汽车测试场、正大青春宝（德清）药业有限公司和"智慧德清"体验展厅。厉敏指出，要抓住机遇大力发展数字经济，细致谋划、聚焦重点搞好数字经济大项目，并希望湖州市在"城市大脑"领域继续提升，争取为全省提供经验和标准。

　　2019年12月2日至5日，浙江省经信厅副厅长马锦跃赴衢州开展大走访活动，走访了浙江利化新材料科技有限公司、一道新能源科技（衢州）有限公司、中浙高铁轴承有限公司等企业，摸排检查制造业项目建设情况，帮助协调解决存在的问题，积极回应企业提出的合理诉求。

全面参与全力推进长三角高质量一体化发展

(代序)

浙江省委书记　车　俊

(2019 年 8 月 2 日)

把长三角一体化发展上升为国家战略，是以习近平同志为核心的党中央作出的重大决策部署。一直以来，习近平总书记对长三角一体化发展牵挂在心，在不同场合、不同地点多次就长三角一体化发展作出部署、提出要求。正是由于习近平总书记亲自关心、亲自谋划、亲自部署、亲自推动，长三角一体化发展才得以更快推进，才有了今天的好局面、好势头。我们一定要进一步增强思想自觉和行动自觉，全面落实习近平总书记和党中央赋予浙江的责任。

一、牢记习近平总书记的嘱托和期望，切实肩负起推进长三角一体化发展的历史使命

习近平总书记关于推动长三角一体化发展的重要论述，既是一脉相承的，又是不断深化的。要深刻领会长三角一体化发展进入新阶段的战略方位，把握新阶段的战略机遇，引领全国高质量发展，通过抢抓战略机遇来应对现实挑战。深刻领会"两个最有条件"的战略判断，全面把握长三角是我国经济发展最活跃、开放程度最高、创新能力最强的区域之一，浙江拥有率先实现现代化、最有条件实现区域一体化的基础条件，围绕"两个一百年"奋斗目标，加速一体化和现代化。深刻领会"一极三区一高地"的战略定位，围绕建设能够带动全国发展的强劲活跃增长极，高质量发展样板区，率先基本实现现代化引领区、区域一体化发展示范区、新时代改革开放新高地，落实各方面工作，促进高质量发展，为长三角区域乃至全国大局多做贡献。深刻领会一体化和高质量两个关键，画好高质量一体化发展"工笔画"，形成高质量发展的区域集群，带动整个长江经济带和华东地区发展。深刻领会树立一体化意识和一盘棋思想的内在要求，处理好大我和小我的关系，处理好政府与市场的关系，使市场在资源配置中起决定性作用，让城乡区域要素自由流动。深刻领会龙头带动和各扬所长的推进格局，确立全省域都是主角、没有旁观者的姿态和担当，支持上海发挥龙头作用，主动接轨融入上海，全方位参与长三角一体化发展，推动各领域互动合作，扬长补短，使优势更优、长板更长、短板补长。

习近平总书记对长三角一体化发展作出的一系列重要指示，不仅是对长三角发展的明确要求，也是立足全国、面向世界的战略部署。党的十八大以来，习近平总书记赋予浙江新使命、新要求、新期望。我们一定要领会好、领悟好、领办好，真正站在中国革命红船起航地、改革开放先行地、习近平新时代中国特色社会主义思想重要萌发地的政治高度，自觉践行"干在实处永无止境、走在前列要谋新篇、勇立潮头方显担当"的新期望，创造性贯彻落实长三角一体化发展国家战略，做更多工作，挑更大担子，以跨越关口的挺进勇气和全面发力的突破局面，来诠释初心和使命。

二、全力实施《规划纲要》及浙江《行动方案》，全面落实推进高质量一体化发展的各项举措

习近平总书记强调，推进长三角高质量一体化发展，上海要进一步发挥龙头带动作用，苏浙皖要各扬所

长。这与习近平总书记在浙江工作期间作出的"八八战略"一脉相通。我们要在推进"八八战略"再深化、改革开放再出发进程中，聚焦新发展理念，紧扣国家《长江三角洲区域一体化发展规划纲要》，制定实施浙江省《推进长三角区域一体化发展行动方案》，集成优势、创新优势、放大优势，提升区域整体竞争力。

落实创新共建，下好转型升级先手棋。长三角打造"一极三区一高地"，勇当创新排头兵和突击队，就要在创新驱动上杀出一条血路。这有赖于在基础研究和技术应用上加强协同创新，深化企业、高校、科研院所合作，推进更多突破，提升创新策源能力；有赖于发挥集中力量办大事的制度优势，加大政府投入，发挥企业主体作用，联合开展"卡脖子"关键核心技术攻关，完善技术创新链；有赖于发挥"大众创业、万众创新"优势，为创新提供澎湃动力和强大生力军。一方面，要借力合作创新，抓住上海全球科创中心建设机遇，携手共建跨区域多层次产业创新合作平台，提升G60科创走廊、各类科技园区合作水平。另一方面，要凸显特色创新，实施数字经济"一号工程"，抓住5G应用、物联网发展机遇，打造数字长三角，促进企业上云和政府数字化转型，推动信息化与工业化融合，以数字经济引领创新，发挥浙江市场化程度高和浙商创业创新能力强的优势，把这段时间来"大众创业、万众创新"良好氛围保持下去，千方百计把各类主体的创新积极性激发出来。全面落实科技和人才新政，力争通过几年努力，使浙江在长三角创新版图中更有作为、更有高度。

落实协调共进，推进区域间的协同发展。围绕以上海为龙头的长三角世界级城市群展开高质量一体化建设，建好示范区，带动中心区，辐射全域发展。主动服务上海并承接上海辐射，支持上海发挥龙头带动作用，做到中央有要求、上海有需求、浙江有行动。善借上海之力，接轨创新、接轨国际化和治理现代化，"陆海空"联动，全省域全方位接轨上海、融入长三角。发挥新区的示范引领作用，长三角有生态绿色一体化示范区和上海自贸区新片区，浙江也有各类示范区、试验区、新区，这些"区"都应走高起点改革、高水平开放新路，依靠制度创新促进开放，依靠开放倒逼改革、提升发展水平。加强与苏皖闽赣毗邻区域合作，推进宁杭生态带、杭黄全域旅游、浙皖闽赣生态旅游协作区、苏浙皖产业区等合作发展。在长三角区域一体化框架下加速省域一体化，推进杭绍、杭嘉、甬绍、甬舟、嘉湖一体化，整合产业集聚区、开发区、高新区及各类园区，加快建设杭州钱塘新区、宁波前湾新区、湖州南太湖新区和绍兴滨海新区，助推一体化高质量发展。

落实绿色共保，开辟绿水青山就是金山银山新境界。高质量一体化的长三角，必然是绿色美丽的长三角。共同保护好长三角可持续发展生命线，贯彻长江经济带发展"共抓大保护、不搞大开发"原则，加强江河湖海山协同治理，提升生态系统功能，共筑长三角绿色生态屏障。共同打好跨区域污染防治攻坚战，对照落实中央环保督查、海洋督察整改要求，深化创新生态合作补偿等机制，联合开展治水、治气、治土、治废行动，打好污染防治大兵团攻坚战。共同捧好绿色发展金饭碗，深入实施乡村振兴战略，深化"千村示范、万村整治"工程，因地制宜推进美丽城镇建设，建设城市群都市圈美丽后花园，依托长三角大市场，合作打通绿水青山就是金山银山的转化通道。

落实开放共赢，提升资源配置能力和市场竞争力。习近平总书记指出，对外开放的门要越开越大。长三角就是其中一扇大门，我们要围绕打造更高水平开放之门做好工作。提升营商环境，把"最多跑一次"改革进行到底，更好发挥撬动作用，对照世界银行等标准，打造市场化法治化国际化营商环境。进一步支持中国国际进口博览会并承接其溢出效应，发挥世界互联网大会、世界油商大会、中东欧博览会等展会和活动品牌效应，做到越办越好、越用越好。以"一带一路"建设为统领，推进高水平引进来和走出去，实行引进来负面清单制度，确保高质量进来，走出去也要有条件，保障出去有序安全，确保留下高端产能和总部环节。

落实民生共享，增强人民幸福感、获得感。长三角高质量一体化，最终要让广大人民群众共享一体化高质量的美好生活。在交通便民上，打通省际断头路，共建轨道上的长三角，加强公路、机场、港航协同发展，加快构建长三角省际省会城市、省域和大都市区1小时交通圈。在教育利民上，共同制定长三角区域教育一体化发展规划,打造长三角高水平大学联盟。在医疗惠民上,推进长三角异地就医门诊直接结算,推动跨区域医疗联合体发展,协同扩大优质医疗资源供给。在文化育民上,坚持中华优秀传统文化、革命文化、社会主义先进文化,共同弘扬、共同培育并着力打造江南文化,共筑文化高地。

三、树立一盘棋思想,汇聚起推进高质量一体化发展的磅礴力量

加强组织领导,贯彻稳中求进工作总基调,运用历史唯物主义和辩证唯物主义,把握发展规律,创新推进方法,弘扬奋斗精神,激发创造活力,调动一切可以调动的力量,形成有力有序有效推进的好势头。

以好的方法确保好的效果。事必有法,然后可成。要改革推动,以"最多跑一次"改革为牵引,加快改革举措集中落实、率先突破、系统集成,建立健全一体化高质量发展的指标、政策、标准、统计和评价体系。要有法治理念,加快建立长三角地方立法和执法工作协同常态化机制,以生态环境保护、知识产权保护、市场监管等为重点,推动联合立法,为一体化发展提供法治保障。要有市场思维,充分发挥市场机制作用,深入开展"大学习大调研大抓落实"及"服务企业服务群众服务基层"活动,多听企业意见,精准服务企业,激发微观主体活力,引导动员更多企业有所作为、积极作为。要重点突破,进一步发挥浙江海洋经济、世界大港、民营经济等优势,找准切入点、突破口,谋划实施一批具有前瞻性战略性和浙江特色的标志性工程、标志性项目、标志性改革事项。要主动对接,既对照《规划纲要》,又对接各专项规划,还要对标整个政策体系。主动与长三角及周边省市、京津冀、粤港澳等对接沟通,虚心学习,汲取经验,协同推进。

夯实行稳致远抓推进的根基。时刻保持坚定清醒的头脑,增强风险意识,强化底线思维。要保平安,把平安稳定作为办好自己事情的前提,深入开展扫黑除恶专项斗争,做好防范风险攻坚战、社会治安、安全生产、食品药品安全和防灾减灾等各项工作。要守清廉,守住廉洁自律底线、不碰纪律红线、不越法律高压线,构建亲清新型政商关系,真心实意与企业打交道,为企业排忧解难。要浓氛围,把握相关宣传和舆论引导时度效,营造全社会共同推进长三角高质量一体化发展的好氛围。

用富有时代气息的精神凝聚力量。以开展"不忘初心、牢记使命"主题教育为契机,以永不懈怠的精神状态和一往无前的奋斗姿态,大力弘扬红船精神、浙江精神,勇于担当,开拓创新,务求实效。大力弘扬新时代优秀企业家精神、浙商精神,优化综合发展环境,把企业家信心鼓起来、聪明才智激发出来,激励海内外浙商创业创新、勇攀高峰。大力弘扬新时代科学家精神、工匠精神和专业精神,激励各类人才在长三角大舞台建功立业、成就价值。进一步动员各级各部门各行各业讲科学、讲专业,积极开动脑筋,创造性贯彻落实,确保长三角一体化发展始终在高质量轨道上不断前进。

深入开展传统制造业改造提升　推动制造业高质量发展

（代序）

浙江省省长　袁家军

（2019 年 11 月 7 日）

制造业是立省之本、强省之基。省委、省政府高度重视传统制造业改造提升,召开全省传统制造业改造提升推进大会。我们要深入学习贯彻党的十九届四中全会精神,按照习近平总书记关于推进制造业高质量发展、建设制造强国的系列重要指示,坚持腾笼换鸟、凤凰涅槃,聚焦聚力高质量发展、竞争力提升、现代化建设,动员全省上下深入开展传统制造业改造提升,推动浙江省制造业高质量发展,提升制造业整体竞争力,为"两个高水平"建设提供强大动能。

一、充分肯定全省传统制造业改造提升取得的成绩

省委、省政府始终把传统制造业改造提升作为重中之重来抓。2017 年以来,全省上下坚持分类推进、重点突破,持续打好传统制造业改造提升"组合拳",传统制造业高质量发展态势愈发明显。2017 年 9 月,车俊书记在全省传统制造业改造提升工作推进大会上,着眼提升制造业整体竞争力,提出要形成产业新优势、企业新优势、产品新优势和创新新优势等"四个新优势"。对照这"四个新优势",近年来我们着重抓了以下几方面工作。

（一）对标落实"产业新优势",加快产业数字化改造

着眼产业链水平整体提升,建立"1+N"工业互联网平台体系,推动物联网、人工智能、大数据与传统制造业深度融合应用,推动传统制造业设备智能化、生产自动化、管理信息化,使传统产业转化为"新兴"产业。目前,"supET"工业互联网基础性平台已初步建成,全省在役工业机器人达 8.09 万台,产业数字化指数居全国第一。新昌轴承行业是典型的传统制造业,通过工业互联网运用,已有 100 多家企业的 1 万多台设备"上云",设备产出率平均提升 13%,行业综合成本降低 15%,劳动用工减少 50%。

（二）对标落实"企业新优势",提升企业核心竞争力

坚持企业在改造提升中的主体地位,大力实施"凤凰行动""雄鹰行动""雏鹰行动",深入实施高新技术企业和科技型中小微企业"双倍增"计划,推动更多企业成长为"专精特新"企业、行业"隐形冠军"、上市公司和跨国公司。目前,全省重点传统制造业行业中,主营业务收入超千亿元的企业有 10 家,入围中国民营企业制造业 500 强的企业有 94 家,居全国第一;国内主板上市的传统制造业企业有 220 多家。杭汽轮股份有限公司大力推进智能化技术改造,产品成功替代进口,国内市场占有率达到 70%,全球市场占有率近 1/4。

（三）对标落实"产品新优势",加快产品高端化演进

以"三强一制造"为主要抓手,大力推进"标准化+""品牌+""设计+"行动,全力打响"品字标"区域公共品牌,"浙江制造"不断向中高端迈进。截至 2019 年,全省传统制造业领域制订"浙江制造"标准 815 个,培育"品

字标浙江制造"企业 567 家,入选工信部"单项冠军"产品 56 个,位居全国前列。培育"品质浙货"出口领军企业 80 家、"浙江出口名牌"780 个、浙江出口名优特产品 79 种。嵊州市以厨具行业为重点推进品牌培育,厨具行业销售连续三年保持 30% 的增长速度,侧吸下排式集成灶占全国份额 90% 以上。

（四）对标落实"创新新优势",提升技术创新能力

紧扣传统制造业改造提升的难点、堵点,实施关键核心技术攻关,支持企业建设技术中心、工程中心和企业研究院等研发机构,着力攻克一批"卡脖子"关键核心技术,提升关键核心技术和产品自给率。特别是针对创新能力不强、科技和产业"两张皮"问题,大力推进产业创新服务综合体建设。2018 年,17 个传统制造业研发支出增长 29.8%,高于规上工业 0.6 个百分点;2019 年前三季度,17 个传统制造业研发支出增长 19.9%,高于规上工业 0.9 个百分点。全省建设产业创新服务综合体 168 家,集聚各类创新服务机构 2864 家。

二、深刻认识提升浙江制造业整体竞争力的极端重要性

党的十八大以来,以习近平同志为核心的党中央高度重视制造业发展,习近平总书记多次作出重要指示,明确提出要加快建设制造强国,加快发展先进制造业。浙江是制造业大省,传统制造业仍然是制造业的主体。2018 年,全省 17 个重点传统制造业企业数、从业人员数、总产值、利润总额分别占规上工业的 73.4%、68.9%、64.4%、62.5%。推动制造业高质量发展、竞争力提升、现代化建设,关系到经济社会发展全局,必须摆在更加突出的位置,必须在"强"字上做文章,着力提升制造业整体竞争力。

（一）建设现代化经济体系的着力点在制造业,必须加快块状经济提质增效,实现由大到强的根本转变

党的十九大报告明确提出,"建设现代化经济体系是跨越关口的迫切要求和我国发展的战略目标""必须把发展经济的着力点放在实体经济上"。从世界历史经验看,经济发展质量高的地方,往往都拥有竞争力较强的制造业。这是因为制造业价值链长、关联性强、带动力大,在很大程度上决定着现代农业、现代服务业的发展水平。19 世纪末,德国、美国正是因为抓住第二次工业革命的历史机遇,在电力、机械等领域形成领先优势,实现了现代化。反过来,一些发展中国家,由于放松对制造业发展的坚持,特别是忽视推动制造业转型升级,陷入了经济增长缓慢、收入提升停滞的"中等收入陷阱"。从浙江实际情况来看,2018 年,全省制造业增加值为 1.88 万亿元(其中规模以上制造业 1.33 万亿元),占 GDP 比重 33.4%,是推动浙江省经济发展的主导力量。但也要清醒地看到,浙江省制造业占 GDP 比重出现了过早、过快下降势头。2007 年,浙江制造业占比达到峰值(44.6%),其后持续降至 2018 年的 33.4%,年均下降约 1 个百分点。尤其是以块状经济为主的传统制造业产业层次低、组织结构散、创新能力弱等问题仍没有根本改变。2018 年,17 个重点传统制造业亩均税收、亩均增加值分别为 18.8 万元、98.3 万元,分别比全省规上工业低了 9.2 万元、6.4 万元。加快建设现代化经济体系,必须把重点放在制造业上,把突破口放在块状经济提质增效上,加快推动传统块状经济向现代产业集群转变。

（二）中美经贸斗争的焦点在制造业,必须加快提升企业、产品和产业链竞争力,实现由弱到强的根本转变

当前,发达国家纷纷实施"再工业化"战略,加强对先进制造业前瞻性布局,抢占未来产业竞争制高点。美国为了保持自身在全球利益格局中的主导地位,对内通过大规模减税吸引制造业回流,对外则挑起了经贸摩擦,通过加征所谓惩罚性关税来保护国内制造业和就业。中美经贸摩擦对浙江省传统制造业造成了较大的不利影响。一是影响了企业生产经营。随着中美经贸摩擦从加征关税逐步扩大到科技、汇率等领域,企业生

产经营受到了极大干扰,部分中小企业在微利和亏损临界点上维持经营,企业防风险难度明显加大。截至9月底,全省有88家上市公司股价达到质押预警线,其中60家达到平仓线,"两链"风险管控清单内企业为70家,这其中有相当一部分是传统制造业企业。二是影响了产品出口。浙江省对美出口产品中,服装、家具、纺织、塑料制品、汽车零部件合计占40%。前三季度,全省服装、鞋类、家具等行业出口增速分别只有2.3%、3.7%、4.1%,分别低于全省出口5.2个、3.8个、3.4个百分点。三是影响产业链安全。一些传统产业的低端制造环节出现加快向国外转移的迹象,"迁出一家带走一片""集中式""抱团式""链条式"等非正常外迁风险上升,产业链面临低端环节加快转移、高端环节一时上不去的双重挑战,特别是关键核心技术缺乏,高端装备主要依赖进口。受中美贸易摩擦影响,2018年以来,一些地方工业生产和制造业投资增速明显回落,甚至出现负增长的情况。针对这一情况,习近平总书记在中央政治局常委会会议上突出强调"振兴实体经济特别是制造业",要把稳定和发展制造业作为稳定宏观经济、推动高质量发展的重要依托,支持战略性新兴产业发展,加快关键核心技术攻关,为制造业发展创造良好环境。对此,我们要深刻认识到:要打赢对美经贸斗争攻坚战,防止"六个被"(外贸格局"被打乱"、美国市场"被打没"、外资企业"被打跑"、优质企业"被打垮"、产业链"被打断"、就业平衡"被打破"),就必须加快提高产业链韧性和产业链水平,以"提升竞争力"这个不变来应对外部环境之万变。

（三）万物互联时代的重大机遇蕴藏在制造业,必须加快产业基础高级化步伐,实现由弱到强的根本转变

当前,新一轮科技革命和产业变革方兴未艾,大数据、云计算、物联网、人工智能等新技术广泛应用,人类社会进入了万物互联时代,为传统制造业带来了前所未有的发展机遇。一是推进定制化制造与柔性生产的重大机遇。通过大数据等数字技术赋能,实现线上消费端数据和线下生产端数据打通,实现小批量、多层次的市场需求及时响应,推进供给与消费的精准对接,为生产制造提供了新路径。二是打造智能工厂、未来工厂的重大机遇。1—9月,浙江省规上工业企业营业成本、销售费用、管理费用分别增长2.6%、7.9%、4.2%;规上工业利润仅增长2.8%。通过实现人、机、物的闭环打通,构建工厂内部人与机器、机器与物料、机器与机器互联的网络结构,打造智能工厂、未来工厂,将极大地提升生产效率、降低成本。三是催生新模式新业态新服务的重大机遇。通过推动数字经济与实体经济相融合,推动互联网、大数据、人工智能同实体经济深度融合,推动先进制造业与生产性服务业融合发展,将不断造出新应用、新价值。这里要强调的是,大力实施数字经济"一号工程",并不是说制造业就不重要,恰恰相反,数字经济中一个很重要的方面,就是推进产业数字化、数字产业化,这必须依托制造业来实现。我们必须顺应和抢抓万物互联时代的"红利",加快补齐产业基础短板,加快提升创新能力,推动传统制造业"老树发新枝、新枝育新果",加快成为未来制造业的引领者和潮流的驾驭者。

三、全力推进制造业高质量发展

党的十九届四中全会,就坚持和完善中国特色社会主义制度、推进国家治理体系和治理能力现代化提出了明确要求。传统制造业改造提升是经济治理的重要内容,既是一场攻坚战,也是一场持久战,必须坚持不懈、久久为功。我们要深入贯彻习近平总书记关于推进制造业高质量发展、建设制造强国的重要论述,坚持腾笼换鸟、凤凰涅槃,认真贯彻落实车俊书记"四个新优势"要求,全力推进传统制造业高质量发展、竞争力提升、现代化建设,为浙江省"两个高水平"建设提供强大动能。

在工作中,既要立足当前,加快推进传统制造业改造提升,又要面向未来,聚焦提升制造业整体竞争力。对此,要突出把握好以下6个方面。一要坚定不移坚持稳中求进工作总基调。习近平总书记指出,稳中求进

工作总基调是治国理政的重要原则，要长期坚持。稳中求进也是推进传统制造业改造提升的重要原则。要坚持"稳"和"进"的辩证统一，把重点放在稳企业上，把握好工作节奏和力度，加大降本减负力度，以"三服务"之功，稳企业、稳制造业，做到以稳应变、以进固稳。浙江规上工业企业41541家，其中销售收入10亿元以上的大企业870家，这些企业是稳中求进的重中之重。二要坚定不移贯彻供给侧结构性改革"八字方针"。要坚持以供给侧结构性改革为主线，在"巩固、增强、提升、畅通"上下功夫，进一步巩固"三去一降一补"成果，推进企业主体升级，增强微观主体活力，提升产业链水平，畅通经济循环。到2022年，实现"僵尸企业"全面出清，淘汰落后产能涉及企业5000家以上，整治"低散乱"小作坊小企业5万家以上；完成1200家传统制造业企业股份制改造，传统制造业境内外上市公司达到200家以上。三要坚定不移防风险。把主动应对困难风险挑战作为政府工作第一取向，把打赢重大风险防控攻坚战作为第一位的斗争考验，建立完善"五张清单、九项举措、五个一机制"工作体系，提高风险管控能力，使各类企业风险隐患管控在属地、消除在萌芽、处置在未发。四要坚定不移推进创新驱动发展。制造业是科技创新的主战场，必须围绕产业链布局创新链，使传统制造业成为科技创新的策源地。要紧紧抓住新一轮科技革命和产业变革机遇，深入实施创新驱动发展战略，明确浙江省科技攻关的方向、重点和政策，加快突破一批重大"卡脖子"技术，建立健全促进科技成果转化的资金支持机制，促进新动能发展壮大、传统动能焕发生机。到2022年，传统制造业研发经费（R&D）支出占主营业务收入比例提高到1.7%（目前为1.56%）。五要坚定不移打好产业基础高级化、产业链现代化攻坚战。要依托区域特点和产业基础，对浙江省优势产业和战略性新兴产业进行全产业链梳理，支持上下游企业加强产业协同和技术合作攻关，增强产业链韧性，提升产业链水平，在开放合作中形成更强创新力、更高附加价值链的产业链，打造一批"拆不散、搬不走"的"航空母舰"。到2022年，在数字安防、汽车、绿色石化等领域打造世界级先进制造业集群，在低压电气、服装、泵阀、金属制品等领域打造15个产值超千亿的优势制造业集群，打造50家超1百亿的行业龙头企业。六要坚定不移做大做强块状经济。以八大万亿产业（信息、环保、健康、旅游、时尚、金融、高端装备制造、文化）为主体的块状经济是浙江工业的基础，也是浙江模式的显著特色和缩影。做大做强八大万亿产业，要突出制造业的重中之重位置，深入实施块状特色经济质量提升三年行动。要突出杭州、宁波、温州、绍兴、台州等重点区域进行攻坚，突出数字经济、新材料、生命健康等重点领域进行攻坚，突出纺织、汽车、化工等重点行业攻坚，不断提升块状经济创新能力，建设一批创新能力强、产业基础能力强、产业链水平高的现代产业集群。

具体要抓好以下7个方面工作：

1. 着力提升技术创新能力。要提升基础创新能力。围绕传统制造业重点领域，组织实施一批重大科技专项，充分发挥之江实验室、浙江大学、阿里巴巴的综合集成优势，努力形成一批基础研究和应用基础研究的原创性成果。要提升核心技术研发能力。加快关键核心技术攻关，大力实施"卡脖子"技术攻关工程，强化政府性投入"乘数效应"，完善技术创新链，集中力量攻克一批产业发展瓶颈，提升关键核心技术和产品自给率。要提升企业创新能力。支持企业加强重点企业研究院、企业技术中心、制造业创新中心等创新载体建设，鼓励制造业企业发展检验检测、信息技术、电子商务等生产性服务业，切实提升企业创新能力和水平。到2022年，在传统制造业领域建成产业创新服务综合体60家以上，新增省级以上企业技术中心100家，建成10家左右国家级工业设计中心。

2. 着力推进数字化改造。把数字化转型作为传统制造业改造提升的重中之重来抓，利用工业互联网等新技术新应用对传统产业进行全方位、全角度、全链条的改造，提高全要素生产率。要加快工业互联网建设。加快完善"supET"基础性平台，积极培育行业级、区域级、企业级平台，提升工业互联网平台服务能力。到2020年，培育形成"1+N"工业互联网平台体系，开发集成3万款以上工业应用程序（App），连接5000万台工业设备,服务 10 万家以上工业企业。要大力推广智能制造新模式。大力推进智能化技术改造,强化工业机器人应用,积极建设无人车间、无人工厂,加快提高智能化、自动化、数字化水平。到 2022 年,建设示范智能工厂 100 个,制造业机器人密度达到 200 台/万人。要积极开展企业上云行动。鼓励企业上平台、用平台,推动企业业务系统向云端迁移,鼓励开展研发设计、生产制造、运营管理、供应链协同等应用。到 2022 年,培育行业云应用示范平台 10 家以上,推动传统制造领域 15 万家企业上云发展。要推进园区数字化改造。加快 100 个园区数字化改造步伐,深化产业创新服务综合体建设,加强小微企业园区建设管理,鼓励各类园区应用"园区大脑"系统,加快实现传统制造业产业创新服务综合体"全覆盖"。

3. 着力扩大制造业投资。近年来,浙江省制造业投资占比持续下滑,2010—2018 年,全省制造业投资占全社会固定资产投资比重从 35% 下降到 25.1%。下一步,要以省市县长项目工程为抓手,加大项目招引和落地力度,加快扭转制造业投资占比下降的状况。一要狠抓招商引资。坚持"项目为王"理念,强化招商引资目标责任制,以"万亩千亿"产业平台为载体,围绕数字经济、高端装备、生物医药、新能源、新材料等投资热点,加快招引一批重大制造业项目,以大项目促进大投资带动大发展。二要突出抓好工业技术改造。要以智能化技术改造为重点,实施新一轮工业技术改造行动,大力推广工业机器人应用,促进传统制造业提质增效升级。到 2022 年,传统制造业实施总投资 10 亿元以上技术改造项目 200 个,新增工业机器人 3 万台。三要深化投资项目审批制度改革。要按照深化"最多跑一次"改革、加快政府数字化转型的总体部署,加快应用企业投资项目审批在线监管平台 3.0 版,全面实施区域评估制度和"标准地"制度,实现企业投资项目竣工验收前审批"最多 90 天"。

4. 着力开拓市场空间。牢固树立"标准是话语权、质量是生命线、品牌是竞争力"的理念,加快提升浙江省产业、企业和产品的市场竞争力,抢占市场制高点和话语权。要提升浙江制造标准。结合国家标准化综合改革试点,全面实施标准化战略,加快制定国际先进、国内一流的浙江标准体系,推动浙江标准上升为中国标准、国际标准。到 2022 年,累计制定"浙江制造"标准 3000 项。要全面提升质量。以传统制造业为重点,深入开展质量提升示范行动,树立一批质量标杆,鼓励企业产出更多精品、优品,切实增强优质产品的供给能力。到 2022 年,传统制造业产品质量合格率达到 95% 以上。要培育知名品牌。全力打响"品字标"区域公共品牌,打造若干标志性知名产品,着力增品种、提品质、创品牌,努力让浙江名品享誉全球。到 2022 年,培育"浙江制造"品牌企业 1200 家,新增"浙江制造精品" 220 个。要完善营销体系。深入开展"品质浙货、行销天下"活动,积极组织企业参加境内外展会,充分发挥市场优势和电子商务优势,支持企业线上线下融合发展,大力开拓海内外市场,不断扩大市场份额。到 2022 年,自主品牌产品出口占出口总额比例年均提高 0.5 个百分点以上,名特优产品占全省出口比例达到 30% 以上。

5. 着力优化以"融资畅通"为重点的企业服务。要结合正在开展的主题教育,深入开展"三服务"活动,把"三服务"做到点子上,服务到企业的心坎上,最终落脚到服务市场主体转型升级上,让好企业快速成长、健康成长。要深入实施融资畅通工程,特别是要解决中长期制造业贷款问题,进一步提高制造业企业贷款比重、小微企业贷款比重和直接融资比重,大力支持金融机构加快提升服务企业的能力,推动金融政策工具和金融服务创新直接指向制造业企业、小微企业和实体经济,确保制造业贷款总量增长、结构改善、成本下降。要拿出管用的实招、新招和过硬的专业水平服务市场主体升级,大力实施凤凰行动、雄鹰行动、雏鹰行动,支持科创企业上市,加快培育一批在全球范围内具有较强竞争力、影响力的世界一流企业,打造一批"专精特新"的隐形冠军企业,促进大中小企业融通发展。

6. 着力加强人才资源支撑。9 月 23 日,习近平总书记对我国技能选手在第 45 届世界技能大赛上取得佳绩作出重要指示。习近平总书记强调,技术工人队伍是支撑中国制造、中国创造的重要基础,对推动经济高质量发展具有重要作用。要健全技能人才培养、使用、评价、激励制度，大力发展技工教育，大规模开展职业技能培训，加快培养大批高素质劳动者和技术技能人才。我们要认真贯彻习近平总书记重要指示精神，支持宁波办好综合性全省技能大赛，进一步加大技能教育、技能人才培养改革创新力度，为制造业高质量发展提供有力支撑，培养引进创新人才。围绕传统制造业改造提升关键环节和技术瓶颈，支持企业加大"千人计划"、海外工程师、领军型创新创业团队等引进力度，积极引进国际国内一流科研院所和研发机构。要培养引进管理人才。加大优秀企业家和职业经理人培养力度，深入实施浙商名家、科技浙商等行动，积极提升企业经营管理人才素质。要培养引进高技能人才。深入推进高技能领军人才培育工程，支持制造业企业与职业院校、技工学校深度合作，切实改变高技能人才缺乏的现状。特别是，要大力弘扬企业家精神和工匠精神。希望广大企业家发扬新时代浙商精神和"四千"精神(走遍千山万水、说尽千言万语、想尽千方百计、尝遍千辛万苦)，坚守实业、做强主业，大力推进科技创新、产品创新、管理创新、组织创新、文化创新，推动企业走向更加辉煌灿烂的明天。

7. 着力强化推动制造业高质量发展的政策供给。要以"最多跑一次"改革为牵引，坚持市场化取向，提高经济治理能力，增强政策灵活性，进一步深化"亩均论英雄"改革，推动财税、金融、用工、用能、土地、环保、知识产权保护、质量标准引领等政策和制度向制造业企业倾斜，向优势区域、优势行业和优势企业集中，促进制造业发展，增强制造业吸引力，使制造业企业安心专心做好生产经营，为制造业发展创造良好环境。一要精准评价。分类分业全面开展制造业以及高新区、经济技术开发区、小微企业园、特色小镇亩均效益评价。指导和支持地方选择优势特色行业和重点产业平台，开展分行业、分区域评价。二要精准配置。加大对优质企业的正向激励，对亩均效益领跑者，要叠加运用财税、土地、用能、金融、人才等政策，给予政策倾斜，让"领跑者"有更多获得感和幸福感。三要精准倒逼。要以连续3年亩均税收都低于1万元的企业为重点，精准识别，分类施策，特别是对高能耗、高污染行业要加大倒逼力度，依法依规坚决把落后产能淘汰掉，把发展空间腾出来。到2022年，传统制造业亩均增加值、亩均税收年均增长7%以上。

传统制造业改造提升已进入攻坚克难阶段。我们要紧密团结在以习近平同志为核心的党中央周围，认真落实省委、省政府决策部署，坚定信心、下定决心，坚定不移推动制造业高质量发展，全力以赴提升制造业整体竞争力，为"两个高水平"建设作出更大贡献！

目　录

第一部分　综合篇

多管齐下　抢占数字经济发展制高点 ··· 高兴夫(002)

全面实施工业和信息化、科技全球精准合作行动 ····················· 高兴夫(004)

综合施策　精准发力　坚定不移推动传统制造业改造提升 ··············· 徐　旭(008)

2018 年浙江省经信工作总结和 2019 年工作要点 ············· 浙江省经济和信息化厅(010)

第二部分　产业篇

2018 年浙江省机械工业经济运行情况 ······················· 浙江省经信厅高端装备处(022)

2018 年浙江省高端装备制造业运行情况 ··················· 浙江省经信厅高端装备处(025)

2018 年浙江省船舶行业经济运行情况 ······················· 浙江省经信厅高端装备处(036)

2018 年浙江省纺织行业运行情况 ··························· 浙江省经信厅消费品工业处(040)

2018 年浙江省医药行业运行情况 ··························· 浙江省经信厅消费品工业处(042)

2018 年浙江省冶金工业运行情况 ····························· 浙江省经信厅材料工业处(045)

2018 年浙江省石油和化学工业运行情况 ····················· 浙江省经信厅材料工业处(048)

2018 年浙江省电子信息产业运行情况 ······················· 浙江省经信厅数字经济处(052)

2018 年浙江省软件和信息技术服务业运行情况 ····· 浙江省经信厅软件与集成电路产业处(057)

2018 年浙江省传统制造业改造提升情况 ················· 浙江省经信厅产业转型升级处(061)

第三部分　专题篇

2018 年浙江省工业投资和技术改造工作情况 ··················· 浙江省经信厅投资处(066)

2018 年浙江省推进智能制造发展情况 ······················· 浙江省经信厅技术创新处(071)

2018 年浙江省工业设计推进情况 ··························· 浙江省经信厅生产服务业处(074)

2018 年浙江省小微企业上规与退规情况 ········· 浙江省经信厅中小企业与民营经济发展处(077)

2018 年浙江省制造业向外转移特点、原因、影响及建议 ········ 浙江省经信厅企业培育与产业合作处(085)

2018 年浙江省信息化工作推进情况 ····················· 浙江省经信厅产业数字化推进处(089)

2018年浙江省小微企业园建设发展情况 ·················· 浙江省经信厅企业服务体系建设处(093)

2018年浙江省安全生产情况分析报告 ·················· 浙江省安全生产委员会办公室(097)

数字经济引领高质量发展 ·················· 浙江省工业和信息化研究院院长 兰建平(104)

坚定不移发展民营经济 ·················· 浙江省工业和信息化研究院院长 兰建平(107)

第四部分　地市篇

坚持高质量发展　推进"三化融合"　全力打造全国数字经济第一城

　　——杭州市2018年工信经济运行情况 ················· 杭州市经济和信息化局(110)

工业经济稳中有进　产业结构优化调整

　　——宁波市2018年工业经济运行情况 ················· 宁波市经济和信息化局(116)

工业经济稳中向好　高质量发展加快推进

　　——温州市2018年工业经济运行情况 ················· 温州市经济和信息化局(123)

绿色智造成效显现　工业经济迈向高质量发展

　　——湖州市2018年工业经济运行情况 ················· 湖州市经济和信息化局(129)

"两大强市"深入推进　动能转换不断加快

　　——嘉兴市2018年工业经济运行情况 ················· 嘉兴市经济和信息化局(137)

攻坚突破促转型　砥砺奋进谋新篇

　　——绍兴市2018年工业经济运行情况 ················· 绍兴市经济和信息化局(145)

承压前行　稳中有进　工业经济高质量发展取得新成效

　　——金华市2018年工业经济运行情况 ················· 金华市经济和信息化局(152)

工业运行效益良好　新旧动能转换加快

　　——衢州市2018年工业经济运行情况 ················· 衢州市经济和信息化局(155)

保稳促调提质增效　推动工业经济高质量发展

　　——舟山市2018年工业经济运行情况 ················· 舟山市经济和信息化局(160)

工业生产持续向好　结构调整步伐加快

　　——台州市2018年工业经济运行情况 ················· 台州市经济和信息化局(165)

全年红助推高质量发展　结构性隐忧仍待关注

　　——丽水市2018年工业经济运行情况 ················· 丽水市经济和信息化局(171)

增量选优　存量提质

　　——义乌市2018年工业经济运行情况 ················· 义乌市经济和信息化局(178)

第五部分　政策篇

浙江省人民政府关于深化"亩均论英雄"改革的指导意见 ·················· (184)

浙江省人民政府关于进一步优化投资结构提高投资质量的若干意见 ·················· (188)

浙江省人民政府关于促进外资增长的若干意见 ································ （193）

浙江省人民政府关于强化实施创新驱动发展战略深入推进大众创业万众创新的实施意见 ··········· （196）

浙江省人民政府关于加快发展工业互联网促进制造业高质量发展的实施意见 ················· （200）

浙江省人民政府关于全面加快科技创新推动高质量发展的若干意见 ····················· （204）

浙江省人民政府关于加强质量认证体系建设服务高质量发展的实施意见 ··················· （213）

浙江省人民政府关于做好当前和今后一个时期促进就业工作的实施意见 ··················· （216）

浙江省人民政府办公厅关于加快军民融合产业发展的实施意见 ······················· （220）

浙江省人民政府办公厅关于促进小微企业创新发展的若干意见 ······················· （223）

浙江省人民政府办公厅关于建设民航强省的若干意见 ··························· （227）

浙江省人民政府办公厅关于加快推进"标准地"改革的实施意见 ······················ （231）

浙江省人民政府办公厅关于印发浙江省工程建设项目审批制度改革试点工作实施方案的通知 ······· （234）

浙江省人民政府办公厅关于深化产教融合的实施意见 ··························· （240）

浙江省人民政府办公厅关于推进电子商务与快递物流协同发展的实施意见 ················· （246）

附　　录

2019 中国企业 500 强浙江企业入围名单 ································· （250）

2019 中国民营企业 500 强浙江企业入围名单 ····························· （252）

2018 浙江省综合百强企业名单 ···································· （256）

2018 浙江省制造业百强企业名单 ··································· （258）

2018 浙江省成长性最快百强企业名单 ································· （260）

2019 年度浙江省装备制造业重点领域首台(套)产品公示名单 ····················· （262）

2018 年浙江省优秀工业新产品(新技术)项目名单 ·························· （266）

2019 中国软件与信息技术服务综合竞争力百强企业浙江企业入围名单 ················· （272）

2019 年(第 32 届)中国电子元件百强企业名单浙江企业入围名单 ··················· （273）

2019 年中国电子信息百强企业浙江企业入围名单 ·························· （274）

2018 年浙江省"隐形冠军"企业名单 ································· （275）

2018 年浙江省"创新型示范中小企业"名单 ····························· （276）

2018 年浙江省(第 25 批)省级企业技术中心名单 ·························· （278）

2018 年浙江省第二批行业云应用示范平台名单 ··························· （282）

2018 年浙江省第二批上云标杆企业名单 ······························ （283）

2018 年浙江省第四批大数据应用示范企业名单 ··························· （286）

后记 ··· （288）

2019 浙江工业发展报告

ZHEJIANG INDUSTRIAL DEVELOPMENT REPORT

第一部分 综合篇

多管齐下 抢占数字经济发展制高点

浙江省副省长　高兴夫

（2019 年 10 月 17 日）

习近平总书记指出,当今世界,科技革命和产业变革日新月异,数字经济蓬勃发展,深刻改变着人类生产生活方式,对各国经济社会发展、全球治理体系、人类文明进程影响深远。我们要认真贯彻落实习近平总书记重要论述和党中央、国务院的决策部署,在创新、协调、绿色、开放、共享的新发展理念指引下,加快发展数字经济,推进数字产业化、产业数字化,引导数字经济和实体经济深度融合,推动经济高质量发展。以高度的政治责任感,改革体制机制,保障资源要素,抢占全球数字经济发展制高点,努力构建以数字经济为核心、新经济为引领的现代化经济体系。

全国统筹布局。发挥各地比较优势,统筹科技、产业布局,协同发展,彰显特色。统筹京津冀、长三角、粤港澳等重点地区,发挥特色、增强优势,形成在国际竞争中赢得优势的新高地。统筹创新载体、人才等要素,谋划布局建设国家实验室,培育引进全球领军型创新团队,形成全球领先的研发实力。统筹数字产业化与产业数字化,深化供给侧结构性改革,在核心技术突破、新兴产业发展、传统产业数字化、新型贸易中心和新兴金融中心建设、数据资源开放共享、创新生态建设、扩大开放合作等方面,全面扎实推进,形成整体优势。用好世界互联网大会、世界人工智能大会等全球性平台,突出特色主题,开展科技、产业与资本合作,打造生态,增强辐射带动能力。

实施关键核心技术攻关计划。补齐数字科技短板,迫在眉睫,刻不容缓。要充分发挥在党的坚强领导下集中力量办大事的制度优势,统一组织实施攻关。由国家有关部门统一组织,从政府与企业两个层面,全面梳理网络信息、高端设备与工艺、新材料等数字经济领域关键核心技术,形成科技攻关清单。由龙头企业和科研大平台分别牵头,统筹全国相关领域有创新突破能力的高等院校、科研院所、研发平台的创新资源,以及产业链上下游企业等创新主体,开展联合攻关。加大基础研究投入,坚持长短结合,加快补齐近期短板,着眼长远培育基础研究能力。设立国家重点研发攻关专项,国家、省、市、县和企业共同支持,形成合力,探索市场经济条件下的举国科研攻关体制。

打造国家数字科创生态系统。在全国范围内统筹企业、高校、研发机构、用户、资本、人才、政府、中介、环境、基础设施等创新支撑要素,构建各方联动的创新生态系统。建设一批具有世界顶级硬件条件,能够吸引全世界科学家来华开展研究工作的大科学装置。构建完善数字经济领域开源平台体系,如人工智能、工业互联网等。加强前沿基础研究和应用基础研究布局,组织共性技术创新。引育数字经济高端人才,突出“高精尖缺”导向,建立立体式人才培育体系,改善人才培养结构。

构建安全可控的产业生态。突出重点产业、关键技术,梳理需求清单、供给清单和应用清单,明确要求,落实责任,扩大新产品应用。支持整机企业牵头,建立产业链上下游企业合作机制,组织材料、零件、部件、配套、整机等生产企业进行对接。强化基础,鼓励龙头企业推出拥有自主知识产权的服务器、PC、手机、云计算、物联网等的操作系统,加快安全可控系统软硬件生态系统建设。完善相关政策措施。

改革完善体制机制。按照治理体系和治理能力现代化建设的要求,加强制度供给,构建政府管平台、平台管企业、行业协会及公众共同参与的多方治理机制,建立政府、平台、用户互动的治理模式。深化"放管服"改革,加快政府数字化转型。推动数字经济地方立法,加快清理修订不适应数字经济发展的相关法规政策。建立包容审慎监管机制,着力消除阻碍新业态新模式发展的各种行业性、地区性、经营性壁垒。强化安全保障,充分考虑国家数据安全与数字主权等问题。

保障相关资源要素。推动数据资源的整合开发、开放共享,政府与企业合力促进大数据创新发展。数字经济发展所需的土地、金融、能耗、排放、财政等资源要素要优先保障,对比较优势突出的地区要给予适当倾斜。扩大用地占补平衡的跨省统筹力度,探索用能权、排放权等的跨省统筹办法,突破现行管理体制。根据不同地区数字经济发展的迫切需要,加快部署新型互联网交换中心和扩容国际出口通道、骨干直联点等信息基础设施,突破网络瓶颈制约。

全面实施工业和信息化、科技全球精准合作行动

浙江省副省长　高兴夫

（2019 年 5 月 9 日）

全面实施工业和信息化以及科技全球精准合作行动计划，是认真贯彻中央和省委、省政府关于扩大对外开放、建设制造强省、加强科技创新的重大决策部署。要聚焦聚力高质量、竞争力、现代化，大力引进技术、人才、资本和项目，培育新兴产业，改造提升传统制造业，为"两个高水平"建设做出新贡献。

一、实践证明，全球精准合作是加快高质量发展的有效之举

一是扩大工业有效投资的有效举措。2017 年，制造业和信息化领域外资项目投资 1172.39 亿元，占引进外资投资总额的 65.8%，占制造业和信息化投资总额的 12.2%。2018 年以来各市工业和信息化领域在谈、签约和实施，单个投资 3 亿元以上重点合作项目有 100 项，总投资 2418 亿元，当年完成投资 247 亿元，涉及数字经济、高端装备等领域。

二是加快传统制造业改造升级的重要路径。根据传统制造业改造提升的需求，通过兼并重组、跨国并购等方式引进急需的关键技术、人才等创新资源，补链强链。企业全球并购交易的数量持续增长，并购内涵正在从资源占有型、市场拓展型向技术互惠型、产业互利型转变。海外并购 70% 以上主要集中在汽车及零部件、机电装备、生物医药、精细化工等领域。比如汽车及零部件产业，全省有近 8000 家企业，规上企业仅 800 家，且大部分零部件仍以纯机械加工为主，技术含量低，中高端的伺服电机等关键零部件进口依赖度接近 80%。对此，以吉利收购沃尔沃、均胜电子收购德国 TS 道恩的信息系统业务和美国百利得汽车安全系统（KSS）为代表，带动了整个产业的提升，更实现了部分进口替代。精细化工领域，龙盛集团收购德司达，收获 1900 多项行业专利，借助名下 30 多个产销实体、7000 家客户，新增全球近 21% 的市场份额，一举跃升为全球最大的纺织用化学品生产和服务商。2018 年浙江省 A 股上市公司发起并购 243 起，同比增长 32%，涉及金额 1020 亿，同比增长 18%。

三是培育发展新动能的强大引擎。通过扩大国内外合作，对接高端资源，引进优势技术，加快培育附加值更高、竞争力更强的新产业新业态新模式。如义乌通过"一企一策"优化服务，引进 LED 龙头企业华灿光电，带动引进木林森、英特莱等一批下游企业，又通过并购美国美新引进一批技术和人才，"无中生有"培育了 LED 产业链。舟山在引进波音项目后，又相继引进公务机、吉林瀚星的飞机内饰等一批项目，开启了航空产业发展之路。衢州市早在 2013 年底就与上海张江科学城合作建设上海张江（衢州）生物医药孵化基地，使得地处偏远的衢州一下子握住了接轨世界生物医药领先技术的"钥匙"，目前入孵企业超过 10 家，已吸纳硕士以上学历人才 83 人，其中博士 36 人，"国千""省千"等高层次人才 11 人。嘉兴市近 5 年来，引进上海企业 1400 多家，到位资金 600 多亿元，与上海高校和科研院所联合共建创新载体 12 家。近年来，浙江省已精准招引德国宝沃汽车、法国施耐德、日本电产、中国商飞、中车集团、中芯国际、紫光集团、美国辉瑞等一批世界知名企业。到 2018 年，世界 500 强在浙江投资企业已超 614 个，投资总额超 376.5 亿美元。

　　四是推动自主创新的必由之路。一直以来,浙江省产业核心关键技术受制于人的局面尚未从根本上得到改变,芯片、发动机、精密仪器、重要材料等关键核心技术受制于人,使产业发展面临着"卡脖子"风险。这些关键核心技术不可能一朝一夕就能突破,必须以全球视野谋划和推动科技创新,全方位加强国际科技创新合作,积极主动融入全球科技创新资源。如卧龙电气设立日本福井海外孵化中心,与日本达耐时(DYNAX)株式会社、大阪府立大学及国内的清华大学等企业、高校联合成功研发通用伺服电机、商用空调用无刷直流电机(BLDC),技术达到世界领先水平,打破了日系、欧系产品对中国市场的长期垄断。永太科技在美国设立海外研发机构,利用美国先进医药产品的开发经验与仿制药研发集聚优势,打造出"中间体-原料药-高端制剂"垂直一体化发展新优势。杭州大江东引进日本的大尺寸半导体硅片项目,成功填补了国内大硅片生产领域的空白。万向通过技术合作,并购美国 A123 系统公司,获得了锂电池全球最先进的核心技术。

　　这几年各地的实践证明,一个地方经济保持快速健康发展,一定与这个地方精准合作工作做得好、招商引资力度大有关;一个企业做大做强,也必定离不开技术、人才、资本、产业等方面的合作。

二、抢抓机遇,开展全球精准合作大有可为

　　浙江地处沿海,自古就具有对外开放的天然优势。改革开放以来,外向型经济蓬勃发展。进入新时代,随着经济全球化日益加深,全球精准合作又迎来了新的机遇。

　　一是国家对外开放的大门越开越大。习近平总书记多次强调"中国开放的大门不会关闭,只会越开越大"。2018 年以来,我国从法律上、政策上、措施上主动扩大对外开放,出台了一系列措施。习总书记指出,下一步,中国还将采取一系列重大改革开放举措,更广领域扩大外资市场准入,更大力度加强知识产权保护国际合作,更大规模增加商品和服务进口,更加有效实施国际宏观经济政策协调,更加重视对外开放政策贯彻落实,促进更高水平的对外开放。这为我们开展全球精准合作提供了理念和法律政策指引。

　　二是"一带一路"国际合作越走越实。"一带一路"倡议提出以来,取得了丰硕成果。最近,中国第二次举办"一带一路"国际合作高峰论坛,习近平总书记强调,加强全方位、多领域合作,继续推进陆上、海上、空中、网上互联互通,建设高质量、可持续、抗风险、价格合理、包容可及的基础设施,推进建设经济走廊,发展经贸产业合作园区,加强市场、规制、标准等方面的软联通以及数字基础设施建设。这为我们企业开拓"一带一路"国家市场、加强原材料和业务布局打下了基础。

　　三是国内区域合作越来越紧密。这是全球精准合作的题中之意。特别是长三角区域一体化发展成为国家战略,浙江与包括上海在内的兄弟省市合作的广度、深度和强度将会不断加大,对数字大湾区的共同打造、交通和信息基础设施的互联互通、创新资源的共建共享、新兴产业的合作布局等都是重大利好。此外,浙江与自然资源富集区、创新资源密集区、对口支援帮扶区等的合作也更加务实、紧密。

　　四是精准合作平台越来越大。继成功举办中国杭州 G20 峰会之后,世界互联网大会、世界油商大会、联合国世界地理信息大会、中国—中东欧国家投资贸易博览会等平台在推动产业合作对接方面的作用越来越大。中国义乌国际智能装备博览会、浙江国际智慧交通产业博览会(宁波还有中国智慧城市技术与应用产品博览会)等一些专业展会也成为细分领域合作对接的重要平台。

　　五是浙江经济社会环境越来越好。营商环境优越,通过"最多跑一次"改革,做到政府权力下放到位、管理更加精准、服务更加贴心,实现企业和群众到政府机构办事"最多跑一次",目前全省已实现 100% 的事项网上办理,63.6% 的民生事项"一证通办",成为浙江的金名片。生态环境优美,浙江是习近平总书记"绿色青山就是金山银山"理念的发源地,全省森林覆盖率 61%,致力于建设美丽乡村的"千村示范、万村整治"工程荣获联合国最高环保荣誉——"地球卫士奖"。社会环境优良,"平安浙江"成为平安中国建设的示范,城乡协

调发展,百姓安居乐业。体制机制优化,以市场化改革为取向,坚持"政府有为、市场有效、企业有利、百姓受益",全面推进政府数字化转型,让市场在资源配置中发挥决定性作用。

当前,正值国家对外开放的大门进一步打开的重要时期,全球精准合作大有可为。我们要紧紧抓住机遇,切不可丧失机遇。

三、需求导向,深入开展全球精准合作行动

全省工业和信息化全球精准合作的总体目标是,到2022年,工业和信息化发展质量和水平明显提升,形成一批产业特色明显、竞争优势突出的世界级先进制造业集群。储备投资额5亿元以上的重点项目300个以上,投资总额3000亿元以上,实施工业和信息化领域国内外并购重组400起以上,创建15个以上全球精准合作示范平台。

全省科技全球精准开放合作的总体目标是,到2022年,基本形成具有浙江特色、精准对接、面向全球的开放创新合作体系,与10个以上重点创新大国关键小国建立战略伙伴关系,建立100家海外创新孵化中心和研发机构、100个精准合作重点园区和基地、100个引才引智重点创新载体,年进出口技术交易额100亿元,成为全国领先的开放创新生态系统、精准合作创新示范区和人才集聚区,支撑和引领浙江省经济社会发展的重大需求,打造世界领先的"互联网+"和生命健康科技创新高地。

要着力解决四个问题:

一是着力解决"浙江需要什么"的问题。从工业和信息化领域来讲,重点要梳理四个方面的项目:一是针对做大做强产业链的需求,对每条产业链进行梳理,找准薄弱环节,提出补链强链的项目清单。二是需要填补浙江省空白的新兴产业,如集成电路、人工智能;三是在高质量、竞争力、现代化的经济体系建设中,需要大力提升增强的产业;四是未来经济中,需要率先布局、培育打造高地的产业。从科技创新来讲,重点是四个方面:一是现有产业短缺的技术;二是替代进口的技术;三是"卡脖子"技术;四是引领性技术。这些都要一批一批梳理出来,滚动实施。

二是着力解决"浙江需要的资源在哪里"的问题。重点是编制三张地图:一张是全球重点产业地图。比如数字经济、精准医疗、新材料等产业,高端装备、增材制造、新能源汽车、精细化工等产业,时尚消费、通信电子等产业。一张是浙江省所需领域的世界一流企业全球分布图。如网络信息企业、机械制造企业、下一代清洁能源汽车企业、新材料企业等,包括世界500强企业、重点央企、行业龙头骨干企业或知名企业集团、隐形冠军企业、专精特新企业,作为浙江省有关地方、企业投资和合作的目标企业。一张是全球创新地图。汇总分析世界主要的创新大国和关键小国最有条件、最具优势的产业技术领域,重点支持省内有基础有能力承担关键核心技术攻关任务的企业,聚焦产业链短板和国内空白与国外开展精准对接合作,承接其溢出的优势创新资源,力争开发出一批自主知识产权的战略性成果或标志性产品。

三是着力解决"以什么样的方式开展合作"的问题。推进主体上,要全面动员省发展改革、经信、科技、商务等部门和贸促会、工商联等省级单位,让各级政府和高校、企业等都要积极参与。投资合作上,重点招引一批重大投资项目,发挥世界互联网大会等平台的作用,开展项目对接,加大精准招商引资;主动出击,到省外境外重点产业集聚区开展推介活动,建立对接渠道。人才合作上,发布重点人才引培目录;深入推进海外工程师计划、高校海外精英集聚计划、高端外国专家项目,加快引进一批海外科技领军人才、知名企业家和创新创业团队;实施浙商回归引进工程,招引一批省(境)外浙籍企业家;实施高技能领军人才培养工程,建设高技能人才公共实训基地,建立境外培训工作机制,继续做好"金蓝领"高技能人才国(境)外培训工作;发挥浙江大学等高校校友会在引才引智中的作用;走出去建设"飞地"或孵化器,柔性引进高端人才。技术合作上,重

点是加快建设全球技术交易大市场,打造技术转移转化平台,谋划布局海外分市场;推动龙头企业和科研机构开展国际技术合作,完善协同创新机制。市场合作上,推动企业营销渠道的资源整合和共建共享;加强产业链上下游企业的协作配套,形成产业链的竞争优势;加快自贸区建设,深化国际贸易综合改革,提升贸易通关便利化水平。合作方式上,要大力支持并购重组、直接投资、成果转化,完善政策保障和预警预测分析服务;合作方式可以多种多样,只要能为我所用,就是好的。

四是着力解决"项目落地在哪里"的问题,也就是要解决统筹布局的问题。不要无序竞争,造成政府资源的巨大浪费。第一,把加快构建高能级平台作为全球精准合作的核心支撑和项目落地的有效载体。第二,建设一批中外合作产业园区。第三,推进省内重大创新平台顺应创新要素全球流动新趋势,整合平台优势,加大与国际优质创新资源对接力度。第四,在海外建设一批创新孵化基地、人才驿站、产业合作园和境外加工制造、资源利用、商贸物流基地。第五,培育一批具有一定合作基础和实力的企业,成为全球精准合作的生力军。

四、政企合力,建立全球精准合作工作机制

(一)健全全球精准合作工作机制

省工业转型升级领导小组统筹负责工业和信息化全球精准合作工作,省科技领导小组统筹负责科技全球精准合作工作,下设专项工作小组做好日常工作,加强统筹谋划、政策指导、协调落实。各地"一把手"要抓招商引资、抓项目落地。要实行"一企一策""一事一议"等,根据项目重要性和实际需求资源,配套相关政策。

(二)打响全球精准合作系列活动品牌

经信部门要依托世界互联网大会、工业设计大会、装备博览会、央企及军工集团等平台,开展推介对接活动;紧扣精准性,推进各行业协会(商会)开展全球精准合作专题活动;组织参加国外、省外举办的产业交流重大活动,举办产业国际合作对接会、洽谈会等。科技部门要继续推进科技大市场建设,探索开展国外优秀科技成果对接会、拍卖会等活动。商务部门要办好各类重大国际会展活动。各设区市要通过地方性全球产业精准合作或重大项目合作对接活动,有效引进高端外资、优质内资和浙商回归项目。海外浙江商会、浙江大学海外校友会等要加强与浙江省有实力、境外有投资的大企业集团开展合作,探索共建一批海外办事处,搭建信息沟通渠道。

(三)加强服务和要素资源保障工作

深入开展"三服务"活动,帮助协调解决项目落地中的困难和问题。深化"最多跑一次"改革,完善"标准地"制度,做好项目审批服务。落实和兑现土地、投资、科技、金融等扶持政策。编制重点国家和地区投资合作指南,建立企业跨国经营风险预警机制。各市县和产业平台要做好项目落地的用地、用能、能耗、环境容量等要素的保障工作,加大对产业发展、合作政策、营商环境等的宣传力度,努力营造全球精准合作的良好氛围。要认清复杂的国际形势,注意防范法律等风险,确保安全。

综合施策　精准发力　坚定不移推动传统制造业改造提升

浙江省经济和信息化厅厅长　徐旭
（2019 年 11 月 7 日）

2017 年,省委、省政府在全国率先全面启动传统制造业改造提升工作,吹响了浙江省传统制造业转型升级的冲锋号。两年多来,省经信厅按照省委、省政府决策部署,在省级有关部门和各地的大力支持下,建立工作体系、指标体系、政策体系、评价体系。全省传统制造业增加值增速从不到 5% 回升到 6% 左右,增加值率从 18.2% 提高到 20.8%,劳动生产率年均提高 8.1%,亩均增加值从 80 多万元提高到近 100 万元,传统制造业中高新技术产业增加值占比提高到 50% 以上,数字经济占 GDP 的 41.5%,有力支撑了工业经济在高基数上的高质量发展。

一、聚焦产业赋能,大力推进数字经济"一号工程"

加快"十百千万"智能化改造行动。实施振兴实体经济(传统产业改造)专项激励政策,2017 年以来传统制造业领域累计实施重点技改项目 6300 多项、完成投资 1931 亿元,2019 年 1—9 月传统制造业规上劳动生产率同比提高 8.9%,高出全省规上工业 0.2 个百分点。加快工业互联网平台建设。在全国率先建立"1+N"工业互联网平台体系和行业联盟,目前全省已培育区域级、行业级、企业级平台 110 个,接入工业设备约 20 万台(套),平台数量、服务能力均居全国前列。加快新业态新模式培育。全省累计培育服务型制造示范企业(平台)147 家,上云企业达到 32.5 万家;建设 121 个"无人车间""无人工厂",130 个骨干数字企业,127 个数字化重大项目,100 个数字化园区。2018 年数字经济增加值同比增长 19.3%,占 GDP 比重高出全国 6.7 个百分点,全省产业数字化指数列全国第一。大力推进企业技术创新,传统制造业领域建成省级以上企业技术中心 809家,建成产业创新服务综合体 51 个。

二、聚焦腾笼换鸟,大力推进"亩均论英雄"改革

一是全面开展"亩均效益"综合评价。建立工业、服务业以及高新区、经开区、小微企业园、特色小镇等"亩均效益"评价和资源要素优化配置机制。2019 年完成 11.2 万家规上工业和用地 3 亩以上规下工业企业"亩均效益"综合评价,建成"亩均论英雄"省市县三级大数据平台。二是加快低效企业改造。运用差别化电价、水价等市场化手段,加大激励倒逼改造力度。2016 年来,减免 A、B 档企业城镇土地使用税 98.7 亿元,征收 D 档企业差别化电价、水价、排污费 9.8 亿元,累计改造亩均税收万元以下企业 15258 家,全省规上工业亩均税收从 2016 年的 21.7 万元提高到 30 万元, 亩均增加值从 101.6 万元提高到 106 万元, 单位建设用地 GDP 位列全国各省区第二位。三是坚决淘汰落后产能。2017—2019 年全省已累计淘汰落后产能企业 5760家、整治提升"低散乱"企业(作坊)10.1 万家;累计盘活存量建设用地 44.32 万亩、腾出用能空间 506 万吨标煤。利用盘活空间,加快发展先进制造和新兴产业,推进小微企业园建设提升,建成小微企业园 726 个,入驻小微企业 3.73 万家。

三、聚焦主体升级，大力推进企业培育"雄鹰、雏鹰行动"

一是深入实施"雄鹰行动"。建立"雄鹰"企业培育库，遴选培育"雄鹰"企业超50家，制定"一企一策"计划书。目前传统制造业领域已有营业收入超百亿元企业34家。二是深入实施"雏鹰行动"。建立完善中小微企业梯度培育体系，推动中小微企业"专精特新"发展。截至9月底，累计认定省级"隐形冠军"70家，19家企业入选国家第一批"小巨人"，全省规上工业企业数已达4.34万家。三是深入推进全球精准合作。召开全球精准合作大会，绘制集成电路等6大产业地图，搭建全球产业链精准合作招商系统大数据平台，汇聚1200万家企业、20亿条信息。截至2019年9月底，世界500强企业在浙投资额超387.2亿美元。四是深入推进先进制造业集群培育。制订浙江省培育先进制造业集群行动计划，以集群发展促进机构为重点，探索集群培育新模式。目前全省拥有年产值超千亿集群12个、超百亿集群80多个，累计创建国家新型工业化产业示范基地21家，居全国前列。2019年，宁波—舟山绿色石化、宁波汽车、绍兴现代纺织等3个集群进入国家先进制造业集群中标候选名单。

四、聚焦精准帮扶，大力推进"三服务"活动

一是狠抓长效服务，面向传统制造业改造提升省级试点构建"重点市县、重点项目、重要平台、重点企业"常态化跟踪机制。截至10月底，累计走访服务企业9.24万家(次)，提供服务事项总数22.1万个，服务事项办结率95.15%。围绕"五个一"要求，加快建设企业服务综合平台，已迭代发布省市县三级惠企政策七大类5670条，平台在库企业215万余家，推送政策2.1亿条次，初步建立基于平台的企业诉求办理省市县三级联动工作体系。二是着力减负降本。在全面落实国家减税降费新政基础上，2019年出台第五批20条政策，1—9月已为企业减负1680亿元，预计全年超2000亿元，是全国涉企减负力度最大、措施最实的省份。组织开展清理拖欠民营企业中小企业账款专项，截至9月底清偿率达到68.4%，走在全国前列。三是落实风险防控。围绕"一张清单、两项举措、三项机制"(一张清单:困难企业帮扶清单。两项举措:推进企业减负和清欠，帮扶困难企业解困出清。三项机制:一张政策清单、一个信息平台、一个政企互动共治机制)，建设防范化解企业重大风险平台，形成风险监测、甄别、预警、防控一体化工作体系，构建分类帮扶、融资畅通帮扶等困难企业帮扶工作机制。到9月底，已帮扶80家企业实现脱险解困、4家企业完成平稳出清。四是增强市场信心。建立中美贸易摩擦应对机制，会同省商务厅、省市场监管局开展浙江制造"百网万品"开拓市场行动，会同财政部门推动实施政府采购、首购制度，开通"政采云"浙江制造精品馆，帮助企业拓展线上线下市场，稳定预期，增强信心。

两年多的工作实践让我们深刻认识到，传统制造业改造提升是聚焦产业基础高级化、产业链现代化，推动产业链协同创新的必由之路;是聚焦落实"四个新优势"，推动制造业高质量发展的重要一环;是聚焦高质量竞争力现代化，提高经济治理能力的关键一招。下一步，省经信厅将深入贯彻落实省委、省政府的总体部署和本次大会精神，以争创全国传统产业转型升级示范区为目标，撸起袖子加油干，坚决打赢传统制造业改造提升这场硬仗，坚定不移推动新时代制造业高质量发展。

2018年浙江省经信工作总结和2019年工作要点

浙江省经济和信息化厅

（2019年1月9日）

全省经济和信息化部门认真贯彻落实中央、省委经济工作会议及全国工业和信息化工作会议精神，进一步坚定发展信心，积极应对挑战，聚力数字经济，坚定不移建设制造强省，奋力开创制造业高质量发展新局面。

一、克难攻坚，2018年经济和信息化发展实现稳中有进

2018年是贯彻党的十九大精神开局之年，也是改革开放40周年、"八八战略"实施15周年。面对复杂的国内外经济形势，在省委、省政府的正确领导下，全省经信系统以"八八战略"为总纲，大力推进制造强省建设，经济和信息化工作取得明显成效。一是工业运行总体平稳。1—11月，规上工业增加值同比增长7.6%，比年度目标高0.6个百分点，比全国同期高1.3个百分点，比东部地区高1.9个百分点，呈现出"好于预期、高于全国、领先东部"的态势。二是创新动力不断增强。1—11月，规上工业企业技术（研究）开发费支出同比增长31.0%，占主营业务收入的比重达2.01%；新产品产值率35.6%，比上年同期提高0.9个百分点。三是数字经济引领发展。前三季度，数字经济核心产业增加值同比增长14.8%，占GDP的9.7%，比上年同期提高0.3个百分点，对GDP增长的贡献率达17.1%。四是传统制造业加快提升。1—11月，10个重点传统制造业增加值增长5.0%，增速比上年同期提高0.3个百分点，进一步巩固了2017年来逐季回升的态势；利润同比增长15.8%，对规上工业利润增长的贡献率达60%以上。五是质量效益明显改善。1—11月，规上工业企业利润总额同比增长8.7%，主营业务收入利润率6.64%，利润率高于全国0.16个百分点；全员劳动生产率22.2万元/人·年，比上年同期提高7.9%；每百元主营业务收入的成本83.7元，低于全国0.49元。六是民营企业持续健康发展。1—11月，规上民营工业企业增加值同比增长8.2%，利润同比增长12.3%，分别比规上工业高0.6和3.6个百分点。

（一）启动实施"一号工程"，数字经济潜能加快释放

一是加强顶层设计。出台浙江省国家数字经济示范省建设方案和数字经济五年倍增计划，构建国家数字经济示范省建设"3386"体系，推动设立省数字经济发展领导小组，牵头制定落实119项重点工作清单，推进技术标准体系、统计指标体系建设。国家信息经济示范区建设获得中央领导同志批示肯定。二是加快发展数字经济核心产业。大力发展云计算、大数据、物联网、人工智能等新兴产业，积极布局区块链、量子信息等前沿产业，推进杭州国家"芯火"创新基地、杭州国际级软件名城、省级集成电路产业基地、智能网联汽车应用示范等重大项目（平台）建设；1—11月，新一代信息技术产业增加值增长19.7%，软件业务收入4622亿元，增长19%，软件企业享受税收优惠政策金额连续三年居全国第一，全年新登记软件著作权5.5万件；入选工信部大数据产业发展试点示范项目17个，居全国第二；杭州市拥有区块链领域全球专利116项，居全国第三。三是持续推进"两化"深度融合国家示范区建设。出台《关于加快发展工业互联网促进制造业高质量发展

的实施意见》,在全国率先打造"1+N"工业互联网平台体系,组建国家级 supET 工业互联网平台,建设省级工业互联网平台 47 家,新增国家级两化融合管理体系贯标试点企业 68 家、国家级制造业与互联网融合发展试点示范企业 8 家、省级制造业"双创"平台试点示范企业 38 家。深化"企业上云"行动,新增上云企业超 12 万家,培育上云标杆企业 88 家,打造行业云应用平台 10 个。四是持续完善数字基础设施。制定实施《浙江省信息基础设施建设三年行动计划 (2018—2020 年)》,5G 试验网建设及应用示范走在全国前列, 建成开通 500 多个基站;积极推进 IPv6 规模部署,完成浙江政务服务网、门户网站和运营商基础网络的 IPv6 改造。在全国率先开展"城市大脑"建设应用,推动杭州"城市大脑"2.0 版建设,启动开展湖州市、衢州市、德清县等"城市大脑"建设示范试点。加强无线电频谱资源管理,圆满完成 5G 试验网、世界互联网大会、世界短池游泳锦标赛等重大活动的无线电保障工作。五是成功承办第五届世界互联网大会相关活动。高水平组织"互联网之光"博览会、"工业互联网的创新与突破"论坛等 41 项活动,实现了"一届比一届办得更好"的办会目标。举办"数字经济产业合作大会""直通乌镇"总决赛等 19 场产业合作对接活动。举办数字经济人才对接会,发布《浙江数字经济人才需求目录》。

(二)推进创新驱动发展,新旧动能转换踯疾步稳

一是深化中国制造 2025 试点示范。落实"中国制造 2025 浙江行动"部省战略合作协议,参与国家集成电路产业投资基金、国家制造业转型升级基金组建,深化宁波、湖州 2 个国家示范城市和 8 个省级试点县(市、区)建设。列入国家"五大工程"试点示范重点项目 39 项,获得国家工业转型升级补助资金 9.11 亿元,居全国前列。二是完善产业创新体系。加强创新平台建设,新增智慧视频安防、柔性电子等省级制造业创新中心 7 家,新增省级企业技术中心 101 家、国家企业技术中心 8 家,启动第二批 30 多家省级产业创新服务综合体创建培育工作。加强新产品开发应用,加大首台(套)保险支持力度,全年新增首台(套)产品 130 项,其中国家首台(套)产品 6 项。加快新材料产业平台建设,宁波材料所入选首批 3 家国家新材料测试评价区域中心。三是推进智能制造。出台《关于推动工业企业智能化技术改造的意见》,滚动实施智能制造行动计划,分区域分行业推进智能化改造试点,开展重点行业智能制造新模式应用示范,全年实施重点技改项目 3000 项,已建成数字化车间 60 个、"无人工厂"6 家,入选国家智能制造试点示范项目 8 项,新增工业机器人 1.6 万台。推进 386 项"百项万亿"重大制造业项目建设,全年完成投资 1000 亿元。落实好 18 个县(市、区)振兴实体经济财政专项激励政策。四是推进服务型制造。实施服务型制造工程,新增省级示范企业 80 家、示范平台 26 个,10 家企业入围国家级示范企业(项目、平台),嘉兴列入 6 个国家级示范城市。成功举办第二届世界工业设计大会和第三届中国设计智造大奖, 推进良渚工业设计小镇提升发展,1—11 月 18 家省级特色工业设计示范基地设计服务收入增长 16% 以上,新增专利授权 4982 项。五是推进产才融合发展。初步建立省市县三级人才工作体系及相关工作机制。推动柯桥区、海宁市开展经济效益和社会效益相结合的企业家综合评价试点,配套实施差别化扶持政策。深入实施企业经营管理人才素质提升工程,全省经信系统全年累计培训 20 余万人次。推进工程领域职称评审科学化、社会化、市场化改革,出台经信领域高层次和紧缺急需人才高级职称一事一议评定办法。

(三)深化供给侧结构性改革,去产能降成本补短板走向纵深

一是稳步推进"去产能"。更加注重运用市场化、法治化方式淘汰落后产能,全年淘汰落后产能涉及企业 1733 家,治理"低散乱"企业(作坊)3.62 万家。加快"僵尸企业"市场出清,1—11 月处置"僵尸企业"382 家。二是大力推进企业减负降本。全面落实国家减税降费政策,聚焦税费、电力、社保等重点领域,出台《关于进一步减轻企业负担增强企业竞争力的若干意见》,全年为企业降低各类负担和成本 1500 亿元。三是实施绿色

制造工程。实施《浙江省绿色制造体系建设实施方案(2018—2020年)》,列入国家绿色制造系统集成项目4个、绿色工厂58家、绿色设计产品53个、绿色园区2个、绿色供应链管理示范企业4家,数量居全国前列。列入工信部国家新能源汽车动力蓄电池回收利用试点。出台《坚决打好工业污染防治攻坚战三年行动计划》,加强工业领域能源"双控",预计全年规上工业单位增加值能耗下降5%左右。四是提升质量品牌。深化"品牌+""标准化+",启动标准化改造提升区域试点,制定经信领域团体标准40项、行业标准219项;持续推进"浙江制造"品牌培育工程、消费品工业"三品"专项行动,加大"浙江制造精品"推广应用,新增"浙江制造精品"200多项。

(四)推动重点产业转型升级,特色优势行业竞争力稳步提升

一是推进传统制造业改造提升试点示范。出台《浙江省加快传统制造业改造提升行动计划(2018—2022年)》,启动新一批7个行业改造提升,逐个行业制定实施方案,深化绍兴市综合试点和首批21个县(市、区)分行业省级试点,开展第二批14个县(市、区)分行业省级试点。组织开展试点对标提升活动,总结推广"改造提升十法"。二是强化行业管理。拟订汽车产业高质量发展行动方案,推动汽车产业稳定发展。推动装备基础件、零部件转型升级,加强铸造等行业监管。推进国家高端医疗设备示范项目,选定新"浙八味"中药材培育名单。扎实推进城镇人口密集区危险化学品生产企业搬迁改造工作。制定浙江省钢铁、水泥、玻璃行业产能置换实施细则,在控制产能前提下加快行业改造提升,开展全省中频炉使用专项核查。积极做好禁化武履约工作。开展光伏、锂电池、印染、电动自行车、再生化纤行业规范公告审核,推进食品企业诚信体系建设。深化盐业体制改革,完成国家盐改过渡期工作任务,有效保障食盐稳定供应和质量安全。三是加快制造业集群和特色小镇建设。拟订培育先进制造业集群的政策文件,深化新型工业化产业示范基地(先进制造业基地)建设,新增国家新型工业化产业示范基地4家。推进数字经济、时尚、高端装备、历史经典产业等领域特色小镇建设,培育省级特色小镇和创建对象66个,占全部特色小镇数的54%;其中省级示范小镇7个,占全部的70%。四是推进全球精准合作。出台《浙江省工业和信息化全球精准合作三年行动计划(2018—2020年)》,编制发布重大制造业项目招引清单,共同举办、承办"浙江—德国数字经济和高新技术产业高峰对接会""浙江省国际智能医疗创新大会"等对接会,组织企业参加首届联合国世界地理信息大会、第十届APEC中小企业技展会、第十五届中博会,推动中德中小企业合作区建设。成功举办2018中国义乌国际装备博览会。积极参与长三角区域一体化发展,开展产业和信息化八大事项合作。

(五)加快培育优质企业,推动大中小微企业融通发展

一是推动大企业做强做优。深化"三名"试点企业培育,出台《关于实施雄鹰行动培育具有全球竞争力一流企业的通知》,拟订《关于进一步推动企业兼并重组的实施意见》,着力培育一批世界一流企业。2018年入围中国民营企业制造业500强97家、电子信息百强14家、软件百强10家。二是推动中小微企业做专做精做特做新。出台《关于促进小微企业创新发展的若干意见》,拟订《关于开展"雏鹰行动"培育隐形冠军的实施意见》,推进小微企业上规升级和"专精特新"发展,中小微企业创业创新活力明显增强。新增"小升规"企业3579家,评定"隐形冠军"27家、"隐形冠军"培育企业287家、"创业之星"211家、创新型示范中小企业107家;入围工信部单项冠军企业(产品)36个,居全国第一。举办"浙江好项目"创新创业大赛。三是建设提升小微企业园。召开全省小微企业园建设提升暨"低散乱"整治推进大会,出台《关于加快小微企业园高质量发展的实施意见》,制定小微企业园绩效评价办法,确定首批20个小微企业园建设提升专项激励县(市、区),全年新增小微企业园222个,推动2.3万家企业入园集聚发展。2个开发区、4个小微企业园、11个服务平台分别入围国家创新创业特色载体、创新创业示范基地、公共服务示范平台。

（六）加强体制机制创新，企业营商环境持续优化

一是推进经信领域"最多跑一次"改革。深化工业投资项目审批"最多跑一次"改革，推进"数字经信"建设，全面应用在线审批监管平台2.0版，落实技术改造项目"八统一"，推动实现企业投资项目开工前审批"最多跑一次、最多100天"。无线电管理网上办事系统顺利通过省级高频事项数据共享用户验收。二是推进"亩均论英雄"改革。推动"亩均论英雄"改革纳入《浙江省保障"最多跑一次"改革规定》。"亩均论英雄"改革工作获全国政协领导人批示肯定，并获得2018年度省政府部门绩效考评改革创新项目第一等次。出台《关于深化"亩均论英雄"改革的指导意见》，完成8.1万家工业企业、76个开发区和31个制造业行业"亩均效益"评价，整治提升5000多家亩均税收1万元以下低效企业，全年规上工业企业亩均税收、亩均增加值分别增长9.8%、7.4%。建成省"亩均论英雄"大数据平台。推动资源要素优化配置，建立年度用地计划与市县"亩均效益"绩效挂钩的激励约束机制，为A类和B类企业减免城镇土地使用税24.8亿元、新增用地2.5万亩，依法征收D类企业差别化电价、水价、排污费合计2.85亿元。三是防范化解企业风险。建立风险企业排查督导机制，组织省市县"全覆盖"联动排查规上工业企业，形成重点关注企业清单。研究制订加强工业领域企业风险防范和化解工作的政策文件，针对企业存在的不同风险隐患类型和程度，提出分类处置、精准帮扶的政策意见。四是强化企业服务。牵头开展服务民营企业活动，组织百名厅局长到百家对口龙头企业开展精准服务，组织百名处长下基层宣讲政策，组织省市县"全覆盖"走访帮扶工业企业。积极应对中美经贸摩擦，建立重点行业和企业监测预警机制，统筹建立"一对一"跟踪服务机制。组织150家企业开展对标先进学习活动。开展中小微企业服务日和法律服务月活动，中小企业公共服务平台网络组织对接活动1000多场次。

在外部挑战和风险明显增多的情况下，成绩来之不易。这是贯彻落实党中央国务院战略决策、统一部署的结果，是省委省政府正确领导、科学决策的结果，是各地各部门大力支持、共同努力的结果，是全省经信系统和广大企业奋力拼搏、开拓创新的结果。

二、认清形势，全面把握制造业高质量发展的内在要求

我国进入中国特色社会主义新时代，发展仍处于重要战略机遇期，经济运行既稳中有进、又稳中有变，风险和困难明显增多。浙江省经信厅要清醒认识蕴含的机遇和面临的挑战，全面把握制造业高质量发展的内在要求。

（一）抓住用好战略机遇

在省委经济工作会议上，车俊书记科学概括了浙江发展的"5个新机遇"。根据省委、省政府对浙江发展机遇的科学判断，围绕浙江经信事业发展，要相应把握好以下机遇：一是抓住用好新一轮科技革命、产业变革的新机遇。数字经济是世界经济的发展方向。当前，人工智能、云计算、大数据、区块链等应用技术正拓展升级，5G时代即将开启，各类新技术、新产业、新业态、新模式层出不穷，为经济发展注入新动力。省委、省政府将数字经济列为"一号工程"，全面实施五年倍增计划，争创国家数字经济示范省，必将推动浙江经济高质量发展、抢占竞争制高点。二是抓住用好进一步深化改革开放的新机遇。深化"最多跑一次"改革，打造全球一流营商环境，深入实施"亩均论英雄"改革，将进一步推动资源向高产高效区域领域集中。"一带一路"战略纵深推进、互联网大会、进口博览会等"红利"不断释放，为浙江省工业出口开辟新的空间。三是抓住用好扩大国内市场的新机遇。消费互联网全国领先，产业互联网加快推进，以阿里巴巴为引领，"淘工厂""网易严选"等新业态新模式不断涌现，为浙江制造业企业拥抱庞大的国内外市场创造了便利条件。四是抓住用好国际环境和国内条件变化的倒逼机遇。通过一系列组合拳加快传统制造业改造提升，率先推进制造业转型升级，在应对经济下行、经贸摩擦、资源环境趋紧等困难方面，浙江省经信厅已经积累了一些经验。五是抓住用好

长三角一体化发展国家战略机遇。三省一市之间优势互补、协同创新、融合发展,为长三角共同打造数字经济创新发展高地、民营经济高质量发展高地提供了重大机遇。

(二)清醒认识严峻挑战

在看到成绩和机遇的同时,对困难挑战也要有全面充分的估量。从国际来看,经贸摩擦影响逐步显现、核心技术短板仍未解决,外部环境更复杂严峻、不确定性更大、风险挑战更多。从国内看,我国的发展不可逆转,但需要跨越非常规的特有关口和常规性的长期性的关口,低成本优势在消失,新竞争优势尚未形成局面,经济下行压力加大。

从浙江省情况看,工业经济发展同样面临"稳中有变、变中有忧"的形势。主要表现在:一是工业下行压力加大。8月份以来,规上工业增加值增速逐步下行,8—11月当月分别增长7.9%、7.6%、5.8%、5.6%。二是工业投资增长乏力。1—11月,工业投资下降1.5%,比全国平均水平低7.9个百分点,其中工业技改投资下降15.1%。三是企业利润增长较快回落。1—11月,规上工业企业利润总额同比增长8.7%,比三季度下降5.1个百分点;民营企业、小微企业每百元主营业务收入的成本均为84.9元,高于规上工业平均水平1.2元。四是产业创新能力仍待增强。关键核心技术总体缺乏,规上工业企业中拥有研发机构的企业占比依然较低,企业在创新投入中不敢投、不愿投的现象仍然较多。五是企业融资难、融资贵依然突出。制造业贷款比重从2016年一季度末的28.7%,下降到2018年三季度末的21.3%。贷款利息成本较高,1—11月规上工业企业每百元主营业务收入的利息支出1.21元,比全国高0.09元,比广东、江苏分别高0.63元、0.39元。

上述表现,反映出经济和信息化发展中存在的问题和工作中存在的不足:实体经济特别是中小微企业困难加剧、预期不稳,企业投资意愿较弱;关键核心技术"卡脖子"问题凸显,激励企业自主创新的机制有待强化;企业融资渠道相对缺乏,金融支持实体经济发展的力度仍待加大;推进工作存在惯性思维、创新不足的问题。对此,浙江省经信厅要保持清醒头脑,增强忧患意识,抓住主要矛盾,工作更努力,措施更扎实,服务更到位,有针对性地加以解决。

(三)全面把握制造业高质量发展的内在要求

推进制造业高质量发展,建设制造强省,是当前乃至今后很长一段时期经信工作的核心。结合浙江省实际,推进制造业高质量发展要突出体现以下几个方面要求:一是突出数字赋能导向,提升制造业融合发展水平。推动以互联网、大数据、人工智能为代表的新一代信息技术和制造业深度融合,推动先进制造业和现代服务业深度融合,提高金融体系服务制造业能力,推进制造业转换增长动力。二是突出创新发展导向,提升产业链水平。坚持创新第一动力、人才第一资源理念,加快产业与人才融合发展,全面推进制造业技术创新、产品创新、组织创新、商业模式创新、市场创新,注重利用创新形成新的竞争优势,提升产业链水平。三是突出产业升级导向,提升产业国际竞争力。坚持以供给侧结构性改革为主线不动摇,大力破除无效供给,大力培育新动能,大力降低企业负担成本,培育发展先进制造业,改造提升传统制造业,促进产业结构优化升级。四是突出企业主体导向,提升企业核心竞争力。始终坚持"两个毫不动摇",支持民营企业发展壮大,充分发挥企业和企业家主观能动性,破除各类要素流动壁垒,促进正向激励和优胜劣汰,培育更多优质企业。五是突出改革开放导向,提升企业发展活力和国际化水平。深化市场化改革,充分发挥市场在资源配置中的决定性作用,更好发挥政府作用,创造公平竞争的制度环境;扩大高水平开放,统筹利用国际国内两个市场、两种资源,推动企业全球化布局,增强企业国际竞争力。

三、坚定信心,全力抓好2019年重点工作任务

2019年是新中国成立70周年,也是高水平全面建成小康社会的关键之年。2019年全省经济和信息化

工作的总体要求是：全面贯彻党的十九大、中央经济工作会议和省第十四次党代会、省委经济工作会议精神，高举习近平新时代中国特色社会主义思想伟大旗帜，时刻牢记和践行习近平总书记赋予浙江的"干在实处永无止境，走在前列要谋新篇，勇立潮头方显担当"新期望，以"八八战略"再深化、改革开放再出发为主题，坚持稳中求进工作总基调，坚持新发展理念，坚持推进高质量发展，坚持以供给侧结构性改革为主线，坚持深化市场化改革、扩大高水平开放，以创新为第一动力，聚力数字经济"一号工程"，坚定不移建设制造强省，为全省"两个高水平"建设做出更大贡献。

2019年全省经济和信息化发展主要目标初步考虑是：规上工业增加值增长6.5%，数字经济核心产业增加值增长15%以上，规上工业技术（研究）开发费支出占主营业务收入比重提高到2.1%，规上工业劳动生产率提高7%，规上工业亩均增加值增长7%。

推进制造业高质量发展是2019年全省经济工作的中心，更是全省经信工作的核心。2019年浙江省经信厅要启动编制制造强省建设规划纲要，实施浙江制造品质提升工程，组织开展浙江工业大奖评选表彰，积极创建制造业高质量发展国家级示范区。具体要抓好七方面重点工作：

（一）聚力稳增长，确保工业经济运行在合理区间

稳增长，说到底是稳企业；稳企业，最重要的是稳住制造业企业、稳住民营企业。要全面加强工业经济运行监测、预警、分析，营造良好发展环境，力争规上工业增加值增长6.5%。

一是减轻企业负担。2019年要减轻企业负担1500亿元以上。全面落实已有的企业减负降本政策，重点落实好国家更大规模减税和更明显降费政策措施，出台新一批企业减负降本政策，开展"清理政府部门和国有企业拖欠民营企业中小企业账款"专项活动，按时完成清欠工作方案确定的各项任务，开展违规涉企保证金清理返还工作。

二是扩大工业投资。组织实施"千亿数字化改造重点项目计划"，落实5000项重点项目，力争2019年完成投资1500亿元。继续组织实施"百项万亿"重大制造业项目计划，力争2019年完成投资1000亿元。出台高端制造业培育行动计划。加强各级各类财政专项资金使用管理，对于2019年35.2亿元的省级财政专项资金，各地要严格依据相关规定及时下达到企业，切实提高财政专项资金的使用绩效。继续实施好18个县（市、区）振兴实体经济（传统产业改造）专项激励政策，努力形成一批可复制、可推广的典型经验。认真做好对接国家制造业转型升级基金、国家集成电路产业投资基金和省数字经济产业投资基金的工作，牵头设立重大项目的定向基金，形成推动重大项目落地的机制。

三是拓展产品市场。积极推广"淘工厂""网易严选"等一批新模式，大力发展工业电子商务，实施工信部新型信息消费示范项目。完善重点对美进出口企业运行监测体系，加强重点行业、企业的监测预警和应急处置，支持企业挖掘替代性国际市场。

四是防范企业风险。滚动做实困难企业帮扶"白名单"，分级分类开展企业帮扶工作，制定"一企一策"帮扶方案，实行清单式管理、销号制落实。重点通过采取延长还款期限，改变还本付息方式等债务重组方式，积极化解企业资金链担保链风险。指导企业安全生产管理，加快城镇人口密集区危险化学品生产企业搬迁。

五是加强民营企业服务。坚持"两个毫不动摇"，大力支持民营企业发展壮大。深化服务民营企业活动，完善企业公共服务平台和融资服务体系，建立重大调控政策征求企业家意见的制度，研究起草《浙江省民营企业发展促进条例》，组织开展《浙江省企业权益保护规定》督察评估，切实保护企业家的合法权益。

（二）聚力数字赋能，深入实施数字经济"一号工程"

数字经济"一号工程"是驱动制造业高质量发展的主引擎。要全面实施数字经济五年倍增计划，争创国

家数字经济示范省,力争数字经济核心产业增加值增长15%以上。

一是统筹全省数字经济发展。制定出台加快数字经济发展的政策措施,推动《浙江省数字经济促进条例》立法,办好第六届世界互联网大会,适时召开首届世界数字经济大会。推动实施数字经济"三区三中心"行动方案,加快建设数字大湾区、移动支付之省和"城市大脑"等一批标志性工程。统筹数字经济生产力布局,支持杭州打造全国数字经济第一城,建设乌镇国家互联网创新发展综合试验区,推动各地结合实际实施好数字经济"一号工程"。

二是实施数字产业化提升工程。推动设立100亿元的省数字经济产业投资基金,组织实施100个数字化重大项目,扶持100家数字骨干企业。制定实施《促进新一代人工智能发展行动计划(2019—2022年)》,布局建设5家以上省级人工智能创新平台,打造人工智能创新高地。实施集成电路"强芯"行动,推进杭州"芯火"创新基地和省级集成电路产业基地建设。实施软件创新能力提升行动,加快杭州国际级软件名城创建,推进工业技术软件化,培育万款工业App,力争软件业务收入增长15%以上。

三是实施产业数字化转型工程。深化"两化"深度融合国家示范区建设,推进"1+N"工业互联网平台体系建设,提升supET平台基础服务能力,新培育30家以上省级工业互联网平台,推动10家省级工业互联网平台与supET平台对接合作。探索建设工业互联网标识解析二级节点,争取国家级工业互联网创新发展项目和试点示范项目,增强工业互联网安全服务能力,加快推进企业两化融合管理体系贯标工作,打造100个"无人车间""无人工厂",推进100个园区数字化改造。继续实施"企业上云"三年行动计划,力争年底累计上云企业达到34万家。

四是加快数字基础设施升级。加快5G网络规模试点和应用示范步伐,开展5G试商用。推进IPv6规模部署和应用。深入实施"云上浙江""宽带浙江""泛在浙江"行动,优化大数据中心布局建设,提升三网融合应用和内容供给能力,加快部署窄带物联网。加快"城市大脑"建设,推进杭州、宁波、嘉兴等建设"城市大脑"、新型智慧城市,加快湖州、衢州、德清"城市大脑"建设示范试点,推动"城市大脑"向公共服务、市场监管、社会管理、环境保护等领域拓展。强化无线电频谱资源管理,加强5G网试商用过程的频率协调,做好无线电保障。

(三)聚力创新引领,进一步完善制造业创新体系

创新是引领制造业高质量发展的第一动力。要注重利用技术创新形成新的竞争优势,培育新的经济增长点,切实提升产业链水平。

一是增强产业创新能力。实施产业关键核心技术攻坚行动,加强军民融合技术的推广利用,梳理一批重点产业链"卡脖子"核心技术和短板装备,推动各方力量集中攻坚。加快创新平台建设及能级提升,新创建省级制造业创新中心5家左右,新建30家省级产业创新服务综合体,新培育省级以上企业技术中心100家左右。推进高端装备"双百"突破工程,实施首台(套)产品和"浙江制造精品"首购制度,完善首台(套)产品保险补偿机制,新培育推广首台(套)产品200项以上。支持标准研制和标准验证公共服务平台建设,研制推广一批重点领域行业标准。

二是培育新的产业增长点。加快发展生物经济,研究制定生物经济发展纲要。加快新材料产业发展,组织实施加快新材料产业发展行动计划(2019—2022年),推进新材料产业创新平台、生产应用平台、测试评价平台建设,积极推进国家石墨烯制造业创新中心的申报创建工作,深化重点新材料首批次应用保险补偿机制试点。推动汽车产业高质量发展,积极发展新能源汽车、智能网联汽车,推进整零协同,支持龙头企业强化浙江基地的核心地位,加快建设汽车产业强省。加快发展时尚产业,制定分行业自主品牌培育计划,拓展新兴

时尚产品。

三是推动先进制造业和现代服务业深度融合。制定实施进一步加快发展服务型制造的行动方案,提升发展信息技术服务、融资租赁、现代物流、检验检测等生产性服务业。发展数字化服务型制造,培育30家服务型制造示范企业(平台),力争示范企业(平台)服务收入占销售收入的比重达20%。大力发展工业设计产业,开展省级工业设计研究院培育创建工作,争创国家级工业设计中心,办好第四届中国设计智造大奖。

四是加强产业人才队伍建设。围绕理念转型、目标转型、政策转型,聚焦数字经济,探索以产业为载体,以可持续发展为根本,建立人才引进和培育机制。完善产才融合工作机制。探索建立全省域多元化的企业家综合评价工作体系,推进工程系列专业技术人员职称评审制度改革。

(四)聚力提质增效,全面深化传统制造业改造提升

传统制造业改造提升是富民强省十大行动计划之一,是推进制造业高质量发展的主阵地。要围绕"三个全面",推进"五大转型",力争重点传统制造业技术(研究)开发费、新产品产值增长10%以上。

一是推进传统制造业改造提升试点。深化绍兴市传统产业改造提升综合试点,推动印染、化工、电镀"集聚式"升级。深化17个行业、35个县(市、区)分行业省级试点,深入开展"质量效益、产业集群、龙头企业"三维度对标提升活动,选取100家典型企业,招引100个典型项目,形成100个典型做法,加快创建传统制造业改造提升先行区、示范区。

二是推进智能化改造。开展"十百千万"智能化技术改造行动,实施分行业智能化技术改造、百项智能制造新模式示范应用、千项智能化技术改造项目、万企智能化技术改造诊断,新增工业机器人应用17000台。深化重点企业智能制造新模式试点示范,推广面向块状经济、中小企业的智能制造"新昌模式",培育一批智能制造一体化服务企业、系统集成方案和解决方案供应商,搭建专业诊断及服务机构,累计培育省级智能化改造工程技术服务公司130家。

三是推进绿色化改造。积极打好工业污染防治攻坚战。制定实施绿色制造行动计划,创建一批绿色产品、绿色工厂、绿色园区、绿色供应链。全面推进企业实施清洁生产,加大"双超""双有"及高能耗企业开展清洁生产力度,加强节能、节水、环保等领域的技术、工艺、装备推广应用。加快推动节能环保制造业和新能源产业发展,落实再生资源转型升级指导意见,实施新能源汽车废旧动力电池回收利用试点方案,探索废旧动力电池市场化交易模式。

四是推进去产能。充分利用市场化、法治化手段,淘汰1000家企业的落后和严重过剩产能,整治10000家"低散乱"企业(作坊),盘活存量建设用地10万亩,腾出用能100万吨标煤。稳步推进企业优胜劣汰,积极稳妥处置"僵尸企业"。

(五)聚力主体升级,增强市场主体和产业平台竞争力

更具竞争力的市场主体和更高能级的产业平台,是制胜产业竞争的关键力量。要充分发挥企业主观能动性,培育更多优质企业,推动产业平台能级提升,切实增强企业和平台竞争力。

一是实施"雄鹰行动"。2019年目标是遴选50家左右企业纳入"雄鹰行动"培育库,进行重点培育。落实《关于实施雄鹰行动培育具有全球竞争力一流企业的通知》,聚焦重点产业,以年营业收入100亿元以上,主导产品或服务市场占有率国内前三、世界前列为主要标准,建立雄鹰行动企业培育库。实行"一企一策"政策,加快培育形成一批本土跨国公司。落实《关于进一步推动企业兼并重组的实施意见》,支持企业强强联合,鼓励优势企业参与盘活困难企业优质资产,推动企业综合竞争力提升。

二是实施"雏鹰行动"。2019年目标是新增"小升规"企业2500家,培育"隐形冠军""单项冠军"企业40

家。落实《关于开展"雏鹰行动"培育隐形冠军的实施意见》,遴选一批创新型、科技型、成长型的优质中小微企业,建立"雏鹰行动"企业培育库,形成"小升规"—"隐形冠军"—"单项冠军"的梯度培育机制,引导企业走"专精特新"发展之路,提升中小微企业专业化能力和市场竞争力,推动大中小微企业融通发展。

三是建设提升小微企业园。2019年目标是建设提升小微企业园200个,推动20000家小微企业入园集聚。加强小微企业园建设规划布局,推进20个试点县(市、区)小微企业园建设提升工作,试点开展绩效评价和星级评定,创建一批特色示范园区。建立小微企业园信息管理系统,推动数字化园区建设,建成20个数字化示范园。开展"百园万企"专项服务活动,提升小微企业园运营管理水平和公共服务能力。

四是打造先进制造业集群。制定出台浙江省培育先进制造业集群的政策文件,着力打造数字安防、现代纺织、汽车制造、绿色石化四个先进制造业集群,争取1—2个跻身国家重点培育世界一流产业集群名单。依托国家新型工业化产业示范基地、高新区、高技术产业园等平台,培育一批产值超千亿元、国内外有较强影响力的优势制造业集群。以特色小镇的理念和方式,推动开发区(园区)有机更新,打造人工智能、互联网、机器人等领域具有国际水准的专项产业基地。

(六)聚力改革开放,激发制造业企业发展活力

改革开放是推进制造业高质量发展的必由之路。要积极解放思想、大胆实践,推动经信领域改革开放走深走实,更好激发制造业企业发展活力。

一是深化"最多跑一次"改革。以"数字经信"建设为抓手,推进协同办公平台、网上审批服务平台向市县延伸,完善工业经济运行监测系统,实现全省经信系统信息孤岛100%全打通、资源数据100%全共享、网上办事100%全覆盖,实现"掌上办事、移动办公"。推进投资管理改革创新,完善以项目备案为基础的全省工业投资重点项目信息服务系统,巩固技改项目备案权限省级"零保留"成果。

二是深化"亩均论英雄"改革。2019年规上工业企业亩均税收、亩均增加值增速都要超过7%。完善工业企业"亩均效益"评价工作,全面启动服务业企业、开发区(园区)、特色小镇、小微企业园的"亩均效益"评价工作。分领域分行业实施"亩均效益"领跑者行动,推广"提升亩均效益十法",制定制造业行业新增项目投资强度和产出效益规范指南。依法依规推进资源要素优化配置,推动落实用地、用能、排污等要素分配与市县"亩均效益"绩效挂钩的激励约束机制。迭代优化"亩均论英雄"大数据平台。改造提升5000家亩均税收1万元以下低效企业。

三是落实长三角一体化发展国家战略。推进长三角数字经济产业链协作、产业生态构筑、应用示范推广等方面合作,打造世界级数字经济创新高地。协同开展长三角5G规模组网和应用示范,推进IPv6规模部署和演进升级,协调推动数据中心布局,联合建设量子通信保密干线网,建立一体化的卫星定位基准服务系统。协同推进长三角工业互联网建设,促进"城市大脑"在长三角城市群的应用,开展人工智能、智能制造等示范应用,共筑智能互联发展生态。

四是加强全球精准合作。积极参与"一带一路"建设,加强与境外工业部门、行业协会、投资促进机构的联系,搭建信息服务平台,精准对接供需。用好世界互联网大会、世界浙商大会、云栖大会等活动平台,针对性开展主题对接会,精准搭建平台。围绕产业链布局,精准推进一批重大制造业项目合作,支持有条件的企业开展全球化布局。继续高标准做好东西部扶贫、对口支援、山海协作、结对帮扶等工作。

(七)强化党的领导,打造忠诚有担当、清廉有为的经信队伍

省经信厅机构改革新"三定"方案已进入批复程序。市县机构改革也已全面启动。要进一步强化党的领导,大力推进"清廉经信"建设,打造一支忠诚担当、清廉有为的经信队伍。

一是进一步强化政治统领和理论武装。要牢固树立"四个意识",坚定"四个自信",坚决做到"两个维护",在政治立场、政治方向、政治原则、政治道路上同以习近平同志为核心的党中央保持高度一致。坚持以党的政治建设为统领,抓紧抓实党的思想建设、组织建设、作风建设、纪律建设,并把制度建设贯穿其中。持续深入学习习近平新时代中国特色社会主义思想,在学懂弄通做实上狠下功夫,将之充分体现到经信领域的各个方面,贯穿到制定政策、部署任务、推进工作的各个环节。

二是进一步强化主体责任和作风建设。坚持党要管党,全面从严治党,从严规范党内政治生活,严守政治纪律和政治规矩,巩固巡视整改成果,深化"正风肃纪全覆盖"专项行动,持续推进"两规范一加强",强化内部审计监督,营造风清气正的良好政治生态。制定落实"清廉经信"建设实施意见,用好监督执纪"四种形态",持续开展形式主义、官僚主义等作风问题整治,加大督导问责力度,落实好以廉政风险防控等为重点的作风建设长效机制。

三是进一步强化学习调研和思路谋划。把开展服务企业、服务群众、服务基层"三服务"活动作为深化"大学习大调研大抓落实"活动的具体抓手,完善"四联系"制度,多出一些管用的实招、硬招、新招,不断提高企业的获得感。加强政治理论、业务知识和专业理论的学习,把调查研究贯穿做出决策、推进工作、破解难题全过程,善于在学习和实践中找思路、想办法,积极提出一批有针对性、有价值的对策建议和工作举措,努力成为解决实际问题的能手。

四是进一步强化责任担当和敢于担当。深入实施"党建强基"工程,以提升组织力、凝聚力、战斗力为重点,加强基层党组织建设,充分发挥党组织的战斗堡垒作用和党员的先锋模范作用。深化创先争优活动,开展"建设清廉机关、创建模范机关"活动,切实激发党员干部干事创业热情。健全激励机制和容错纠错机制,树立为担当者担当、为负责者负责、为改革者撑腰的鲜明导向,大力营造鼓励和支持干部改革创新、敢于担当的良好氛围。

2019年全省经信系统肩负的任务更重、承担的责任更大。让浙江省经信厅在省委省政府的正确领导下,凝心聚力、干在实处,共同把战略部署变成美好现实、把目标任务变成丰硕成果!

2019 浙江工业发展报告

ZHEJIANG INDUSTRIAL DEVELOPMENT REPORT

第二部分 产业篇

2018年浙江省机械工业经济运行情况

浙江省经信厅高端装备处

2018年,浙江省机械工业生产总体保持平稳增长,汽车工业受上年基数较大、消费不振等因素影响,增速出现大幅回落。全行业(包括汽车工业和机械工业两大子行业)利润出现负增长,行业效益形势严峻。

一、2018年机械工业运行的主要特点

生产保持平稳增长。2018年全省机械行业完成工业增加值5049亿元,同比增长8.6%。其中,仪器仪表、专用设备2个子行业累计增加值同比分别增长10.3%和10.1%,通用设备、汽车制造、电气机械、金属制品、运输设备等5个子行业呈个位数平稳增长,其他机械行业小幅下降。机械工业占全省规上工业增加值的34.3%,增量的39.9%,拉动全省规上工业增加值增长2.9个百分点。2017年12月—2018年12月浙江省规上工业增加值增速情况具体如图1所示。

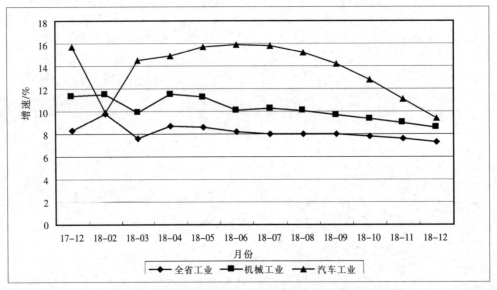

图1 2017年12月—2018年12月浙江省规上工业增加值增速情况

多数机械工业重点产品全年实现增长,但增长类比重下降且增速普遍减缓。其中,金属切削机床增长13.2%;农业机械同比增长19.1%;紧固件7.2%,滚动轴承4.2%,阀门12.6%。

效益指标低位运行。2018年,各子行业效益出现分化,专用设备行业利润实现两位数增长,仪器仪表、通用设备、金属制品3个子行业利润个位数增长,汽车、电气机械2个子行业利润负增长(-4.9%、-6.2%),船舶行业亏损面扩大。全行业利润总额1547亿元,占全省工业利润总额的34.8%,同比负增长(-0.57%),低于全省工业近6个百分点。2017年12月—2018年12月浙江省规上工业利润增速如图2所示。

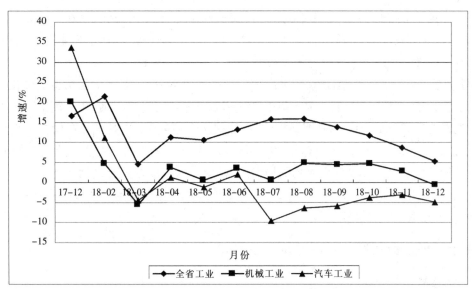

图2 2017年12月—2018年12月浙江省规上工业利润增速情况

全行业资产状况总体平稳。总资产、流动资产呈个位数平稳增长,但存货、负债也增长较快,与资产增速基本持平。基本业务收入、基本业务成本、销售、管理费用等经营数据尚处于合理水平,与全省工业面上数据基本同步。

二、重点行业运行情况

(一)汽车制造业

1. 总体情况

1—12月,全省汽车制造业工业增加值1163亿元,同比增长9.4%,占全省工业增加值的7.9%,拉动全省规上工业增长0.7个百分点。利润总额485亿元,同比下降4.9%,占全省规上工业利润总额的10.9%。行业总资产7228亿元,同比增长18.1%。出口交货值504亿元,同比增长10%。税金总额215亿元,同比下降5%。

2. 整车工业

1—12月全省整车产销分别为164万辆和166万辆,与2017年同期相比分别增长12.1%和14.5%,分别高于全国增速16.3个百分点和17.3个百分点,均占全国汽车1—12月产销的6%左右。其中12月,浙江省汽车产销12.2万辆和12.4万辆,比上年同期下降38.7%和34.3%,低于全国增速20.3个百分点和21.3个百分点。产量环比下降14.9%,销量环比下降21.3%,分别占全国汽车12月产销的4.9%和4.6%。数据表明,浙江省2018年汽车产量在全国的占比仍在上升,但产销逐月下滑的速度比全国更快。

3. 新能源汽车

1—12月新能源汽车产销分别为6.2万辆和6.5万辆,产量同比下降16%,销量同比下降17%,分别占全国新能源车产销量的4.9%和5.2%。

(二)船舶工业

1. 基本情况

2018年,全省规上企业共完成产值251.6亿元,同比增长1.4%。其中民用船舶制造完成产值139.2亿元,同比下降2.9%;配套产值26.3亿元,同比增长6.9%;修理产值57.1亿元,同比增长19.0%;海工装备完成产值2.0亿元,同比下降71.4%。完成主营业务收入191.7亿元,同比下降28.4%;利润总额情况依然不理想,全省船企共亏损18.7亿元,较2017年同期增加约7.1亿元亏损额。

1—12月,全省共完工船舶279.9万载重吨,同比下降34.0%。其中出口完工200.7万载重吨,同比下降44.9%;新接订单314.5万载重吨,同比增长2.5%;手持订单838万载重吨,同比下降4.3%。取消订单65.7万载重吨,同比下降73.2%。

虽然船舶行业近年来经营惨淡,但近期还是出现了一些好的苗头。一是产能结构持续优化。造船三大指标前十企业占比超过85%,工业总产值的前十集中度达到65.5%,高出上年同期约3个百分点。通过近几年持续"降能增效",现有产能900万—1000万载重吨,产能结构渐趋合理。二是产品结构持续优化。成功推动中型豪华邮轮研发设计的同时,在LNG运输船、新能源动力船、超大型集装箱船和专业科考船等细分市场领域有新的斩获,改变了三大主流船型独占市场的局面。三是中小船企较为活跃。在小型沿海运输船舶、中小型特种船舶等细分市场周期性需求上升拉动下,宁波、台州等地船企抓住市场机遇,2018年中小船企完工量、新接订单量分别同比增长24%和127%。

三、2019年机械工业运行趋势展望及下步举措

(一)面临的挑战

1. 钢铁、煤炭、电力、石油、化工等行业普遍处于产业结构的深度调整期,能源装备需求短期内难以大幅增长。

2. 原材料价格上涨幅度较大,全省机械工业企业普遍议价能力、压力传导能力不足,利润空间仍将受到挤压。

3. 近年机械工业的增长,汽车行业贡献很大。由于基数快速抬高,汽车行业保持快速增长难度很大。

4. 中美贸易摩擦存在不确定性,对机械行业的负面影响可能扩大。

(二)有利的因素

1. 《中国制造2025》及浙江行动纲要的各项工作深入推进,"强基工程""智能制造"等专项以及重大技术改造升级工程实施,对机械工业的发展和经济运行的带动作用将逐步显现。

2. 机械工业调结构促转型增效益的相关举措,在行业经济下行压力加剧、转型升级步入攻坚阶段实施,瞄准了机械工业发展中的短板和矛盾症结,指导性、针对性、操作性都很强,六大重点任务和五项保障措施,为机械工业发展提供了良好的政策环境。

(三)机械工业主要行业预测

汽车工业,2019年发展面临诸多挑战,如优惠政策变化、环保标准升级、道路拥堵加剧、地方保护扩大、出口市场下滑等制约汽车工业发展的不利因素,同时对比基数抬高等,保持快速增长的难度较大,预计增速在10%到20%之间。电工电器行业虽有部分在手订单,但不确定因素较多,预计增速也将走低。其他行业得益于利好政策和结构优化,部分行业已出现企稳回升的苗头(如工程机械、机床等),预计增速会好于2017年。

综上所述,2019年浙江省机械工业将会继续保持平稳增长,增长速度可能与上年度持平。下一步,将围绕落实《关于推进浙江省机械工业调结构促转型增效益的实施意见》《浙江省汽车产业高质量发展行动计划》,着力推进创新体系建设、产品升级换代、过剩产能化解、质量品牌建设、发展环境优化等重点工作。切实保护好汽车制造业的发展势头、充分发挥好汽车尤其是新能源汽车产业的龙头带动作用。同时,密切关注船舶等行业的运行状况,积极落实国家有关部委的行业振兴举措,推动全省船舶行业走向复苏。

面对中美贸易摩擦,围绕"一带一路"、中非合作等倡议部署,积极引导企业开拓美国以外市场,最大程度减轻短期阵痛。同时,加快落实减税降费举措,切实加强知识产权保护,夯实经济中长期发展基础。

2018年浙江省高端装备制造业运行情况

浙江省经信厅高端装备处

装备制造业是国民经济的基石,集中反映了一个国家或地区的科技水平、制造能力和综合实力。高端装备制造业是装备制造业的核心,是以高新技术为引领、处于价值链高端和产业链核心环节、决定整个产业链综合竞争力的新兴产业,具有技术密集、附加价值高、成长空间大等特点。习近平总书记指出:装备制造业是制造业的脊梁,要把装备制造业作为重要产业,加大投入和研发力度,奋力抢占世界制高点、掌控技术话语权,使我国成为现代装备制造业大国和强国;要把新一代信息技术、高端装备制造等战略性新兴产业发展作为重中之重,构筑产业体系新支柱。大力发展装备制造业,特别是加快发展高端装备制造业,对于引领全省制造业高质量发展、建设制造强省具有重要作用。

一、2018年浙江省装备制造业发展情况

(一)总体情况

近年来,浙江省紧紧围绕制造强省建设总目标,以工业化和信息化深度融合为手段,以智能制造为主攻方向,着力打造良好发展环境,着力扩大产业规模,着力提升创新水平,大力推进装备制造业发展,装备制造业已成为浙江省工业经济增长的重要力量。2018年,浙江省装备制造业规上企业实现总产值26976亿元,同比增长10.4%,增幅比全省规模以上工业低1个百分点;装备制造业共有规上企业17225家,占规上工业企业总数的42.4%;实现规上工业增加值5985亿元,同比增长10.0%,增幅比全省规模以上工业高2.7个百分点,高于全国平均水平3.8个百分点;规上企业利润1896亿元,同比增长0.2%。浙江省装备制造业占规模以上工业总产值、工业增加值、利润的比重分别为39.1%、40.7%和42.6%。

(二)主要行业发展情况

1. 汽车制造业。汽车制造业2018年实现总产值5186亿元,同比增长7.9%;工业增加值1163亿元,同比增长9.4%。其中汽车整车制造规模继续扩大,工业总产值1107亿元,同比增长12.4%,增加值同比增长12.4%,整车产销分别为164万辆和166万辆,均占全国产销量的6%左右。但是汽车产业整体利润水平有所下降,规上企业利润总额485亿元,同比下降4.9%,其中汽车整车制造规上企业利润21.7亿元,同比下降38.9%。汽车制造业研发投入持续增长,全行业研发投入136亿元,同比增长30.1%,其中整车制造研发投入同比增长幅度达265.6%。

2. 船舶及相关装置制造。船舶及相关装置制造业2018年实现总产值251.6亿元,同比增长1.4%,新产品产值112.9亿元,同比增长40.1%。行业整体利润水平尚处于亏损状态,规上企业利润总额亏损23.5亿元,较2017年同期增加约7.8亿元。但随着产能结构优化,工业产值前十企业集中度超过65%。根据全国船舶工业统计信息管理系统统计,2018年,全省共完工船舶279.9万载重吨,同比下降34%,其中出口完工200.7万载重吨,同比下降44.9%;新接订单314.5万载重吨,同比增长2.5%;手持订单838万载重吨,同比下降4.3%。

3. 航空航天器及设备制造。航空航天器及设备制造业 2018 年实现总产值 6.2 亿元,同比增长 22.0%,新产品产值 1.8 亿元, 同比增长 17.8%。规上企业利润总额-0.04 亿元。行业研发投入 0.3 亿元, 同比增长 12.4%。

4. 城市轨道交通设备制造。城市轨道交通设备制造业 2018 年实现总产值 15.4 亿元,同比增长 19.3%,新产品产值 7.0 亿元,同比增长 7.4%。规上企业利润总额 0.5 亿元,同比增长 102.2%。行业研发投入 0.3 亿元,同比增长 33.9%。

5. 智能消费设备制造。智能消费设备制造业 2018 年实现总产值 161 亿元,同比增长 8.3%,新产品产值 101 亿元,同比增长 15.2%。规上企业利润总额 17.6 亿元,同比增长 10.5%。行业研发投入 6.1 亿元,同比增长 22.3%。

6. 工业机器人制造。工业机器人制造业 2018 年实现总产值 14 亿元,同比增长 43.5%,新产品产值 6.6 亿元,同比增长 39.2%。规上企业利润总额 3.9 亿元,同比增长 644.3%。行业研发投入 1.7 亿元,同比增长 62.3%。全省机器人产业已经初具规模,2018 年全省新增工业机器人 1.6 万台。

7. 增材制造装备制造。增材制造装备制造业 2018 年实现总产值 12.6 亿元,同比增长 80.9%,新产品产值 3.8 亿元,同比增长 7.6%。规上企业利润总额 0.04 亿元,同比下降 92.1%。行业研发投入 1.0 亿元,同比增长 63.0%。

8. 农、林、牧、渔专用机械制造。农、林、牧、渔专用机械制造业 2018 年实现总产值 130.9 亿元,同比增长-0.3%,新产品产值 67.8 亿元,同比增长 3.4%。规上企业利润总额 3.4 亿元,同比下降 41.7%。行业研发投入 4.4 亿元,同比增长 17.3%。

9. 医疗仪器设备及器械制造。医疗仪器设备及器械制造业 2018 年实现总产值 190 亿元, 同比增长 14.9%,新产品产值 77 亿元,同比增长 24.8%。规上企业利润总额 20.9 亿元,同比增长 16.3%。行业研发投入 8.2 亿元,同比增长 25.7%。

2018 年浙江省装备制造业主要行业经济指标如表 1 所示。

表 1 2018 年浙江省装备制造业主要行业经济指标

行 业	经济指标						
	新产品			利润		技术(研究)开发费	
	产值(亿元)	增速(%)	产值率(%)	总额(亿元)	增速(%)	总额(亿元)	增速(%)
装备制造业	13885	16.2	51.5	1896	0.2	863	20.1
汽车制造业	3086	10.6	59.5	485	-4.9	135	30.1
船舶及相关装置	112.9	40.1	49.5	-23.5	49.4	4.2	-41.8
航空航天器及设备	1.8	17.8	29.3	-0.04	-89.4	0.3	12.4
城市轨道交通设备	7.0	7.4	45.5	0.5	102.2	0.3	33.9
工业机器人	6.6	39.2	46.9	3.9	644.3	1.7	62.3
增材制造装备	3.8	7.6	30.4	0.04	-92.1	1.0	63.0
农、林、牧、渔专用机械	67.8	3.4	51.8	3.4	-41.7	4.4	17.3
医疗仪器设备及器械	77	24.8	40.5	20.9	16.3	8.2	25.7

(三)装备制造业分地区发展情况

杭州市和宁波市一直以来占浙江省装备制造业较大比重，且比重有进一步提升的趋势，2018 年两地装备制造业工业增加值分别占比为 25% 和 30%，嘉兴市的装备制造业占比也在稳步提升。从增速上看，全省范围及大部分地区装备制造业增加值在 2017 年达到较高增速，并在 2018 年增速略有回落。温州、嘉兴、丽水、台州等地，增速分别为 11.5%、13.9%、14.5% 和 15.3%，高于全省增速。2016—2018 年浙江省装备制造业工业增加值分地区发展情况如表 2 所示。其中，2018 年浙江省装备制造业分地区增加值占比如图 1 所示。

表 2　2016—2018 年浙江省装备制造业工业增加值分地区发展情况

区域	2016 年			2017 年			2018 年		
	总量(亿元)	占比(%)	增速(%)	总量(亿元)	占比(%)	增速(%)	总量(亿元)	占比(%)	增速(%)
浙江	5430	100	10.9	5646	100	12.8	5985	100	10.0
杭州市	1250	23	14.6	1384	25	11.0	1531	25	9.3
宁波市	1320	24	11.1	1585	28	14.1	1806	30	9.3
温州市	512	9	9.4	494	9	10.7	487	8	11.5
嘉兴市	419	8	13.0	490	9	16.0	585	10	13.9
湖州市	206	4	5.8	237	4	14.5	210	4	9.5
绍兴市	502	9	8.4	426	8	12.8	367	6	9.2
金华市	386	7	3.6	310	5	9.4	311	5	6.1
衢州市	93	2	13.9	78	1	5.4	65	1	7.3
舟山市	262	5	15.4	134	2	15.1	88	1	7.1
台州市	404	7	11.2	488	9	17.3	566	9	14.5
丽水市	111	2	8.1	84	1	12.8	61	1	15.3

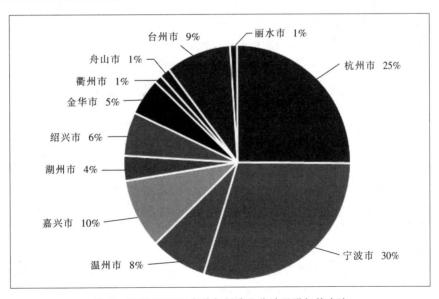

图 1　2018 年浙江省装备制造业分地区增加值占比

二、2018 年浙江省高端装备制造业发展情况

(一)总体情况

2018 年,全省高端装备制造业规上企业实现总产值 14696 亿元,同比增长 10.2%;规上增加值 3435 亿元,同比增长 9.2%;高端装备制造业增加值占装备制造业比重达到 57.4%,占全省规上工业增加值比重达到 23.3%。全省规模以上智能装备产业总产值达到 2982 亿元,占高端装备总产值比重达到 20.3%。浙江省高端装备制造业主要经济指标(2016—2018 年)如表 3 所示。

表 3   浙江省高端装备制造业主要经济指标(2016—2018 年)

经济指标	2016 年	2017 年	2018 年	2018 年同比增速(%)
规上总产值(亿元)	7871	13336	14696	10.2
规上增加值(亿元)	1677	3113	3435	9.2
占全省规上工业总产值比重(%)	12.9	21.5	21.3	/
占全省规上工业增加值比重(%)	9.3	21.6	23.3	/
规上企业利润(亿元)	537	1224	1211	−1.1

注:2017 年和 2018 年经济指标根据新修订的《浙江省高端装备制造业统计分类目录(2018 年)》统计口径数据,2016 年经济指标为修订前统计口径数据。

(二)高端装备制造业重点领域发展情况

1. 节能与新能源汽车及先进交通装备。2018 年,节能与新能源汽车及先进轨道交通领域实现总产值达 5348 亿元,同比增长 8.6%;规上工业增加值达到 1186 亿元,同比增长 8.0%。其中,节能与新能源汽车行业工业实现总产值达 5241 亿元,同比增长 8.5%,规上企业利润 477 亿元,同比降低 5.0%。在创新平台方面,由浙江长兴中俄新能源材料技术研究院牵头成立了"浙江省绿色电池创新中心",并且有宁海智能汽车小镇、杭州湾汽车智创小镇等特色小镇。此外,还成立了如吉利杭州湾汽车研究院、众泰研究院等一批企业研究平台,进一步提升了产业技术创新能力。在企业建设方面,除吉利、众泰、万向、超威、天能等知名整车、零部件企业外,还新涌现出微宏动力、杉杉股份等一批特色明显、技术领先的主要配件企业。

2. 高端船舶装备。高端船舶装备行业 2018 年实现规上总产值达 110 亿元,同比增加 1.9%;增加值达到 24 亿元,同比增加 4.3%。在企业建设方面,浙江造船股份有限公司、扬帆集团有限公司、杭州前进齿轮箱集团股份有限公司等一批知名企业发展持续领先,其主营船舶推进系统,行业排名国内领先,占据了 65% 国内市场和 70% 以上的东南亚市场,列入工信部第一批制造业单项冠军示范企业。

3. 光伏及新能源装备。光伏及新能源装备行业 2018 年实现总产值达 2495 亿元,同比增长 9.0%;增加值达到 535 亿元,同比增长 9.6%;规上企业利润 223 亿元,同比增长 6.7%。在创新平台方面,建有 2 家制造业创新中心,分别是"浙江智能电气制造业创新中心"和"浙江省燃气涡轮机械创新中心",并建设了秀洲光伏小镇、海盐核电小镇等特色小镇。在企业建设上,浙江昱辉阳光能源有限公司、精功集团有限公司、浙江韵达风电股份有限公司等一批企业仍保持较高的市场占有率和竞争力,昱辉阳光行业排名全球第三,占据了 8% 的国际市场。

4. 高效节能环保装备。高效节能环保装备行业 2018 年实现总产值达 1560 亿元,同比增长 9.0%;增加值达到 361 亿元,同比增长 9.1%;规上企业利润 101 亿元,同比降低 19.2%。在创新平台方面,有温岭泵业智

造小镇、诸暨环保小镇等特色小镇。在企业建设方面,浙江华立智能装备股份有限公司、浙江菲达环保科技股份有限公司等行业龙头企业在主营业务领域拥有达到国际先进水平的核心技术。

5. 智能纺织印染装备。智能纺织印染装备行业 2018 年实现总产值达 289 亿元,同比增长 20.9%;增加值达到 63 亿元,同比增长 21.2%;规上企业利润 21 亿元,同比增长 23.5%。在企业建设上,杭州宏华数码控股有限公司在数码印花机领域占据了国内 70% 的市场,排名行业第一,浙江泰坦股份有限公司在纺机制造方面排名行业第三。

6. 现代物流装备。现代物流装备行业 2018 年实现总产值达 706 亿元,同比增长 12.2%;增加值达到 163 亿元,同比增长 12.4%;规上企业利润 51 亿元,同比降低 22.7%。在创新平台方面,建设了南浔智能电梯小镇。在企业建设方面,诺力智能装备股份有限公司连续十余年占据全球轻小型工业车辆首位;杭叉集团的叉车及其他物料搬运设备出口占到国内机动叉车出口量的 1/3,是中国目前最大的叉车出口基地之一;浙江鼎力机械致力于各类智能高空作业平台研发、制造、销售和服务,已成长为国内高空作业平台龙头企业。

7. 现代农业装备。现代农业装备行业 2018 年实现总产值达 216 亿元,同比增长 1.4%;增加值达到 44 亿元,同比增长 2.3%;规上企业利润 8 亿元,同比降低 20.4%。形成了湖州、金华、台州三大板块的农机制造产业群,绍兴茶机、丽水食用菌机械的地方特色机具制造基地。在创新平台方面,建设了常山云耕小镇。在企业建设上,年产值 1 亿元以上的企业达到 26 家,上市企业 4 家,浙江柳林机械有限公司、星光农机股份有限公司等企业在各自细分领域均排名行业前列。

8. 现代医疗设备与器械。现代医疗设备与器械领域 2018 年实现总产值达 225 亿元,同比增幅 15.4%;增加值达到 75 亿元,同比增幅达到 15.4%;规上企业利润 26 亿元,同比增长 13.0%。在创新平台方面,浙江大学牵头创建"浙江省智能诊疗设备制造业创新中心",计划未来几年在高端影像设备、微创手术器械、新一代体外诊断技术、生物医用材料与增材制造技术、健康监测与医疗大数据五大领域建设一批国家级、省部级重点研发计划项目。

9. 机器人与智能制造装备。浙江省机器人产业初具规模,全省已拥有机器人本体制造、关键零部件制造、系统集成和应用服务企业共 200 余家,2018 年,机器人与智能制造装备领域实现总产值达 1762 亿元,同比增长 12.2%;增加值达到 478 亿元,同比增长 12.7%;规上企业利润 183 亿元,同比增长 13.7%。在创新平台方面,龙头企业纷纷介入机器人产业发展,娃哈哈集团、钱江集团建立了机器人研究院,建设了 2 家制造业创新中心,分别是"宁波智能成型技术创新中心"和"中国(浙江)机器人及智能装备创新中心"。成立了省机器人产业联盟,萧山、余姚、嘉兴、余杭布局建设有余姚机器人智谷小镇、新昌智能装备小镇等特色小镇和产业园等产业平台。

10. 关键基础件。2018 年,新能源汽车整车及关键零部件领域实现总产值达 1986 亿元,同比增长 14.3%;增加值达到 504 亿元,同比增长 13.8%;规上企业利润 131 亿元,同比增长 12.0%。在创新平台方面,建设了余姚模客小镇、黄岩智能模具小镇等特色小镇。

2018 年浙江省高端装备制造业重点领域主要经济指标如表 4 所示。

表4　2018年浙江省高端装备制造业重点领域主要经济指标

指标名称行业		增加值		利润		技术(研究)开发费	
		总额(亿元)	增速(%)	总额(亿元)	增速(%)	总额(亿元)	增速(%)
重点领域	节能与新能源汽车及先进交通装备	1186	8.0	485	−4.7	144	30.9
	高端船舶装备	24	4.3	17	30.8	3	−41.3
	光伏及新能源装备	535	9.6	233	6.7	73	21.7
	高效节能环保装备	361	9.1	101	−19.2	55	44.7
	智能印染纺织装备	63	21.2	21	23.5	9	37.1
	现代物流装备	163	12.4	51	−22.7	19	15.5
	现代农业装备	44	2.3	8	−20.4	7	16.7
	现代医疗装备与器械	75	15.4	26	13.0	10	18.6
	机器人与智能制造装备	478	12.7	183	13.7	79	27.4
	关键基础件	504	13.8	131	12.0	55	30.2
高端装备制造业		3435	9.2	1211	−1.1	446	25.3
装备制造业		5985	10.0	1896	0.2	863	20.1
规上工业		14714	7.3	4452	5.3	1480	29.2

(三)高端装备制造业分地区发展情况

　　宁波市高端装备制造业增加值占全省比重超1/3,2018年增速为10.8%,高于全省9.2%的增速水平,占比将会有进一步加强的趋势。杭州、温州、嘉兴和台州地区处于第二梯队,占比都在10%以上。在增速方面,宁波、温州、绍兴、台州和丽水地区增加值增速高于全省增速,其中台州、丽水和温州地区分别为18.0%、14.1%和13.4%。2018年受长安福特生产经营大幅下滑影响,杭州市高端装备制造业增加值增速仅为3.5%。浙江省高端装备制造业工业增加值分地区发展情况如表5所示。

表5　浙江省高端装备制造业工业增加值分地区发展情况

地区	工业增加值(亿元)	同比增速(%)	占比(%)
浙江省	3435	9.2	100
杭州市	643	3.5	18.7
宁波市	1092	10.8	31.8
温州市	351	13.4	10.2
嘉兴市	406	9.0	11.8
湖州市	121	8.2	3.5
绍兴市	235	11.0	6.8
金华市	112	5.1	3.3
衢州市	42	8.7	1.2

续表

地区	工业增加值(亿元)	同比增速(%)	占比(%)
舟山市	43	5.2	1.3
台州市	424	18.0	12.3
丽水市	29	14.1	0.9

三、浙江省高端装备制造业发展主要特点

(一)产业规模平稳增长

2018年,全省装备制造业规上企业实现总产值26976亿元,同比增长10.4%,产值占全省规模以上工业比重为39.1%,相比2017年39.4%的产值占比略有回落;增加值5985亿元,同比增长10.0%,占规模以上工业增加值比重为40.7%,比2017年工业增加值占比提高3个百分点,从2012年逐年上升。高端装备制造业规上企业总产值14696亿元,同比增长10.2%,占装备制造业规上产值比重为54.5%,比2017年回落0.2个百分点;规上增加值3435亿元,同比增长9.2%,占装备制造业规上增加值比重达到57.4%,比2017年增长0.2个百分点。装备制造业因为基数较大,总体规模在稳步增长,但规模和占比的增速趋缓。

(二)行业效益稳中有升

2018年,全省装备制造业规上企业利润总额达到1896亿元,同比增长0.2%,占规上工业利润总额的44.9%,企业经营效益稳中有升。高端装备制造业规上企业主营业务收入14406亿元,同比增长8.4%,实现利税总额1777亿元,其中利润总额达到1211亿元,占规上工业利润总额的27.2%。其中,智能纺织印染装备行业利润同比大幅增长23.5%,显示出传统产业改造升级对上游装备行业的带动效应。同时,全省装备制造业全部从业人员平均数比2017年同期下降14.8万人,人均薪酬由2017年同期的5427元/月提高到2018年的6183元/月,企业用工重点正在由从事简单劳动的一线工人向具有较高专业技能的产业工人转变,全员劳动生产率有所提高。

(三)产业结构进一步优化

2018年,全省装备制造业增加值增幅10.0%,比全省规模以上工业高2.7个百分点。其中,高端装备制造业增加值,占装备制造业、规上工业增加值比重分别达到57.4%和23.3%,比2017年同期分别提高0.2和0.6个百分点。电气机械和器材制造业、汽车制造业是浙江装备制造业最大的两个行业,其总产值占装备制造业的比重分别达到24.9%和19.2%,占全省规模以上工业的比重分别达到10.3%和7.5%,与2017年同期基本持平。其中,汽车制造业工业增加值1163亿元,同比增长9.4%,占全省规模以上工业增加值的7.9%、增量的10%,拉动全省规上工业增长0.7个百分点。新兴产业发展取得进展,工业机器人制造、增材制造装备制造和智能消费设备制造等新兴产业发展势头强劲,工业总产值分别同比增长43.5%、80.9%和8.3%。据统计,2018年,全省智能制造装备产量同比增长47.8%,重点工业企业的工业设备联网率、装备数控化率分别达到38.4%、57.9%。

(四)创新能力持续提升

装备制造业已日益成为全省企业技术创新的主要领域,截至2018年底,全省装备制造业建有91家国家企业技术中心、高端装备制造业建有71家,分别占全省国家企业技术中心总数的75.2%和58.7%;装备制造

业建有省级企业技术中心490家,高端装备制造业建有企业技术中心470家,分别占制造业企业技术中心总数的55.9%和53.6%;全省建有8家装备制造业创新中心,占全省制造业创新中心总数的80%。2018年,全省装备制造业规上企业新产品产值13885亿元,同比增长16.2%,新产品产值率51.5%。其中,高端装备制造业规上企业新产品产值7731亿元,同比增长14.3%,新产品产值率52.6%,比规上工业新产品产值率高16.3个百分点。装备制造企业科技活动经费支出总额达到863亿元, 占规上企业科技活动经费支出总额的58.3%,高于装备制造业占规模以上工业总产值比重9.2个百分点。在新产品快速增长的影响下,浙江省装备制造业高端产品出口能力显著提升,2018年出口交货值6039亿元,同比增长9.3%。医疗诊断、监护及治疗设备制造业、汽车制造业和智能消费设备制造业的产品出口交货值同比分别增长21.2%、10%和23.2%。

(五)一批重大短板装备获得突破

浙江省装备制造企业加强自主创新,取得了一批达到国际先进和国内领先水平的重大成果,填补了国内空白。2018年新认定首台(套)产品130项(含宁波市),其中杭氧集团研发的十万等级空分装置及空气压缩机组成功入选国内首台(套),技术水平达到国际先进,打破了国外对特大型空分装置和空气压缩机及汽轮机的垄断,填补了国内空白。浙江钱江机器人有限公司开发的QJRB800-1四轴码垛机器人,作为多关节工业机器人中负载最大的机型之一,是国产机器人中唯一一款负载达到800千克的四轴机器人,其大负载作业下的重复定位精度非常高,填补国内大负载码垛机器人的空白。扬帆集团自主研发的7800PCTC汽车滚装船首制船完成交付,船型总长199.9米,型宽36.45米,设计了12层汽车甲板,总面积达62000平方米,具有安全环保、高稳性、少压载、低油耗等特点,在国际同类船型中处于领先水平,开创了该类船型由国内船厂自主研发、建造的先河。

(六)产业区域集聚效应明显

持续推进国家高新区创建、省级高新园区认定和省级“特色小镇”认定、培育工作,截至2018年,累计共培育8个国家高新技术产业开发区,总数在全国排名第四;累计创建22个“国家新型工业化产业示范基地”,其中高端装备制造业领域10个;累计培育27个省级高新技术产业开发区,其中装备制造业类园区7个,主要集中在船舶装备、节能环保装备、智能装备等重点领域;累计创建27家省级高端装备特色小镇,涵盖节能与新能源汽车、光伏设备与应用、高端船舶、航空航天、节能环保装备等重点领域。建设一批优质产业发展平台,充分发挥产业集群协同效应。在传统优势产业方面,以浙江省新能源汽车、光伏发电与用能装备、智能纺织印染装备等已有优势产业为基础,通过发布相关产业发展规划、行动计划等政策文件,明确产业区域布局规划和发展重点方向,积极推动项目落地实施、延链补链,促进优势产业做大做强。如新能源汽车领域,现已形成以杭州、金华等地整车生产为核心,辐射湖州、台州、温州等地区的汽车零部件、动力电池等一批专业化分工制造企业协同生产的现代产业集聚区。在新型产业培育方面,机器人与智能制造装备领域,现已形成以杭州、宁波、嘉兴等地为主的机器人产业集群和以杭州、湖州、嘉兴、绍兴和金华等地为重点的智能高档数控机床、智能制造装备的产业集群。

四、面临的形势和存在的主要问题

目前,新一轮科技革命和产业变革蓬勃兴起,高端装备已成为产业竞争的关键领域,国际国内重要经济体都在制定战略,研究措施,竞相发展。从国际看,美国实施《先进制造业伙伴计划》,通过资金、财税、贸易等相关政策,推动新技术新装备快速发展,新一代信息技术、航空航天和增材制造(3D打印)装备国际领先;德国制定《工业4.0》战略,大力发展数字化制造装备、精密检测装备等,为高端装备制造业发展开辟了新的领域;日本实施《日本机器人新战略》,精密数控机床和工业机器人走在世界前列;印度、越南等新兴经济体也在采取积极措施,布局发展高端装备制造业,进一步加剧了国际市场竞争。从国内看,党中央、国务院高度重视发展高端装备,国务院印发的《"十三五"国家战略性新兴产业发展规划》(国发〔2016〕67 号)和《中国制造2025》将高端装备列为发展重点,先后出台了一系列政策措施,推动产业快速发展。国产航空母舰、C919 大飞机、天宫一号、墨子号量子卫星、高速动车组、蓝鲸一号等一大批国之重器相继诞生,大大提升了我国装备制造业的国际地位。在国家政策引领下,制造业大省纷纷制定政策措施,大力发展高端装备。江苏省实施高端装备研制赶超工程,重点发展电子产业装备、智能成套装备等 13 个领域;上海市实施首台(套)突破等七大工程,着力发展航空航天、高端能源装备、微电子与光电子等八大装备;山东省制定发布《山东省高端装备制造业发展规划(2018—2025 年)》,提出培植壮大五大战略新兴装备,做优做强五大特色优势装备,实施"七大工程",努力打造全国一流、世界知名的高端装备制造基地。我国高端装备制造业已进入加速发展期。

浙江省装备制造业发展虽然取得较大进展,但是与先进省市,特别是与世界先进水平相比仍存在较大差距。主要表现在创新能力薄弱,核心技术和核心关键部件受制于人;基础配套能力发展滞后,整机与零部件协同度不高;产品可靠性低,产业链高端缺位;产业规模小,市场满足率低;产业体系不健全,相关基础设施、服务体系建设滞后等。从 2018 年装备制造业运行情况来看主要存在四个方面问题,一是增速放缓,浙江省装备制造业总体保持平稳增长,但是部分行业由于基数较大,增速有所放缓,如汽车整车制造业生产总值同比增长-0.35%,而 2017 年同比增长 12.4%。海工装备降幅明显,2018 年全省海工共完成产值 2 亿元,同比降幅超过 70%,降幅较上半年扩大约 15 个百分点。二是利润水平有所下降,装备制造业规上企业利润总额达到1896 亿元,同比增长 0.2%。其中,高端装备制造业全年规上企业利润 1211 亿元,同比增长-1.1%,利润率为8.2%,比 2017 年下降 1 个百分点。汽车行业利润负增长 4.9%,船舶行业利润总额连续第 6 年亏损。三是重大技术装备存在"卡脖子"问题,目前尽管全省装备自给率达 80%左右,但主要集中在中低端领域;在短板装备领域,如集成电路芯片制造装备、大型石化装备、汽车制造关键设备及先进集约化农业装备仍依靠进口。四是技术人才结构性短缺,目前高端装备产业人才较为缺乏,且人才分布失衡。在区域分布上,高端技术人才主要集中在杭州、宁波等省内核心城市,其他地市存在人才引进困难。

五、2019 年装备制造业发展工作重点

2019 年要进一步发挥省高端装备制造业协调推进小组的统筹协调功能,重点抓好浙政发〔2017〕40 号和浙经信技术〔2018〕223 号文相关政策举措落实,关注产业发展新动态和重点行业发展新情况,进一步优结构稳增长,培育新增长点,推动高端装备制造业高质量发展,助力制造强省建设。

(一)强化政策协同

进一步加强对全省高端装备制造业发展工作的组织领导和统筹协调,根据机构改革形势,重新确认协调推进小组各成员单位成员。印发《2019 年浙江省高端装备发展推进工作计划》,协调省级有关部门按照职责分工,明确各市年度目标,加强部门联动,细化政策措施,抓好工作任务落实。完善联动推进工作机制,进一步完善首台(套)保险补偿工作体系、明确各级部门职责;建立国家、省、市三级部门与保险公司联动工作机制,进一步简化申报流程,加快资金拨付速度,提高政策时效性。健全招标投标制度、政府采购政策,逐步提高首台(套)产品采购比例。降低政府采购和国有企业采购首台(套)产品和服务的门槛,逐步提高采购比例。实施首台(套)产品首购制度工作,进一步发挥政府采购的政策导向功能,积极运用浙江政采云平台,贯彻落实有关政府采购政策,通过政府采购方式由政府首先购买首台(套)产品。

(二)持续推进高端装备"双百"突破工程

围绕高端装备重点领域及短板装备,加大首台(套)产品培育认定和推广应用力度,完善首台(套)保险补

偿机制,力争培育100项左右省级以上首台(套)装备,推广100项以上重点产品和技术。推进装备基础件创新发展,开展汽车产业整零协同创新试点,着力提升汽车产业核心竞争力。认真做好国家首台(套)产品保险补偿项目推荐工作。

(三)增强装备产业创新能力

推进汽轮机创新中心、智能诊疗设备创新中心等创新平台建设,支持创新中心加快攻克、解决一批制约重点行业或领域发展的前沿共性技术瓶颈,转化推广一批先进适用技术和标准,积累储备一批核心技术知识产权,建设发展一批产业共性关键技术的研发、转化应用基地,培养造就一批技术创新型市场开拓型人才队伍,加快形成转型提升发展的新动能。实施产业关键核心技术攻坚行动,梳理一批重点产业链"卡脖子"核心技术和短板装备,推动各方力量集中攻坚。布局建设一批高端装备领域特色小镇,支持符合条件的地区申报创建高新技术特色小镇,将特色小镇打造成为浙江省提升高端装备制造业发展层次的新载体。根据工作需要,适时开展省级高端装备制造业特色基地培育工作,推进高端装备制造业集聚发展、差异化发展,形成基地内较为完备的产业链。提升首台(套)检测能力,完善相关标准、计量、检验检测方法和认证制度等,提升国家质检中心检验检测能力,对首台(套)产品质量等性能提供相应技术支撑。加强浙江国家重点实验室、工程研究中心、国家质检中心、企业技术中心、产业创新服务综合体等建设,提升检验检测能力。

(四)支持金融服务创新

在完善首台(套)保险赔付补偿工作机制的基础上,鼓励金融机构面向装备制造业开展创新服务,共同推动产业高质量发展。支持有条件的金融租赁公司与国内优质船舶企业建立双向沟通联系机制,探索创新合作模式,推动船舶产业高质量发展。加快高端装备制造业项目搜寻,组建定向基金,采取省市县联动方式,撬动社会资本精准支持重大高端装备制造业项目。鼓励保险机构根据市场需求,在中央和地方首台(套)保险补偿政策之外,创新险种、扩大承保范围。完善首台(套)融资租赁制度。鼓励有条件的融资租赁、金融租赁公司设立首台(套)租赁业务部。建立融资租赁与首台(套)产品生产企业对接机制,推动工业企业通过融资租赁方式加快生产装备改造升级。

(五)落实税收扶持政策

落实国家重大技术装备税收优惠政策。企业购置用于环境保护、节能节水、安全生产等专用设备的投资额,可按一定比例实行所得税税额抵免。首台(套)产品按规定享受固定资产加速折旧政策,可采取缩短折旧年限或加速折旧的方法。落实嵌入式软件产品增值税即征即退政策,即企业销售首台(套)产品,按适用税率征收增值税后,对符合条件的嵌入式软件产品部分,增值税实际税负超过3%的部分实行即征即退政策。

(六)推动重点行业健康发展

一是制定出台浙江省培育先进制造业集群的政策文件,着力打造汽车制造和数字安防等先进制造业集群。打造大湾区世界级智能网联汽车产业集群,以杭州市、宁波市为核心,加强与台州市、金华市、湖州市、嘉兴市等地协同联动,提升建设宁波杭州湾新区、台州等汽车产业新型工业化产业示范基地,环杭州湾新区、台州等汽车产业新型工业化产业示范基地,环杭州湾规划布局一批汽车整车、关键零部件、新能源汽车、智能网联汽车研发制造基础,优化产业空间布局。重点发展新能源整车制造业,合理有序发展中高端关键零部件,加快突破智能网联汽车关键技术及车联网技术。二是提高产业集群内部协同发展水平。引导企业建立战略联盟,提高专业化分工协作水平,建立既竞争又合作的新型企业关系。鼓励大企业大集团在集中力量加强关键技术开发和系统集成的同时,通过业务外包和社会化协作,带动配套及零部件生产企业向专、精、特、新方向发展,形成若干各具特色、重点突出的产业链。引导中小企业构建专业化公司,发展专业化协作配套服务。

三是推动汽车产业高质量发展,积极发展新能源汽车、智能网联汽车,推进整零协同创新,支持龙头企业强化浙江基地的核心地位。推动车联网(智能网联汽车)产业发展,推动汽车产业升级和应用模式的转换。实施"整车工业登高、整零协同创新、智能网联汽车争先、氢燃料电池汽车培育"等四大行动,推进汽车产业高质量发展。四是加快船舶产业转型升级。进一步减轻企业负担,全面落实已有的企业减负降本政策,推动浙江省船企差异化、智能化、绿色化发展。加快推进船舶企业兼并重组,优化资源配置。落实《推进船舶总装建造智能化转型行动计划(2019—2021年)》《智能船舶发展行动计划(2019—2021年)》,推动船舶设计、建造、管理与服务全生命周期的数字化、网络化、智能化,提升造船企业管理精细化和信息集成化水平。五是推动传统装备产品高端化。大力推动传统装备产品智能化,加强新型传感器、人工智能、工业互联网、工业软件、智能控制等技术在智能装备中的集成应用,发展智能装备与系统。

(七)促进重大技术装备示范应用

推进千亿智能化技术改造项目,全省合力推进5000项智能化技术改造项目计划,力争年度完成投资额1500亿元,争取全年实现新增应用工业机器人1.7万台,积极支持机器人整机、零部件制造企业做大做强。实施千亿"百项万亿"重大制造业项目计划,力争当年完成投资超1000亿元。推进高端装备等五个千亿投资工程,谋划实施一批产业大项目,提升产业竞争力。鼓励和引导装备制造和使用单位合作开展重大技术装备自主创新,积极研制首台(套)产品,投入工程化应用(包括研制单位自用),实现首台(套)业绩突破,激发用户使用首台(套)自主装备的积极性,以示范应用带动高端装备突破,提高装备制造业高端化、智能化、自主化水平,每年组织实施一批首台(套)示范应用项目,并进一步完善有关扶持政策。

(八)深入开展"三服务"

围绕重点建设工程和政府投资项目,每年开展以首台(套)产品为重点的新产品(新技术、新装备)推介活动,进一步推动产需有效对接,扩大首台(套)产品应用市场。加强节能、节水、环保等领域的技术、工艺、装备推广应用。加大宣传推广力度。以浙江"政采云"平台为重点,建设首台(套)产品网上展示平台。各有关部门要鼓励和引导企业将首台(套)产品注册纳入浙江"政采云"平台政府采购标准商品库,按规定加入政府采购网上超市以及相关行业馆、主题馆等。推动集成电路关键装备材料应用推广。举办2019中国义乌国际装备博览会。支持建立一批行业协会、学会、联盟等行业组织,充分发挥桥梁纽带作用,提升数据统计、调研分析等能力,为政府和企业提供双向服务。

(九)加快高端装备人才发展

推进高端装备制造业领域人才发展,打造若干省产教融合联盟。招引"高精尖缺"新兴人才,提升量大面广存量人才能力,打造高素质储备人才队伍。统筹利用"千人计划""万人计划"等现有人才政策和加大引进培育高端装备、人工智能、智能制造创新人才,优先支持在人工智能、智能制造领域培育若干领军型创新创业团队。

2018年浙江省船舶行业经济运行情况

浙江省经信厅高端装备处

2018年浙江省船舶行业主动调整适应,通过抢抓差异化发展机遇,在船舶修理和船舶细分市场等方面保持增长势头,呈现若干亮点。但受世界经济和航运市场复苏动能减弱、新船市场深度调整等外部因素影响,浙江省船舶企业普遍存在融资难、盈利难、接单难、转型难等"四难"问题,造船完工大幅下降,亏损增加,行业发展形势依然严峻。

一、经济运行总体情况

(一)三大造船指标

2018年,浙江省共完工船舶279.9万载重吨,同比下降34%,其中出口完工200.7万载重吨,同比下降44.9%;新接订单314.5万载重吨,同比增长2.5%;手持订单838万载重吨,同比下降4.3%。2018年浙江省造船业订单情况如表1所示。

表1　2018年浙江省造船业订单情况

指标名称	浙江省		全国		浙江占全国比重 (%)
	总量(万载重吨)	同比增长	总量(万载重吨)	同比增长(%)	
完工订单	279.9	−34.0%	3458	−14.0	8.1
其中:出口完工	200.7	−44.9%	3164	−13.9	6.34
新承接订单	314.5	2.5%	3667	8.7	8.6
手持订单	838	−4.3%	8931	2.4	9.4

(二)主要经济指标

根据"全国船舶工业统计信息管理系统"统计数据,2018年全省规上企业共完成产值251.6亿元,同比增长1.4%,其中民用船舶制造完成产值139.2亿元,同比下降2.9%;船舶配套业26.3亿元,同比增长6.9%;船舶修理业57.1亿元,同比增长19%;海工装备2.0亿元,同比下降71.4%。全年共完成主营业务收入191.7亿元(全国4032.2亿元,占比4.7%),同比下降28.4%(全国下降31.7%);利润总额连续第6年亏损,亏损额18.7亿元(全国利润总额91.4亿元),亏损额同比增长3.9%(全国利润总额下降35.5%)。2018年浙江省规上船舶企业产值情况如表2所示。

表2　2018年浙江省规上船舶企业产值情况

类别	总量(亿元)	同比增长(%)
民用船舶制造	139.2	−2.9
船舶配套	26.3	6.9
船舶修理	57.1	19
海工装备	2.0	−71.4
合计	251.6	1.4

(三)重点企业运行情况

全省工业总产值排名前十的企业产值总体均保持增长态势，合计产值164.8亿元，占全省总产值65.5%；其中前三位占全省总产值24.5%。

二、经济运行主要特点

(一)增长动力不足，全国占比下降

2018年浙江省三大造船指标在全国的占比近5年来首次全部跌至10%以下，全国排名从2015年第3位降至第5位(完工)、第6位(新承接订单)，显示浙江省造船产业竞争力总体走势趋弱。一是全行业连年亏损。自2013年全行业出现亏损以来，浙江省虽采取各种降本增效措施，行业亏损态势依然延续，2018年全省亏损额达18.7亿元，与全国规上船企全年盈利91.4亿元落差巨大。一批著名骨干船厂相继破产倒闭，其中包括海工辅助船建造细分市场世界第一的浙江造船厂及进入破产程序的以中型集装箱船生产商驰名欧洲的舟山欧华船厂等，导致出口订单陡降。二是海工装备降幅明显。受全球油价持续走低、海工租赁市场低迷的影响，2018年全省海工共完成产值2亿元，同比降幅超过70%，降幅较2018上半年扩大约15个百分点。三是国内外竞争更加激烈。2018年凭借在大型LNG船、VLCC、超大型集装箱船领域的绝对优势，韩国船企时隔7年后接单量超过中国再次回到全球第一的位置；江苏、辽宁、上海等省市龙头骨干船企在大型散货船、集装箱船市场显现出更大的竞争力和建造水平，进一步挤压浙江省船企发展空间。

(二)创新能力不断提升，产业结构有所优化

一是产业集中度持续提升。"十三五"期间，浙江船舶工业共优化产能600余万载重吨，一批僵尸造船厂和管理能力差、经营效益不好的大中型船企逐步被市场淘汰，全省造船产能降至900万—1000万载重吨。全省船舶工业三大指标的前十位产业集中度均达到或超过75%，其中新接订单更是超过90%，较2017年同期提升约4个百分点；工业总产值前十位的企业集中度达65.5%，较上年同期增长约3个百分点。舟山市规上船企产值占全省74.3%，比2017年度增加3个百分点；舟山集中了舟山鑫亚、万邦永跃、舟山中远海运重工等一批骨干修船企业，2018年舟山修船业共完成51.4亿元产值(约占全省修船90%)，同比增长16.8%。二是产品结构继续向高端化和多元化发展。2018年浙江省部分船企已成功在中型豪华邮轮、中型C罐LNG运输船(FSRU)、新能源动力船、超大型集装箱船、小汽车滚装船和专业科考船等细分领域拓展市场。浙江省手持订单中非三大主流船型的修正总吨所占比重升至22%，较2017年同期增加2个百分点。三是重点领域创新取得突破。全省船舶行业建有12家省级以上企业技术中心，近3年先后有6个船舶产品获首台(套)产品认定。发挥企业技术中心等平台和省装备首台(套)认定及推广应用等作用，大力推动新船型发展，在船舶设计、建造与修理等方面取得多项重要突破:扬帆集团自主研发的7800PCTC汽车滚装船首制船完成交付，该船型

总长 199.9 米,型宽 36.45 米,设计了 12 层汽车甲板,总面积达 62000 平方米,同时具有安全环保、高稳性、少压载、低油耗等特点,在国际同类船型中处于领先水平,开创了该类船型由国内船厂自主研发、建造的先河;由太平洋海工生产交付的国内首艘国产 C 型液货储罐的中小型浮式天然气储存再气化装置,填补了国内海工市场这一领域的空白;东鹏船厂研发建造的小型支线 LNG 运输船,为将来实现 LNG 运输向内陆延伸提供更多选择;杭州现代船舶设计院设计开发了多型全国首创的新能源动力船,其中舟山朱家尖—普陀航线 450 客(磷酸铁锂电池)纯电动客船方案已经通过专家论证,节能减排率超过 25%;浙江嘉蓝海洋攻克多项无人艇关键技术,获发明专利 14 个。

(三)抢抓差异化发展机遇,船舶修理等行业稳步增长

一是船舶修理业稳定增长成为行业发展亮点。2018 年,全省船舶修理行业延续迅猛增长态势,共完成修船产值 57.1 亿元,同比增长 19%,修船完工艘数和修船吨位数分别同比增长 3.1% 和 7.5%,修船营收同比增长 5.8%。舟山市修船企业基本处于饱和状态,鑫亚修船、万邦永跃、舟山中远等先后承接维修豪华邮轮、承接主机飞轮和减震器等高难度修船项目,充分展示了近年来浙江省船舶企业在技术和工艺上的积累。二是中小型船舶市场拓展有亮色。在传统大中型船舶市场遇冷之际,浙江省企业发挥民企机制灵活优势,专注中小型船舶市场,打开一片新天地。2018 年浙江省完工船舶平均吨位数约 0.9 万吨/艘,较上年同期的 1.6 万吨/艘,完工船舶小型化趋势明显,而完工船舶吨位数小于 2 万吨的船舶艘数同比增加 12%,船型主要集中于 1 万吨左右的沿海集装箱船、70 米以下的甲板驳船、沥青运输船、小型油料/杂物运输吊装船及远洋渔船等。据统计,台州地区中小型船舶 2018 年完工量和新承接量分别同比增长 24% 和 127%,台州温岭地区部分骨干船企计划已排至 2019 年年底。三是非船业务拓展有起色。浙江省部分骨干船企利用制造规模优势,主动对接钢结构、石化装备等非船业务,既提高产能利用率也维持了企业正常生产运营。如增洲造船、金海重工等已接获省内鱼山大桥浮基、管桩、防撞箱等订单以及绿色石化大型加热炉订单;太平洋海工与专业公司合作承接宁波中兴大桥钢箱梁订单;扬帆集团承接风电项目钻机平台订单等。据了解,2018 年前 11 个月,仅舟山市船企的非船业务订单就超过 20 亿元。

(四)战略合作加快,助推多元化发展

2018 年省内船企强化资源整合,兼并重组加快。舟山长宏国际成功引入中集前海融资租赁公司作为战略投资者,发力集装箱船市场,2018 年新接 1800—2700TEU 集装箱船系列订单占到该企业新接订单的 70% 以上。浙江增洲与武船重工合作,武船集团舟山基地已先行挂牌运行,着重发展桥梁钢结构业务。招商局集团通过司法拍卖完成对东邦船厂的整合收购,未来将打造成华东区的修造船基地。湖南湘船重工与普陀金鑫船舶合作的修造船基地正式揭牌,将在高速船市场发力。

三、2019 年船舶行业运行趋势及下一步工作举措

机遇。近年来船队增速持续低于海运贸易增速,全球航运市场进入缓慢复苏状态,这为新造船市场走出低谷创造了条件;叠加国际环保新规即将进入密集生效期,部分老旧船舶大概率因经济性较差被迫提前拆解,有望给造船企业带来订单。我国将继续聚焦打赢蓝天保卫战工作,开发绿色环保节能船型势在必行,也将增加市场对新能源动力船型的需求。

挑战。一是金融机构对船企信贷支持力度持续减弱趋势短期难以扭转,给船厂经营接单带来困难,增加企业成本。二是综合成本高位波动将成为常态,船用钢板价格、劳动力成本、财务费用、物流成本的刚性上涨将继续影响船舶行业盈利能力。三是浙江省船企在以 LNG 为代表的高价值新船型领域的研发设计和建造水平与韩国等差距较大,竞争力有待提高。

综合来看,2019年全球新造船市场面临的环境依旧错综复杂,机遇与挑战并存。浙江省要确保船舶行业在全国地位不再下降,就必须下更大决心,综合施策,切实减轻船企负担,努力破解"四难"问题,同时支持企业练好内功,走特色化发展道路,为迎接船市复苏打下坚实基础。

(一)拓宽融资渠道

当前浙江省船舶行业产业集中度逐年提升,一批产品质量高、管理能力强、经营效益好的优质船舶企业正在走出低谷。一是建议省政府金融监管部门牵头协调国家银保监等部门,推动金融机构落实中央经济工作会议提出的结构性政策,根据船舶工业发展的实际情况落实差别化管理,对于有发展潜力、专注实业的优质白名单船舶企业因企施政,贯彻落实"一企一策"的授信政策,不搞一刀切,不抽贷、不压贷,切实破解融资难问题,帮助优质企业渡过难关。二是协调各融资机构继续给优质船企开具保函。借鉴江苏等省经验,对有订单、有前景的造船企业继续予以开具保函,确保承接订单。三是鼓励金融服务创新,支持有条件的金融租赁公司与国内优质船舶企业建立双向沟通联系机制,探索创新合作模式,共同推动船舶产业高质量发展。

(二)进一步减轻企业负担

一是切实减轻税费负担。全面落实已有的企业减负降本政策,参照江苏等地税收政策,研究对造船企业按照载重吨位或来料加工等方式进行征税。二是加大对龙头骨干船企的倾斜性政策支持。在技术创新、智能制造以及首台(套)推广应用、保险补偿等方面予以重点支持,帮助企业拓展国内外市场。

(三)推进船舶产品结构和制造模式升级

鼓励船企走差异化、特色化、智能化、绿色化发展道路。一是差异化培育。积极培育特种工程船、多用途起重船、内河特种船等细分船型市场,实现差异化竞争。开展节能、减排、低碳等环保新能源船舶、加快豪华邮轮及纯电动客渡船等高端船舶研发进程,保持浙江省公务艇制造国内市场品牌优势;保持和提高船舶维修市场份额;持续推动发展非船业务。二是推动船舶企业智能化转型。落实《推进船舶总装建造智能化转型行动计划(2019—2021年)》《智能船舶发展行动计划(2019—2021年)》,推动船舶设计、建造、管理与服务全生命周期的数字化、网络化、智能化,提升造船企业管理精细化和信息集成化水平。三是促进军民融合。加强与军工企业集团和院所对接,引导先进军工技术向船舶领域渗透,促进新材料、新技术、新工艺的应用;推动重点船企与军工央企在资本、项目、技术等方面深化合作,支持企业健全军工资质,完善保障体系,积极参与市场竞争。四是加大人才引进培育力度。通过项目合作等多形式引进产业急需管理和技术人才。

(四)加快推进兼并重组

继续深化央地合作,推进合作的深度和广度,跟踪服务一批潜在合作项目,争取项目落地。利用舟山自贸区政策优势,抓住国家扩大开放政策机遇,进行"二次招商",谋划产业整合,积极谋划引进战略投资,收购重组浙江省困难企业,优化资源配置,推动产业转型升级。

2018年浙江省纺织行业运行情况

浙江省经信厅消费品工业处

一、行业基本情况

纺织行业是浙江省传统优势产业,2018年占全部工业行业的比重为12.7%。浙江省以推进时尚产业发展为抓手,加快推进纺织行业转型发展。行业运行主要呈现以下几个特点:

(一)行业总体保持平稳增长

2018年,全省纺织工业实现工业总产值8755.5亿元,同比增长7.8%,占全省规上工业总量比重为12.7%。实现利税总额698.1亿元、出口交货值1789.8亿元,分别占全省的9.5%、15.3%。

(二)销售保持稳定增长

2018年,全省纺织工业实现销售产值8497.8亿元,同比增长6.6%,与2017年同期相比,增幅降低3.4个百分点,占全省规上工业总量比重为12.6%。纺织工业产销率为97.1%,与2017年同期相比下降0.40个百分点,产品库存略降低。

(三)出口呈现缓慢增长

2018年,全省纺织工业实现出口交货值1789.8亿元,同比增加2.2%,总体表现出缓慢增长态势。其中,化学纤维制造业增幅稳定,达到18.8%,纺织业增幅为2.0%,服装服饰业下降0.9%。

(四)效益增幅高于产销

2018年,全省纺织工业实现利润434.3亿元,同比增长21.2%。分行业看,纺织业利润增长率为11.4%;化学纤维制造业利润增长率16.8%;服装服饰业利润增长率为46.4%。

(五)新产品开发加快

2018年,全省纺织工业用于科技活动的经费支出总计148.2亿元,同比增长40.0%,其中纺织业和化学纤维制造业科研投入同比分别增长52.2%和30.6%。全省纺织工业新产品产值3191.6亿元,同比增长19.3%,其中化学纤维制造业增长最快,同比增长27.8%。同时,新产品产值占纺织工业总产值的比重达32.95%。宁波大发化纤有限公司和海盐海利环保纤维有限公司废旧聚酯高效再生及纤维制备产业化集成技术获2018年度国家科学技术进步二等奖。

(六)行业转型加快

行业集聚创新态势明显。海宁经编产业、桐乡毛衫入选产业创新综合服务体第二批省级创建类名单,海曙时尚服装服饰、吴兴童装产业创新综合服务体入选培育类名单,质量标准意识加强。开展纺织、服装、化纤行业对标提标行动,引导纺织工业向"国内一流、国际领先"标准看齐,龙头企业延链整合。一些龙头企业如浙江巴贝集团、桐昆集团分别向工厂化养蚕、差别化纤维方向实施转型等,行业整治加强。加大落后和严重过剩产能淘汰力度,全面深化"低小散""脏乱差"整治提升,化纤、服装、纺织等行业产能利用率达80%以上。

二、存在的问题及面临的挑战

(一)竞争优势不断减弱

浙江省纺织制造业成本优势正逐渐弱化,劳动力人均月工资水平是越南工资的2—3倍、孟加拉国工资的近5倍。随着中美贸易摩擦和国际环境的变化,浙江省纺织产品出口竞争优势已明显削弱,亟须找到新的市场突破口。

(二)产业低端化格局依旧

目前浙江纺织业在全球产业链中仍然主要处于微笑曲线的制造加工环节,前端的研发、设计和后端的营销、品牌建设仍较为薄弱,市场定位与产品档次不高,同质化竞争明显,企业利润微薄,附加值较低。

(三)创新动力不够强劲

浙江省纺织制造业研发投入仍不足,行业领军型创新人才缺乏,国家级创新设计平台载体建设稍显滞后,浙江省纺织领域共有国家企业技术中心3家,数量少于江苏省、山东省,目前尚无国家级工业设计中心。

(四)绿色发展体系不够完善

浙江省纺织制造业整体生产水平仍较低,"低小散"问题亟待解决;纺织制造绿色发展水平亟待进一步提升,废气、废水、污泥与废渣等问题仍较突出,行业综合能效水平仍不高。

三、下阶段发展思路与对策

(一)优化产品结构

加快发展高端纺织面料,重点发展功能化、个性化、系列化的时尚纺织面料和服装产品,大力推动产业用纺织品在环境保护、医疗健康养老、建筑交通、航空航天等领域应用水平,发展高技术高附加值产品。

(二)强化创新发展

强化创新对于浙江省纺织服装制造业发展的核心作用,完善产业链协同创新体系,加强新材料、新技术、新工艺应用推广,重点提升纺织制造新产品开发和创新设计能力,强化科技成果转化和知识产权保护,增强行业软实力。

(三)推动绿色发展

加大污染治理力度,坚决淘汰落后产能,推广应用节能减排、清洁生产技术,推动纺织制造绿色发展水平亟待进一步提升,废气、废水、污泥与废渣实现标准化治理。

2018年浙江省医药行业运行情况

浙江省经信厅消费品工业处

医药行业是健康产业的重要支撑,是高新技术产业,是浙江省委、省政府明确要求重点推动发展的产业之一,也是21世纪以来创新最为活跃、影响最为深远的新兴产业之一。

一、行业基本情况

(一)质量效益持续提升

2018年,全省规模以上医药工业增加值同比增长8.4%,增幅高于全省工业平均水平1.1个百分点。实现工业总产值1490.8亿元,同比增长15.4%,增幅高于全省面上工业4.1个百分点,全年规上医药工业总量自2007年(超500亿元)和2013年(超1000亿元)后,接近1500亿元大关。出口指标平稳增长,全年实现出口交货值294亿元,总量位居全国第2位,约占全国近六分之一。

(二)龙头企业加快发展

2018年,赛诺菲(杭州)、华东医药等11家企业入选"中国医药工业百强",是全国入围企业数最多的省份之一;海正药业、普洛药业、康恩贝制药同时入选年度中国医药研发产品线最佳工业企业20强;宁波戴维医疗器械被列为工信部制造业单项冠军培育企业。浙江省通过仿制药质量和疗效一致性评价品规数和"4+7"城市药品集中采购中标产品数均位居全国第一位。

(三)特色园区集聚发展

杭州生物产业国家高新技术产业基地、台州国家级浙东南化学原料药基地等一批特色园区,以及杭州"东部医药港"、磐安"江南药镇"等特色小镇加快发展。2018年,杭州经济技术开发区引进和培育生物医药企业450余家,辉瑞、默沙东、吉利亚等全球十大药企已有七家落户,年增速超过15%,平均每天有一家医药企业落户。

(四)重点领域加快发展

生物药品、化学药品制剂、医疗器械和中药产业等领域企业发展态势良好。在抗体药物领域,2018年,歌礼药业自主研发的国内首个本土原研丙肝一类新药达诺瑞韦钠片获批上市。在高端医疗器械领域,浙江省在植入式心脏瓣膜、人工耳蜗等前沿产品研发上全国领先,已有5家大型医用设备企业,产品线涵盖CT、MRI、PET-CT、DR、彩超等高新医疗设备,涉及研发、生产、培训等全产业链。在诊断试剂领域,浙江省已成为体外诊断试剂的生产大省,产品基本覆盖所有种类,拥有美康生物、艾康生物、中翰盛泰等一批行业龙头。在中药领域,百令胶囊、康莱特注射液2018年销售额均超过20亿元,新、老"浙八味"中药材品牌优势进一步巩固。

(五)"凤凰行动"扎实推进

企业上市和兼并重组步伐进一步加快。2018年,振德医疗、昂利康药业成功在上市,目前浙江省有42家生物医药企业在沪深股市主板和创业板上市,约占全国同行的1/7。8月,歌礼生物成为港交所IPO新规以来,首家在港上市的未盈利生物科技企业。

(六)国际化步伐加快

2018年,华海药业吡格列酮片、坎地沙坦酯氢氯噻嗪片等一批制剂产品获得美国食品药品监督管理局(FDA)批准文号。海正药业海泽麦布(HS-25)、光敏剂HPPH等品种已在欧美市场开展新药二期临床研究。医疗人工智能、精准医疗、医疗健康大数据等领域国际合作不断深化。2018年4月,迪安诊断与瑞士罗氏集团及美国基础医学公司分别签订了独家战略合作协议,引入"实体肿瘤全面基因组测序分析服务",推动建立中国肿瘤个体化诊疗的新标准。

(七)"互联网+"优势显现

数字经济"一号工程"深入推进,生物经济与新一代信息技术不断加快融合,催生了远程诊断、智慧医疗、个体化治疗等新业态和新模式。在智慧健康、第三方诊断、基因检测领域涌现出迪安诊断、艾迪康、壹基因等全国领先企业。医惠科技成为目前国内唯一能为境外医院提供信息化服务的企业。互联网医院在线诊疗平台——微医集团成为全球医健产业最大独角兽。

二、主要运行特点

1. 总量再创同期新高。2018年,全省规上医药制造业实现总产值1490.8亿元,同比增长15.4%,增幅高于全省面上工业4.1个百分点,全年规上医药制造业总量自2007年(超500亿元)和2013年(超1000亿元)后,接近1500亿元大关。2018年,全省医疗仪器设备及器械制造业共实现工业总产值190.3亿元、出口交货值74.3亿元,分别同比增长14.9%和8.0%,继续保持平稳较快增长。

2. 效益指标贡献明显。2018年,全省规上医药制造业实现主营业务收入1382.2亿元,同比增长16.4%,增幅高于全省工业平均水平6.2个百分点,在各工业大类中位居第6位;实现利润总额215.6亿元、利税总额314.2亿元,同比增长9.7%和13.3%,高于全省规上工业面上4.6、9.4个百分点。全员劳动生产率为37.0万元/人·年,在各工业大类中位居第9位,较2017年同期提高8.6%。企业亏损情况看,2018年,全省规上医药制造业企业亏损面为12.9%,比2017年收窄1.3个百分点。2018年,全省医疗仪器设备及器械制造业共实现主营业务收入183.6亿元、利润总额20.9亿元,分别同比增长13.2%和16.3%,增长较快。

3. 新产品开发加快。全省规上医药制造业实现新产品产值612.3亿元,同比增长21.3%;技术(研究)开发费支出623.7亿元,同比增长31.6%,增幅分别较2017年同期提高0.5个和5.3个百分点。研发费用支出占主营业务收入比重为4.5%,较2017年同期提高0.6个百分点,仅次于仪器仪表制造业计算机(5.4%)、通信和其他电子设备制造业(4.9%),在各工业大类中位居第3位。

三、存在的问题与面临的挑战

一是产业规模总量偏小,行业百强企业数在兄弟省市中占比处于前列,但尚未有企业进入全国年销售额排名十强。二是产业结构优化仍有较大空间,化学药品制剂、生物药品、医疗仪器产业虽然增长较快,但总量规模与先进省份差距较大。三是创新动能有待加强,全球研发投入前十大药企研发费用占主营业务收入比重均在10%以上,浙江省医药企业创新投入与国外先进水平相比差距仍然较大。四是市场拓展能力不足,建立全国性营销网络的企业数量少,市场推广能力有待提高、生产服务体系有待进一步完善。五是重大项目储

备不足,固定资产投资持续疲软,10亿元以上医药重大项目储备较少,持续增长动力亟须夯实。六是人才机构支撑不足,行业高层次人才较为缺乏,在顶尖高等院校、科研院所和重大科研设施布局等方面与先进兄弟省市相比也存在较大差距。

四、下阶段发展思路与对策

2019年是"十三五"医药规划实施重要的一年,是改革攻坚期,也是医药产业新旧动能转换的关键时期。

从政策环境角度来看,《药品管理法》等法律法规修改、一致性评价加快推进以及审评审批制度改革不断深化,在促进药品医疗器械产业结构调整和技术创新、提高产业竞争力、加快审批流程、提高创新成果转化效率等方面明确提出了改革举措。医保局的成立也将有利于医保付费方式等改革的进一步深化。

从市场需求角度来看,肿瘤治疗等领域的创新药成为国内外生物医药产业政策支持的主要方向。2018年,美国FDA和国家药监局分别批准新药59个和51个,生物技术药物获批数创历史新高。基于互联网技术的移动医疗、远程诊断和远程监护技术不断成熟,人工智能与医疗融合加深,智慧医疗、精准医疗、高端医疗器械行业和健康服务业有望加快发展。

从企业情况角度来看,随着支持仿制药发展等政策深入实施,环保标准提高和监督检查力度不断加强,将推动医药工业加快创新发展、绿色发展,倒逼企业转型升级、推动行业"洗牌",加快兼并重组步伐,部分细分领域分化将进一步加剧,短期内产业发展存在一定的不确定性。

下一步,要根据健康产业总体工作要求和部门责任分工,积极推进相关工作,一是对标国内外先进地区,谋划生物医药发展政策。二是继续深入实施首台(套)、"浙江制造精品",提振"浙八味"等历史经典产业。三是举办第五届国际健康产业博览会。

2018年浙江省冶金工业运行情况

浙江省经信厅材料工业处

2018年浙江省积极践行供给侧结构性改革,继续深入实施钢铁行业去产能,严防"地条钢"和退出产能死灰复燃,平稳处置僵尸企业,以有色金属加工业改造提升为重点,深化推进冶金工业转型升级,全省冶金工业运行总体稳定,行业发展质量进一步提高。

一、冶金工业发展情况

2018年,浙江省冶金工业实现工业总产值4293.19亿元,同比增长15.93%,实现主营业务收入4413.09亿元,同比增长16.31%,实现利税、利润分别为232.76亿元、140.48亿元,同比分别增长10.88%和11.49%,增长情况好于全省工业平均水平。

(一)钢产量3年来首次回归增长轨道,产能利用率进一步提升

2016年以来浙江省积极贯彻落实国家钢铁行业化解产能各项部署,主动关停杭钢半山钢铁基地,清理退出僵尸企业及低效产能,坚决取缔"地条钢",3年炼钢企业减少一半,产能下降了32.47%,短期对钢铁生产造成了影响,2016年、2017年浙江省钢产量连续2年负增长。2018年在严禁新增产能,坚决防范"地条钢"死灰复燃,推进产业转型升级改造等综合措施推动下,钢铁行业运行环境继续好转,钢铁生产3年来首次回归增长。全省铁、钢、钢材产量分别为873.75万吨、1266.75万吨和3048.69万吨,同比分别增长2.1%、14.6%和7.1%。其中粗钢产量增幅高于全国平均水平8个百分点。全省有效运行炼钢产能利用率为82.36%,比2015年高13.47百分点,比全国行业平均高4.36个百分点。

(二)有色金属冶炼产能快速释放,加工生产相对疲软

2017年新投产的和鼎铜业13.5万吨电解铜项目产能在2018年完全释放,拉动全省有色金属产量高增长。全省十种有色金属产量56.44万吨,同比增长40.40%。其中:铜产量53.93万吨,同比增长43.5%。有色金属加工生产有所分化,铜材产量260.83万吨,同比增长6.3%,铝材产量187.81万吨,同比下降6.8%。铜铝加工生产总体不如全国平均水平,铜材产量增幅比全国平均水平低8.21个百分点,铝材产量增幅比全国平均水平低9.37个百分点。

(三)国际贸易环境日益复杂,冶金产品出口曲折回升

2018年中美贸易摩擦持续升温,冶金产品出口不确定性增多,浙江省冶金产品出口先降后升。上半年受美国对我国铝箔、铝板双反及加征钢铝制品关税政策影响,全省冶金产品出口持续走低,二季度以来主要铝加工企业对美出口几近停顿。全省冶金产品出口交货值增幅从一季度的15.44%,回落至上半年的6.03%。为应对复杂严峻的出口环境,不少出口企业主动调整出口市场及产品结构,积极拓展俄罗斯、东亚、中东等市场,下半年出口出现了企稳回升。全年冶金工业完成产品出口交货值201.41亿元,同比增长18.46%,比全省工业平均增幅高9.86个百分点。其中钢铁产品出口交货值59.8亿元,同比增长29.33%,有色金属产品出口交货值141.61亿元,同比增长13.87%。

(四)行业效益分化,钢铁行业企业效益明显好于有色金属行业

2018 年国内钢材价格总体较好,前 10 月钢材价格指数稳定运行于 110 点至 120 点区间,11 月后钢价快速下滑,12 月底价格指数 107.12 点,同比下降 12.05%,全年综合价格指数平均为 115.8 点,同比上涨 7.6%。有色金属铜、铝、锌、镍现货市场价格上半年价格高于 2017 年同期,下半年价格有所回落,全年铜现货市场均价同比上涨 1.2%,铝、锌现货市场均价同比分别下降 2.47% 和 2.96%。受市场需求回升、价格上涨、产能利用率提高共同作用,钢铁工业效益再创新高,钢铁工业实现主营业务收入 2022.09 亿元,同比增长 24.45%,实现利税、利润分别为 139.96 亿元和 96.92 亿元,分别增长 26.76% 和 31.40%。钢铁工业主营收入利润率 4.79%,同比提高 0.35 个百分点。有色金属工业因成本上升、需求疲软、贸易摩擦困扰,效益不断下滑,有色金属工业实现主营业务收入 2391 亿元,同比增长 12.81%,实现利税、利润分别为 92.8 亿元和 43.56 亿元,同比分别下降 12.86% 和 32.82%。有色金属工业主营收入利润率只有 1.22%,同比下降 1.74 个百分点。

(五)产量、效益趋向集中,龙头企业支撑引领作用明显

钢铁工业中宁钢、元立两家企业粗钢产量占到全省钢产量的 74.74%,利润占 41.05%;钢铁行业利润最大的 8 家企业总利润占到行业总利润 64.74%。有色金属工业中铜加工产量最大 2 家企业铜材产量占全省总量的 61.46%,利润占全省有色金属行业总利润的 43.56%;铜加工产量前 5 位企业铜材产量占全省总量的 75.03%,利润占全省有色金属行业总利润的 53.44%。钢铁行业中宁钢、元立实现了满负荷生产,有色加工企业海亮、金田产量增幅同比超过 20%。宝新不锈、永兴特钢、久立特材、海亮、兴业等骨干企业出口大幅增长。

(六)行业企业转型升级亮点频现,发展质量稳步提升

2018 年冶金行业贯彻落实《浙江省传统产业改造提升行动计划(2018—2022 年)》,深入推进有色金属加工业改造提升省级试点,推动行业高质量发展。技术创新及品种提升方面,宁波市依托宁钢设立宁波钢铁材料工程(技术)中心,着力于钢铁新工艺、新产品开发;永兴特钢与钢铁研究总院、久立特材、久立永兴特种合金等成立特种不锈钢及合金材料技术创新中心,共同开发高附加值特种不锈钢及合金材料。宁钢成功研发 19 个新产品,实现汽车高强钢从 600 兆帕等级向 800 兆帕等级钢的全面覆盖;永兴特钢研发出国内首个具有自主知识产权的 SP2215 高压锅炉管材料,填补了国内超临界火电用高温金属材料的空白;久立特材各类核安全 1、2 级不锈钢管已应用于核电站主要关键设备及部件,核动力装置用特殊要求 0Cr18Ni10Ti 不锈钢无缝管、钍基熔盐堆 GH3535 不锈钢无缝钢管达到国际先进水平;东方特钢大力开拓食品级链条用不锈钢、耐热马氏体不锈钢等高附加值钢种;元立高端齿轮钢开始向客户试供货。智能制造方面,海亮投资 61 亿元有色金属智造园项目签约落地,全面启动铜及铜合金管、管件、棒生产线智能化改造;万邦德以数字化、自动化、智能化为目标,实施全自动挤压生产线改造;宁钢编制《2018 智慧宁钢建设行动方案》,实施 23 项改造、更新项目,订单周期缩短近 1 天。在绿色制造方面,元立围绕污染物排放全面达到特别限值标准要求,实施余热能效提升、料场封闭、高炉除尘等项目改造;宁钢投资 10.9 亿元实施烧结电除尘、焦化有机废气治理等 11 个环保项目;万邦德升级改造新型熔铝炉、热剪炉及时效炉,单位产品天然气消耗减少 20%。在并购重组产业布局方面,金田并购江苏兴荣铜业有限公司,设立江苏铜管生产基地;海亮收购成都贝德铜业有限公司,实现在西南地区布局,国内外生产基地增至 9 个;永兴特钢通过并购进入新能源材料领域,年产 3 万吨电池级碳酸锂项目已在江西开工建设。

二、存在的主要问题

浙江省冶金工业行业运行总体稳定,但运行中存在的一些问题应引起重视:

一是冶金工业效益仍处低水平。近 2 年浙江省冶金工业效益取得较高增长,部分钢铁企业效益甚至达到

历史最好,但行业总体效益仍处低水平。冶金工业规模以上企业主营业务收入利润率只有全省工业平均水平的49.07%。钢铁、有色金属工业企业主营业务收入利润率也分别比全国行业平均水平低1.31和1.56个百分点。国家严控废料进口,加上国内电炉钢产能释放,国内市场金属废料价格上升,在国内缺乏扶持政策情况下,金属废料及能源成本对短流程工艺占比较高的浙江省冶金工业影响较大。2018年全省冶金工业主营业务成本同比上升17.27%,高于主营业务收入增幅。其中有色金属工业主营业务成本升幅高出主营业务收入增幅达1.79个百分点。

二是冶金工业创新能力有待提高。冶金工业技术(研究)开发费支出虽有较快增长,但其占主营业务收入比例仍仅有0.98%,比规上工业平均水平低0.83个百分点。其中有色金属工业技术(研究)开发费支出占主营业务收入比例仅0.84%。冶金行业新产品产值率为29.12%,比工业平均水平低7.23个百分点。由于缺乏高强度的研发投入,制约了产品向中高端的升级。

三是企业经营风险增加。国内固定资产投资下行及房地产调控影响冶金产品市场需求;金融防风险、去杠杆,强化债务管理和金融监管,增加冶金行业企业融资难度、融资成本和资金链风险;国际金融市场动荡及大宗商品价格波动加剧,对冶金行业国际贸易、生产经营等将产生诸多不利影响;中美贸易摩擦持续发酵对行业尤其是有色金属行业原料进口和产品出口影响显现;打好污染防治攻坚战,强化节能减排督查问责、停产整改趋向常态化,深刻影响行业运行。

三、2019年行业发展形势

中央经济工作会议指出,我国发展仍将处于并将长期处于重要战略机遇期。世界面临百年未有之大变局,变局中危和机同生并存。国际货币基金组织、世界银行预计全球经济在未来两年呈现放缓趋势,全球经济面临的风险将逐步加大。从国内看,我国经济长期向好的发展前景没有变,2019年国民经济仍将延续总体平稳态势,但经济下行压力不断增大。随着经济结构不断调整,拉动经济增长的主要动力由投资转向消费,新旧动能转换过程中新经济增长点对冶金产品需求强度明显减弱,市场对冶金产品需求由数量的增长转向质量和品质的提升。汽车、房地产及中美贸易摩擦趋势是影响行业稳定运行关键因素。

近几年来冶金行业持续大力度推进供给侧结构改革,市场环境发生了明显的变化,供给质量有了较大提升。但应该看到,钢铁、有色金属冶炼产能平衡基础仍较脆弱,加工行业产能过剩矛盾仍很突出。原燃料涨价、环保运行成本上升带来的成本压力不断增加;民营冶金企业融资难、融资贵问题依然十分突出;提升创新能力、提高产品档次,实施智能化、绿色化发展任务仍十分艰巨。

面对机遇和挑战,浙江省冶金工业应坚持供给侧结构改革主线,聚焦提质增效为中心,深入推进"亩均论英雄"改革,加大研发、科技投入,加快数字化转型,全面推进智能化、绿色化、高端化升级改造,努力实现行业平稳运行和高质量发展。

2018 年浙江省石油和化学工业运行情况

浙江省经信厅材料工业处

2018 年全省各地认真贯彻落实省委省政府决策部署,紧紧围绕石化行业转型升级,以传统产业改造提升和城镇人口密集区危险化学品生产企业搬迁改造工作为抓手,不断优化产业结构,不断加快新旧动能转换步伐。在原油价格波动加大、中美贸易摩擦持续深入和经济下行压力增大的背景下,浙江省石油和化学工业发展态势良好,规模发展持续增长,但行业效益有所下滑,运行态势稳中显忧。

一、行业运行总体情况

2018 年,全省规上石化行业实现工业总产值 10392 亿元、销售产值 10207 亿元,分别占规上工业比重的 15.1% 和 15.1%,分别同比增长 14.5% 和 13.4%,分别高于全省工业平均水平 3.2 和 2.8 个百分点;实现主营业务收入 10626 亿元,同比增长 10.6%;实现利润总额 781 亿元,同比增长 3.2%,利税总额 1269 亿元,同比增长 0.7%。从细分行业看,化学工业、石油加工业和橡塑制品业利润总额在各工业大类中分别位居第 1、11、15 位。

二、行业运行的主要特点

一是总量规模增长较快,效益增幅不容乐观。2018 年,全省规上石化行业实现工业总产值再次突破万亿,增幅达 14.5%,但效益情况有所下滑,仅增长 3.2%,从 9 月至 12 月,单月利润连续下降,12 月降幅达 44.2%。2017—2018 年浙江省石化行业月度利润情况如图 1 所示。

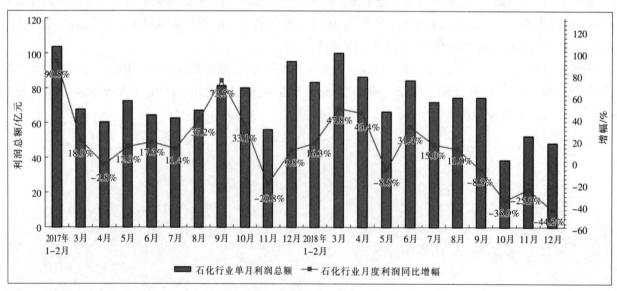

图 1　2017—2018 年浙江省石化行业月度利润情况

　　二是出口增速持续加快。2018年,全省规上石化行业出口继续保持快速增长,实现出口交货值1170亿元,同比增长21.2%,高于全省工业平均水平12.6个百分点。进入下半年,受汇率及中美贸易摩擦的影响,企业抓紧出货倾向明显,从而拉动了整体出口交货值的快速增长。2017年以来浙江省石化行业季度出口交货情况如图2所示。

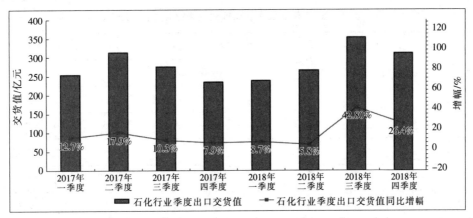

图 2　2017年以来浙江省石化行业季度出口交货情况

　　三是价格水平波动较大。受原油价格、供需及贸易等因素影响,2018年上半年石化主要产品价格上涨,特别是二季度后,受市场需求原油价格上涨、汇率以及江苏、山东等石化大省集中整治等因素影响,石化主要产品市场价格保持较快增长,特别是PX、PTA等原料一度涨幅超过50%。自下半年10月下旬开始,在原油价格大跌、下游需求走弱以及贸易摩擦加剧的背景下,石化产品价格整体走跌。石化行业重点产品市场价格汇总如表1所示。

表 1　石化行业重点产品市场价格汇总

产品	2019年1月产品价格(元/吨)	环比涨跌幅(%)	同比涨跌幅(%)
丙烯	7500	−2.0	−9.9
丁二烯	9500	−11.2	−17.4
乙二醇	5050	0.2	−35.5
环氧丙烷	10550	−1.4	−16.3
丙烯腈	12300	4.2	−21.2
丙烯酸	8660	1.2	17.0
纯苯	4820	3.0	−29.1
甲苯	4900	−3.2	−11.7
PX	8820	0.9	23.4
苯乙烯	8350	0.6	−23.0
己内酰胺	13200	2.3	−18.0
PTA	6500	0.0	15.5
MDI	13200	3.1	−45.7
顺丁橡胶	11900	0.0	−7.8

(数据来源:《中国化工信息》杂志)

四是主要行业实现增长。2018 年,全省九个主要的石化行业中,主营业务收入增长的有 6 个,占 66.7%,下降的有 3 个;其中主营业务收入超千亿的 4 个行业中有 3 个实现增长,特别是第一大行业合成材料制造年均增长达 29%,拉动全省石化增幅 9 个百分点,成为 2018 年浙江省石化增长的最主要因素。2018 年浙江省石化行业主营业务增长情况如表 2 所示。

表 2 2018 年浙江省石化行业主营业务增长情况

行业	销售收入(亿元)	增长(%)
精炼石油产品制造	1660	0.13
基础化学原料制造	1381	5.44
农药制造	206	13.76
涂料、油墨、颜料及类似产品制造	459	2.90
合成材料制造	3310	29.00
专用化学产品制造	724	0.20
日用化学产品制造	215	−55.21
橡胶制品业	492	−9.97
塑料制品业	1649	−8.73

五是重点园区引领发展。2018 年,宁波、嘉兴、上虞、舟山和衢州等重点园区发展态势良好,规模以上产值继续保持较快增长。其中宁波石化区内 97 家直管规上企业二季度检维修后生产负荷得到有效提升,单月产值屡创新高,下半年单月平均产值超 54 亿元,盈利面为 75.3%,高于上年同期 9.7 个百分点,园区全年规上工业产值增幅较半年度提升 12.1 个百分点。杭州湾上虞经济技术开发区,紧抓传统产业改造提升这条主线,加快资源整合、项目组合、产业融合,高质量推进产业园区和小微企业园建设,盘活存量土地,提高空间配置率和土地集约利用水平。杭州大江东产业集聚区、嘉兴港区和衢州绿色产业集聚区规上总产值增长较快,涨幅均达到或超过 30%。2018 年浙江省重点园区石化产业发展情况如表 3 所示。

表 3 2018 年浙江省重点园区石化产业发展情况

园区名称	规上化工总产值(亿元)	增幅(%)
宁波石化经济技术开发区	1825	13.7
北仑石化园区	815	18.3
宁波大榭开发区	616	11.2
杭州湾上虞经济技术开发区	429	19.7
杭州大江东产业集聚区	406	31.2
嘉兴港区	630	34.4
衢州绿色产业集聚区	403	30.0

六是龙头企业稳步壮大。2018 年,受益于石化行业周期上行及供需格局的持续改善,产品价格逐步走高,石油和化学品市场需求增长,实现产销两旺,全省重点企业继续保持较快发展,带引作用更加突出,全省共有主营业务收入超 50 亿元的企业 25 家,实现主营业务收入 4219 亿元,占规上石化主营业务收入的

39.7%,其中超百亿企业14家。2018年中石化镇海炼化分公司工业总产值超千亿,增幅12%,宁波园区规上企业中实现盈利的达73家,盈利面为75.3%,高于2017年同期9.7个百分点,企业产销率达100.5%,实现利税增长31.5%,利润增长22.1%,工业利润维持高位增长,企业效益良好。

七是重点项目扎实推进。2018年,全省大力推动重点项目建设。浙江石油化工有限公司4000万吨/年炼化一体化项目,至12月底,项目完成投资674亿元,一期项目部分装置开始调试试车,二期项目预计2019年全面开工建设,2020年底建成投产。中石化宁波镇海炼化有限公司扩建120万吨/年乙烯、1500万吨/年炼油项目正在分步实施,其中120万吨/年乙烯项目已于2018年10月正式开工,计划2021年底建成投产;1500万吨/年炼油项目正在调研,计划2023年底建成投产,目前扩建项目核准投资531.58亿元,已累计完成投资15.5亿元。

三、2019年石化行业形势预测

2019年石化行业预计将保持平稳增长。随着传统产业改造提升工作的持续深入,浙江省新旧动能转换步伐不断加快,加之一系列优化发展环境和企业减负措施的出台,会进一步促进产业结构的优化升级,增强产业的竞争力。不过由于原油价格变化的不确定性,后期产品价格会继续发生波动,特别是随着美国单边主义和贸易保护主义影响,后期石化行业不确定因素在增加,下行压力也在增大,虽然短期内影响可控,但长期影响需要重点关注并早做准备。

2018 年浙江省电子信息产业运行情况

浙江省经信厅数字经济处

2018 年,浙江省积极贯彻落实省委省政府实施数字经济"一号工程"的决策部署,以争创国家数字经济示范省为目标,坚持新发展理念,加速培育发展新一代信息技术产业,积极推进新产业、新技术、新服务、新模式创新发展,行业运行整体呈现发展稳中有进、创新活力增强、新动能培育加快的良好态势,成为引领全省经济高质量发展的新引擎和新亮点。

一、行业运行总体态势及特点

(一)行业运行稳中有进,增速持续快于规上工业

2018 年,全省电子信息行业生产呈高开稳走态势,保持 11% 以上增速,增速持续高于规上工业。2018 年全省规模以上电子信息制造业增加值为 1700.1 亿元,同比增长 11.8%,高出全省规上工业 4.5 个百分点。电子行业占全省规上工业增加值比重达 11.6%,对规上工业贡献率达 17.9%。尤其是通信电子 2018 年生产增长 18.8%,分别比汽车、化纤、电气设备、仪器仪表、医药等行业增速高出 9.4、5、10.9、8.5 和 10.4 个百分点,成为制造业增长最快的主要行业之一。电子制造业继续引领新兴产业增长,2018 年高出八大万亿产业中的高端装备、时尚、节能环保、健康和文化制造业增速为 2.6、2.1、4.6、3.8 和 7.4 个百分点。

智能化数字产品生产加快。2018 年规上电子信息制造业完成总产值 7979.2 亿元、销售产值 7796.8 亿元,分别同比增长 10.1% 和 9.4%,产销衔接良好,产销率达到 97.7%。其中,生产高端路由器 660.7 万台,增长 41.2%;智能手机 4955.9 万部,增长 21.3%;笔记本电脑 204.07 万台,增长 9.5%;智能电视 583 万台,增长 17.2%;移动通信基站、光电子器件、太阳能电池、射频元器件和光纤等产量分别增长 272.6%、24.6%、42.4%、66.4% 和 115.6%。

(二)出口持续增长,内需拉动作用凸显

2018 年,浙江省电子行业主动应对外部宏观环境变化,积极实施走出去战略,鼓励支持企业多方开拓新兴市场,出口持续稳步增长。2018 年全省规上电子信息制造业完成出口交货值为 1903.5 亿元,同比增长 8.4%,占规上工业出口比重的 16.3%,对全省出口增长贡献率达到 15.9%。新一代信息技术产业成为高新技术产品出口增长的新亮点,2018 年高新技术产品出口 1408 亿元,同比增长 11.5%,高出全省出口 2.5 个百分点,占全省出口总值 6.6%。主要产品出口加快,2018 年,智能电视、太阳能电池、通信系统设备出口值分别为 61.6 亿元、186.6 亿元和 248.8 亿元,分别同比增长 39.2%、21% 和 17.8%。重点出口企业带动贡献突出,晶科能源、富通、大华科技、海康科技、舜宇出口交货值分别增长 32.7%、35.8%、27.4%、19.7% 和 17.9%,增速均在两位数以上。内需拉动仍是行业增长的内生动力,内销增势不断向好。2018 年全省规模以上电子制造业完成内销产值 5893.3 亿元,同比增长 9.7%,占全部销售产值的 75.6%,对销售产值增长贡献率达到 77.9%,拉动销售产值增长 7.3 个百分点,新兴网络消费增长较快,通信器材类产品的网络零售增长 17.8%,内销仍是带动行业增长的主动力。

（三）效益小幅波动回落，龙头支撑作用放缓

2018 年企业效益总体呈现小幅波动回落，全省规模以上电子制造业分别实现利税总额和利润总额 753.5 亿元和 534.3 亿元，同比下降 2.1% 和 2.4%，利润在 11 月增长形势下又出现小幅回落，全年增速低于规上工业 7.7 个百分点。行业盈利能力持续改善，电子信息行业在主营业务收入利润率、每百元主营业务收入成本和杠杆水平等指标均好于面上工业，2018 年全省电子信息行业的主营业务收入利润率为 6.75%，高出规上工业 0.27 个百分点；每百元主营业务收入中成本为 82.4 元，比全省规上工业低 1.4 元。企业杠杆率低，12 月末资产负债率为 51.4%，低于全省规模以上工业 4.1 个百分点。企业亏损面达 18.6%，比上半年下降了 3.9 个百分点。规上电子制造业劳动生产率为 22 万元/人，同比增长 11.7%，增速比规上工业高 3.4 个百分点。

从主要行业来看，通信、光伏等行业下滑对全省效益增长的影响较大。2018 年通信设备行业实现利润 196.7 亿元，同比下降 3.1%，而上年同期通信设备同比增长 23%。2018 年，光伏行业实现利润 9.8 亿元，同比下降 48.8%，直接影响行业利润下降 1.7 个百分点。从龙头骨干企业来看，龙头企业带动作用减弱。2018 年，电子信息制造业 30 强企业实现主营业务收入和利润总额分别为 2720.1 亿元和 254.7 亿元，占全省规模以上电子信息制造业（3259 家）的 34.3% 和 47.7%，利润仅增长 3.8%，增速低于 2017 年同期 9.4 个百分点，与 2017 年同期相比，海康威视、舜宇集团、新华三、闻泰通讯、东方日升、昱辉阳光等公司利润增速均有所放缓或下降，对整体行业效益增长的带动作用减弱。

（四）聚力创新驱动，创新活力不断增强

全力推进之江实验室、阿里达摩院等一批创新大平台建设，加快推进智慧视频安防、柔性电子省级制造业创新中心等创新载体建设，着力推进集成电路、云计算大数据、智能网联汽车、人工智能、智能硬件等领域科技创新与融合应用，全省电子信息产业创新发展势头良好，新品开发、研发投入等指标高于规上工业。2018 年全省规模以上电子信息制造业完成新产品产值 4920.8 亿元，新产品产值率连续 39 个月超过 50%，达到 61.7%，高出规上工业 25.4 个百分点，创近年来最高水平。浙江省列入国家"三新"统计的 11 种新产品产量中，5 种新品涉及电子信息行业，其中智能手机、太阳能电池、光纤等新品增速超 20% 以上，分别同比增长 21.3%、42.4% 和 115.6%。研发投入持续增强，2018 年累计完成技术研究开发费 333.9 亿元，同比增长 27.5%，约占全省规上工业技术研究开发费的 1/4，占主营业务收入比重 4.2%，高出全省规模以上企业 2 个百分点。以企业为主体的创新体系加快建设，一批创新能力强的高新技术企业快速发展，推动产业向高端化发展。2018 年，大华技术、舜宇车载光学技术等 2 家企业被认定为全国单项冠军示范企业，天通控股、东方电缆被认定为国家技术创新示范企业，网易（杭州）、海兴电力、士兰集成、横店东磁、隆基乐叶光伏等 5 家单位入选全省创新型领军企业，占全省比重超过 1/3。

（五）新兴产业引领增长，新动能培育加快

加快实施云计算、大数据、物联网、人工智能、区块链、虚拟现实和智能硬件等新兴产业培育行动，新兴产业发展态势良好，成为引领产业快速发展的新增长点。2018 年新一代信息技术产业实现增加值 840.1 亿元，同比增长 19.9%，高出全省战略性新兴产业 8.4 个百分点，对全省战略性新兴产业贡献率达 31.3%。已在人工智能、云计算、区块链等领域集聚一批新产品新服务新应用，在部分领域处于全国前列。阿里巴巴等入选国家人工智能创新平台建设，17 个项目入选国家大数据产业发展试点示范，物联网、云计算及大数据产业分别实现主营业务收入 12145.2 亿元、2895.5 亿元，分别增长 22.5% 和 19.4%，积极推动智能网联汽车、智慧健康养老等融合型新产品开发应用，清华长三角研究院柔性电子产业园和未来产业研究院等加快建设，一批新技术、新产业加速研发和产业化。软件产业持续快速增长，综合实力不断提升。2018 年全省实现软件业务收入

5148.4 亿元,同比增长 21.1%,高于全国软件增速 6.9 个百分点,增速明显高出广东(12.2%)、江苏(10.7%)、山东(15.9%)和上海(11.4%)等省市,位于全国规模前十省市之首。实现利润总额 1476.4 亿元,销售利润率为 28.7%,高出全国 15.9 个百分点。新模式新业态蓬勃发展,2018 年实现网络零售额 16718.8 亿元、跨境网络零售出口 574.4 亿元,分别增长 25.4% 和 31.1%。

(六)主要行业运行态势

主要行业支撑增长。在 12 个中类行业中,计算机、通信、广播电视、智能硬件设备、电子专用设备等 9 个行业实现增长,且主要指标均超过 10%,主营业务收入增速分别达到 27.6%、15.7%、14.3%、17.6% 和 17.8%;电子器件、电子元件、信息机电等行业增速保持在 7%—10% 之间,呈现平稳增长。总体上看,通信、计算机、广播电视、智能硬件设备对全行业带动作用尤为突出,4 个行业共实现主营业务收入 2380.9 亿元,同比增长 16.9%,对全行业收入增长的贡献率达到 50.9%,成为拉动全行业增长的主动力。在细分领域中,随着集成电路"强芯"行动积极推进,集成电路产业持续快速增长,2018 年集成电路产业总产值和主营业务收入分别同比增长 14.8% 和 12.8%,增速高出全行业 4.7 和 3.5 个百分点。据 2018 中国集成电路设计年会发布消息,杭州市集成电路设计业规模首次突破百亿元,位居全国第 4 位(超过无锡,位列深圳、北京、上海之后),增速居全国第 2 位。中芯国际(宁波)、中芯国际(绍兴)、海宁泛半导体产业园、海康高端存储等一批重大项目建设进展良好。光伏行业积极应对"5.31 光伏新政"、行业产能过剩等因素带来的影响,加快技术创新推进智能光伏应用,整合资源积极走出去开拓新兴市场,不断提升行业核心竞争力,光伏行业下行态势逐步好转,2018 年光伏行业完成总产值 608.6 亿元、主营业务收入 584.2 亿元、利润总额 9.9 亿元、出口交货值 186.6 亿元,同比增速分别为 -3.8%、0.9%、-48.8% 和 21%,其中利润和出口下半年优于上半年,企业效益明显好转,扭转了全行业亏损(上半年亏损 10889 万元)的局面,且利润跌幅比上半年大幅缩窄了 62.9 个百分点,出口比上半年(0.2%)加快了 20.8 个百分点。

二、当前行业存在的主要问题

当前行业经济运行不确定性因素仍然较多,对一些制约瓶颈、关键重大问题要引起高度重视。

1. 效益增长缓慢。2018 年以来电子信息行业效益受光伏行业疲软、龙头企业增长趋缓等因素影响呈现一定回落态势,增速仍低于全省规上工业。同时区域发展不充分的现象较为突出。2018 年,浙江省杭州、嘉兴、金华、台州 4 个地市总产值增长较快,高于全行业平均水平,分别增长 11.7%、13.1%、17.5% 和 21.2%,丽水、舟山分别下降 4.4% 和 1.1%,区域发展不平衡较为突出。

2. 新兴产业有待加快,产业链体系不完善。近年来浙江省新一代通信网络、物联网、云计算及大数据、软件和信息技术服务及集成电路等新一代技术产业引领行业增长,但总量规模仍然偏小,对全行业增长的带动作用不强。集成电路、高端软件、人工智能等新兴产业能级较为薄弱,完整产业链体系尚待加快培育,关键核心技术的攻关和研发还有待突破,行业整体竞争力有待进一步提升。

三、行业发展的机遇与挑战

2019 年浙江省电子信息行业运行既稳中有进,又稳中有变,风险和困难明显增多,要清醒认识蕴含的机遇和面临的挑战,全面把握电子信息行业高质量发展的内在要求。

(一)抓住用好战略机遇

在 2019 年浙江省委经济工作会议上,车俊书记科学概括了浙江发展的"5 个新机遇"。根据省委、省政府对浙江发展机遇的科学判断,围绕浙江电子信息行业发展,要相应把握好以下机遇:一是抓住并用好新一轮科技革命、产业变革的新机遇。数字经济是世界经济的发展方向。当前,人工智能、云计算、大数据、区块链等应用技术正拓展升级,5G时代即将开启,新技术、新产业、新业态、新模式层出不穷,积极发挥浙江省在智能制造、新一代通信网络、云计算、大数据、人工智能、区块链等发展优势,为经济发展注入新动力。省委、省政府将数字经济列为"一号工程",全面实施五年倍增计划,争创国家数字经济示范省,必将推动浙江经济高质量发展、抢占竞争制高点。二是抓住用好进一步深化改革开放的新机遇。深化"最多跑一次"改革,打造全球一流营商环境,将进一步推动资源向高产高效区域领域集中。"一带一路"战略纵深推进、互联网大会、进口博览会等"红利"不断释放,为浙江省电子信息行业出口开辟新的空间。三是抓住用好扩大国内市场的新机遇。消费互联网全国领先,产业互联网加快推进,以阿里巴巴为引领,"淘工厂""网易严选"等新业态新模式不断涌现,为浙江电子信息行业拥抱庞大的国内外市场创造了便利条件。四是抓住用好国际环境和国内条件变化的倒逼机遇。通过一系列组合拳加快传统制造业改造提升,率先推进制造业转型升级,在应对经济下行、经贸摩擦、资源环境趋紧等困难方面积累了一些经验。五是抓住用好长三角一体化发展国家战略机遇。主动融合长三角一体化发展国家战略,三省一市之间优势互补、协同创新、融合发展,为长三角共同打造数字经济创新发展高地、民营经济高质量发展高地提供了重大机遇。

(二)清醒认识严峻挑战

在看到机遇的同时,面对困难也要有清醒认识。从国际来看,经贸摩擦影响逐步显现,核心技术短板仍未解决,外部环境更复杂严峻、不确定性更大、风险挑战更多。从国内看,我国的发展不可逆转,但需要跨越非常规的特有关口,低成本优势在消失,新竞争优势尚未形成局面,经济下行压力加大。从浙江省情况看,电子信息行业发展同样面临"稳中有变、变中有忧"的形势。主要表现在:行业下行压力加大,2018年三季度以来,规上电子制造业增加值增速处于下行通道;企业利润增长回落,受光伏行业、龙头企业增长趋缓等因素的影响,2018年规上电子制造业利润增长逐季回落,企业发展质量有待提升;产业创新能力仍待增强,关键核心技术总体缺乏,企业在创新投入中不敢投、不愿投的现象仍然较多。

四、2019年工作思路

围绕深入实施数字经济"一号工程",以争创国家数字经济示范省为抓手,着力在推进数字技术新突破、壮大数字产业新能级、激发实体经济新动能、培育数字应用新业态、构筑协同发展新局面、龙头企业培育等方面取得新突破,力争2019年全省电子信息产业增长12%以上,继续引领全省经济高质量发展。

2019年重点抓好几个方面工作:

1. 着力推进技术创新攻关。组织开展集成电路、智能网联汽车、智能硬件、虚拟现实及人工智能等领域的技术创新综合试点,着力突破关键核心技术,强化技术创新、产品开发和市场开拓,大力实施"卡脖子"核心技术攻关及成果应用,规模以上企业科技经费投入占主营业务收入的比例为3.5%左右、新产品产值率在50%以上。积极突破一批支撑传统产业智能化改造及"两化"深度融合的关键技术,积极运用信息技术改造提升传统产业,大力提高装备产业数字化、网络化、智能化水平,增强产品创新能力,提高产品附加值和综合竞争力。

2. 着力培育壮大数字产业。组织实施人工智能"铸脑"、集成电路"铸芯"、智能硬件"铸端"、软件"铸魂"等行动计划,着力培育壮大数字产业,推动集成电路、高端软件等优势产业迈向全球价值链中高端。结合新型消费升级与扩大,加强对智能家居控制、智能可穿戴设备等智能硬件产品的研发与推广应用;深化应用示范,大力推进智能网联汽车、智慧健康养老等产业创新发展;强化系统谋划,研究制定超高清视频产业发展和数字安防产业集群培育等行动方案,加快形成一批产业新增长点和千亿级产业集群。

3. 着力推进重大项目建设。聚焦聚力数字经济核心领域，推动各地实施精准招引，着力在集成电路、物联网、5G 车联网、云计算大数据、人工智能、柔性电子、超高清视频等领域组织实施 100 项重大项目。设立规模 100 亿元的省数字经济产业投资基金，积极参与国家集成电路二期募集 150 亿元和国家制造业转型升级基金募集 100 亿元，争取国家相关产业基金对浙江省电子信息行业发展的支持，提升浙江省电子信息行业发展新能级。

4. 着力培育重大平台载体。全面推进 22 个省级信息经济发展示范区和 41 个省级数字经济类特色小镇的建设，推进数字经济重大项目建设、创新成果产业化和企业的集聚发展。围绕发展信息技术的重点领域，推动建设一批行业公共服务平台，推动杭州镓谷、芯火平台、智能硬件及虚拟现实产业联盟等一批公共服务平台建设，继续抓好国家 5G 车联网应用示范、智慧健康养老应用基地及省级集成电路产业基地等的建设，助力相关新兴产业的创新发展。

5. 着力培育百家龙头企业。组织实施"雄鹰行动"，大力培育行业优势企业，每年实施培育 100 家行业龙头企业，力争全国行业百强企业数量继续保持全国前列，超百亿、十亿元企业进一步增长，超百亿元企业达 22 家左右，超 10 亿元企业达 150 家左右，积极培育在细分领域占据领先地位的"专、精、特、新"优势企业（即行业小巨人和隐形冠军），促进其快速成长。加强产业链协同创新和分工体系建设，提升产业能级和竞争实力。

6. 着力加强招引推进合作。以长三角一体化上升国家战略为契机，积极开展招引推进合作交流，充分发挥世界互联网大会等的集聚效应，加强与国内兄弟省市及美国、欧盟等国家(地区)政府、行业组织沟通与联络，学习借鉴发达地区先进经验，寻求与国内外知名企业合作，积极鼓励和支持浙江省信息技术企业积极拓展国际、国内市场。落实浙江省与阿里巴巴、新华三、华为、中电科技、中芯国际等知名企业的战略合作，着力推进一批重大项目合作建设，搭建好大企业"双创"平台，吸引并聚焦基于互联网的各类创新创业资源要素，推进数字经济的创新发展。

2018 年浙江省软件和信息技术服务业运行情况

浙江省经信厅软件与集成电路产业处

2018 年,浙江省紧抓新一轮科技革命和产业变革机遇,围绕数字经济"一号工程",持续推进软件产业研发创新与融合应用,积极培育软件和信息服务新动能,加快产业高质量发展态势。全省软件和信息技术服务业继续保持快速发展态势,产业规模迈上新台阶,就业人员数量、收入平稳增加,软件服务化不断加快,软件产业正成为数字经济发展、智慧社会演进的重要驱动力。

一、基本运行情况

2018 年,浙江省共实现软件业务收入 5200.6 亿元,同比增长 19.8%;实现利税 1974.5 亿元,利润总额达 1567.2 亿元,销售利润率达 30.1%;实现信息技术服务收入 3690.1 亿元,同比增长 28.9%,高出全行业增速 9.1 个百分点;产业占比继续提升,达到 71.0%,较 2017 年同期上升 5.1 个百分点,对全省软件业务收入的贡献率达到 96.2%,拉动全行业增长 19.1 个百分点。软件技术加快与各产业领域渗透融合。信息技术服务快速增长,激发电子商务、智慧物流、智慧健康、数字内容等新业态、新模式蓬勃发展,信息服务和应用创新活跃。电子商务增势迅猛,电子商务平台(包括在线交易平台服务、在线交易支撑服务在内的信息技术支持服务)收入 2284.6 亿元,同比增长 50.2%;嵌入式系统软件实现全年收入 263.2 亿元,同比增长 0.6%,软件加快为制造业赋能、赋智,带动传统产业转型提升。

2018 年全省完成软件出口 29.8 亿美元,占全行业业务收入的 4.0%。软件产品实现出口 24.4 亿美元,占全部出口总量的 81.7%;外包服务出口快速增长,实现 5.0 亿美元,同比增长 95.7%,占出口总量的 16.7%;嵌入式系统软件出口实现 0.5 亿美元,占出口总量的 1.6%。

二、主要发展特点

(一)企业发展卓有成效

一是软件企业单体规模稳步上升。从软件业务收入上看,2018 年全省软件企业平均收入由 2017 年的 26006 万元上升到 2018 年的 32504 万元,同比增长 25.0%。从企业员工数量上看,全省企业平均人数为 285 人,同比增加 26.1%。

二是龙头企业引领增长。2018 年浙江省软件 20 强企业实现软件业务收入 2961.7 亿元,同比增长 27.5%,实现利润总额 1251.6 亿元,软件业务收入和利润总额占全省软件行业(1600 家)的 56.9% 和 79.9%。电子商务、云计算、互联网服务、数字安防等产业仍然是带动全省行业增长的主动力,淘宝、网易、海康、阿里云规模和利润保持增长态势,对行业规模和效益贡献突出。

三是超亿元企业群体综合实力稳步提升。2018 年,浙江省重点监测软件企业共 1600 家,其中软件业务收入超亿元企业达到 352 家,占全部重点监测企业的 22%,较 2017 年提高了 5.5 个百分点。超亿元企业共实现软件业务收入 4840.7 亿元,占全行业总收入的 93.1%,较 2017 年提高 0.9 个百分点。实现利润总额 1527.0 亿元,占全行业利润总额的 97.4%,较 2017 年提高 0.6 个百分点。超亿元企业整体规模稳步提升,成为推动行业增长的重要引擎。

四是规划布局软件企业稳步增加。2018 年,全省软件行业骨干企业加快发展,共 46 家企业通过国家规划布局内重点软件企业和集成电路设计企业所得税优惠核查,其中重点软件企业 43 家,较 2017 年增加 5 家,重点集成电路设计企业 3 家,较 2017 年增加 2 家。重软企业数量规模稳步提升,覆盖领域逐步扩大。从行业领域上来看,数字创意类企业最多,共计 10 家,较 2017 年增加 5 家,其他信息安全类 5 家,智慧城市、集成电路设计、电子支付、电子政务、电子商务、安防领域各 3 家。从区域上来看,46 家企业中,45 家为杭州市企业,剩余 1 家为金华企业,杭州市企业主要集中在滨江区,共计 33 家,占全部企业的 71.7%。

五是特色领域龙头企业发展优势突出。在电子商务领域,阿里巴巴集团独占鳌头,带动全省电子商务领域持续呈现强劲的增长势头,成为带动浙江省信息技术发展的主要动力。在云计算领域,阿里云启用多个海外数据中心,帮助上万家国内企业拓展业务,成为我国唯一进入世界前三的中国云计算企业。在安防领域,浙江省形成了 DVR、高速球、矩阵产业优势,视频监控产品市场优势明显。海康威视、大华股份、宇视科技继续大幅度领跑全球市场,产品市场份额逐年提升。在工业控制领域,以中控技术、杭州和利时等为代表的一批骨干企业引领浙江自动化技术的发展,在创新技术和产业化应用上具备较强的国际化竞争力,打破跨国公司长期垄断的局面。在金融科技领域,蚂蚁金服在消费金融、供应链金融、区块链金融、大数据征信等细分领域有着领先技术优势;恒生电子、同花顺、信雅达在银行、证券、保险业拥有品牌优势,核心产品在多个细分领域市场占有率第一;连连支付、同盾科技、邦盛科技、趣链科技在运营模式、技术、市场方面日趋成熟,成了移动支付、大数据风控、区块链、人工智能等技术的生力军。

(二)发展环境不断优化

根据税务提供的相关数据,2018 年度浙江省(含宁波)享受软件企业所得税减免优惠 198.18 亿元(其中一般软件企业 250 家,含集成电路设计企业 4 家,共享受所得税优惠 20.54 亿元),享受软件产品增值税退税 69.6 亿元。享受软件企业所得税"两免三减半"优惠的企业家数增长 12.84%,国家规划布局内重点软件企业家数增长 17.95%,企业所得税减免额较 2016 年度增长 32.58%。另据税务部门统计,软件企业享受税收优惠政策的同时,其税收贡献为 343.02 亿元,其中增值税 116.45 亿元、企业所得税 144.16 亿元、个人所得税 82.40 亿元。税收优惠的落实进一步激发企业的创新活力,2018 年全省新登记软件著作权 6 万件。

(三)产业发展载体进一步完备

浙江省软件和信息技术服务业集聚发展态势加快,软件名城和产业基地建设成效明显。杭州市加快国际级软件名城创建工作。2018 年杭州实现软件业务收入 4295.2 亿元,同比增长 18.7%,占全省比重 82.6%,实现利润 1399.6 亿元。宁波市加快推进特色型中国软件名城创建工作,2018 年实现软件业务收入 673.2 亿元,同比增长 24.5%,占全省比重 12.9%,实现利润 118.0 亿元。重点产业基地能级不断提升。全省共分层次创设 34 个示范、特色和创新软件产业基地。2018 年,确定余杭、滨江、萧山、西湖和金华市经开区五个基地作为产业基地能力提升重点对象,给予省财政专项资金扶持,指导五个重点产业基地围绕自身发展优势,突出特色,重点提升,实行差异化发展。2018 年列入能力提升的五个产业基地贡献业务收入 4052.9 亿元,占据全省软件业务收入的 77.9%。

浙江省依托重点实验室、技术中心、企业研究院等创新载体,为产业发展构筑了良好的科技创新环境。截至 2018 年,全省共建有 92 家省级公共科技创新服务平台,其中有 6 家为软件产业提供服务,平台集聚行业市场、人才、技术资源,帮助企业提升研发能力,降低了企业运营成本,推动全省软件企业转型升级。建有一批软件行业相关的省重点实验室(工程技术研究中心),领域涵盖电子商务、通信、工业自动化、智能交通、智慧医疗、金融、互联网等。全省软件行业省级重点企业研究院达75家,其中云工程与云服务方向21家、大数据产业方向14家、工业信息工程方向14家、集成电路产业方向6家、智慧城市专用软件方向6家、智慧医疗操作系统软件方向6家。

(四)新业态培育加快推进

2018年11月,浙江省印发《浙江省信息化领导工作小组关于加快区块链技术创新应用的指导意见》,鼓励区块链关键技术研发与重点领域应用,指导区块链技术和应用合法合规、健康有序发展。2018年在全国率先开展工业技术软件化水平评估,面向全省规上制造企业完成4200余份问卷,涵盖24个细分行业,摸清了浙江省制造业软件化能力底数,并构建指数模型,开展分析,形成专报。5个工业互联网App优秀解决方案入围工信部全国推广名单。《浙江省软件产业创新能力提升三年行动计划》正式印发,阿里、华为和微软等软件巨头积极参与浙江省开发云平台建设和服务,为广大软件企业提供指导和服务。首批44家企业参加了软件敏捷开发培训,企业风险防范和创新研发能力显著提升。

(五)人才培育支撑行业发展

一是从业人员稳定增长。2018年,浙江省软件产业从业人员达到45.6万人,同比增长20.9%,其中研发人员13.7万人,同比增长18.0%。从学历构成上看,从业人员仍以大学本科及大专学历为主,占比达47.3%,较2017年略有下降,研究生及以上学历从业人员达3.7万人,与2017年基本持平。从人员工资上看,2018年全省应付职工薪酬共计999.8亿元,同比增长84.3%,人均工资达21.9万元,同比增长52.4%。二是人才集聚态势明显。人才往大城市集聚的现象明显,全省软件产业从业人员主要集中在杭州和宁波,分别占总人数的55.1%、34.2%,其余各地市的占比均在5%以下。与2017年相比,除金华、湖州外,其余9个地市从业人员数量均有不同程度增长,其中嘉兴、台州呈现翻倍增长。

(六)产业交流合作不断丰富

2018年,浙江省依托世界互联网大会的窗口,积极举办"数字经济产业合作大会"、"直通乌镇"总决赛等19场次产业合作系列活动,累计对接数字经济相关项目1196个,汇聚200多个创投机构和50家园区,大会现场签约23个项目,资金达到304.6亿元。全省各市依托世界互联网大会平台,聚焦招商引资,积极承办各场产业对接活动,加强产业精准合作,组织招商团队和企业参会对接和观展,努力引入优势企业、项目、资本和人才在浙江落地,促进大会红利在全省释放。

三、面临的主要问题

(一)核心基础软件亟待突破

"缺芯少魂"现状依然没有得到有效改善,在基础软件、工业软件、高端软件等领域缺乏行业话语权,比较依赖国外,自主可控的压力仍然巨大。在中美贸易摩擦的大背景下,发展操作系统、数据库等关键技术,还需要加强对产业生态的构建。

(二)人才建设亟待加强

软件的应用不断拓宽,对软件人才的要求日益偏向于复合型人才,特别是工业互联网平台建设、工业App培育等重点工作都需要掌握智能制造和先进软件技术的复合型人才。但目前对这方面人才的培养存在断层。人才服务体系、适应产业发展的软件人才评价规范和培养指南不够健全。同时,缺乏针对软件人才的公共服务平台。

四、2019年主要工作思路与措施

2019年是新中国成立70周年,也是高水平全面建成小康社会的关键之年。浙江省将全面贯彻党的十九大、中央经济工作会议和省第十四次党代会、省委经济工作会议精神,继续坚持新发展理念,按照高质量发展要求,聚力数字经济"一号工程",努力营造最佳营商环境,激发市场主体活力,着力突破核心技术,持续推动软件"铸魂"工程,加快先进制造业与软件和信息服务业深度融合,培育产业发展新动能,推动软件产业发展迈上新台阶。

(一)实施核心技术攻关

一是支持新兴领域操作系统研发,鼓励企业积极参与国家重大专项。支持云计算操作系统和移动智能终端操作系统的攻关,研发云端一体的物联网操作系统。二是突破前沿领域技术。重点发展云计算服务器的芯片设计技术,提高应用软件的稳定性和性能,解决核心数据库的高可靠性问题。推进人工智能算法研究,支持在计算智能、感知智能、认知智能等领域自主研发应用算法。三是开展金融业关键基础设施安全可靠试点,加快重点领域的高端软件攻坚,逐步提高国产软件在应用生态的占比。

(二)营造产业发展环境

一是积极探索面向高级技术人才的差异化人才政策,加强对高端人才的扶持。二是高起点谋划、打造"直通乌镇"全球互联网大赛等系列活动,推动更多国内外数字经济优势企业、人才、项目落户浙江。三是加大力度开展数字经济重大项目招商引资,推进企业培育与扶持,实施"凤凰行动""雄鹰行动"和"雏鹰行动"。打造一批细分领域的隐形冠军企业,培育壮大一批独角兽企业。

(三)加快发展载体建设

加快杭州国际级软件名城建设步伐,加速软件与硬件、内容与终端、应用与服务的一体化整合,形成具有杭州特色、国际领先的软件产业体系。推进宁波市特色型中国软件名城创建,围绕宁波制造业优势,大力发展嵌入式软件和信息服务业。进一步提升产业基地发展能级,加快重点企业、项目的引进和培育,提升产业创新能力,不断加强产业集聚效应。

(四)推进产业发展提质增效

全面推进软件创新能力提升行动。健全企业主体、市场导向、应用牵引、协同创新的技术创新体系,加快软件企业向云服务转型。加快推进工业技术软件化行动。面向汽车、机械、轻工、纺织、服装、石化、医药等重点行业,培育一批优秀工业App和工业软件化应用解决方案,并在行业、集群内推广应用。推动先进制造业与信息服务业深度融合,提升发展生产性信息服务业,发展数字化服务型制造。

(五)培育产业新动能

顺应软件产品"服务化"发展趋势,鼓励基于互联网的平台型产业和分享经济的发展,加快培育新业态和新模式,形成信息消费新热点。发展5G、大数据、智能应用、虚拟现实、移动App等新型在线运营服务。加快区块链技术创新应用,开展优秀案例征集,推广一批典型应用。出台加快数字创意产业的政策,推动数字创意产业培育和发展,大力发展人工智能在各行业的融合应用。

2018年浙江省传统制造业改造提升情况

浙江省经信厅产业转型升级处

2018年,全省上下认真贯彻省委经济工作会议、全省传统制造业改造提升工作推进大会、全省传统制造业改造提升试点工作推进会精神,全面落实《浙江省加快传统制造业改造提升行动计划(2018—2022年)》要求,围绕"三个全面",大力推进"五大转型",加快传统制造业优化升级,有力推动全省经济提质增效、高质量发展。

一、重点传统制造业运行情况

(一)生产稳中有进,行业增速有快慢

2018年,全省17个重点传统制造业规上工业增加值同比增长6.0%,规上工业总产值同比增长11.4%,高于全省规上工业0.1个百分点。17个行业中,化纤、低压电气、非金属制品、泵阀轴承、有色金属加工、汽车零部件6个行业增长较快,增加值增速分别高出全省规上工业6.5、3.3、2.7、2.6、2.3、1.2个百分点;纺织、服装、皮革、造纸、化工、橡胶塑料、农副食品加工、家具及竹木制品、家用电器等9个行业增长放缓,增加值增速分别低于17个重点传统制造业平均水平4.5、2.9、2.8、1.5、1.4、1.2、3.1、2.0、1.1个百分点;文体用品、金属制品行业略高于17个行业平均水平,分别低于全省规上工业0.7、0.4个百分点。

(二)质量稳中有升,效益加快改善

传统制造业改造提升取得积极成效,贡献凸显。生产效率进一步提升,2018年,17个重点传统制造业规上全员劳动生产率均高于2017年同期,增速达7.7%;化工、化纤、非金属制品、造纸、有色金属加工、汽车零部件等6个行业劳动生产率高于全省平均水平,其中化工行业全员劳动生产率达到60.6万元/人,高出全省平均水平22.5万元/人。出口形势逐步回暖,全年17个重点传统制造业产销率97.8%,与全省规上工业持平。出口交货值增速9.0%,高于全省规上工业0.4个百分点,化工、化纤、橡胶塑料、有色金属加工、金属制品、低压电气、家用电器7个行业增速超过10%,尤其化工行业增长最快,增速达30.9%。同期,17个重点传统制造业规上利润总额增速7.2%,高出全省规上工业1.9个百分点,对规模以上工业利润的增长贡献率达83.0%,17个行业中利润总额增速超过10%的有6个,其中,非金属制品、服装、农副食品、文体用品、化纤行业利润增速分别高达77.9%、46.4%、17.7%、17.5%、16.8%。规上利润率、利税率分别达到6.3%、10.0%。利税总额增速达5.1%,高于全省规上工业1.2个百分点,效益提高。

(三)创新动能稳中变强,科技活力迸发

2018年,17个重点传统制造业创新发展势头良好,新品开发、研发投入等创新指标保持两位数增长,技术(研究)开发费支出同比增长29.8%,增速高出全省规上工业0.6个百分点,除家用电器、汽车零部件外,其余15个传统制造业技术(研究)开发费支出增速均高于上年同期。技术(研究)开发费支出占主营业务收入比例达到1.93%,比2017年高出0.29个百分点,其中汽车零部件、家用电器、泵阀轴承、低压电气、橡胶塑料

5个行业技术(研究)开发费支出占主营业务收入比例分别高于全省平均0.90、0.80、0.76、0.66、0.12个百分点。同期,17个重点传统制造业新产品产值同比增长16.9%,增速超过20%的行业有6个。新产品产值率达到36.1%,高出2017年1.7个百分点,创近年来最高水平。除农副食品外,其余16个行业的新产品产值率均高于2017年同期,汽车零部件、低压电气新产品产值率分别高达55.6%、53.2%。

(四)转型升级稳中变快,新动能不断壮大

以实施"数字经济"一号工程为统领,着力推进传统制造业改造提升走数字化、绿色化、品质化、资本化和集群化转型。2018年,传统制造业领域实施重点技术改造项目2000个,新增工业机器人8544台。推进"互联网+制造"和"企业上云",推进"工业大脑"在典型行业中的融合应用,全省新增上云企业12万家,认定服务型制造示范企业(平台)147家、制造业与互联网融合发展试点示范企业115家。加强小微园建设,全省新增小微企业园222家,推动2.3万家企业入园集聚发展。淘汰1733家企业的落后产能,整治提升36179家"低散乱"企业(作坊),盘活存量建设用地100平方千米。培育先进制造业集群,台州·汽车制造等4家基地成功创建国家级新型工业化产业示范基地,累计达21家,居全国第三。企业上市和并购重组步伐持续推进。2018年,17个重点传统制造业领域新增上市公司8家、累计达到217家,完成并购重组交易133单、涉及交易金额836.6亿元,分别占全省的50.2%、53.6%、70.4%。打造"浙江制造"标准、品牌,传统制造业领域新增"浙江制造"标准350项、"品字标浙江制造"培育企业195家、"浙江制造精品"150个。

近年来,浙江以传统制造业改造提升为突破口,重抓优势产业升级、融合拓展深化、落后产能出清,不但推动工业提质增效升级,有力促进了数字经济、装备制造、高新技术产业加快发展。2018年,数字经济核心产业增加值5548亿元,同比增长13.1%,占生产总值的9.9%,比重比上年提升0.4个百分点;高新技术、装备制造业、战略性新兴产业增加值增速均高于规模以上工业,占比分别为51.3%、40.7%和29.6%,拉动规模以上工业增加值增长5.1、4.0和3.1个百分点。

二、主要工作进展及成效

(一)全面部署,层层抓落实

省委、省政府高度重视,出台《浙江省人民政府关于印发浙江省加快传统制造业改造提升行动计划(2018—2022年)的通知》,并列入"富民强省十大行动计划",加强整体部署推进。各地、各有关部门积极作为,认真制定配套政策,细化责任分工,全力抓好落实。省转升办切实加强牵头协调,制定工作要点,在2017年10个重点行业基础上,启动推进新一批7个重点传统制造业的改造提升,逐个行业编制实施方案、明确路线图和梳理重点园区、重点企业、重点项目,深入抓分业推进。

(二)试点引领,对标抓提升

8月份,省政府在兰溪召开全省传统制造业改造提升试点工作推进会,总结经验、部署工作,在全省推广"传统制造业改造提升十法"。省政府办公厅发文确定新一批7个重点传统制造业改造提升分行业省级试点。强化示范引领,在省级试点开展"质量效益、产业集群、龙头企业"三维度对标提升活动,各试点全部制定实施方案和对标提升工作计划。绍兴市对照综合试点实施方案,认真抓重点工作落实落地,2018年来纺织、化工等五大重点传统制造业产值、利润、税收同比增速均达两位数。建立传统制造业改造提升年度综合评价制度、季度通报交流制度和运行分析制度,完成2018年传统制造业改造提升综合评估。

(三)突出重点,打好"组合拳"

推动智能化技术改造,推广新昌陀曼轴承等智能化技改经验,2018年来传统制造业领域实施重点技术改造项目 2000 个,新增工业机器人 8000 多台。打造"1+N"工业互联网平台体系,以传统制造业为重点,建设 supET 工业互联网平台和陀曼轴承云平台等 5 个分行业平台,全省新增上云企业 8.8 万家;认定服务型制造示范企业(平台)147 家、制造业与互联网融合发展试点示范企业 115 家。加强小微园建设,全省新增小微企业园 186 家,推动 2 万家企业入园发展;坚决打破拖累发展的坛坛罐罐,淘汰 1733 家企业的落后产能,整治提升 36179 家"低散乱"企业(作坊),盘活存量建设用地 100 平方千米。培育先进制造业集群,台州汽车制造等 4 家基地成功创建国家级新型工业化产业示范基地,累计达 21 家,居全国第三;传统制造业领域启动建设 20 个产业创新服务综合体。促进企业上市和并购重组,工信领域企业完成股改 682 家,传统制造业领域上市公司实施并购重组交易涉及交易金额 526 亿元,在同类行业居全国前列。打造"浙江制造"标准、品牌,传统制造业领域新增"浙江制造"标准 350 项、"品字标浙江制造"培育企业 195 家、"浙江制造精品"150 个。

(四)强化合力,优化营商环境

全省上下把传统制造业改造提升作为服务民企、优化环境的重要抓手,切实加强精准帮扶。深化"最多跑一次"改革,深入推进工业投资项目审批"最多跑一次"改革,全面应用在线审批监管平台 2.0 版,落实技改项目"八统一",企业投资项目开工前"最多跑一次、最多 100 天"。深化"亩均论英雄"改革,全面完成 3.5 万家规上和 4.6 万家用地 5 亩以上规下企业的综合评价,各地依法依规减免 A、B 类企业城镇土地使用税 24.8 亿元、新增 A、B 类企业用地 16.6 平方千米,依法依规对 D 类企业征收差别化电价、水价和排污费 2.9 亿元。强化精准施策,统筹产业、科技、财政、土地、金融、能源、环保等政策,提高精准度、有效性。全面落实国家和省减税降费新政,全年可为全省各类企业减负 1500 亿元。加大财政支持,继续实施振兴实体经济(传统产业改造)专项激励政策,省级财政安排 20 多亿元用于传统制造业改造提升。着力破融资难融资贵,1—11 月 10 个重点传统制造业企业银行贷款余额增速转负为正,同比增长 8.3%。

三、2019 年工作思路

认真贯彻落实省委、省政府决策部署,把传统制造业改造提升作为实施数字经济"一号工程"、建设制造强省、促进民营经济发展的重要抓手,紧盯目标,狠抓落实,确保各项任务顺利推进,取得更大实效。2019 年,力争重点传统制造业劳动生产率提高 7%,技术(研究)开发费、新产品产值同比增长 10% 以上,主营业务收入利润保持较快增长。

(一)深入推进试点示范

把试点示范作为引领全省传统制造业改造提升的主要抓手。深化绍兴市传统产业改造提升综合试点,深入推进柯桥纺织、上虞化工、诸暨有色金属加工、嵊州厨具、新昌轴承等 5 个分行业省级试点,加快传统制造业数字化转型、"集聚式"升级。深化 35 个分行业省级试点,深入开展"质量效益、产业集群、龙头企业"三维度对标提升活动,推动各试点选树百家典型企业、招引百个典型项目、形成百条典型做法,加快创建传统制造业改造提升先行区、示范区。

(二)深入推进数字化转型

把数字化转型作为传统制造业改造提升的关键举措。抓智能化技术改造,全年传统制造业领域实施重点技术改造项目 2000 个以上, 新增工业机器人 8000 台以上。抓"1+N"工业互联网平台建设,加快建成 supET 工业互联网平台和陀曼轴承云平台等省级分行业平台,全年新培育省级工业互联网平台 30 家以上,全省上云企业累计达到 34 万家。抓数字化新业态新模式培育,深化"互联网+""设计+",培育一批服务型制造、个性化定制试点示范企业(平台)。抓数字化营销拓市场,实施全球精准合作行动计划,聚焦重点产业、企

业、项目、平台开展精准合作。大力培育品质电商,稳定出口市场,拓展国内市场。抓数字产业技术支撑,加快发展集成电路产业,以传统制造业领域为重点开发万款工业 App,优化数据中心布局,加快完善产业数字化生态圈。

（三）联动推进七个重点专项

推进"升级版"小微园建设,全年建设提升 200 家小微企业园,推动两万家小微企业入园集聚,建设数字化园区。推进先进制造业集群建设,提升发展新型工业化产业示范基地,深化各类开发园区整合提升,加快建设若干世界级先进制造业集群。推进高能级产业创新平台建设,加快推动 35 个分行业省级试点高新园区产业创新服务综合体"全覆盖"。推进质量提升行动,全年传统制造业领域制订"浙江制造"标准 300 项,培育"品字标"企业 120 家。推进优质企业培育,全年传统制造业领域上市公司并购重组涉及交易金额达到 300 亿元,全省新增"隐形冠军"企业 30 家、"小升规"企业 2500 家,新认定高新技术企业 1500 家。推进全球精准合作,聚焦传统制造业,着力引外资、外技、高层次人才,推动传统制造业优化升级和产业结构调整。推进绿色制造,全面完成涉水行业污染整治、重点行业清洁化改造,实施 1000 个重点行业 VOCs 治理项目。全年淘汰 1000 家企业的落后和严重过剩产能,整治 10000 家"低散乱"企业(作坊)。

2019 浙江工业发展报告
ZHEJIANG INDUSTRIAL DEVELOPMENT REPORT

第三部分　专题篇

2018年浙江省工业投资和技术改造工作情况

浙江省经信厅投资处

2018年,浙江省深入贯彻落实国家新一轮制造业重大技术改造升级工程,紧紧围绕制造业高质量发展目标,将扩大工业有效投资作为稳增长的重要手段和促转型的重要途径,以提质增效为中心,积极促进工业投资稳增长优结构,有力促进工业投资和技术改造工作取得新成效。

一、2018年全省工业投资运行情况

在国内外复杂形势等多重因素影响下,2018年全省工业投资和技术改造出现负增长,但工业投资整体走势趋稳,投资结构优化明显。

(一)工业投资走势趋稳

2018年工业投资总体走势呈现"上半年快速下滑,下半年回升趋稳"态势,1—6月工业投资增速快速下滑,最低点为-5.7%,下半年逐渐回升,全年约完成工业投资4600亿元,同比下降0.9%,增速低于全国7.4个百分点,技术改造同比下降16%。

(二)制造业投资平稳增长

2018年制造业投资同比增长4.9%,高于全省工业投资增速5.8个百分点。制造业投资基本处于正增长状态,为下半年工业投资增速回升趋稳提供了有力支撑。

(三)地区投资增速差距明显

分地区看,丽水(29.3%)、舟山(26.3%)、温州(10.4%)、台州(5.2%)等四市投资增速为正,其他地市增速为负。舟山市主要得益于绿色石化基地和大飞机等重大项目的拉动,温州市和台州市主要得益于大力推进小微园区建设,并较好地落实了小微园投资纳入工业投资统计的要求。而历年来工业投资总量较大的宁波(-0.3%)、嘉兴(-6.2%)、杭州(-11.3%)、绍兴(-6.5%)等市工业投资增长乏力,影响了全省工业投资稳增长。

(四)投资结构明显优化

装备制造等行业保持较快的增长,仪器仪表制造(48.2%)、计算机通信电子设备(41%)、专用设备(21%)、通用设备(9.4%)、电气机械(8.8%)等行业投资增长较快。黑色金属冶炼(-35.9%)、橡胶和塑料制品(-20.2%)、石油加工(-19.1%)等高耗能行业投资下降较快。

多重因素叠加造成了工业投资和技术改造负增长:一是新开工项目不足。全省新开工项目和重大项目支撑不足,2018年全省工业新开工项目数同比下降35.8%。二是电力行业投资大幅回落。三门核电一期项目两台机组相继于4月和7月结束基建,2018年电力热力燃气及水的生产和供应业投资同比下降24.5%,而制造业投资同比增长4.9%,电力热力行业投资大幅下降成为拉低工业投资增长的主要因素。三是市场预期影响。中美贸易争端影响企业对宏观经济形势的预期,并进一步影响了企业家的投资信心,尤其是以美国为主要销售市场的企业。四是部分以上市公司为主的骨干企业出险带来的影响。在防风险去杠杆的宏观环境

下,部分上市公司股权质押、到期发债违约风险警报频发,一些已在计划中的实施项目受到影响,同时也影响了其他企业在投资扩张上更为谨慎。五是企业投资重点调整影响技术改造增速。浙江省企业在历经五年"机器换人"下,大量硬件投入改造基本完成,转向通过数字化改造提高效率阶段,在工业软件应用、智能升级方面的投资占比提高,这其中相当部分软性投资不能统计到工业固定资产投资中。另外,小微园区建设挤出部分技术改造投资,原本由企业自行实施的征地、土建等建设投资转变为园区统一建设,从统计分类上不纳入工业投资。

二、2018 年促进工业有效投资的工作举措

2018 年,围绕省委省政府工作部署和经信中心工作,坚持目标导向,完善工作机制,创新工作举措,着力引导工业有效投资,促进企业技术改造升级。

(一)坚持目标导向,着力促进工业有效投资

一是加强工作引导。年初即制定印发《2018 年浙江省工业投资和技术改造工作要点》,明确工作重点,力促省与地方投资管理工作的联动。二是强化目标导向。年初即分解下达 2018 年度重点技术改造投资和新增工业机器人应用目标任务,制订印发全省 3000 项重点技术改造项目计划和项目总投资 5 亿元以上的"百项万亿"重大制造业项目计划,实施季度跟踪,保证目标任务的落实。三是强化考核评价。组织对地方 2017 年度工业投资和技术改造工作进行考核评价,经过努力协调,在年底前兑现了 3000 亩土地奖励指标的激励政策。同时开展了对 18 个振兴实体经济(传统产业改造)财政专项激励县市年度目标完成情况的考核,报省政府同意后,对 3 个优秀县市给予了嘉奖,对落后县市给予扣减专项资金,传导了压力,推动重点聚焦、工作做实。2018 年,全省完成重点技术改造投资 1294 亿元,同比增长 25.5%,新增应用工业机器人 16033 台,均超额完成年初确定的目标任务。全省规上工业全员劳动生产率 22.5 万元/人·年,比 2017 年同期提高 7.9%,相当于替代简单劳动用工 52 万人。

(二)坚持智能制造主攻方向,启动实施新一轮技术改造

立足浙江省在全国率先实施"机器换人"技术改造,五年已取得阶段性成效的工作基础,同时为落实数字经济"一号工程"重要决策部署,谋划启动实施新一轮技术改造。一是落实《关于推动工业企业智能化技术改造的意见》(浙政办发〔2018〕83 号)。该意见由省政府办公厅印发,"十百千万"智能化技术改造五年行动启动实施,成为落实数字经济"一号工程"的重要举措。二是组织实施分行业智能化改造。围绕传统产业改造提升工作部署,组织开展分行业智能化改造,注重发挥智能化改造工程服务公司的作用,落实分类指导、典型示范、资金扶持、机制保障的工作思路,着力破解中小企业微智能改造难题。省市县三级举办了百场智能化改造现场会或专题对接会,形成了新昌轴承行业微智能改造等典型经验。同时,遴选确定萧山化纤等 9 个行业、乐清低压电器等 7 行业分别列入 2019 年智能化改造和产品升级改造分行业试点。三是着力推进机器人产业发展与应用。组织开展机器人产业发展与应用的专题研究,高质量完成省领导领办的《聚焦聚力高质量 大力培育机器人产业的建议》(绍 58 号人大重点建议),得到高兴夫副省长和省人大代表的充分肯定。在省级落实工业机器人购置奖励资金 4500 万元的同时,督促各地兑现好奖励政策,鼓励企业加快工业机器人应用,促进智能化改造。四是积极培育智能化改造工程服务公司。2018 年新认定省级智能化改造工程服务公司 30 家,目前全省已有省级智能化改造工程服务公司 110 家,成为助推企业智能化改造的重要力量。

(三)完善精准服务工作机制,推进重大项目实施

围绕推动工业和信息化领域重大项目的实施,着力强化服务和推进机制。一是抓好重大制造业项目谋划和组织实施。2018 年,进一步完善了重大制造业项目的精准服务机制,落实每个项目都有县市以上领导联系

服务,纳入年度考核;建立了项目实施情况的季度监测系统,及时掌握项目实施进展。在招标局的支持下,开展项目走访服务,梳理并协调解决项目实施中的难题。2018年,386项"百项万亿"重大制造业项目完成投资额1000亿元。厅主要领导联系的152工程项目——Ferrotec杭州中芯晶圆大尺寸半导体硅片项目在一季度开工建设。同时围绕数字经济和制造强省11个重点领域,谋划确定了50项重大制造业招引项目清单。二是着力通过示范项目的实施,引导和促进企业投资。2018年遴选确定"四个百项"重点技术改造项目,即百项智能化改造示范项目、百项新兴产业示范项目、百项产品升级和工程强基示范项目、百项绿色制造示范项目,引导各地聚焦技术改造重点方向,促进工业有效投资,更好发挥投资在优化供给结构上的关键性导向作用。目前已落实大部分市县在财政资金安排上,对"四个百项"重点技改示范项目加大政策扶持力度。三是积极跟踪和落实产业基金建设工作,探索促进工业投资的有效机制。根据省政府确定的产业基金2.0版方案,会同相关处室积极对接,争取使之成为促进制造业重大项目实施的重要抓手,目前中电海康高端存储芯片项目定向基金组建工作正在积极推进中。同时,积极落实参建国家制造业转型升级基金产业基金的相关工作,目前出资规模、董事席位等事项已经落实。

(四)深化部省合作,稳步推进中国制造2025浙江行动

在2017年度部省签订战略合作协议工作基础上,扎实推进合作内容落地,积极争取国家政策支持,稳步推进制造强省建设。一是深化落实部省合作。落实省政府办公厅印发了《省部共同推进中国制造2025浙江行动战略合作协议实施方案》(浙政办发〔2018〕83号),明确重点工作、举措、责任主体,扎实推动各项工作落地。二是积极争创国家级示范区。全力支持宁波、湖州、杭州创建"中国制造2025"国家级示范区,宁波和湖州两市通过专家评审并由工信部上报国务院,由于受中美贸易摩擦影响,创建工作暂停,但得到工信部专函确认,创建工作视同完成,后期争取使湖州市列入国务院表彰的工业稳增长和转型升级成效明显市名单。三是积极对接国家工业强基工作。制定印发《浙江省工业强基工程三年行动计划(2018—2020年)》,排摸掌握170余个支撑企业和项目,建立工业强基项目储备库,5个项目列入国家工业强基工程专项,数量为历年最多,同时有26个项目列入国家技术改造项目导向计划。四是强化协同推进。制定印发《〈中国制造2025浙江行动纲要〉2018年工作要点》,开展评估研究,促进相关工作落实。积极对接国家五大工程实施,争取专项资金支持,2018年全省有39个项目列入国家专项支持计划,获得工业转型升级等专项资金9.1亿元,比上年增加4.4亿元,居全国前列。同时,积极促进产融合作,分别与国投创新投资管理有限公司、国家开发银行签订了合作备忘录。

(五)发挥示范引领,推进振兴实体经济专项激励工作

确定18个县市实施振兴实体经济(传统产业改造)财政专项激励,每年各给予1亿元财政资金扶持,连续支持三年,这是迄今制造业领域支持力度最大的一项扶持政策。投资处会同相关处室着力抓好落实。一是坚持目标导向,强化考核工作。督促各县市细化明确年度实施计划,并逐项抓好落实,依据考核办法和实施目标,引入第三方机构开展专项核查,根据对18个县市的年度考核评价结果,实施奖优罚劣,强化了政策引导作用。18县市全部成立了以政府主要领导为组长的振兴实体经济工作领导小组。二是组织开展经验交流,推动地方聚焦重点出成效。联合省财政厅在临海组织召开全省振兴实体经济(传统产业改造)财政专项激励县市现场交流会,推动各地学习先进县市的典型经验和做法,进一步聚焦重点行业、重点工作,力争形成一批可复制、可推广的典型经验。临海实施振兴实体经济(传统产业改造)工作得到了袁家军省长批示肯定,并组织编制了2018年度振兴实体经济(传统产业改造)浙江实践的成效和经验材料。三是组织7个工作指导组分赴各地开展蹲点督促指导,根据数字经济"一号工程"实施和传统产业改造提升工作要求,指导各地完善和明确年度工作重点和任务目标,督促各地抓好实施工作。2018年18个县市规上工业增值税(地方部分)增长

12.75%,高出全省平均增速 3.17 个百分点。

（六）强化改革创新,着力优化投资环境

认真落实"最多跑一次"改革,强化和改进专项资金使用管理,着力引导和促进制造业高质量发展。一是积极推进工业投资项目审批"最多跑一次""最多 100 天"改革。指导各地落实告知性备案管理要求,技术改造项目备案管理权限实现了省级"零保留",全部下放或委托地方负责。出台了《关于深化"最多跑一次"改革做好当前企业技改项目管理工作的通知》《关于做好企业技术改造项目开工前审批"最多 100 天"改革工作的指导意见》,实现了省政府确定的年度目标要求。二是做好国家鼓励类项目的确认管理工作。支持企业引进关键设备,全年完成技术改造项目进口设备免税确认 115 项,投资总额 22.3 亿元,用汇总额 2.5 亿美元,企业可享受免税优惠 1.7 亿元。三是完善财政专项资金使用管理。落实新增财政专项资金 4 亿元,工业与信息化财政专项资金规模达到 30.2 亿元(不包括中小企业专项资金 5 亿元)。修订印发《浙江省工业与信息化专项资金使用管理办法》,制订出台《省工业与信息化专项资金使用管理制度》,规范了内部管理流程。优化资金使用方向,围绕数字经济"一号工程"和传统产业改造提升行动,采取目录导向、竞争性遴选,确定了 89 项重点领域提升发展实施方案,竞争性遴选资金比例达 83.2%。及时完成 2018 年专项资金下达和 2019 年专项资金的预告工作。

三、2019 年工业投资和技术改造工作思路

下一步,将按照省委省政府工作部署,紧紧围绕新一轮制造业重大技术改造升级工程和数字经济"一号工程",着力促进工业投资稳增长,扎实推进智能化技术改造。

（一）着力促进工业投资稳增长

一是加强工作统筹谋划。紧紧围绕数字经济"一号工程"和传统产业改造提升,进一步聚焦产业发展重点,整合相关政策资源,强化要素配置与产业政策协同配合,引导工业投资向确定的重点发展方向聚焦。二是强化工作推进机制。制订印发《2019 年浙江省工业投资和技术改造工作要点》,围绕省政府目标任务,明确工作重点和要求,落实任务分解和跟踪机制,形成省与地方的联动,确保顺利完成。三是拓展投资引导方式和手段。聚焦产业发展重点,完善项目谋划和储备机制,强化与国家产业基金的对接,积极推动省级工业和信息化领域主题产业基金的布局,争取在重大项目定向基金建设上取得重大进展。

（二）扎实推进制造强省建设

一是抓好部省战略合作。对照《省部共同推进中国制造 2025 浙江行动战略合作协议实施方案》任务目标要求,制定 2019 年度工作要点,切实推进实施方案落地;适时组织召开年度部省对接会,落实部省会商机制;积极争取"中国制造 2025"专项资金,促进战略合作重点任务的落地。二是抓好国家试点实施工作。做好与国家有关部门的对接,根据国务院、工信部的整体工作进度安排,继续做好宁波、湖州两市"中国制造 2025"国家级示范区创建对接工作,争取政策支持。指导相关县市继续抓好"中国制造 2025 浙江行动"县级试点示范工作。三是抓好五大工程的组织实施。积极对接国家工业强基工程等五大工程,争取一批优质企业和项目列入国家专项支持名单。在落实强基工程支撑企业库和重点支持目录基础上,组织支持一批重点项目的实施。四是抓好金融要素保障。协同完成规模 100 亿元的浙江省数字经济主题产业基金的设立,争取若干定向基金开始实质性投放。落实参建国家制造业转型升级基金工作,深化与国开行等的产融合作机制,强化企业与项目对接,支持一批重大项目争取国家基金投放。

（三）积极推进企业智能化技术改造行动

推进产业数字化,抓好"十百千万"智能化改造行动。一是实施万企智能化技术改造诊断计划。制订印发

万企智能化改造工作方案,加大工程服务公司的培育力度,推动各地聚焦重点行业、骨干企业,创新机制,全面实施智能化改造诊断服务,在全省形成一批优秀诊断案例。二是组织实施千项智能化改造示范项目。重点面向数字经济骨干企业、制造业园区,遴选一批智能化改造示范项目;在诊断服务基础上,支持形成一批智能化改造的项目实施方案,优先纳入智能化改造示范项目;着力推动改造建成一批智能化水平较高的无人工厂、无人车间。三是抓好分行业智能化改造、产品智能升级实施工作。积极推进2019年智能化技术改造分行业试点、产品升级改造分行业试点等工作,落实省市县三级百场智能化技术改造现场会,遴选公布一批智能化技术改造优秀案例,加大示范推广。四是大力推进工业机器人应用,分解落实2019年工业机器人应用目标,组织一批"机器人+"制造示范项目,落实工业机器人购置奖励资金,积极组织和参与"中国机器人峰会"、中国(杭州)国际机器人西湖论坛等相关活动。2019年实现新增工业机器人应用17000台,省级智能化技术改造工程技术服务公司达到120家左右。

(四)强化重大项目推进实施

一是面向数字经济、制造强省11个重点领域,2019年实施千亿"百项万亿"重大制造业项目实施计划,争取在数字经济领域一批标志性重大项目落地实施,当年完成投资目标1000亿元。同时重点面向关键核心技术缺失、"卡脖子"领域,组织开展重大项目的谋划,推动各地实施精准招引。二是制定出台浙江省高端制造业发展实施方案,通过竞争性遴选,依托优势产业,推动一批竞争力提升和强链补链重大项目的实施。三是抓好工业强基工程的实施。完善项目储备机制,充实工业强基项目库,积极对接和组织企业申报国家工业强基项目,入围项目数位居全国前列,同时遴选一批项目优先列入省级示范项目。四是落实千亿智能化技术改造重点项目实施计划。2019年,省级单位继续实施百项智能化改造示范项目、百项产品升级与工业强基示范项目、百项新兴产业示范项目、百项绿色制造示范项目等"四个百项"省级重点技术改造示范项目计划,市县同步推进一批重点技改项目实施。形成以智能化技术改造为重点的全省3000项重点技术改造项目实施计划,年度完成投资1000亿元。五是狠抓项目推进实施。落实项目精准服务机制,加强对重点项目的监测,开展重大制造业项目和重点技改项目大走访活动。

(五)抓好振兴实体经济财政专项激励政策的实施

一是完成2018年度实施总结考核。依据相关规定和管理办法,组织开展年度考核,落实奖优罚劣措施。并根据2017、2018年度绩效评价结果,抓好整改落实工作。二是落实实施县市聚焦数字经济"一号工程"和传统产业改造提升实施重点,完善和明确2019年度工作重点和任务目标,推动形成一批实施成果。落实工作指导组分赴各地开展蹲点督促指导。三是组织开展经验交流推广。总结发掘一批在专项激励政策实施中成效明显的典型做法、经验,组织召开全省振兴实体经济(传统产业改造)专项激励经验交流会,加大推广力度。

(六)深化投资管理改革创新

一是认真落实省政府关于"最多跑一次"改革目标任务,及时开展业务培训,确保改革事项的全面落实。二是依托省工业投资(技术改造)管理系统,完善以项目备案为基础的全省工业投资重点项目信息服务系统,为各地掌握项目、管理服务项目提供有效保障。

2018年浙江省推进智能制造发展情况

浙江省经信厅技术创新处

2018年,浙江省大力实施数字经济"一号工程",以智能制造为主攻方向,以"互联网+制造业"为新手段,拓展"智能+",全面推进经济数字化转型,智能制造发展呈现共识凝聚、推进加快、质效初显、动力强劲的态势,成为引领全省工业高质量发展的新动能。浙江省在推进智能制造过程中,强化关键技术创新、规划引领、试点示范、平台服务、政策联动等方面的有机结合,取得了比较好的成效,逐渐摸索出一条有浙江特点的推进智能制造路子。

一、近年来浙江省智能制造重点工作

浙江省智能制造的强力推进,带动了全省数字经济的蓬勃发展。统计数据显示,2018年,全省数字经济规模约为2.3万亿元,占GDP近四成。全省"两化"融合发展指数102.5,居全国第二位,全省在役工业机器人数量7.1万台,居全国前列,劳动生产效率年均增长8%以上,产品质量持续提升。全省重点制造行业典型企业装备数控化率达到近60%,机联网率40%左右。"云上浙江"建设如火如荼,累计已"上云"企业达到29万家。同时,浙江省还是全国唯一的国家信息经济示范区、唯一的"两化"深度融合国家示范区。

(一)着力推进关键技术装备开发应用

近年来,针对智能制造关键技术、产品、装备受制于人的瓶颈,通过鼓励高端装备首台(套)产品研发及推广应用、新产品新技术新装备开发等专项政策,浙江省一大批高端智能装备首台(套)产品取得标志性突破。如杭氧股份有限公司的"十万等级大型内压缩流程空气分离成套装备"、杭锅股份的"9HA燃机余热锅炉"、浙江中控的DCS控制系统、明峰医疗的PET/CT等一批高端智能装备研制成功,在国内外重大工程中实现进口替代。作为全国较早开展鼓励订购和使用首台(套)重大技术装备工作的省份,目前浙江省已认定首台(套)产品849项,装备自主化水平上了一个新台阶。浙江省的数控机床与工业机器人、智能安防装备、智能检测与装配装备、智能物流与仓储、工业软件等技术装备,具有较强的国际竞争力,并涌现出海康威视、大华股份、宁波舜宇光学等一批行业"单项冠军"。

同时,浙江省还大力建设以之江实验室为引领、以制造业创新中心为骨干、以企业技术中心为基础的智能制造创新平台体系。2017年9月设立的之江实验室,以浙江大学和阿里巴巴为核心,汇聚重点科研院所、行业龙头企业等各界科研力量,重点攻克人工智能、智能制造、网络信息等领域前沿技术;目前,浙江省在智能成型、柔性电子、机器人及智能装备、智慧视频安防、数字化诊疗设备等领域,已创建10多家省级制造业创新中心;还拥有国家级企业技术中心121家,企业技术创新能力居全国第三。

(二)着力强化规划引领

智能制造是制造强国建设的主攻方向,也是工业提质增效发展的必然途径。为切实践行好国家战略和省委省政府"制造强省"、数字经济"一号工程"等决策部署,浙江省省级层面及大多数设区市和有关工业强县均制定出台了推进智能制造的行动计划或实施方案,明确目标任务、主攻方向、支持政策和机制保障。

2018年,浙江省制定出台了《浙江省智能制造行动计划(2018—2020年)》,进一步明确未来三年智能制造发展目标任务、重点领域和工作举措。同时,为加快发展工业互联网,浙江省出台了《浙江省"1+N"工业互联网平台建设方案(2018—2020)》,谋划推动"1+N"工业互联网平台体系高水平建设。

(三)着力推进面向重点行业龙头企业的试点示范

近年来,浙江省围绕电子信息、轻工纺织、医药石化、汽车及零部件等重点行业,选择了一批龙头企业,开展智能制造试点示范车间、工厂建设,重点培育离散型智能制造、流程型智能制造、大规模个性化定制等智能制造新模式,试点示范效果显著。2015以来,全省组织实施了一批"国家智能制造试点示范"项目,全省共入选并实施36项国家智能制造新模式及综合标准化项目,25项国家智能制造试点示范项目,累计获得国家扶持资金6.2亿元,居全国前列。

这些项目的实施,为企业带来了显著的效益。比如,正泰电器实施"用户端电器设备数字化车间建设"项目后,实现了快节拍、高精度、多品种的离散制造,小型断路器和交流接触器等产品生产效率提升50%,产品不良品率降低33%,运营成本降低40%。据测算,可减少一线作业员工近4000人以上,每年实现综合经济效益3亿元以上。又如,利欧集团实施"农机农业用泵制造数字工厂建设"项目后,生产效率平均提高50%,运营成本降低34%,产品研制周期缩短32%,产品不良品率降低61%,单位产值能耗降低20%,成为国内农用泵行业的智能制造标杆企业。再如,杭州老板电器实施"厨用电器数字工厂建设"项目后,实现了从产品设计、采购、制造、物流、质量追溯、售后和供应链管理全流程智能化,成为国内厨电行业智能制造标杆企业。

(四)着力推行面向中小企业智能制造的"新昌模式"

浙江是产业集群大省,全省工业经济总量中约有一半以产业集群形式存在。据调查,全省年销售收入超百亿元的产业集群达79个。浙江产业集群中,约有14万家中小企业,构成了产业集群的主体。对于量大面广的中小企业,尤其是产业集群的中小企业,初步摸索出一套行之有效的推进中小企业智能制造工作方法,即"新昌模式"。

"新昌模式"从中小企业痛点、难点入手,以帮助中小企业提质、降本、节能、增效为目标,形成了一套有效的工作方法,简称"企业数字化制造、行业平台化服务"的组合拳。浙江陀曼智造科技有限公司建设运营了"轴承行业工业互联网平台",定制开发了一套低成本、易应用的微型智能制造系统,为轴承企业提供设备远程控制、故障远程诊断和维护、设备异常分析等服务。目前,已有100多家企业的1万多台设备实现上平台,每家轴承制造中小企业智能化改造投资仅23万元,设备有效产出率平均提升13%,行业综合成本降低约15%,劳动用工减少50%左右。

(五)完善"财政支持+金融助推+智库服务"支撑体系

智能制造涉及方方面面,需要社会各界力量一道参与、共同推进。目前,浙江省已初步形成了财政资金支持、金融机构助推、智库组织服务的一套支撑体系。财政支持上,全省各地都出台了鼓励企业推进智能制造的财政激励政策,如温州对列入国家、省级智能制造试点示范项目的,分别给予项目投资额30%、25%的奖励,国家级最高奖励1000万元、省级最高奖励500万元;对列入市级智能制造试点项目的,给予100万元奖励。金融助推上,浙商银行等金融机构针对智能制造项目的融资需求,大胆创新机制,开展了"融资、融物、融服务"一体化的智能制造金融服务试点工作。智库服务上,浙江省全国领先建立健全智能制造专家指导服务工作机制。2017年成立了浙江省智能制造专家委员会,聚焦全省传统优势产业基础好、中小企业多、集群化程度高的重点县市区,开展专家精准、专业的指导服务。目前已组成16个专家团队,共计120余名专家,对16个重点县市区或产业集聚区开展面对面个性化的指导,项目取得积极成效。

二、智能制造发展存在的问题及应对思路

浙江省在推进智能制造过程中，仍存在核心关键技术受制于人、创新体系不够健全、高端人才匮乏等问题，需要进一步重视并切实加以解决。下一步，要大力实施数字经济"一号工程"，以产业数字化和数字产业化为主线，全面推行智能制造新模式，打造国家数字经济示范省。重点有四方面打算：

一是突破一批核心技术。针对实施智能制造所需关键技术装备受制于人的瓶颈，通过高端智能装备首台(套)、短板装备突破等专项政策，支持企业加快研制一批自主化的智能制造关键技术装备(工业软件)。力争在 5 年内突破 500 项首台(套)智能技术装备，建设 20 家以上制造业创新中心、30 个产业创新服务综合体，在人工智能、大数据、智能制造、工业软件等领域突破一批核心技术。

二是深化一批示范试点。力争在 5 年内实施 500 个智能化改造示范项目，建设 100 个"智能工厂"，在网络化协同、个性化定制、服务型制造等领域各培育 200 家示范企业，推动 50 万家企业上云，培育 400 家上云标杆企业，打造"1+N"的工业互联网平台体系，培育 3000 家工业互联网深度应用示范企业。

三是创建一批服务平台。通过组织供需对接、分类引导转型、强化政策支持等手段，加快培育一批在各细分行业具有引领性的系统解决方案供应商，提升系统解决方案的供给能力。搭建智能制造公共服务平台，为相关企业提供检测认证、咨询诊断、技术转移、资源对接和市场推广等服务，进一步降低企业尤其是中小企业实施智能制造的技术门槛和成本。

四是培养一批专业人才。重点培养一批智能制造系统集成、工业软件、工业互联网等关键领域人才。积极培养未来卓越工程师，建设具有一流水平的工程创新与训练中心，加快培养适应全省未来智能制造发展需求的应用型、复合型、创新型工程科技人才。

2018 年浙江省工业设计推进情况

浙江省经信厅生产服务业处

一、2018 年工业设计推进情况

2018 年,浙江省充分运用"设计赋值法",加快工业设计能力提升,推动工业设计与传统制造业的深度融合。全省工业设计产业稳步发展,创新能力持续提升,工业设计推动传统产业改造提升的作用进一步加强。现将有关情况总结如下:

(一)成功举办第二届世界工业设计大会

4 月 21 日,第二届世界工业设计大会(WIDC)在良渚梦栖小镇召开,大会以"设计·生态"为主题,举行了设计开放大学等一系列项目启动和签约、WIDC 设计产业成果发布、WIDC 设计产业合作洽谈会、国际设计教育高峰论坛等十余场活动, 集聚了全球五大洲 30 个国家和地区的 60 个设计组织和机构、5000 余名代表参会。同期举办了设计创新产品展览、创新产品发布、设计对接、设计成果拍卖、"小微企业园区"论坛等 13 个分项活动。大会促进了全球范围内设计创新与经济、社会融合发展,国家、地区间设计交流与合作。

(二)设计成果助推传统产业改造提升

一是开通"设计浙江"线上平台。依托浙江网上技术市场,整合梦栖小镇以及全省工业设计示范基地、设计机构和设计人才等资源要素, 精准对接全省传统产业设计需求, 打造浙江设计的线上展示和交易平台。12 项工业设计成果亮相秋季科技成果拍卖会,成交价 472 万元、溢价率 38%。二是组织开展大奖成果和科技成果产业化对接活动。浙江省经信厅生产服务业处会同省科技厅联合发文,组织中国设计智造大奖成果和科技成果产业化设计成果对接、设计服务对接、销售渠道对接。381 件有较强产业转化需求的大奖参赛作品登陆"设计浙江"线上平台,让好设计在全省落地成为好产品。三是开展工业设计周、设计科技周等活动。举办了以"创新设计引领高质量发展"为主题的 2018 宁波国际工业设计周,在良渚梦栖小镇举办第二届"科技、设计、人才、产业"对接会,推动工业设计成果向现实生产力转化,为全省传统优势产业注入设计、科技元素。

(三)工业设计基地专业化发展

深化全省工业设计基地的体系建设,新认定江山市工业设计基地为省级特色工业设计示范基地。浙江省经信厅生产服务业处会同省财政厅联合印发了《关于进一步推进工业设计提升发展工作的通知》,指导督促设计基地和设计小镇制定科学的提升发展方案,推进优秀省级工业设计示范基地和良渚中国工业设计小镇的提升发展。推动工业设计示范基地的服务创新,构建完善的设计公共服务体系,如余杭家纺基地依托布加加 SEM 平台和快布企业管理 SaaS 平台,共同打造布艺产业互联网平台,基地 2018 年设计服务收入 5049 万元,专利授权 348 项。宁波和丰创意广场与京东集团合作搭建的国内首家以金融科技作为底层,以"品牌创意–工业设计–供应链–金融–销售"一体的重要平台,上半年累计培育 6 个百万级的众筹项目。截至 12 月底,18家省级特色示范基地集聚工业设计企业957家, 专职设计人员12257人,1—12月份实现设计服务收入30.69亿元,同比增长16.2%,新增专利授权5499项。

(四)工业设计创新活力迸发

一是成功举办第三届中国设计智造大奖。奖项规模、参赛数量、参赛作品数量和质量大幅提升,作品类型、国际化水平、平台拓展等方面取得新的发展和突破,共收到全球41个国家和地区的7721件作品参赛,较上届增长2倍左右。浙江省的"泊车AGV"荣获第三届中国设计智造大奖颁奖最高奖——金智奖。二是引进光华龙腾奖,设立"光华龙腾奖·浙江省设计业十大杰出青年",设计创新人才聚集效应进一步凸显,设计产业生态链进一步完善。全省20位优秀设计人才获得浙江省设计业十大杰出青年提名奖,设计团队荣获多项大奖,中国美院院长许江获得中国设计40人特别奖,2位优秀设计人才获得中国设计业十大杰出青年。三是组织举办各类展会及设计大赛。组织参加第二届中国工业设计展览会,全省展区面积达756平方米,汇集了良渚梦栖设计小镇、国家级工业设计中心、省级特色工业设计示范基地的最新设计成果。浙江地平线工业设计有限公司等全省9家企业的设计作品荣获2018年中国优秀工业设计奖优秀奖。全省上下先后举办了宁波2018中国创新设计大会、湖州竹品创意设计大赛、温州、绍兴和金华工业设计大赛等活动,进一步提升了工业设计的社会影响力。

(五)设计载体建设稳步推进

一是围绕2019年度工业与信息化重点领域提升发展工作,重点选择8个工业设计基础较好的市、县(市、区)和1个工业设计小镇,开展设计赋值能力提升和工业设计小镇建设,发挥工业设计在做强产业链、提升价值链中的引领作用,推动工业设计与传统产业改造提升相融合,推动传统产业提质增效升级。二是持续推进良渚工业设计小镇建设。截至2018年底,梦栖工业设计小镇累计完成投资50.93亿元,集聚设计产业项目435个,引进设计人才2700余名。三是设计创新主体蓬勃兴起。嘉兴市联合嘉兴学院筹建工业设计创新院,推动海涛设计、北大青鸟建设嘉兴市时尚产业创意设计研究院。

(六)工业设计发展环境优化

一是开展工业设计职业资格有关制度修改完善工作。组织开展工业设计职业资格制度发展现状的调查研究,并根据研究结果向人社厅提出完善全省工业设计职业资格制度的建议,完成工业设计职业资格制度的初稿修订和征求意见工作。2018年, 全省共有339名考生参加工业设计职业资格制度考试, 考试通过203人,其中高级24人,初中级179人。二是全国工业设计工作座谈会在浙江省召开。4月21日,工信部产业政策司主办的全国工业设计工作座谈会在杭州良渚召开,学习各省市推动工业设计发展的宝贵经验,交流推动工业设计跨越式发展的浙江方案。三是营造良好的发展氛围。全国"两会"期间,中央电视台《经济半小时》栏目播出《启航新时代 设计出来的奇迹》,重点报道了浙江省的梦栖小镇培育历程,以及凸凹设计、瑞德设计的设计理念和发展轨迹。浙江卫视、浙江日报、中国政府网、中国新闻网等主流媒体报道第二届世界工业设计大会累计28篇,报道第三届中国设计智造大奖累计25篇,全方位、多角度、深层次向社会公众展示了大会大奖的举办盛况,以及浙江省工业设计发展的态势。

二、2019年工业设计发展思路

2019年,浙江省工业设计工作将在创新能力、成果转化、人才集聚、产学研结合等方面发力,发挥工业设计在传统制造业改造提升上的赋能作用,为浙江制造业高质量发展注入新动力,力争浙江省工业设计发展水平继续走在全国前列。

一是开展设计赋能工作。大力推广"提高亩均效益十法"之一的"设计赋值法",提升产品竞争力,赋予产

品新价值。选择一批工业设计集聚程度高、产业集聚特色明显、传统产业改造提升需求大的市县,推广数字化设计,推动新型设计服务模式,建设互联网设计服务平台。运用数字技术,创新服务方式,完善设计创新体系,深化工业设计与传统产业改造提升融合。

二是提升设计创新能力。继续创建一批省级工业设计中心,积极争创一批国家级工业设计中心。开展省级工业设计研究院培育和创建工作,提高工业设计关键共性技术的研究能力,提升工业设计公共服务水平。发挥工业设计中心、工业设计示范基地、重点企业设计院、工业设计研究院的示范带动作用,进一步激活工业设计产业的创新因子。

三是推进设计高地建设。推进第四届中国设计智造大奖,提升大奖的专业化、国际化、市场化程度,拓展大奖的涵盖内容,增设"信息交互"类别,推动大奖优秀作品、优秀设计师落户浙江省。依托浙江网上技术市场,精心打造"设计浙江"线上平台,开展设计成果竞价(拍卖)会、设计成果线上展示及交易,精准对接浙江省传统产业设计需求。全力推进余杭良渚工业设计小镇、镇海 i 设计小镇建设,在全省范围内打造一批设计资源集聚、创新要素突出的工业设计小镇。

四是健全设计人才培育体系。修订完善工业设计师职业资格评价条件、考试大纲,优化工业设计师培育机制,壮大浙江省工业设计力量。进一步完善指导"光华龙腾奖·浙江省设计业十大杰出青年"评选活动,凝聚创新人才,激发创新活力。聚焦数字化设计领域复合型人才,开展高端设计人才的引进和培养工作。继续举办浙江省工业设计创新人才高研班,组织专职设计人员参加工信部和国外的高级人才培训班。

2018年浙江省小微企业上规与退规情况

浙江省经信厅中小企业与民营经济发展处

近年来,浙江省委省政府高度重视"小升规"工作,"小升规"工作在稳定规上企业数量、稳定工业经济增长,促进产业结构调整方面发挥了积极作用。但同时规上企业退规情况也有所增多,2013—2018年浙江省小微企业上规与规上企业退规情况如下。

一、"小升规"企业基本情况

(一)规上企业总体情况

截至2018年底,全省规模以上工业企业达到40586家,比2013年增加3683家,其中大型企业571家,比2013年减少21家,中型企业4177家,比2013年减少471家,小微企业35838家,比2013年增加4174家,大型、中型、小微企业数量占比分别为1.4%、10.3%和88.3%。具体全省规上工业企业数量变化情况如表1所示。而主要工业大省规上工业企业数量变化情况如表2所示。

表1 全省规上工业企业数量变化情况

规模	全省(家)	大型企业		中型企业		小微企业	
		数量(家)	占比(%)	数量(家)	占比(%)	数量(家)	占比(%)
2018年	40586	571	1.4	4177	10.3	35838	88.3
2017年	40889	604	1.5	4205	10.3	36081	88.2
2016年	40219	598	1.5	4206	10.5	35416	88.1
2015年	40179	598	1.5	4430	11.0	35152	87.5
2014年	38521	601	1.6	4608	12.0	33313	86.5
2013年	36903	592	1.6	4648	12.6	31664	85.8

注:以上数据均为统计局快报数据。

表2 主要工业大省规上工业企业数量变化情况

年份	广东省	江苏省	浙江省	山东省	河南省	全国
2018年	47456	45675	40586	38333	22081	378440
2017年	47203	45414	39949	38147	22023	372729
2016年	42688	47900	40128	39567	23679	378599
2015年	42113	48488	41167	41485	22892	383148

续表

年份	广东省	江苏省	浙江省	山东省	河南省	全国
2014 年	41133	48708	40841	40756	21748	377888
2013 年	41184	48787	39561	40467	20573	369813

数据来源:各地统计局。

从全国范围看,2018 年,浙江规上工业企业数量在广东省、江苏省之后,位列全国第三。从 GDP 总量看,2018 年广东、江苏 GDP 总量分别为 9.7 万亿元、9.3 万亿元,远远高于浙江的 5.6 万亿元,但浙江的规上企业数量与广东、江苏差距并不如 GDP 明显。

(二)"小升规"企业数量情况

2013—2018 年 6 年间全省"小升规"企业累计数量达到 26922 家,其中 2013—2017 年"小升规"企业 20775 家,到 2018 年底,这批"小升规"企业仍在统计库中的有 16134 家,留存率达到 77.7%。历年"小升规"企业数量及留存在库情况如表 3 所示。

表 3 历年"小升规"企业数量及留存在库情况

年份	当年"小升规"企业数量	2014 年留存在库	2015 年留存在库	2016 年留存在库	2017 年留存在库	2018 年留存在库	截至 2018 年留存率
2013 年	4588	4588	4074	3566	3249	2813	61.3%
2014 年	4451	—	4412	3776	3409	2918	65.6%
2015 年	3655	—	—	3636	3171	2731	74.7%
2016 年	3300	—	—	—	3300	2891	87.6%
2017 年	4781	—	—	—	—	4781	100.0%
合计	20775	—	—	—	—	16134	77.7%

从行业看,"小升规"行业主要集中在 15 个行业(如表 4 所示),这 15 个行业"小升规"企业数量占全部"小升规"企业数量的 84.1%,其中通用设备、纺织业、电气机械、金属制品业、纺织服装五个行业"小升规"企业数量占全部"小升规"企业数量的 45.9%。

表 4 2013—2018 年"小升规"企业主要行业分布情况

行　　业	数量	占比
通用设备制造业	2973	11.0%
纺织业	2936	10.9%
电气机械和器材制造业	2647	9.8%
金属制品业	1933	7.2%
纺织服装、服饰业	1892	7.0%
橡胶和塑料制品业	1689	6.3%
皮革、毛皮、羽毛及其制品和制鞋业	1403	5.2%
汽车制造业	1380	5.1%

续表

行　　业	数量	占比
专用设备制造业	1267	4.7%
非金属矿物制品业	972	3.6%
文教、工美、体育和娱乐用品制造业	819	3.0%
计算机、通信和其他电子设备制造业	754	2.8%
化学原料和化学制品制造业	751	2.8%
家具制造业	695	2.6%
造纸和纸制品业	578	2.1%

(三)"小升规"企业成长性

"小升规"企业是全省成长较快的企业,企业上规后仍然保持较好的成长性。截至2018年底,2013—2017年"小升规"企业中大型企业有43家,占全部规上大型企业的7.4%,中型企业有509家,占全部规上中型企业的12.2%。以2013年第一批"小升规"企业为例,2014年首年统计报表显示,4588家首批"小升规"企业均还在库,其中大型企业、中型企业和小微企业分别有17家、145家和4426家。经过五年的市场历练、大浪淘沙,截至2018年底,这批企业中大型企业数量比2014年增加4家,达到21家,占比较2014年提升0.3个百分点。中型企业数量比2014年增加14家,占比较2014年提升2.5个百分点。小微企业数量比2014年减少1793家,占比较2014年降低2.9个百分点。到2018年,首批"小升规"企业户均主营业务收入达到1.04亿元,是2014年的1.61倍,户均纳税金额达到311.71万元,是2014年的1.82倍,这意味着,仍在库的"小升规"企业保持了持续的成长性。

(四)"小升规"企业作用及贡献

截至2018年底,全省共有规上工业企业40586家,其中2013—2017年"小升规"企业仍在统计库的有16134家,占全部规上工业的比重为39.8%。"小升规"企业对全省稳增长调结构贡献突出。

一是稳增长贡献明显。"小升规"企业在2018年累计实现利润总额514.46亿元,同比增长18.8%,高于全部规上工业企业13.5个百分点,对全部规上工业企业利润增长的贡献率达到36.3%。2018年累计实现税金总额349.90亿元,同比增长8.4%,高于全部规上工业企业6.7个百分点,对全部规上工业企业税金总额增长的贡献率达到56.3%。2018年累计实现技术(研究)开发费238.98亿元,同比增长50.7%,高于全部规上工业企业21.5个百分点,对全部规上工业企业技术(研究)开发费增长的贡献率达到24.1%。

二是调结构作用突出。从产业结构看,截至2018年底,"小升规"企业中八大高耗能行业的企业数量占比为23.6%,比全部规上工业企业低2.7个百分点;"小升规"企业中八大装备制造业的企业数量占比为44.4%,比全部规上工业企业高2.1个百分点;"小升规"企业中八大高耗能行业的主营业务收入占比为30.8%,比全部规上工业企业低3.2个百分点;"小升规"企业中八大装备制造业的主营业务收入占比为44.3%,比全部规上工业企业高5.6个百分点。在"小升规"工作的有力推动下,到2018年,全省八大高耗能行业企业数量、增加值分别占全部规上工业的比重为26.3%、27.5%,分别比2012年降低3.2个、0.5个百分点;八大装备制造业行业企业数量、增加值分别占全部规上工业的比重为42.3%、40.4%,分别比2012年提高3.5个、5.6个百分点。

二、退规情况及原因分析

(一)退规企业数量情况

2013—2018 年 6 年间,全省累计退规企业数量为 18904 家,其中 2017 年,企业退规数量为近 6 年最多,达到 5150 家。从地区看,宁波、杭州、温州、金华四个地区 6 年累计退规数量最多,分别为 3368 家、2919 家、2418 家和 2177 家。全省退规企业数量总体情况如表 5 所示。

表 5　全省退规企业数量总体情况

单位:家

地区	2013 年退规	2014 年退规	2015 年退规	2016 年退规	2017 年退规	2018 年退规	总计
杭州	369	571	484	526	504	465	2919
宁波	382	674	564	566	689	493	3368
温州	363	468	252	227	899	209	2418
嘉兴	223	358	329	374	452	243	1979
湖州	143	54	80	107	246	254	884
绍兴	222	270	220	277	490	607	2086
金华	100	183	272	421	812	389	2177
衢州	60	51	47	69	210	64	501
舟山	11	54	22	17	65	38	207
台州	171	324	372	202	411	200	1680
丽水	59	92	65	35	372	62	685
总计	2103	3099	2707	2821	5150	3024	18904

对退规企业类型进一步分析发现,6 年累计退规的 18904 家企业中,"小升规"企业仅占 6381 家,占比 33.8%,66.2% 的退规企业是原有库中的企业。退规企业中"小升规"企业分布情况如表 6 所示。

表 6　退规企业中"小升规"企业分布情况

项目	2013 年退规	2014 年退规	2015 年退规	2016 年退规	2017 年退规	2018 年退规	总计
退规企业总数	2103	3099	2707	2821	5150	3024	18904
"小升规"企业退规数	167	746	978	1188	1975	1327	6381
"小升规"企业退规占比	7.9%	24.1%	36.1%	42.1%	38.3%	43.9%	33.8%

(二)退规企业行业分布

从退规企业的行业分布情况看,退规企业主要集中在纺织业、纺织服装及服饰业、电气机械和器材制造业等 16 个行业(如表 7 所示),这 16 个行业 6 年退规企业数量占全部退规企业的 84.5%,其中纺织业、纺织服装及服饰业、电气机械和器材制造业、通用设备制造业四个行业退规企业数量占比达到 39.6%,退规企业分布与全省规上企业数量分布具有较强的一致性。

表7 2013—2018年退规企业主要行业分布情况

行业	数量	占比
纺织业	2173	11.5%
纺织服装及服饰业	1844	9.8%
电气机械和器材制造业	1791	9.5%
通用设备制造业	1675	8.9%
金属制品业	1263	6.7%
皮革、毛皮、羽毛及其制品和制鞋业	1149	6.1%
橡胶和塑料制品业	1047	5.5%
专用设备制造业	718	3.8%
汽车制造业	705	3.7%
文教、工美、体育和娱乐用品制造业	686	3.6%
化学原料和化学制品制造业	638	3.4%
非金属矿物制品业	548	2.9%
计算机、通信和其他电子设备制造业	524	2.8%
黑色金属冶炼和压延加工业	435	2.3%
农副食品加工业	410	2.2%
有色金属冶炼和压延加工业	376	2.0%
合计	15982	84.5%

（三）退规原因分析

近几年来，由于受外部宏观环境影响、浙江省产业转型升级加快，以及企业自身发展能力不足等原因，浙江省规上工业企业退规数量较多，从近期对下规企业的初步调研来看，企业退规的原因主要有以下几个方面：

1. 市场波动造成企业退规。近几年来，全球经济复苏缓慢，国内外市场需求减弱，竞争加剧，造成很多企业订单减少，产量产值下降，达不到主营业务收入2000万元的规上企业标准而下规。据各市调研反馈来看，市场原因是导致企业下规的主要原因。比如，杭州有219家，占该市退规企业数量的45.4%；湖州有共111家，占该市退规企业数量的63.1%。该原因中，国际贸易不确定性因素，特别是中美贸易摩擦，是造成部分企业下规的一个重要方面。比如丽水在17家市场原因导致退规的企业中，8家是受中美贸易摩擦影响，占47.1%。

2. 行业整治造成企业退规。近年来环保督察、"三改一拆""五水共治""低小散"整治、淘汰落后产能、传统产业改造提升等工作大力推进，一批企业尤其是高能耗、高污染、高排放的传统企业遭淘汰、关停、整治或转移。比如，湖州部分木业、非金属矿物制品业及五金配件等企业关停退规19家，占该市退规企业数量的10.8%。绍兴对印染、化工等行业进行结构调整，85家企业退规，占该市退规企业数量的16.0%。温州因去产能、调结构、环保督察等原因而关停或关闭企业24家，占该市退规企业数量的12.2%。

3. 资金断裂造成企业退规。近年来，金融"脱实向虚"，金融机构青睐大企业、国有企业现象较为突出，银行抽贷、压贷、断贷时有发生，民营中小企业融资难、融资贵问题依然较为突出。部分企业过度举债，局部区域、局部行业资金链、互保链风险显现,部分企业因资金链问题而影响企业生产经营而退规。比如绍兴因资金链、担保链影响处于停产、注销状态的企业有 193 家,占该市退规企业数量的 37.6%;温州因资金担保问题导致停产、减产或破产的企业有 28 家,占该市退规企业数量的 14.3%,主要集中在乐清(8 家)、瑞安(6 家)和平阳(6 家);杭州因"两链"问题而导致退规的企业 36 家,占该市退规企业数量的 7.5%。

4. 战略调整造成企业退规。部分企业根据发展形势和产业政策变化,以及地方有关政策引导倒逼、企业股改上市等发展需要,对自身发展做了兼并重组、合并分立、业务转型、整体退出等战略调整。比如,丽水因兼并重组而退规的企业达 13 家,占该市退规企业数量的 27.1%;湖州有 25 家企业从工业企业转型为销售、设计等企业进入服务业规上企业库,或撤销原企业成立新企业而导致原企业退规,占该市退规企业总数的 14.2%。此外,部分企业为集团子公司或同一老板经营,根据企业经营情况而对报送口径进行内部调整,导致子公司下规。

5. 产业转移造成企业退规。近年来,产业梯度转移不断演进,加上土地、劳动力、资源环境等要素制约,浙江省一些劳动密集型等传统企业不断外迁。比如,温州有 31 家企业因要素制约或发展瓶颈问题而外迁,且大部分迁往安徽、江西等省外地区,约占该市退规企业数量的 15.8%;台州也有部分企业原有生产场地规模较小,在企业发展扩大之后,企业原有厂房土地无满足生产需要,生产规模受到制约,且本地资源无法满足,企业在受到外地招商优惠政策后,迁往外地。

6. 城市建设造成企业退规。近年来随着"大湾区、大花园、大通道、大都市区"四大建设的加快推进和城市经济的快速发展,老城改造新城扩容,产业退二进三,加上配套重点基础设施项目建设导致部分企业拆迁搬迁或关停注销。杭州尤为明显,比如,杭州富阳区东南区块整体拆迁、地铁沿线、杭黄高铁沿线、亚运会项目等涉及拆迁企业 43 家,占 58.9%。

7. 经营不善造成企业退规。浙江省中小企业多属于民营企业,成长时间较短,且大多实行家族经营模式,在企业战略管理、技术创新、品牌推广、风险管控等方面都比较薄弱。部分企业产品更新跟不上市场变化,产品低端无法拓展市场甚至出现萎缩,订单减少导致退规。比如衢州因企业自身经营不善,产品低端订单减少导致市场萎缩产值缩减导致退规企业的占 14.3%;绍兴有 145 家退规企业因经营不善、生产形势不佳而下规,占该市退规企业数量的 27.3%。

8. 规避监管企业主动退规。由于政府部门对企业监管侧重于规上企业,从表面上看规上企业和规下企业发展发展环境和监管要求是一样的,而实际上规上企业的税费负担、接待检查调研、人员开支等综合负担要比规下企业重得多。部分企业不愿上规了通过少报产值、现金交易不开发票、重新注册公司等手段故意下规,获得躲在规下的"隐形好处"。

三、"小升规"主要举措及存在问题

(一)工作举措

为加快推进小微企业提质增效和上规升级,浙江省自 2013 年实施"小升规"工作,大力推进小微企业高质量发展,以此为抓手,通过开展企业培育、动态监测、扶持指导、积极宣传等举措,推动"小升规"工作落实落细。

1. 优选培育对象,加强企业培育

为进一步夯实工作基础,集中资源利用效率,精选培育对象,以上一年度主营业务收入 1000 万—2000 万元的小微企业为基础,以八大万亿产业和《中国制造 2025 浙江行动纲要》中确定的 11 个重点发展产业,以及创新型、科技型、成长型小微企业为重点,入库培育。每月定期监测培育库内企业,及时掌握企业需求,分

析监测企业经营动态,建立并完善企业监测机制,跟踪企业提供精准服务。

2. 深化扶持政策,激励企业升规

联合浙江省中小企业公共服务平台梳理 2013 年以来国务院、有关部委、省委省政府、省级及市级有关部门出台的有关企业减负、投资、创新、财税支持、人才支持、融资服务、企业培育、产业发展等涵盖方方面面的一系列扶持中小企业发展的政策,提炼最重要的政策内容,汇编《促进中小企业发展政策摘编》,帮助和指导企业用好、用足各项扶持政策,激励小微企业上规升级。落实贯彻《中小企业促进法》宣贯,积极打造良好健康的小微企业上规升级氛围,推动小微企业主动升规。

3. 树立企业典型,加强宣传推广

从每年新上规企业中评选出一部分成长性较快,发展潜力较好的"创业之星"企业,汇编浙江"小升规"企业案例集,总结分享发展经验,树立行业典型标杆。联合《浙江日报》《经贸实践》等主流媒体杂志扩大"小升规"工作影响力,开设企业专栏推广宣传、联通上下游产业提供更广阔的平台。开展企业家交流活动,讨论经济形势、行业发展现状和机会,分享成功经验,发挥企业家示范作用,促进小微企业健康高质量发展。

4. 建立监督机制,推动工作落实

经过 6 年时间的工作沉淀,"小升规"培育工作从企业报表监测、数据通报、动态调整到定期工作会议、年底任务考核,已经形成了较为完整有序的工作流程规范。初步形成定期监测统计和通报督查机制,推动各地区深入了解培育企业情况和需求,以提供精准服务。动态调整培育企业,优胜劣汰,集中力量培育小微企业,进一步加强"小升规"培育工作落实,深化对小微企业的扶持指导。

5. 强化队伍建设,提升服务质量

"小升规"工作需要省、市、县(区)、街道(乡镇)四级联动共同推进落实,为提高"小升规"工作任务各级管理人员的综合业务水平,建立了一支业务水平过硬的"小升规"工作队伍。近三年来,针对"小升规"工作各级岗位人员变动较大的地区以及各地的需要,开展管理人员培训,推动"小升规"工作的稳步进行。同时,建立四级联通的交流机制,加强各地区之间的经验交流,全面提升管理人员的业务水平和服务质量。

(二)存在问题

"小升规"工作已实施近六年,初步形成服务培育、监督考核等机制,但目前还需进一步贴合工作改进完善,工作需要不断更新巩固。四级联动工作队伍庞大,人员不定期变动且幅度较大,影响工作稳定性和连贯性。政策激励力度不够,企业升规意愿不强。

1. 工作基础有待夯实

"小升规"培育工作已逐步常态化,但目前还难以满足精准培育和扶持企业高质量发展的需要。一是信息不完善。建立了全省统一的《浙江省"小升规"培育企业报表制度》,但报表统计指标单薄,监测信息内容有限,无法全面掌握企业情况。二是基础力量不稳固。组建了省市县乡覆盖四级的监测管理服务队伍,但由于队伍人员变动频繁,"小升规"工作开展受到一定限制。三是经费使用受限。分配到各地区的"小升规"工作资金使用受财政相关条件限制,打击了各地区开展工作的积极性。四是企业升规能力有限。小微企业主综合素质不高,企业治理管理较为落后,以家族管理为主;创新能力不强,产品竞争力和适应市场变化能力不强,稳定增长和持续发展能力不足。

2. 主观认识有待深化

"小升规"工作目前还存在认识上的两大误区:一是工作人员认为"小升规"工作做了近六年,升规企业数量超过 2 万家,但全省规上工业企业数量基本保持在 4 万家左右,没有数量上的成就。二是企业主担心升规后报表填报数量增多,人员支出费用可能增加,安全和环保等社会责任可能加重,税务方面督查可能加重,未能看到升规后规范管理带来的经济和社会效益,缺乏升规的积极性和主动性。

3. 企业升规积极性有待提升

规下小微企业存在"小富即安"思想。一些小微企业主创业是为了改善生活,没有把企业做大的主观愿望。二是担心上规后负担加重。一些企业担心一旦上规,就纳入统计部门的规上企业统计口径,要规范报送数据,要规范纳税,人员开支会增加,税费负担会加重。同时还担心执法力度加大,对社会保障、安全生产、环境保护等要求提高。此外还担心相关部门要求加强工会、共青团、妇联等群团组织建设会增加相关费用。

4. 政策扶持力度有待加大

一方面,地方财政对"小升规"企业的扶持奖励只有2万—10万元,还抵不上上规后增加的成本和负担,觉得不划算,政策吸引力不大。另一方面,浙江省出台了一系列降本减负政策和众多扶持小微企业发展的优惠政策,政策数量虽多,但企业感知度较低,对政策了解的深度不够,申请享受政策的企业数量有限,无法实现政策制定和出台的普惠性初衷,在政策宣传落实方面需要大力加强。对"小升规"企业除一次性奖励资金和税收优惠政策外,其他方面同享受地方普惠性扶持政策,没有特别的优惠政策,激励力度不够。

四、深化"小升规"工作的对策

在进一步夯实"小升规"工作的基础上,健全完善工作机制,监督保障"小升规"工作有序平稳推进。深化对"小升规"企业及培育的扶持指导,提升企业市场竞争力,引导企业"专精特新"发展。加强中小微企业扶持政策宣传,深化优惠政策落实,充分发挥政策激励作用。抓住数字经济发展机遇,引导中小微企业进行数字化改造升级,推动中小微企业高质量发展。

(一)夯实工作基础,健全"小升规"工作机制

全面构建省市县乡四级培育监测管理服务队伍,健全完善服务培育工作机制,研究完善满足多方面工作需要的《浙江省"促进小微企业转型升级"培育报表制度》,形成统计监测、动态调整和跟踪服务相结合的工作机制,运用大数据、互联网等现代信息技术,为企业的发展提供高质量的信息指导服务。强化对"小升规"工作的管理监督,健全工作机制,完善监督考核指标,提升管理人员业务水平,提高对企业服务质量。

(二)深化扶持指导,提升"小升规"企业竞争能力

企业升规、退规,由优胜劣汰适者生存的市场经济规律"无形"之手所支配,但也是政策"有形"之手推进产业结构优化调整的重要抓手。以高质量发展体系为目标,加大力度引导小微企业从家族式治理向现代化法人治理结构转变,建立产权清晰、科学管理的现代企业制度,加强企业培训,掌握企业需求精准帮扶,帮助企业家学习和掌握新知识、新技能、新理念,提升企业家素质。

(三)加强政策宣传,加大"小升规"扶持力度

深化落实《中小企业促进法》的宣贯和解读,开展法律服务咨询专场和政策解读专场活动,扩大中小微企业扶持优惠政策和法律的宣传面,提高中小微企业对扶持政策的感知度,积极鼓励引导符合扶持政策的中小微企业申领享受。加大"小升规"扶持优惠力度,提高对"小升规"企业的资金奖励和政策奖励,延长对"小升规"企业的扶持时间,做到"扶上马、送一程"。

(四)结合数字经济,推进"小升规"企业数字化转型

鼓励和支持中小微企业利用数字信息技术、现代制造技术加快升级创新和数字化转型,提高产品质量,满足市场需求。引导"小升规"企业及培育企业开展个性化定制、柔性线生产,培养企业精益求精的工匠精神,推广数字化工艺流程改造,控制生产成本,提升产品质量和生产效率,打造产品品牌,提高企业竞争力,加快产业调结构步伐,促进经济持续高质量发展。

2018年浙江省制造业向外转移特点、原因、影响及建议

浙江省经信厅企业培育与产业合作处

近年来,特别是中美贸易摩擦以后,浙江省制造业向外转移不断增长,企业国际布局明显提速。梳理当前制造业向外转移的基本情况与特点,摸清主要原因和影响,对加快完善顶层设计,主动应对产业转移潜在风险,引导浙江省部分行业主动"走出去"更好整合利用"两个市场、两种资源",推动龙头企业加快创新形式把高端资源、项目"引进来",加快推进"腾笼换鸟"和经济高质量发展具有重要意义。

一、主要特点

2018年,浙江省对外直接投资183.81亿美元,同比增长90.63%,再创历史新高。其中,制造业是主要领域,占比超过8成,达144.37亿美元,同比增长1.35倍。2019年1—2月,全省制造业对外直接投资同比继续保持双位数增长。

1. 转移速度趋于加快。尤其是中美贸易摩擦以来,浙江省受影响较大的纺织服装、零部件等出口导向的劳动密集型产业,以及高污染、高能耗产业加速转移。2004年以来,台州外迁的规上企业800多家,近5年外迁数量较上5年增长近100%。2012—2017年,全省纺织服装业境外投资年均增长22.9%,遭遇客户订单转移的企业数达12.7%,订单转移量超10.0%的达33.8%。

2. 转移主体趋于多元。民营、外资、国资等企业加快产能转移或海外布局,2012—2017年浙江省外资企业出口占比从28.1%下降到17%,浙江物产等国企纷纷在东南亚等设立生产基地。同时出现了少数龙头企业主导的集群式迁移情况,比如奥康集团、申洲集团等企业在重庆、越南等地设厂,都在当地重新构建了产业链。

3. 转移形式趋于双向。一方面,处于价值链中低端的生产加工环节企业向外转移不断增加。近期,温州瑞安市电器制造、汽摩配、纺织、鞋业等产业加快转移,外迁的规上企业达18家。另一方面,不少龙头大企业通过跨国并购引进品牌、技术等资源,加快发展壮大在浙总部。宁波均胜通过并购实现高速增长,2017年实现营业收入540亿元。

4. 转移模式趋于完善。有大企业"单兵作战",如申洲集团在柬埔寨、越南建成3家工厂,用工约2.9万人,下步预计扩大到5万人;有产业链"协同迁移",规避上下游配套等风险,如温州德力西在安徽芜湖设立基地、海天设立海外园区等,都带动上下游企业迁移;还有第三方搭建"一站式"园区平台,服务浙江企业转移,如泰中罗勇工业园、越南龙江工业园,及保定、襄樊等地的浙商产业园等。

5. 转移区域趋于扩大。目前,浙江省制造业向外转移基本覆盖亚、欧、非、拉、美等地,其中对欧洲投资最热,2018年达88.27亿美元,占比超过40%。对"一带一路"沿线国家、东南亚国家投资增长较快,2018年投资项目202个,投资37.22亿美元,同比增长22.31%,主要由于当地劳动、土地等成本优势明显,市场发展空间较大。

二、转移原因

1. 成本驱动。2017年,浙江省平均工资居全国首位,用工、融资、用地成本分别高出全国平均20.0%、18%和100%左右,用水、用电价格均大幅高于全国和沿海其他省份,企业经营成本日益增加。而越南等东南亚国家要素价格、国际贸易壁垒等优势明显,加上"两免四减半""四免九减半"等优惠政策,企业综合税率最低,仅10%左右,吸引了不少企业转移。如申洲集团在越南等地建厂,利用要素优势,2013—2017年集团人均销售额、人均净利分别提高33.5%和34.7%。

2. 资源驱动。浙江省是资源小省,人均资源占有处于全国倒数。部分资源加工型企业纷纷向东南亚、非洲及国内中西部等自然资源丰富、土地成本较低的地区转移。振石集团加快在印尼开发利用红土镍矿,为集团本部特钢产品输送原材料;华孚色纺在新疆构建从棉花种植、加工、交易到色纺纱生产的供应链,充分利用当地土地资源、优质棉花原料等。

3. 创新驱动。浙江省创新资源不足,国家企业技术中心113家、"双一流"高校仅3所,低于江苏的117家、11所,重大科学装置、科技成果转化等差距尤为明显,促使部分龙头企业加快跨国并购或设立离岸机构等,获取创新要素或高端资源,突破发展瓶颈。2018年全省境外并购项目151个、金额101.05亿美元,同比分别增长27.97%、87.65%,占同期对外直接投资的54.97%。吉利汽车并购沃尔沃、戴姆勒,杰克股份收购德国拓扑卡特、意大利比玛等,帮助企业快速掌握了国际品牌和技术,加快成长为世界500强或行业龙头。

4. 市场驱动。企业瞄准欧美发达国家及部分潜在市场,通过设立生产基地、办事处、研发机构等方式,加快获取国际品牌和营销渠道,拓展海外市场。如:巨星科技先后收购华达科捷、PT公司、美国Arrow等,切入了智能极光测量工具领域,巩固了行业领先地位,提升服务北美市场能力;海天集团、巨石集团等在当地设厂,提前布局印度、中东、非洲等潜在市场;红狮集团在老挝、尼泊尔等地投资6.5亿美元建厂,加快抢占东南亚市场。

5. 政策驱动。沿海地区的产业导向、环保准入等措施提高了产业准入门槛,倒逼部分制造业转移。2004年以来,台州椒江加快医化园区整治,仅留下7家大企业,其余部分企业迁移至江苏如东等地,以更高的工艺和环保标准新建厂区。同时,全球贸易形势变化加剧不确定预期,推动企业向外"政策洼地"。三花控股在墨西哥设立生产基地,降低北美市场贸易壁垒及物流成本。

三、趋势及影响

从全球和历史经验看,制造业在国家或区域间"飘移",是不同历史阶段各国(地)产业发展环境和比较优势演变的必然结果,是经济结构优化、产业升级的必然趋势,是全球产业空间调整必然规律。浙江省的劳动、建设用地、环保容量、能源、金融等要素成本逐步上升将是长期趋势,在要素上的比较优势正在逐步弱化。同时,浙江省正在加快推进工业转型升级和高质量发展,推动部分资源向优势行业、头部企业和领先区域集中集聚。因此,低附加值加工为主的制造业向外转移的格局将是长期趋势,应该清醒认识、合理应对、有序引导、积极利用。

目前,浙江省制造业转移总体上是健康有序、风险可控的,尚未大面积出现产业链整体或集群式转移情况。调研中,大部分企业反映,国内拥有庞大市场、完整产业链条,浙江营商环境良好,在转移部分产能同时,把"根"留住,聚焦提升集团总部、核心技术、关键产品等环节,守住、做大本部仍是企业主要目标。出现转移的大多是资源和要素密集度高、污染能耗高的产业,这种良性转移的积极作用远大于消极影响,主要体现在"四个有利于"。一是有利于企业迭代和产业更新,推动企业集中精力和资源提升高附加值环节竞争力。雅戈尔将部分生产环节转移到吉林珲春、云南瑞丽,总部聚焦高端服装、品牌运营和设计研发,近3年营业收入、利润率均实现两位数增长。二是有利于企业国际化布局,更好整合利用"两个市场、两种资源"。科尔集团2013年在美国投资2.18亿美元建厂,充分利用当地棉花、能源成本优势以及当地税收减免和补助政策,成本比国内降低至少30%,更好占领了北美市场。三是有利于缓解要素需求压力。温州全市年均新增工业用地仅6.67平方千米左右,当地通过倒逼将铸造业、电镀等一批用地多、高能耗、高污染企业迁移,缓解了要素和环保压力,"腾出"了发展新空间。四是有利于推动经济高质量发展,企业通过兼并重组、跨国并购、设立离岸机构等方式,逐步掌握行业核心技术和高端要素,提高了全省制造业综合竞争力、市场占有率和国际话语权。比如:宁波的均胜、银亿、圣龙等一批企业,通过跨国并购,加快生产、销售国际布局,把研发创新前移到美、欧等创新高地,不仅实现了企业的跨越式发展,还带动形成了汽车零部件、汽车电子等具有全球竞争力的产业集群。

但应该看到,制造业过早退出、过度转移可能引发产业空心化、工业增速下滑、就业岗位流失、高技能人才流失、创新资源流失等潜在风险。尤其是部分企业利用再布局机会更新换代生产线和生产技术,反而使得国内技术水平相对落后。如果不能及时有效指导、引导,不能出台措施积极应对,不能加快减负降本、营造更有利市场环境,不能加快推进产业数字化、智能化改造升级,潜在风险可能转变为现实结果。

四、政策建议

1. 加快完善顶层设计。制订引导制造业有序"走出去"的指导意见,加强战略统筹、分类指导、精准施策、优化服务,完善体制机制和政策举措,加快建设服务保障体系,更好支持企业自主布局和市场化、全球化配置资源,推动全省制造业更好、更顺畅"走出去"并在当地生根发芽、成长壮大,通过"走出去"把优质资源和项目"引进来",确保"有转有进、转低进高、破旧立新、破立有度"。

2. 抢抓国际价值链重构机遇。当前处于全球价值链加快重构重组机遇期,全省企业要抢抓机遇、卡住先位、形成优势。一是鼓励引导要素竞争优势弱化的制造业有序"走出去",深入融入转移目标国(地)和全球价值链,充分利用各国优势资源、潜在市场,加快重塑行业话语权和全球竞争力,并反哺在浙总部,发展壮大。二是支持特色优势产业主动"走出去",并通过国际并购等形式,整合利用"两种资源、两个市场",带动高端资源要素和优质项目"引进来",切实卡住、卡准浙江省产业在全球价值链的"链主"地位,形成一批总部大脑在浙江省的全球企业和全球产业。三是加强监测与服务,确保对重点企业、核心产品、关键环节不转移、不流失,引进形成一批"催化型""种子型"企业或项目,抢抓新兴产业、未来产业爆发增长的"先发位"。

3. 加快发展新兴产业。学习借鉴欧美日经验,牢牢抓住价值链高端和关键环节,发展新兴产业,加快打造产业可持续竞争力。一是深入实施数字经济"一号工程",围绕集成电路、人工智能、云计算、软件服务等,发展一批关键技术、重大项目、龙头企业。二是全力发展生物经济、高端装备等国民经济关键产业,既要把高端环节、核心产业留下来,更要依托龙头企业把先进要素和项目引进来。三是实施"互联网+""智能+""设计+""品牌+",巩固提升特色优势产业创新力、竞争力,增创工业增长新动能。

4. 加快优化营商环境。一是深化"最多跑一次"改革,加快深化市场化改革,创造有利于制造业高质量发展的市场和服务环境。二是加大减负降本、减税降费力度,创新举措破解工业用地、用工、融资、能源等要素瓶颈,切实降低制造业企业生产经营负担。三是落实中央民营企业家座谈会精神,更好保护民营企业家权益,更精准稳妥实施产业政策,增强制造业企业家信心,创造更好市场环境和稳定预期。四是建立完善产业"走出去"统筹指导、协调推进、统计监测、重大项目"一企一策"服务等4个工作机制,加强情况监测、服务支撑和风险预警,维护产业体系安全与完整,防范企业海外经营风险和浙江省产业链安全风险。

5. 加强服务企业"走出去"。一是对接泰中罗勇、越南龙江等国际工业园,以及浙江国沿边有关省区的跨境合作区等,支持外资集聚先行区、境外并购回归产业园等建设,为制造业转移提供高能级平台。二是充分发挥驻外使领馆及各类国际中介组织作用,打造信息交流平台和机制,推动制造业有序转移,并在当地更健康成长、发展壮大。三是创新融资、担保、基金、人才引进、专利技术引进等支持举措,帮助"走出去"企业化解各类风险,对企业重大并购并成效显著的给予一定奖励,鼓励加快做强做大企业在浙总部基地。四是指导和推动转移出去的企业主动融入当地、守法合规经营,尤其要遵守转入地的环保、用工等规定,积极规避政治政策风险,主动承担企业社会责任,提升中国企业海外形象。

2018 年浙江省信息化工作推进情况

浙江省经信厅产业数字化推进处

2018 年,围绕省委省政府中心工作,坚持以新发展理念为引领,按照高质量发展要求,深入贯彻创新驱动发展战略,围绕供给侧结构性改革,大力发展数字经济"一号工程",积极推动互联网、大数据、人工智能等新一代信息技术和实体经济深度融合,培育发展新动能,不断提升信息化对经济社会的驱动引领作用。一年来,全省两化深度融合国家示范区建设再上新台阶,制造业与互联网融合发展持续深入,工业互联网发展蓄势待发,工控安全工作扎实稳步推进,世界互联网大会有序筹办。浙江省信息化发展指数位居上海、北京之后,已连续多年排名全国第三,各省区市第一;两化融合发展指数位居全国第二,仅次于广东省。

一、主要工作成效

1. 编制出台了一批重要文件。印发《浙江省人民政府关于加快发展工业互联网促进制造业高质量发展的实施意见》(浙政发〔2018〕32 号)《浙江省"1+N"工业互联网平台体系建设方案(2018—2020 年)》《浙江省制造业"双创"平台培育实施方案》,编制《浙江省两化深度融合国家示范区建设 2018 年工作方案》等文件。

2. 成功申报了一批国家级示范试点企业和项目。入选工信部工业互联网平台建设及推广工程的项目 2个(国家资金补助),工业互联网安全保障能力提升工程的项目 1 个(国家资金补助),制造业与互联网融合发展试点示范企业 8 家,两化融合管理体系贯标试点企业 68 家,已累计达到 232 家。组织推荐 15 个企业申报2018 年制造业"双创"平台试点示范项目(最终国家公布 6 个,含宁波 1 个),11 个企业申报 2018 年工业互联网试点示范项目(最终国家公布 2 个)。

3. 实施了一批省级示范试点区域和项目。评定省级工业互联网创建区 8 个,省级"城市大脑"创建区 3个。评定省级制造业与互联网融合发展试点示范企业 115 家,省级制造业"双创"平台试点示范企业 38 家,省级工业互联网平台创建名单 47 家。遴选首批 5 家行业级、区域级平台,成立"1+N"工业互联网平台联盟。验收智慧城市示范试点项目 8 个,省级两化深度融合国家示范区域 12 个。

4. 建成了一批信息应用系统。搭建浙江省工业控制系统在线监测预警平台,连接国家工业信息安全发展研究中心的工控系统在线监测预警平台,实现工控安全风险的实时检测、预警通报和应急处置。国家域名服务平台浙江节点建成运行,平均解析访问量达 5Kqps,日最高解析访问量达 40Kqps,达到全国中上水平。持续推进法人数字证书基础服务工作,全省(不含宁波地区,下同)新发法人数字证书超过 40 万张,证书覆盖全省企业法人总量的 70%以上。

5. 举办了多场高层次宣传推广活动。联合组织举办 2018 中国工业大数据大会·钱塘峰会暨浙江省工业互联网推进大会、2018 长三角工业互联网峰会、中国工业互联网大会·嘉兴峰会、"工业互联网的创新与突破"浙江分论坛等大型活动,交流推广工业互联网发展应用成果,开展工业互联网对接活动等。

二、重点工作完成情况

1. 持续深化两化深度融合国家示范区建设。一是围绕打造两化深度融合国家示范区升级版目标，深化互联网+先进制造业，开展制造业"双创"平台培育，以工业互联网为重点，形成一批基于互联网的制造业新模式、新业态。二是推进两化融合管理体系贯标试点建设，指导企业开展两化融合水平自评估、自诊断、自对标，引导企业积极参与工信部两化融合贯标试点企业创建，组织全省两化融合贯标培训。三是加快省级两化深度融合国家示范区域建设，完成海宁、临海、乐清、上虞、富阳、温岭、柯桥、桐乡、余杭、滨江、德清、东阳12个省级两化深度融合国家示范区域验收。

2. 加快布局全省工业互联网建设。一是加强工业互联网发展顶层设计。深入调研全省制造业龙头企业、互联网企业、产业集群等对工业互联网的认识与应用情况，编制印发《浙江省人民政府关于加快发展工业互联网促进制造业高质量发展的实施意见》，系统构建全省工业互联网发展的总体架构，明确了建设目标、实施路径、主要任务和相关保障措施等。建立工业互联网部省合作机制，与工信部签署共同推进工业互联网发展合作协议，围绕工业互联网网络、平台、安全三大功能体系，共建工业互联网国家示范区。印发《浙江省"1+N"工业互联网平台体系建设方案(2018—2020年)》，紧抓工业互联网平台这一关键核心，细化全省"1+N"工业互联网平台体系布局和推进思路。二是着力推进"1+N"工业互联网平台体系建设。针对浙江省传统行业优势突出、块状经济发达、龙头企业带动辐射效应较大等特点，提出打造"1+N"平台体系，即高水平规划建设1个具有国际水准的基础性工业互联网平台(supET平台)和若干个行业级、区域级、企业级工业互联网平台。大力推进supET平台建设与推广应用，以建设国内一流、全球领先的跨行业跨领域基础性工业互联网平台为目标，通过发挥政府统筹协调作用，汇集阿里云、中控、之江实验室等省内现有优势力量，强强联合，优势互补，共同打造了supET平台，目前该平台已成功入选首批8家国家级跨行业跨领域工业互联网平台名单和2018年工业互联网试点示范项目，并在第五届世界互联网大会上入选"世界互联网领先科技成果"。积极推动"1"和"N"两类平台融合发展，成立"1+N"工业互联网平台联盟。在第三届中国工业互联网大会·嘉兴峰会、第五届世界互联网大会等重大活动上，遴选一批"N"级平台。遴选47家省级培育平台，作为"N"级平台培育的储备库。创建余杭区等8个省级工业互联网平台建设及应用示范区，分别给予3000万元或1000万元省级财政专项资金支持。三是积极推进工业互联网对外交流合作。由省政府领导带队赴北京召开部省合作推进工业互联网发展联席会议，交流工业互联网发展工作思路。与中国电子信息产业发展研究院、中国信息通信研究院、国家工业信息安全发展研究中心等进行交流对接，共同推进浙江工业互联网发展。通过召开新闻发布会、举办参行业论坛、专业报刊发表等，介绍近年来全省工业互联网发展情况、先进经验，营造了良好发展环境。

3. 不断加强工控信息安全保障能力。一是组织全省工业信息安全培训。通过省内培训、省际交流、专家指导等，深入贯彻《工业控制系统信息安全行动计划(2018—2020年)》等系列文件精神，加强全省工控系统信息安全工作，推动工控安全工作的落地见效。围绕工控安全形势、工业互联网安全风险等主题，组织市县经信部门和企业信息化管理相关负责人进行专题授课，提升安全意识、理论水平和应急处置能力。二是开展工控安全大检查。组织完成对全省220家重点工业企业的1914套系统的安全自查，重点对杭州、宁波等地企业工控系统进行网络安全隐患和漏洞实地检查，现场指导企业做好整改工作。三是加强技术支撑能力建设。与国家工业信息安全发展研究中心共同举办2018年工业信息安全技能大赛华东赛区比赛，针对行业实际应用设备进行漏洞挖掘，开展工业信息安全攻防实战，挖掘一批实战型信息安全人才队伍。指导浙江省工业控制系统在线监测警平台建设，提升工控安全风险的实时检测、预警通报和应急处置能力。

三、2019年工作思路

2019年,紧密结合机构改革后的新职能、新任务,坚持以高质量发展为目标,紧紧围绕数字经济"一号工程"和"数字浙江"建设工作部署,推动互联网、大数据、人工智能和实体经济深度融合,努力补齐供给侧结构性改革重点任务中的短板,进一步发挥信息化对经济社会发展的驱动引领作用。以聚焦工业互联网发展为重点,深化两化深度融合国家示范区建设;以加快"城市大脑"建设应用为突破,助推新型智慧城市往纵深发展;以加强工控安全体系建设为保障,提升工控安全防护水平;以评估统计为抓手,推动全省信息化建设和两化融合建设水平;以世界互联网大会等重大活动筹办为载体,推动对外合作与交流。

1. 继续深化两化深度融合国家示范区建设。一是根据浙江省两化融合"十三五"规划内容和年度国家示范区建设工作方案推进实施,加紧各项指标的完成落实。开展全省区域两化融合发展指数评估,做好已被列入"浙江省高质量发展指标体系(2018—2022年)"的"工业设备联网率"指标的测算工作。二是推进两化融合管理体系贯标工作,抓好工信部批复的232家企业管理体系贯标试点,组织贯标专题培训,加快贯标工作进度,提升贯标水平。三是深入实施2000家骨干企业信息化"登高"计划和中小企业两化融合能力提升计划,在ERP、MES、PLM、SCM、数字化设计工具、装备数据化、设备联网的基础上,加强企业内部的纵向集成、企业之间的横向集成和产品生命周期管理的端到端集成,推动企业从单向应用向综合集成、创新引领等高阶水平登高。

2. 深入推进"互联网+"行动,着力加快1+N工业互联网平台体系建设。一是加快推进supET工业互联网平台建设。聚焦工业物联网、工业数据智能化分析、工业App运营等工业PaaS核心功能,提升平台基础服务能力。面向浙江省优势产业集群,推动supET平台与省内重点信息工程服务公司等服务商加强合作,形成规模化服务能力,推动产业集群整体实现数字化转型。supET平台拟重点拓展200家服务商,并推动1000家制造业企业深度应用平台服务。二是加大省级培育平台创建力度。继续遴选省级培育平台,力争创建30家以上省级培育平台,推动10家行业级平台与supET平台深入对接合作。三是做好示范区创建工作。做好对余杭区等8个2019年度工业和信息化重点领域提升发展(工业互联网平台建设及应用)示范区建设的指导工作,总结示范区建设经验和模式。新建一批工业互联网平台示范区。四是开展应用推广活动。在11个设区市各组织一场现场会,搭建政府部门、专业服务商、行业企业等多方参与的交流合作平台,推广supET平台和重点"N"级平台。五是做好平台体系发展基础性工作。开展工业互联网标识解析二级节点建设,指导推进企业内外网改造。强化工业互联网安全服务能力,加快省级工业互联网安全服务平台建设,保障工业互联网设备、网络、控制、应用和数据的安全。

3. 加强工业控制信息安全保障。一是按照《工业控制系统信息安全防护指南》要求,继续加强工控安全检查评估,建立检查评估常态化机制,强化企业主体防护责任。将工业互联网安全纳入全省工控安全管理体系,制定分级分类的安全应急预案,提升应急响应和应急处置能力。二是依托浙江省工控安全在线监测预警平台,定期对省内连接在互联网的工控系统进行扫描,及时发现并指导企业修复工控系统漏洞。三是谋划省级工业互联网安全服务平台建设,构建"两库三平台一服务"架构体系,保障工业互联网设备、网络、控制、应用和数据的安全。

4. 举办好世界互联网大会等重大活动会议。组织筹备好大会期间浙江分论坛等重大活动,协调好"互联网之光"博览会、产业合作对接、智慧化提升等重点工作。筹办好中国产业互联网大会,充分发挥浙江省制造业和互联网双重基础优势,力争把大会打造为国内外有影响力的产业互联网新平台。继续把中国(宁波)智慧城市博览会办出特色,做好全省智慧城市成果展示和经验成效推广,力争使博览会成为浙江国新型智慧城

市领域的重要合作交流大平台。加强与国家网信办、工信部等国家部委的主动对接,以及长三角地区信息化合作与交流,多渠道、多形式地推动全省两化深度融合、工业互联网发展和新型智慧城市、"城市大脑"建设。

5. 继续做好统计监测工作。联合省统计局开展浙江省信息化发展水平评估,开展浙江省区域两化融合发展水平评估,指导推进全省信息化发展水平和两化融合发展水平。协助做好浙江省公共服务均等化、浙江省高质量发展等评估中基础指标数据的测算与提供,指导 26 个加快发展县信息化发展。

2018年浙江省小微企业园建设发展情况

浙江省经信厅企业服务体系建设处

2018年,省委省政府对小微企业园建设提升工作高度重视,明确提出小微企业园是深化供给侧结构性改革的重要举措,是推动高质量发展的重要抓手,是加快市场主体转型升级的重要载体,也是有为政府和有效市场的重要结合点。加快小微企业园高质量发展,有利于进一步促进小微企业集聚发展,破解土地制约,完善产业生态,打造亩均效益高地;有利于提升对小微企业的集成服务,加强政策供给,降低企业成本,促进创业创新;有利于实现对小微企业的集中管理,夯实管理基础,促进安全绿色发展。小微企业园建设,不是数量上的简单集聚,而是质量效益、业态模式、公共服务、发展环境和小微企业竞争力的综合提升,本质上是打造更具活力的创新创业生态系统,推动小微企业加快走上高质量发展的轨道。

一、园区建设情况

(一)基本情况

2018年,贯彻落实省委省政府的决策部署,把小微企业园建设提升作为促进浙江省小微企业高质量发展的重要抓手,采取了一系列工作举措,大力加以推进,形成了全省上下加快推进小微企业园建设提升的良好局面。全年新增小微企业园222个(其中新建成158个,新改造提升64个),建筑面积1853万平方米,入驻企业6315家。截至2018年底,全省累计已建成各类小微企业园703个,占地面积5096万平方米,建筑面积6974万平方米,入驻企业3.77万家。其中,以制造业为主的小微企业园416个,占地面积3800万平方米,建筑面积5165万平方米,入驻企业1.5万家,分别占比59.2%、74.6%、74.1%和39.8%。

(二)存在问题

小微企业园建设虽然已达到一定数量和规模,但也面临着一些问题,主要表现在:一是供需矛盾问题比较突出。一方面,现有园区无法满足全省面大量广小微企业的入园需求,尤以大拆大整的温台地区最为明显。另一方面,区域发展不平衡问题较为明显,如衢州、丽水等地区新建小微企业园的迫切性就不是很强。二是土地制约反映最为集中。一方面,各地新增工业生产建设用地指标和占补平衡指标总体呈减少趋势,多数小微企业园难以一次性落实用地指标,如温州市3年规划新建34个小微企业园,还需落实493万平方米用地指标。另一方面,通过利用城镇低效用地、"三改一拆"等方式盘活的存量土地建设小微企业园,涉及政策处理、规划调整等诸多障碍,短期内突破存在较大难度。同时,土地制约也折射出浙江省产业结构的不合理,仍以生产加工制造型企业居多。三是服务配套功能还不够完善。一些小微企业园重建设、轻服务,还停留在提供物理空间和简单的物业管理层面,缺乏必要的生产生活配套设施,服务模式较为单一,部分小微企业园甚至没有专门的园区运营管理机构,企业在园内难以享受到各类便利化、专业化、精准化的生产性配套服务。

二、主要工作举措

为破解小微企业成长缺空间、缺规范、缺服务、缺要素等难题,促进小微企业转型升级和高质量发展,全省各地充分发挥政府主导作用,着力加强政策整合和创新力度,积极推动小微企业园建设,促进入园企业快速发展。主要做法如下。

（一）加大政策扶持,提高资源要素配置效率

一是加强规划先行。如温州市从 2013 年开始,部署启动两轮小微企业园建设三年行动计划,规划建设 138 个小微企业园,总规划用地面积达 1800 万平方米。湖州市明确到 2020 年,要累计建成特色产业项目小微园、传统制造业改造提升项目小微园、小微企业创业创新园 80 个以上。二是加强政策保障。如温州市自 2013 年以来先后制定出台《关于加快推进全市小微企业创业园建设工作的若干意见》《关于加快推进小微企业园建设提升园区管理水平的通知》等政策文件,形成了较为完整的政策体系。嘉兴市、湖州市、金华市、台州市也分别出台了有关加强小微企业园区建设管理的政策举措。三是加强用地保障。如湖州市每年安排存量和新增土地 1 平方千米以上用于小微企业园建设,并将小微企业园建设用地优先纳入年度建设用地供应计划。义乌市以"亩均论英雄"为抓手,推动低效用地整治,盘活现有存量土地用于小微企业园区建设。四是加强财政金融保障。如温州市将小微企业园开发归类为基础设施项目,给予优惠贷款利率,对新开工的示范性小微企业园采取以奖代补方式,鼓励加快建设。衢州市对新评为国家级、省级小微企业创业创新示范园（基地）的,分别给予 50 万元、30 万元奖励。

（二）加快创新发展,因地制宜探索开发模式

目前全省常见的开发模式有六种。一是政府主导开发模式。这是当前全省各地可普遍推广采用的重要模式。通常做法是,由国有投资公司以公开方式取得土地使用权,用地成本、建设费用委托有资质的中介机构统一核算,建成后统一出售或出租给入驻企业。优点是有利于小微企业园建设的提速保质、成本把控和入园企业的审核把关,实现高端要素集聚。缺点是政府财政负担较重,财力较为薄弱的地区压力较大。典型的如温州龙湾永兴南园小微企业园。二是工业地产开发模式。这种模式是撬动社会资本的主要方式,对财力较为薄弱的地区具有一定的借鉴价值,但应严防工业地产过热导致的系列经济社会问题。通常做法是,由开发商取得土地使用权,建设完成后按商品房模式,将生产厂房、办公设施和生活服务设施等分割出售或租赁给小微企业,并进行产权登记。政府则主要做好限地价、限售价等价格限定和入园企业的审核把关等工作。优点是有利于减少政府资金压力,根据企业发展需求,为小微企业提供定制化厂房和专业化服务;开发周期较快、土地利用率较高,产权较为清晰。缺点是存在重开发、轻运营和政府监管难等问题,特别是对厂房二次出售或转租监管难以到位,存在二次低小散风险;同时,容易引发囤地等工业地产过热问题,如温州平阳万洋众创城。三是企业联建开发模式。通常做法是,同区域、同行业或行业内上下游小微企业通过明确出资比例、土地使用权分摊办法和成员地块占比的方式形成联合体,以联合体的形式取得土地使用权或分别取得土地使用权后,统一规划、统一设计、统一审批,委托有资质的建设公司,联合投资建设小微企业园。优点是有利于同行业小微企业整合重组、集聚发展;完善产业链,发挥规模效益,成本更低、效益更好。缺点是联建企业为降低成本,配套服务设施建设不到位,达不到企业高质量发展的需求,如金华义乌义南针织产业园。四是龙头企业开发模式。通常做法是,龙头企业利用自身闲置土地或竞拍土地,按小微企业园的规划进行设计和审批,委托有资质的建设公司建设小微企业园,建成后在补缴出让金、按规定缴纳税费的前提下,分割出售或出租给小微企业。优点是有利于提高闲置土地利用率,发挥龙头企业的示范引领作用,促进大中小微企业协同发展。缺点是增加政府监管难度,特别是对于企业入园把关等环节可能存在个别隐形违规现象,如台州椒江

飞跃科创园。五是村集体联合开发模式。通常做法是，若干个村集体打包整合零散土地，按照相关土地政策取得使用权，其中土地出让金扣除相应款项后，分期全额返还村集体用于配套设施建设，开发建设完成后，以出租的形式提供给小微企业使用，不允许分割出售。优点是有利于推动块状经济小微企业就近入园发展，减少"低散乱"现象，推动规范化发展。缺点是规划理念不够先进，规模相对较小，功能配套和公共服务有所欠缺，如嘉兴嘉善大云镇小微企业园。六是专业机构开发运营模式。通常做法是，专业运营管理公司通过整租或者购买的方式获得园区，通过统一改造或装修后再转租给入驻小微企业，并提供配套公共服务。优点是有利于盘活民间资金，提升小微企业园的专业化管理和精准化服务水平。缺点是对入驻企业没有严格的标准，园区产业集聚度不高，"二房东"现象明显；缺少政府主导开发和运营的园区对入园企业的一系列优惠政策，如杭州西湖区颐高科技园。

（三）坚持破立并举，统筹推动企业入园发展

一是加快老旧工业点改造。如玉环市排查老旧工业点 59 个，占地面积 416 万平方米，涉及 1962 家企业，对此全面进行改造提升，重新规划建设 43 个工业点，总占地面积 393 万平方米；新规划建设 24 个小微企业园，总占地面积 306 万平方米。海盐县在全面排摸现有 81 个占地面积 196 万平方米小微企业集聚区（点）的基础上，全力推进整治提升，明确规划区外的集聚点，每个镇（街道）最多保留 3 个，全县规划建设"两创"中心 15 个，占地 104 万平方米。二是加强"低散乱"整治。如湖州南浔区以木业行业专项整治为突破口，推进"低散乱"整治，对全区 3922 家小木业企业按照"三个一批"（关停淘汰一批、整合入园一批、规范提升一批）原则大力度整治，关停企业超过 3200 家。衢州江山市开展门业行业专项整治，全市联动，以消防安全、环保治理为主要手段，关停淘汰了 86 家整治无望的企业。

（四）促进改造提升，全面支持企业做大做强

一是推动企业技改升级。如温州市在符合产业导向情况下，给予拟投资技改企业优先入园资格，有力拉动了工业投资，全市小微企业园建设拉动的工业技改投资占全市工业投资的三分之一以上。二是推动企业兼并重组。如长兴县铅蓄电池行业通过企业兼并重组，企业数从 175 家减少到 16 家，全部集中到新能源园区，企业技术装备由手工操作转向机械设备、智能设备，全部实现了清洁生产和转型升级。平阳县通过倒逼企业入园，全县制革企业从 57 家整合重组为 12 家，全部入驻制革小微园，废水排放量削减达 48.5%。三是降低入园企业成本。如温州市针对近年来小微企业园市场需求急速增加，导致小微企业园土地出让价格急速上涨的问题，迅速制定了"四限一摇"（限房价、限转让、限自持、限面积，公开摇号）政策，明确未来三年小微企业园建设计划中政府自建自持比例不低于 50%，地产开发式小微企业园的最高销售均价不得超过 2900 元/平方米、最高售价不得超过 3900 元/平方米，单个企业入园面积一般不超过 5000 平方米，小微企业园亩均供地价从 68.9 万元降至 41.2 万元，降幅达 40.1%。

（五）强化督促管理，确保配套服务落实到位

一是全面建设公共配套设施。如温州市将产城融合理念贯穿于小微企业园建设全过程，制定出台园区配套服务标准，针对不同规模、不同定位的园区，明确商务办公、设计研发、食堂、人才公寓、商业中心等基础配套设施建设标准，并把配套设施标准融入园区规划设计环节，确保配套设施与园区建设同步推进。嘉兴市明确市级小微企业园必须配套建设一定面积的公共服务平台，培育和引进信息、财务、金融、物流、培训、物业等一批共性中介服务机构。二是全面实施"最多跑一次"改革。如台州市开展作风建设年活动，推行"妈妈式"审批服务，为小微企业园建设和老旧工业点改造提升提供全程、全方位无微不至的服务，为入园企业开展项目备案上门服务，同时还全面推行"零土地"技术改造项目审批，大大缩短审批时限。温州市开辟小微企业园

审批"绿色通道",实行全程无偿代办制、项目模拟审批制,联合办理施工许可,最大限度压缩审批时限、减少审批环节。三是全面引入专业化运营管理。如杭州涌现了尚坤、颐高、汇林、元谷、创立方等一批专业化程度较高的园区运营管理机构,其中很多机构都已成功运营管理多家小微企业园。瑞安阁巷高新技术装备小微企业园引入浙报传媒专业运营团队,为园区企业提供综合服务。

三、下一步工作思路

一是深化调查研究,破解一批发展难题。加强小微企业园建设情况调查研究,及时发现和掌握苗头性、倾向性、趋势性问题,增强分析预判能力,提升前瞻性研究水平,为省委、省政府决策提供参考。特别是要针对各地反映的小微企业园建设和企业入园过程中出现的一些重大问题,加强对策研究,出台补充政策。

二是注重谋篇布局,编制一批发展规划。加强顶层设计,督促各地尽快完成小微企业园五年规划编制工作,组织专家论证并进一步完善。通过编制发展规划,各地明确园区布局、产业定位、建设服务标准、企业入园目标等重点内容。根据各地发展规划,分解落实全省小微企业园建设提升总体目标任务,力争到2022年,全省建成小微企业园1200个。

三是开展科学评价,创建一批星级园区。各地按照《浙江省小微企业园绩效评价试行办法》,结合实际进一步修改细化评价指标体系,建立起一整套切合实际、科学合理、经济效益和社会效益相结合的小微企业园绩效评价和星级评定办法。2019年在首批20个小微企业园建设提升重点县(市、区)开展试点,2020年起在全省推广实施。

四是推广"园区大脑",建设一批数字园区。充分发挥三大电信运营商和智慧园区专业服务机构作用,开发完善小微企业园"园区大脑"系统并加快推广应用,推动小微企业园实现管理智慧化、服务平台化、企业数字化。2019年争取建成20个以上示范性数字化小微企业园。开发全省小微企业园信息管理系统,实施小微企业园备案登记、数据报送和统计分析制度,全面、直观、多维展示浙江省小微企业园发展状况。

五是加强服务支撑,创新一批服务举措。把小微企业园作为"三服务"的重要对象,组织开展"百园万企"专项服务行动,走进100个以上小微企业园,开展1000场以上公益服务活动,服务10000家以上小微企业。探索设立省小微企业园发展联盟,增强小微企业园自我管理意识,加强行业自律,推广一批专业化园区运营机构。

六是抓好试点示范,加快一批经验推广。鼓励首批20个小微企业园建设提升重点县(市、区)先试先行,开展小微企业园工作综合试点,为全省创造可复制推广的经验。组织举办以金融服务、新动能培育、老旧工业点改造、村集体联建、数字园区建设、供应链服务、园区党建等为专题的多场现场推进会,推动小微企业园走差异化、特色化发展道路。深入总结各地好做法、好经验,加强宣传推广力度,营造良好发展氛围。

2018年浙江省安全生产情况分析报告

浙江省安全生产委员会办公室

2018年,在省委省政府的正确领导下,各地各部门深入贯彻党的十九大精神,牢固树立以人民为中心的发展理念,坚持改革创新、标本兼治,健全责任体系,强化隐患整治,严格执法监管,安全生产治理能力得到新提升,齐抓共管合力得到再加强,圆满完成了首届中国国际进口博览会、第五届世界互联网大会、"枫桥经验"纪念活动和首届联合国地理信息大会等重大活动期间的安全生产保障任务,实现了全省安全生产形势持续稳定向好。2018年,全省共发生各类生产安全事故2276起(其中亡人事故1847起)、死亡1963人、受伤789人,同比分别下降33.0%(28.3%)、28.0%和45.1%。其中,较大事故13起,同比减少2起。

一、2018年主要工作

(一)深入推进安全生产领域改革发展

各地各部门按照全省安全生产领域改革发展重点任务分工方案,以狠抓落地见效为原则,制定责任清单和时间表,集中力量、全力攻坚;省安委会组织开展了2次改革发展任务落实情况督查,加快改革发展推进力度和速度;省经信、交通运输、商务等部门还结合实际制定了行业安全生产领域改革实施办法。截至2018年底,省委省政府明确的5个方面、53项安全生产领域改革发展举措已基本完成49项,并有多项实践体现了浙江特色,在健全安全生产责任制方面,浙江省安委会"1+X"组织责任体系已被山东、湖北等多个省市借鉴;在完善监管执法体系方面,修订了《浙江省交通建设工程质量和安全生产管理条例》,成为全国首部"公水铁"综合交通建设质量安全管理省级法规;还制定了高层建筑消防、水利工程标准化、石油天然气管道保护、学校消防安全等多项安全管理法规、标准。在遏制重特大事故方面,实施危险化学品企业安全风险研判和承诺公告制度,建立覆盖企业生产全员、全过程的风险研判工作流程,得到了应急管理部肯定,并作为样本在全国发文推广实施。尤其是深化安全生产领域"最多跑一次"改革,出台《推动支持民营企业安全发展八条措施》,获得中央、国家部委的广泛关注。同时,安全生产诚信机制与标准化建设、监管执法、安责险相融合,安全生产社会化服务等实践举措,为全国安全生产工作贡献了浙江方案。

(二)加大安全生产责任落实力度

深入贯彻落实《地方党政领导干部安全生产责任制规定》,出台浙江省实施细则和贯彻落实消防安全责任制实施办法若干意见,在全国率先实现县以上政府常务副职分管安全全覆盖,加强了地方党委政府对安全生产工作的统筹和领导。建立省安委会层面和建设、道路交通等行业部门层面的安全生产通报、警示、约谈和形势分析研判等责任落实制度,组织开展首轮安全生产巡查,对渔船事故频发的宁波市、象山县以及火灾形势突出地方和行业部门实施约谈,全省共约谈4个市、5个行业(系统)和77个乡镇,推动党政领导干部履职到位。结合机构改革,省编办将有关部门安全生产职责写入"三定",进一步厘清职责边界,并第一时间将省自然资源厅、生态环境厅9个新组建部门明确为省安委会成员单位,确保行业安全生产工作无缝衔接,无盲区、不断档。深入推动市县安委会"1+X"组织体系运作,向乡镇普及推广"1+X"安全监管模式,突出重点行业安全监管责任。同时,各成员单位依据职责,将安全生产要求纳入行业领域重点工作加以部署推进,以督促企业开展事故隐患自查自改的闭环管理工作为着力点,推动企业依法建立安全生产组织机构,开展安全生产培训教育,持续开展安全标准化创建和运行等工作,有力提升了企业履行安全生产主体责任的能力。

(三)强化重点行业领域安全整治

以深入推进安全生产综合治理三年行动为主线,全面推进风险防控重点机制建设,在建筑施工、渔业船舶、中小学幼儿园、特种设备等行业领域结合实际,制定了风险防控和隐患排查治理体系方案,实施风险辨识、公告和隐患治理、销号的闭环管理。全面打响消防火灾、道路交通、危险化学品、渔业船舶、城市安全发展、城乡危旧房六大攻坚战,消防安全领域,以高层建筑、出租房、电气(电动自行车)、危化品和燃气、老旧小区及年接警量超100起的重点乡镇(街道)为重点的开展六大专项整治,逐一建立排查清单、隐患清单和管理清单,实现消防安全三年翻身仗首战告捷,全省火灾起数、亡人数和伤人数全国排位从2017年"311"降至"575"。道路交通领域,深入开展"综治能力提升、现场严管、追违清库、防护提升、精准宣教"等五大行动,重点打击与交通事故发生关联度高的违法行为。开展平安交通三年攻坚行动,推进省级公路安防工程建设和隧道口等重点部位整治,强化安全基础。2018年道路运输事故死亡人数同比下降29.1%,降幅达到省政府年初设定目标的2倍多。危险化学品领域,建成32541家危化品企业、1239个重大危险源和3268公里油气管道安全风险数据库,实现全省危化品全生命周期安全风险"一张图一张表"。完成城镇人口密集区域危化品企业排查摸底,确定59家搬迁改造企业名单。推动实施化工园区"五个一体化"管理,初步实现重点化工园区第三方服务全覆盖。渔业船舶行业,重点围绕10人以上渔船、帆张网船、蟹笼船、涉氨冷藏船、渔运船、异地挂靠渔船开展隐患排查治理,完成全省9655艘12米以上海洋机动渔船北斗船载终端设备改造升级。全面推进渔业领域安全生产责任保险,全年共承保渔船1.5万余艘,参保14万余人。城乡危旧房,农村危房治理改造工作累计完成C级危房治理改造122103户,在7月份提前完成全年目标任务。城镇危旧房排查治理工作累计排查住宅房屋437923幢、约3.85亿平方米,完成新增危房治理改造741幢、32.1万平方米。城市安全发展,制定了浙江省城市安全发展实施意见,并将提高城市基础设施安全配置标准纳入了各地年度安全生产工作考核内容。指导杭州市开展国家安全发展示范城市国家试点创建,目前杭州市已印发安全发展示范城市三年行动计划,市安委会已经出台安全发展示范区、县(市),示范街道(乡镇)和示范社区(村)创建标准,全面推进基层单位创建工作。

(四)严格规范安全生产监管执法

建立了联合执法机制,省应急管理、经信、公安等6个省级部门联合制定了《浙江省安全生产领域跨部门联合"双随机"抽查监管工作实施细则(试行)》,同步公布第一批联合"双随机"抽查监管事项清单和计划,为各部门开展联合执法、重点执法、跟踪执法提供了制度保障;2018年,全省各地共实施"双随机"抽查监管6196次,检查结果记录全部公示。加大了执法力度,2018年,全省安监系统实施行政处罚15316次,同比增长98.7%;公安部门查处交通违法行为5682万起,查处量居全国第3位;交通运输、海事、渔业等部门实施违法违规"两船"(参与海上运输的内河船、砂石运输船)上排、进坞、码头扣押272艘次,向公安部门移送无证驾驶人员452名;特种设备监察部门检查特种设备使用单位5.7万多家,查处案件1617起,责令停产停业18家,移送司法机关2起;农业农村、公安、应急管理联合整治变型拖拉机,查处假牌、超载、违法载人、报废机车上路等违法违规行为1.4万余起,行政拘留82人,形成依法治安的强大震慑力。深化了严格执法内容,省建设厅对虽未发生事故但存在危大工程违规行为的3家企业进行暂扣安全生产许可证处罚,在全国首开严格执法纪录,得到建设部肯定;台州市农业农村部门出台全国首个渔业安全生产"行刑衔接"规范,70余人因无视渔船安全被行政拘留;海事部门推广实施"两船"整治宁波"五维治理"经验和台州"3+1"执法模式,得到交通运输部高度肯定。

（五）加强安全生产基础建设

大力推动安全生产"机械化换人、自动化减人",全省民爆行业炸药生产企业关键设备均已实现智能匹配和连锁联控,全省148个一级危险化学品重大危险源安全仪表系统全部完成改造升级;智慧交通、智慧物流、智慧用电、网吧"清网卫士"监管系统等一批智能化技术防控手段全面应用,全省11个市、31个县(市、区)已建成"智慧用电"区域性监控平台,共安装设备31.6万余台(套),覆盖近9.7万家企业及生产经营场所,安全生产科技保障能力得到加强。积极推广企业可持续发展(SCORE)项目,深化湖州市、省部属企业试点,截止至2018年,试点的400余家企业隐患排查总量同比增长225%,其中一线员工排查的隐患占比78%,各企业均未发生亡人事故,工伤事故率减少72%,工伤赔付金额减少63%,为实现企业安全自我管理和改进的目标做了积极探索。大力推进安全生产社会化服务,尤其是以"保险+服务"模式加大高危行业安责险推广力度,全省八大高危行业企业覆盖率达到94.4%,其中,危化品生产、矿山、民爆企业投保安责险实现全覆盖;省发展改革委将政府购买安全生产服务制度纳入《2018年浙江省服务业工作要点》的重点任务,加快了社会化服务推进速度,截至2018年底,全省参与企业已达61.5万多家次,参与的中介组织已有764家。大力推动安全源头治理,省经信系统通过低小散企业(作坊)专项整治处置无安全保障和其他违反安全生产法律法规的6236家企业;省交通运输厅完成公路安防工程2700公里,隧道口设施改造提升324个。省教育厅等部门以解决学校安全教育"教什么、怎么教、谁来教"等问题为着力点,把安全生产纳入农民工技能培训内容;依托大学优势专业加快高层次化工人才培养。各部门积极参与"安全生产月""消防宣传月"等活动,推动"七进"宣传教育实现全覆盖,社会公众安全意识和技能明显增强;其中,省应急管理厅加大体验式、沉浸式安全宣传力度,建设的安全生产互动体验馆被列入2018年浙江省民生获得感示范工程。

2018年,全省安全生产工作虽然取得了较好成效,但仍存在不少短板和问题,与浙江省高质量发展、高水平建设的要求相比仍有较大差距。一是局部地区安全生产形势不稳,2018年8月份以来象山海域接连发生涉海涉渔事故,究其原因,属地领导整治隐患不坚决、处理问题不果断密切,导致安全生产责任不实、监管不力、治理不善。二是部分安全生产领域改革措施尚未落实到底,2018年相关牵头部门虽然初步落实了"加大安全生产领域科研项目支持力度、建立企业增加安全投入的激励约束机制,以及推进广播、电视、互联网等从业单位依法开展安全生产公益性宣传"等任务,但未建立长效机制,不利于改革成果的巩固。三是安全责任措施传导有偏差,一些地方行业部门对如何落实企业主体责任办法不多、创新不够,制定的政策措施抓不住企业痛点、引不起企业重视,导致安全生产责任措施没有真正、彻底落实到基层和企业,"上热下冷"的现象比较普遍。四是安全生产基础仍然薄弱,中小微企业安全生产设施欠账较多的情况尚未根本改变。特别是当前应急救援能力不强,主要表现为区域力量薄弱,有限的人员、装备难以满足全省各类事故灾害救援的需要;法规建设滞后,应急救援补偿办法等引导社会力量参与应急的规定尚未出台;物资储备不足,各地区应急物资储备种类、数量偏少,难以满足突发事故灾害的救援需要。同时,新业态、新产业的迅猛发展,导致安全新风险不断增多,对安全生产和应急管理提出了新要求。

二、2019年重点工作安排

坚持以习近平新时代中国特色社会主义思想和党的十九大精神为指导,坚持以人民为中心的发展思想,深入学习贯彻习近平总书记关于安全生产的重要论述和指示精神,紧扣推进"八八战略"再深化、改革开放再出发这一主线,强化"大安全"格局,坚持问题导向、实效导向,进一步加大行业安全生产工作力度,全面完成安全生产领域改革发展任务，全力防范化解重大安全风险，确保全年各类事故起数、死亡人数分别下降14%，亿元GDP死亡率下降18%，较大以上事故起数全国排名控制在20位左右，坚决遏制重特大事故发生，为实现浙江"两个高水平"建设提供安全生产保障。

（一）以结构严密、传导高效为目标，完善安全生产责任体系

严格落实"党政同责、一岗双责、齐抓共管、失职追责"要求，编织纵向贯穿到底、横向联结到边的安全生产网络。一是强化"主干"，抓牢党政领导责任。全面贯彻《浙江省地方党政领导干部安全生产责任制实施细则》和浙江省关于贯彻落实消防安全责任制实施办法的若干意见，推动各市3月底前制定贯彻落实的具体举措，并将工作落实情况纳入党委政府督查督办重点内容和年度考核、实绩考核等相关内容，探索推进安全生产专题述职，推动形成"关键少数"抓安全生产的政治自觉。鼓励各地政府主要领导与分管领导、分管领导与分管部门分别签订安全生产责任书，进一步落实一岗双责要求。二是理顺"分支"，细化行业部门责任。修订各级安委会成员单位安全生产工作职责，明确各行业领域安全生产工作内容，落实安全生产专业监管和行业管理责任。推动省安委会有关成员单位参照《实施细则》，于4月底前制定贯彻落实的具体措施，及时调整部门主要领导、各分管领导的安全生产职责和具体内容。督促各地深化"1+X"组织责任体系规范运行，实现专委会常态化履职，加大行业领域攻坚克难力度，消除安全监管盲区。三是扎实"根基"，落实企业主体责任。突出解决好"政府热、企业冷"的问题，推广部分地区先行经验，支持各地出台生产经营单位安全生产主体责任规定等地方法规；制定完善分级分类、重点突出、简明扼要的企业安全管理规范，降低企业安全管理人财物成本；严厉打击非法违法生产经营建设行为，为守法企业维护好公平的市场环境。四是做好"支撑"，充分履行安委办职责。加强各级安委会组织领导，充分发挥统筹协调作用，落实安全生产形势研判等制度，巩固各负其责、各司其职、齐抓共管的大安全格局。持续加强责任落实过程督导，年底前实现对各市、省级相关部门安全生产巡查全覆盖；严格落实安全生产和消防安全考核、督查、警示、约谈、通报、挂牌等工作制度，对安全生产工作推进不力的地方、部门实施约谈，确保安全生产责任贯穿到底，工作措施落实到底。

（二）以化解风险、攻克难点为导向，强化重特大事故防范

一方面，始终将安全风险防控放在突出位置、摆在隐患整治前端，深化安全风险分级管控和隐患排查治理双重预防机制建设，推动各地、各行业领域全面摸排生产安全和公共安全存在的重大风险点，并开展辨识、评估与分级，建立重大安全风险清单，制定落实风险管控措施，确保各类重大安全风险始终处于受控范围。另一方面，以查大风险、除大隐患、防大事故为目标，紧盯事故易发多发和易形成重大社会影响的行业领域，在深化"六大攻坚战"的基础上，开展"十项攻坚"。在道路交通上，完善道路交通安全设施，2019年完成2500公里公路安全生命防护工程建设，开展提升公路桥梁安全防护和连续长陡下坡路段安全通行能力专项行动，实施道路交通事故多发点段等重点部位隐患排查治理，推动城市公共汽电车驾驶区域安装防护隔离设施，夯实交通安全基础。重点打击与事故关联度高的交通违法行为，实施"两客一危一重"重点车辆未检验、未报废、违法未处理动态清零常态工作机制，并向校车、"营转非"大客车、农村面包车等延伸，抓牢事故防范源头，实现道路运输领域事故起数、死亡人数全国排名控制到2019年的目标。在消防安全上，落实消防安全三年翻身仗工作安排，持续开展重点对象、重点领域、重要节点的消防安全综合治理。高层建筑易燃可燃外墙保温材料等重大火灾隐患全面消除，高层公共建筑（高层居住建筑）消防设施功能完好率和消防远程监控系统联网率达100%（90%）；推动完成3人以上居住出租房重点整治；完成500个老旧小区消防设施增配改造任务；电气火灾起数和亡人数占比较2017年下降5%以上。在开展公众聚集场所治理上，推进安全通道畅通工程和消防设施提升工程。对大型商业综合体、博物馆和文物建筑消防安全治理情况进行"回头看"。危险化学品，推动全省危化品安全综合治理实施方案提出的4方面、40项工作任务如期完成。重点完善危险化学品防控大数据

平台,实现线上风险监测预警和线下靶向执法检查有效联动;推动全省89个县域明确危化品产业发展定位,并完成30家城镇人口密集区域内危化品企业搬迁改造;8个重点化工园区实现安全监管、危险源监控、人流物流管控、应急保障和医疗救助"五个一体化"管理;建成10个具有国际先进水平的安全风险工程实验室,培养100名化工高层次复合型人才。在渔业船舶上,加快推进传统渔业转型升级,淘汰压缩高危渔船,推进全省船长12米以上海洋捕捞渔船北斗终端100%全覆盖。严厉打击涉渔"三无"船舶和其他违法违规行为,全面落实船东船长主体责任,严格实施安全出海底线措施。严格落实涉渔船舶水上交通事故预防措施,加强休闲渔业船舶安全管理,深化涉氨渔船安全专项整治。在建设施工上,推进建筑施工安全生产综合治理,深化城乡危旧房排查治理,紧盯脚手架、起重机械、深基坑、高大支模架等重点部位和轨道交通、地下空间开发等重点项目,深入开展危险性较大分部分项工程安全整治行动,推进建筑施工预防高处坠落事故专项治理。深化房屋建筑和市政基础设施工程、水利工程、交通工程安全文明标准化工地建设等标准化工作;实现安全生产责任保险全覆盖。在特种设备上,突出重点行业领域和重点场所,加强特种设备安全现场监督检查,深入开展纳入淘汰的燃煤锅炉、液化石油气充装单位、"三无电梯"、涉危化品特种设备等隐患排查治理,确保公众聚集场所的特种设备监督检查全覆盖。推动重大风险隐患日志管理,年底前覆盖企业3000家以上,重大事故隐患整改率达100%。在旅游安全上,深入开展"旅游包车安全整治行动""高风险项目安全规范行动""景区流量控制治理行动""出境游安全提升行动"等四大专项整治行动,提升涉旅重点环节、重点部位安全保障能力,确保全省不发生涉旅重大事故。学校安全,加强高校实验室安全规范化建设,推进学校危化品一图一表清单管理,实现危化品采购、储存、进出库、使用、废弃物处置的全流程管理。加强校车安全管理,确保车辆、人员始终处于良好状态,在6月底前淘汰接送学生的全部自备非专用校车。完善中小学生上下学公交服务保障,在2019年底前实现学生上下学期间候车时间原则上不超过15分钟的服务目标。城市安全,全面贯彻落实全省城市安全发展意见,逐项细化分解推进城市安全发展任务分工,重点建立城市安全风险辨识机制,突出城市高层建筑、大型综合体、综合交通枢纽、危险化学品、地埋管网等重点,组织开展城市安全基础大排查,编制城市安全风险"一张图"。以杭州市、宁波市创建国家安全发展示范城市国家试点工作为牵引,打破城市区间壁垒,推动城市安全发展区域联动。重点时段,以解决部门联防联控不到位为抓手,强化重要时间节点安全风险防控,全力做好庆祝新中国成立70周年和澳门回归20周年、第二届"一带一路"高峰论坛、世界园艺博览会和世界互联网大会等重大活动期间的安全防范。电力、军工民爆等其他行业领域要制定安全风险管控和隐患排查治理专项方案,强化综合整治。

(三)以行业协同、全员参与为框架,构建安全生产社会共治格局

一是强化行业对安全生产的广泛参与。推动各有关成员单位充分发挥行业安全管理优势,在行业规划、产业政策、法规标准、行政许可及促进安全产业发展等方面统筹推进安全生产工作。重点加强安全源头治理,结合全省"低小散"整治、"四无"企业整治、小城镇整治等,淘汰一批安全生产条件先天不足的小微企业,全面完成30家以上城镇人口密集区危化品企业搬迁改造;严格落实油气管道两侧安全距离的强制性标准,从源头防止管道交叉、重叠等带来的隐患;严控新增高风险功能区,鼓励、推进重点地区制定安全生产"禁限控"目录,纳入项目落地负面清单。深化安全生产"黑名单""红名单"制度运行,落实多部门对安全生产失信、守信企业的联合惩戒和激励措施,彰显安全生产奖优惩劣效果。二是推动基层对安全生产的深度参与。发挥浙江省基层社会治理优势,把安全生产、消防安全、灾害防御、森林防火等工作的重点,纳入"基层治理四平台"建设内容,并积极推动安全生产、消防安全、灾害信息网格与基层治理网格"多网合一",建立全方位立体化公共安全网。发挥行业部门对基层治理网格专业指导作用,发挥各行业专家在安全生产决策参谋、专业支撑上的作用;建立网格员和安全生产、消防安全协管员轮训制度,不断提升基层管理人员安全生产方面的业务能力。三

是实现社会对安全生产的共同参与。建立外部媒体监督机制，在主流媒体设立曝光台，在微博、微信等安全管理公众服务号上设立专栏，不定期通报各行业领域安全违法典型案例，曝光企业负责人履职不到位典型现象，强化外部监督和警示教育作用。落实安全生产领域举报奖励制度，鼓励开展安全生产企业内部监督和社会群众监督，发现事故隐患。推进企业可持续发展(SCORE)项目覆盖至1000家，完善由政府、企业及员工三方共同参与的企业安全生产合作共治机制，形成社会紧密协同、公众积极参与的安全生产综合治理大格局。

（四）以科技先行、机制创新为要点，推动安全生产工作转型升级

一是强化科技支撑。加快从"人防"向"技防"转变，继续深入开展"机械化换人、自动化减人"。加强安全生产重点实验室建设，运用互联网、大数据、工业机器人等技术提升本质安全水平。推广应用先进技术，推动城市公共汽电车和"两客一危"车辆安装智能视频监控装置，2019年底前完成全省"两客一危"车辆安装率60%。推广应用智慧用电、智慧用水、远程监控、智能预警等火灾防控新技术新手段。在危化品领域推广应用泄漏遥感探测、罐区紧急切断、危化品运输动态监控等先进技术装备，从本质上提高企业事故防范能力。二是提升服务能力。大力推进民营企业共建共享社会化服务。总结互助管理联盟模式经验，鼓励支持建立行业片组互助、园区协作自治、"保险+服务"、政府购买服务等安全生产社会化服务方式，提升企业安全生产管理水平；支持民营企业、社会组织共建应急救援基地或专业救援队伍，并纳入应急救援建设规划，实现共建共享，积极推进专业化第三方技术服务机构建设，至2019年底，全省20个重点化工园区县基本实现专业化第三方技术服务全覆盖。重点推行安全生产责任保险，制定实施"保险+服务"标准，建立保险机构参与风险评估管控、隐患排查治理、事故应急救援等安全生产工作机制，推进八大高危行业安全生产责任保险全覆盖，并逐步向一般生产经营单位延伸，进一步优化企业安全发展环境。三是创新监管机制。全面推行一体化、联合执法检查机制。采用"双随机、一公开"方式科学制定并实施年度执法计划，避免选择性监管执法；推行应急管理、安全生产、消防安全等一体化监督检查，避免重复检查；深入推进安全生产领域跨部门"双随机"联合抽查、一次到位机制，实现相关部门就同类事项开展联合执法检查，避免多头执法。积极推进数字应急建设，2019年6月底前，基本实现危险化学品行业领域线上风险监测预警与线下靶向执法检查的全覆盖，进一步提高安全监管效能，推动守法企业高质量发展。

（五）以顶层设计、长效建设为引领，强化安全生产基础保障

一是扎实完善体制机制。以深入推进安全生产领域改革发展为主线，加快完善体制机制。督促各地各部门对照省委省政府明确的53项安全生产领域改革发展举措，按照任务分工，对2019年须完成的4项改革任务，明确责任分工，细化推进措施；对修订安委成员单位安全生产工作职责等已完成的改革任务进行"回头看"，结合机构改革新要求，加快调整修订；对推动电影、电视、互联网等从业单位依法开展安全生产公益性宣传等已经落实，但效果不彰的改革措施，强化评估，针对性加大工作推进力度；对制定尽职照单免责、失职照单追责等规定的任务，待国家层面出台有关制度细则文件后，及时贯彻落实，确保改革任务逐项落地。二是加快完善法规标准。推动各设区市结合工作实际，开展安全生产地方性法规规章建设，有针对性解决区域性安全生产难题，依法加强安全生产工作。推进各行业部门制定、修订与整合本行业领域安全生产、消防安全和应急救援地方标准；完善重点行业、重点场所、重点设施设备安全生产技术标准，制修订化工、建设行业安全生产地方标准(技术规程)，大力推进重点行业领域企业安全生产标准化建设，加快推动各类企业安全管理、作业行为、安全设施和现场环境标准化，强化企业安全基础管理，提升事故预防控制能力。三是加快提升宣传品质。以提升社会群众安全意识、自救互救能力为目标，夯实安全生产最关键基础。积极运用"VR"、互联网等新技术、新渠道，打造面向社会的安全生产公共服务平台、警示教育中心、公共安全宣传教育基地等一批平台，推动各地建设以安全生产、消防安全、防灾减灾为主要内容的公共宣传教育场馆，建设具有浙江特色、地方特

点的社会公共安全互动体验馆,深化体验式安全教育,2019 年打造至少 2 个全国安全互动体验连锁品牌,实现安全宣传教育效果的迭代式提升。

(六)构建以防为主、防抗救相结合的大应急管理体系

以深入贯彻落实中央和浙江省推进安全生产领域改革发展、推进防灾减灾救灾体制机制改革发展意见为主线,构建以防为主、防抗救相结合的大应急管理体系。一是建好机制。进一步理顺议事运行规则,全面清晰优化省安委会、省消安委及省减灾委、省防指办等议事机构功能架构,探索构建统一指挥、统筹协调的应急管理机制,建立应急救援联席会议制度和应急值守、风险预警、信息报送、信息共享机制。指导、督促相关部门从制定防治规划、明确防治标准、推进防治落实、加强防治宣传教育、强化应急救援时的技术支撑等 5 个方面落实防治职责。建立事故灾害领导分级到场指导制度,3 月底出台实施全省总体预案,汛期前完善防汛防台抗旱预案并同步推进各类专项、部门预案制修订,打造立体化的预案体系。二是建强队伍。统筹建设全省应急救援队伍,出台应急救援专业骨干队伍建设指导意见,着力提升省级安全生产应急救援队伍的能力,高标准建设 1 支综合性应急救援队、1 支国家级石化专业处置队和 9 支石化、水域、山岳等类型省级专业队及12 支市级综合性应急救援队,实施分级分类评估、考核、优胜劣汰。同时,加强培训、演练和保障,积极参加全国社会救援力量技能竞赛,举办好防灾减灾、危化品应急演练和安全生产应急救援竞赛等活动,不断提升一线救援能力。三是夯实基础。推进全省应急综合指挥平台和大数据中心的建设,横向打通交通运输、公安、气象、地震、地理信息等部门数据系统,纵向打通国家、省、市三级的数据平台,到年底初步形成贯通天眼、企业、部门的数字平台、数据实时共享、风险预警监测的感知网,发挥数字应急在应对突发事件时应急救援高效指挥的作用。加强森林火灾防控、航空护林防火、航空救援等基础设施建设,加快推进国家区域性公路交通应急装备物资储备中心和省级应急保障基地建设,以及储备物资和救援装备共享平台建设,并在重点化工园区推行无偿储备、有偿使用、政府补贴、企业负责的物资储备机制,不断提高事故应急救援保障水平。

数字经济引领高质量发展

浙江省工业和信息化研究院院长 兰建平

从世界经济发展的规律及中国高质量发展的实践来看,以数字经济驱动的产业变革为各国工业特别是制造业及其相关服务业转变生产过程和商业模式、推动中长期经济增长提供了新机遇。大力发展以信息化驱动的数字经济,通过数字经济赋能产业转型升级和社会创新发展,是推进经济高质量发展的必然选择和基本路径。

一、充分肯定改革开放对浙江的重要意义

过去40年,是工业时代、信息时代的全球化大开放,大发展。浙江经济作为资源能源小省,依靠劳动力红利、改革红利等,通过技术、产业、投资的开放合作,从引进技术、引进投资到产品走出去、投资走出去融入全球,形成了独特的产业集群优势、民营经济优势、出口贸易优势,实现了从经济小省向经济大省、开放大省的跨越。

今后40年,是智能时代的全球化大开放。浙江省作为数字经济先行省份,要进一步强化在数字经济领域的全球开放合作,加快从机器人优势、人才优势向人机共生优势转变,从数字化革新优势向智能经济优势迈进,加快迈向制造强省、数字强省和开放强省。

二、突破数字经济核心技术,发展真正体现时代标志的数字经济

当前数字技术加速向各领域渗透,推动经济社会向更高级形态演进,为打破全球数字经济竞争格局提供了历史性机遇。浙江省大数据资源不断累积,在人工智能、量子信息、集成电路等领域具备技术引领优势,数字资源挖掘的技术和模式不断创新,为发展数字经济奠定了扎实基础。

(一)推进高水平创新载体建设

充分发挥杭州、宁波和温州国家自主创新示范区作用,全力支持嘉兴建设国家创新型城市,以体制机制探索突破推动数字经济发展;推进杭州城西、宁波甬江、嘉兴G60等创新走廊建设,加快培育数字经济世界级产业集群。建好梦想小镇、云栖小镇及乌镇互联网创新发展试验区等国际知名数字经济特色小镇。优化数字经济双创生态,打造一批特色鲜明的众创空间、双创基地,形成数字经济集聚发展重要平台。

(二)是推动前沿基础数字技术突破

做大做强数字经济核心产业。做强移动互联网、云计算、大数据、物联网、人工智能等新兴产业,提升发展高端软件、集成电路、通信网络、元器件及材料等基础产业及自主可控的网络安全产业,布局发展区块链、量子信息、柔性电子、虚拟现实与增强现实等前沿产业,打造多层次数字经济核心产业体系。推动技术交叉融合创新,大力发展创新引领、高端领先的技术、产品、服务和平台,提升数字经济领域新兴产业整体竞争力,培育世界级产业集群。

（三）加快数字技术创新成果转化

建设国际一流的数字经济领域科技成果交易市场，强化数字经济领域知识产权保护，加快数字经济领域技术创新成果产业化，大力发展智能机器人、智能网联汽车、智能无人机及可穿戴产品、智能家电、智能家居等智能化生活产品与服务，开发和推广应用一批具有行业影响力的"数字经济重点新产品"。

（四）汇聚数字经济领军人才

推进数字经济人才示范省建设，深入实施数字经济领域"浙商名家"战略，培养造就一批具有"头雁效应"的"数字名家"。深入实施重大引智工程，优化调整数字经济领域高端人才认定标准，全力引进数字经济领域战略科学家、"两院"院士、"万人计划""千人计划"科技领军人才。充分发挥阿里系、高校系、海归系、浙商系优势，培育数字经济领域青年"双创"英才。完善多层次教育培训体系，加强从业人员数字技能培训，培育一批实用型"数字工匠"。

三、加快产业数字化转型，建设高质量的经济体系

推动产业数字化转型，释放数字对经济发展的放大、叠加、倍增作用，是推进经济高质量发展、满足人民日益增长美好生活需求的重要抓手。2017年，全省数字经济规模达1.96万亿元，数字经济融合部分规模达1.5万亿元，集聚了阿里巴巴、海康威视、新华三、阿里云等全球领军企业，全省8家企业入围中国互联网百强，15家企业入围中国电子信息百强。在数字化转型过程中，要以"数字产业化、产业数字化"为主线，抓好"两个世界级"，建设以数字经济为核心、新经济为引领的现代化经济体系。

（一）培育数字经济的创新主体

优化完善企业培育政策，精准施策、分类指导，形成数字经济市场主体持续竞争优势。强化龙头企业培育，成就一批代表数字经济发展方向的世界级领军企业；大力培育平台型企业，形成大中小微企业协同发展的新型产业生态；完善高成长企业培育机制，促进独角兽企业、准独角兽企业迅速成长，数量稳居全国第一方阵；推动创新型企业（团队）快速发展，形成数字经济发展的生力军。

（二）全力发展融合型数字经济新产业

深入推进产业数字化转型，利用数字技术加快传统产业的全方位、全角度、全链条改造，提升全要素生产效率，大力培育融合型数字经济，成为传统产业升级的新动能和经济发展的新力量。促进生产组织方式网络化，大力发展工业互联网，搭建"1+N"的工业互联网平台体系，积极培育工业App，支撑企业数字化、网络化、智能化转型，推动大农业、建筑业、制造业、服务业、海洋经济等融通发展，促进大中小微企业跨界融通，成为推动经济发展质量变革、效率变革、动力变革的重要支撑。

（三）发展数字化融合型经济新形态

围绕消费需求升级，加快产品数字化创新，推动数字经济新技术融合应用。积极发展"互联网+""大数据+""人工智能+""区块链+"新业态新模式。大力发展共享经济、平台经济，充分利用互联网平台整合线上线下资源，推动共享经济从消费领域向生产、科技、人才等领域延伸，提升社会资源配置效率。

四、促进产城一体化融合，实现高质量可持续发展

做好全省数字经济生产力布局，加快多层次产业平台建设，统筹区域功能定位、产业分工，支持各地发挥优势、互补错位发展。高要求推动区域协同发展，以数字经济引领高质量平台建设。

（一）构筑长三角数字经济核心区，再创数字资源一体化新优势

推进长三角数字经济开放合作，强化数字经济发展对大湾区、大花园、大通道、大都市区的支撑作用。共建共享重大数字基础设施，开放共享政务、民生等领域的数据资源，构建数字经济区域协同创新网络。积极利用上海溢出效应，充分整合南京、合肥等地数字创新资源，积极构筑长三角数字经济核心区，打造长三角一体化数字经济产业生态。加强与京津冀、珠三角等区域数字经济协同联动、优势互补发展。

（二）强化长江经济带数字经济合作，再创区域合作开放新优势

推动数字经济成为长江经济带发展战略的重要内容，与沿江城市合力推进长江经济带的电子信息世界级产业集群建设。加强与京津冀、珠三角等区域数字经济协同联动、优势互补发展。发挥对其他区域辐射、带动、赋能作用，加强与对口省份的数字经济合作。

（三）深化"一带一路"数字经济合作，再创全球精准合作新优势

充分利用世界互联网大会的平台，拓展大会的服务功能和服务空间，把世界互联网大会办成全球数字经济发展最具影响力的全球精准合作平台。深化落实 G20 杭州峰会、"一带一路"数字经济国际合作倡议，推动数字丝绸之路建设合作，支持港口、保税物流园区加强信息互联互通，促进信息共享、数字技术合作，大力发展数字贸易，支持数字经济优秀企业开展全球化产业协作、创新合作，每年发布"一带一路"数组经济发展报告，推动数字经济成为"一带一路"主要载体和合作内容。

坚定不移发展民营经济

浙江省工业和信息化研究院院长 兰建平

过去的 40 年,民营经济从小到大,从弱到强,成为我国社会主义市场经济的重要组成部分,与公有制经济共同推动中国特色社会主义伟大事业的发展。进入新时代,民营经济的发展空间巨大、发挥作用巨大。毫不动摇地发展民营经济,坚定不移地依托自主创新、营建自主品牌、弘扬自强文化、构建自身特色,引领中国经济高质量发展,是讲好中国故事、展现中国形象的鲜活素材,是完善社会主义市场经济体制、再创多种所有制经济发展新优势的生动实践。

一、以"两个毫不动摇"为方针,保持民营经济领先地位

习近平总书记主政浙江期间,坚持和完善公有制为主体、多种所有制经济共同发展的基本经济制度,毫不动摇地巩固和发展公有制经济,毫不动摇地鼓励、支持和引导非公有制经济发展,为民营经济发展亲自设计"路线图"。2002 年 12 月 21 日,赴台州考察调研时,习近平高瞻远瞩地指出,在社会主义初级阶段,大力发展民营经济,绝不是权宜之计,而是发展社会主义市场经济的重要组成部分,对增强经济活力、调动人民群众和社会各方面的积极性,加快生产力的发展,具有极为重要的意义。2003 年 3 月 15 日,习近平在经济日报发表署名文章《坚持"两个毫不动摇" 再创浙江多种所有制经济发展新优势》,文章充分肯定浙江个体私营经济的地位与贡献,深刻指出发展个体私营经济过程中的一系列问题,如某些政策和不公平待遇依然存在,对私营企业主和企业员工合法权益的保护有待加强等。2018 年 11 月 1 日,习近平在亲自主持召开的民营企业座谈会上重申"两个毫不动摇"方针,做出民营经济是我国经济制度内在要素的创新论断,丰富发展了我国基本经济制度的内涵。

二、以"三个一切"为导向,解放思想、大胆实践

2003 年 7 月 1 日,习近平同志在经济日报《鼓励引导民营企业推进体制和机制创新》中,更加气势磅礴地提出"三个一切":破除一切影响民营经济发展的思想束缚!改变一切影响民营经济发展的做法和规定!消除一切影响民营经济发展的体制障碍和政策制约!在"三个一切"指引下,浙江出台《关于推动民营经济新飞跃的若干意见》(浙委〔2004〕4 号),在推进民营企业创新、放宽市场准入、简化企业注册登记、控制商务成本、减轻企业负担等方面推进一系列极具含金量、可操作性的重大改革举措,为民营经济发展创造了宝贵的政策环境和宽松的社会氛围。

三、坚持"三个平等",推进民营经济新发展

改革开放以来,民营经济发展环境不断得到改善,但仍然在生产要素获取和进入垄断领域等方面存在不公平情况。

2003 年,习近平同志提出,国家要为非公有制企业创造公平的市场环境,进一步放宽市场准入,非公有制企业要自觉遵守市场规则。为了进一步优化民营经济发展环境,党的十八届三中全会明确提出,要坚持权利平等、机会平等、规则平等,废除对非公有制经济各种形式的不合理规定,消除各种隐性壁垒,制定非公有制企业进入特许经营领域具体办法。2016 年,习近平看望出席全国政协十二届四次会议民建、工商联界委员并参加联组讨论时再次强调要坚持权利平等、机会平等、规则平等,激发非公有制经济活力和创造力。

四、再创新优势、实现新飞跃

习近平在浙江工作期间就曾多次提及再创新优势。2002 年 12 月 23 日,习近平在温州调研与干部座谈时,着重讲了"创新",希望温州继续书写创新史,进一步调动群众创新创业积极性,从"理论创新、制度创新、科技创新、文化创新"四个层面着力推进创新,做到发展有新思路,改革有新突破,开放有新局面,工作有新举措。2005 年 12 月 15 日,习近平在《浙江日报》"之江新语"栏目中提及:"民营经济再创新优势、实现新飞跃,要坚持以科学发展观为指导,努力走出一条依托自主创新、营建自主品牌、弘扬自强文化、构建自身特色的新路。转变经济增长方式是实现科学发展的重要立足点。"新时代民营经济需要进一步在自主创新、自主品牌、自强文化、自身特色上下功夫,坚定不移地走高质量发展新路。

(一)强化自主创新,集聚"第一资源",跨越"转型的火山"

在国际贸易壁垒、知识产权保护、核心技术封锁的压力下,民营企业必须把实现关键核心技术自主可控放在重要位置。要加快建立面向民营企业的区域创新服务综合体,加快科技成果转化,为民营企业自主创新提供技术支持和专业化服务。要重视领军人才在民营经济创新发展中的关键性作用,加快建设一支规模宏大、结构合理、素质优良的创新人才队伍。

(二)营建自主品牌,打响"中国制造",穿越"市场的冰山"

自主品牌,是跨国企业取得国际竞争优势的关键因素。民营经济作为中国市场经济的活力所在,要依托制度、技术、管理和文化的创新,在自主品牌、国际品牌建设上发挥主力军作用,在国际市场竞争中再造"中国制造"新形象。大力培育自主品牌,营造良好的商标发展和保护环境。

(三)弘扬自强文化,实施"凤凰行动",飞越"融资的高山"

融资难是制约民营企业发展的主要瓶颈,是禁锢民营经济壮大发展的主要阻力。要深化融资供给侧改革,完善金融体制,为中小企业融资提供可靠、高效、便捷的服务。多方拓展融资渠道,降低融资成本,缓解融资难、融资贵等问题。实施"凤凰行动",引导有能力、有潜力的民营企业上市发展。

(四)构建自身特色,完善营商环境,翻越"投资的雪山"

营造国际一流营商环境,是政府提供公共服务的重要内容,也是各类企业相辅相成、蓬勃发展的重要基础。鼓励民营企业以参股、控股、资产收购等多种形式,参与混合所有制改革,加快形成优势互补的双赢局面。尊重国际营商惯例,倡导投资自由化、便利化,完善公平竞争审查制度,对各类企业在中国投资提供公平、开放、非歧视待遇。

习近平总书记频繁为民营经济发声,体现了党中央毫不动摇地支持、保护、扶持民营经济发展的信心和决心。认真学习贯彻习近平总书记重要讲话精神,对内落实大政方针,对外讲好中国故事,我国民营企业必将走向更加广阔的舞台,民营经济必将迎来更加温暖的春天。

2019 浙江工业发展报告

ZHEJIANG INDUSTRIAL DEVELOPMENT REPORT

第四部分　地市篇

坚持高质量发展 推进"三化融合"
全力打造全国数字经济第一城

——杭州市 2018 年工信经济运行情况

杭州市经济和信息化局

一、工信经济运行情况和特点

2018 年,杭州规上工业实现增加值 3405 亿元,同比增长 6.3%,占全市 GDP 比重 25.3%;数字经济实现增加值 3356 亿元,同比增长 15%,占全市 GDP 比重 24.9%。工业经济和数字经济是杭州工信经济的"双子星",共同撑起杭州经济的半壁江山。近年来,杭州工信经济发展总体平稳,数字经济引领发展、产业结构持续向好、创新动能不断增强。

(一)主要指标总体平稳,工信经济稳中向好

2016—2018 年, 杭州规上工业增加值增速分别为 6.5%、7.1%、6.3%, 总体平稳;工业增加值率分别为 23.7%、24.2%、24.4%,逐年提高,分别高于全省 3.5、3.5、3.0 个百分点;规上工业产销率分别为 99.3%、98.5%、98.4%,稳居全省第一;全员劳动生产率分别为 27.7、30.1、31.8 万元/人·年,分别高于全省 7.0、8.5、10.0 个百分点;数字经济增加值分别为 2688 亿元、3216 亿元、3356 亿元,占全市 GDP 比重分别为 24.3%、25.6%、24.9%,稳步提升。

(二)数字经济引领增长,发展动能接续转换

近年来,阿里系、海康系、大华系、新华三等数字经济龙头企业引领杭州经济增长,成为经济增长的主引擎、转型升级的主抓手。2018 年,杭州计算机电子制造业实现增加值 581.10 亿元,同比增长 22.6%,连续 3 年保持 20% 以上的增速;软件与信息服务产业实现增加值 2508 亿元,同比增长 17%,在全国副省级以上城市名列前茅。全市新设区块链研发企业、人工智能企业以及符合独角兽认定标准的企业全国领先,主要集中电子商务等数字经济领域。

(三)新兴产业不断壮大,产业结构逐步优化

2018 年,杭州实现战略性新兴产业增加值 1135.3 亿元、装备制造业 1531 亿元,分别同比增长 13.3% 和 9.3%,持续快于全部工业,占规上工业的比重分别为 33.3% 和 45.0%,占比逐年提高。电子信息、生物医药和机器人等新兴产业合计增加值 805 亿元,同比增长 20%,拉动规上工业增加值 4.5 个百分点,占规上工业比重由去年同期的 22% 提高到 24%。化工、纺织、造纸等六大高耗能行业实现增加值 652.1 亿元,占比由 2017 年同期的 21.9% 降至 21.4%。

(四)研发投入持续加大,创新动能不断增强

2018 年,全市规上工业技术(研究)开发费支出 365.52 亿元,同比增长 31.7%,占主营收入的 2.4%,高于全省 0.4 个百分点,其中计算机电子行业的研发投入达 129.51 亿元,同比增速 43.3%。海康、大华、新华三等企业均大幅增加研发人员,加快布局 5G、人工智能、区块链、边缘计算等领域。2018 年,杭州高新技术产业增

加值同比增长 10.8%,占规上工业增加值比重 57.2%,较去年同期提高 9.5 个百分点;新产品产值同比增长 11.6%,新产品产值率达 39.4%,高于全省 2.2 个百分点。

二、工信经济发展主要举措

2018 年,按照市委市政府的工作部署,对照年初确定的工作目标,强化统筹、强化落实、强化服务,扎实推进五方面工作:

(一)强化统筹协调,产业谋篇布局加快推进

一是围绕培育发展主导产业、优化产业布局,对全市现有产业进行梳理,明确构建以新一代信息技术及应用 1 个万亿级,高端装备、生物医药、数字安防等 9 个千亿级产业,人工智能、工业互联网、智能网联车等 10 个以上百亿级新兴产业为支撑的"1910"产业体系。二是围绕"1910"产业体系落地,牵头制定全国数字经济第一城行动计划、制造业高质量发展政策和生物医药、集成电路、软件、军民融合产业、智能网联车等 5 个专项政策,搭建好推进产业发展的政策体系,出台政策的含金量、数量是近年来之最。三是整合全局资源和专项资金,联动区县和产业平台,按照"1 个产业+1 个政策+若干平台"思路,先后完成了生物医药、集成电路、软件、新能源汽车等产业优化布局。

(二)注重引领带动,数字经济打造升级版

一是围绕打造全国数字经济第一城,筹备召开动员大会,做好"一城五地"目标分解和任务分工,协调建立四个专项工作小组,研究提出一批数字经济标志性工程项目。余杭区提出争当杭州打造全国数字经济第一城先行地,高新区(滨江)要做数字经济第一城排头兵,萧山区实施数字经济四年双倍增行动、全力打造中国 V 谷,全市发展氛围不断优化。二是加快数字经济 12 大核心产业发展,电子商务、云计算大数据、数字内容、信息软件、移动互联网等 7 大产业主营收入增幅均超过 20%,全市数字经济总量占全省 50% 以上。三是培育发展未来产业,推动场景开放和产业生态建设,人工智能、区块链、机器人等新设立企业数保持 20% 以上增长。四是加快创新平台建设,助力城市大脑打造综合版,SupET 入选国家跨行业、跨区域工业互联网平台,工信部智能网联驾驶测试与评价重点实验室落地杭州余杭,国家集成电路"芯火"平台在滨江正式运营。五是全面启动 5G 商用之城建设,全市新建 350 个 5G 基站,在亚运场馆、武林商圈等区域开通连续覆盖体验区,探索完成高清航拍直播、5G+8K 视频、智慧医疗等应用探索。六是深化战略合作,与阿里巴巴谋划实施 30 个年度项目、与中电海康谋划实施 17 个项目,城市大脑、云栖大会、工业互联网、AI Cloud 峰会、移动办事之城等项目进展顺利。杭州市入选中宣部"百城百县百企"专题宣传活动,人民日报、新华社、央视《新闻联播》等中央媒体用 30 余篇次报道杭州市数字经济,浙江日报用头版头条报道杭州市传统产业改造提升工作。

(三)聚焦动能转换,制造业加快提质增效

一是做好"提升"文章,加快省市区三级 17 个传统产业改造提升试点,召开全市工作现场会,开展专项工作督查,全面落实年度工作任务计划。两个省级试点中萧山化纤完成益农区块规划编制,衙前镇区块进入实质性开发建设阶段。富阳造纸已腾退土地 1.33 平方千米;经开区"五无整治、六个一批"行动,余杭区时尚产业"生态体系"建设工作、建德小微园建设等经验做法,为全市提供参考样板。二是做好"创新"文章,推进浙大智能诊疗设备、汽轮动力燃气涡轮机、智慧视频安防等省级制造业创新中心建设,全年新增国家级企业技术中心 1 家、省级 11 家、市级 55 家;大华、传化、三花 3 家企业列入工信部单项冠军示范企业,大华智联等 17 个企业(项目)列入工信部智能制造、两化融合贯标等试点示范,杭氧空分装置等 17 项企业产品被认定为国内、省内首台(套)产品,50 余个项目进入新药临床和获得创新性二类以上医疗器械项目。热浪设计、品物设计、老板电器、海康威视等单位的 22 件作品获德国 iF 设计奖。三是做好"融合"文章,加快智能化、服务化发

展,全年"152工程"中工信项目开工建设22个;实施"机器换人"项目490个,工厂物联网项目236个,推广工业机器人2209台,企业上云4万家;新安化工等2个项目列入工信部制造业"双创"平台试点示范,九阳小家电等14家企业列入第二批省级服务型制造试点企业(平台),新迪数字等12家企业入选年度省级工业互联网平台创建名单。

(四)突出集约集聚,供给侧结构性改革深化推进

一是以"亩均论英雄"为抓手,制定实施意见,建立大数据平台,对全市全部规上工业企业和4177家规下工业企业开展综合评价,推动差别化资源配置,倒逼企业提质增效。据省经信厅通报,全省"亩均效益"综合评价9项指标中,全市规上企业亩均增加值148.6万元,全员劳动生产率29.8万元/亩,均居全省第一;亩均税收36.1万元,单位排放增加值443.4万元/吨,居全省第二。滨江区规上工业亩均增加值1342万元,为全省平均的13倍。二是加大淘汰落后产能,落实国家、省钢铁水泥去产能企业5家,对3家不符合国家要求的危险化学品生产企业启动搬迁改造,处置"僵尸企业"30家,淘汰落后产能企业201家,整治"低散乱"企业1471家,腾出用能22万吨标准煤。三是抓好平台建设,摸清全市138个工业平台四至边界、总量规模、产业结构、企业效益,制定工业用地和平台分布"一张图";推进小微企业园建设提升,新建及改造提升小微企业园区26个,新增入园企业3280家,新改扩建标准厂房120.4万平方米;推进老旧产业园区改造升级,西湖区西科园区块21个创新型产业用地全面改造项目获市政府批复,江干区全力推进钱塘智慧城提升扩容。四是推进绿色制造,高标准做好中央环保督查"回头看"工作;强化重点用能单位监控,完成240家重点用能单位能源监察任务;完成新墙材生产比例98.56%,高于年度计划8.5个百分点;新增光伏发电并网装机容量261.88兆瓦,全市光伏累计并网容量1058.64兆瓦;推广新能源汽车50946辆,居全国城市前列。

(五)围绕精准高效,企业服务能力不断提升

一是扎实做好企业减负工作,建立涉企保证金目录清单制度,全市执行2018年减负惠企新政为企业多减负166亿元。提高资金使用绩效,全年下达市级工信专项资金7.58亿元。二是以"走亲连心"为重点深化企业服务,34名市领导共走访企业189家,区县(市)共走访企业8411家,共收集问题建议1183个,其中428个已经解决或落实,其余问题建议都已经交办和推进中。全市经信系统干部开展服务企业"双万"活动,共走访调研企业10139家;富阳区坚持企有所呼、我有所应,临安区开展"服务企业360°",各地围绕解决问题强化企业服务。三是加快中小企业服务体系建设,集聚100余家服务机构组建服务联盟,在钉钉企业服务窗上线9个服务产品,为6000余家入驻企业提供服务;开展百家专业机构进百家小微企业园为万家中小企业送服务活动,举办活动150余场、85家121批次服务机构服务企业1万余家。四是加快项目审批制度改革,技改项目开工前审批"最多100天"实现率超过全省要求,"零土地"技改新增备案项目1482个,计划总投资472亿元。五是推进企业开放合作,采用"企业主导、政府叠加资源"模式,成功举办第二届世界工业设计大会、云栖大会、AI Cloud峰会、2050大会、丝博会、工美展,组织企业参加上海进博会、义乌装博会等,扩大杭州产业和企业影响力。

三、工信经济发展面临的形势

回顾2018年工作,年初确定的各项目标进展不一,工业增加值增长不快、工业投资低位徘徊等工作尚未破题,主导产业培育、传统产业改造提升等工作已经破题但还没有取得明显突破,"产业+政策+平台"的产业生态建设已经突破但尚未全面确立,区域、产业、企业"三个不平衡",创新、融合、要素支撑"三个不充分",思想、方法、能力"三个不适应"的情况依然存在。目前,杭州市工信经济主要面临五大挑战:

（一）规上企业数量持续减少，工业经济总量徘徊不前

全市规上工业企业数量逐年减少，从 2014 年 6286 家减少到目前 5460 家，年均减少 165 家，规上企业数不仅远低于宁波（7947 家），也被嘉兴（6068 家）超越。从全国民营企业 500 强情况看，杭州尽管连续 16 年排全国各城市第一，但上榜企业数在减少。全市规上工业总产值始终徘徊在 1.3 万亿元左右，过去 5 年工业占GDP 比重年均下降 1.62 个百分点，全市工业增加值总量相继被成都、武汉、南京等城市超越，并于 2017 年首次低于省内的宁波。

（二）工业投资增速持续低位，工业经济增长后劲不足

全市工业投资从 2014 年的 913 亿元减少到 2018 年的 566 亿元（部分原因是统计口径调整），占总投资的比重从 2014 年的 18.4%降至去年的 9.6%，近五年全市引进 50 亿元以上的工业项目仅 5 个，缺少大、好、高项目是制约杭州市工业投资增长的主要短板。由于缺少大项目支撑，全市规上工业增加值增速总体呈现下滑态势，从 2014 年的 8.9%下降到 2017 年的 6.3%。

（三）数字经济增速高位回落，对全市拉动作用减弱

过去五年，数字经济取得了翻番的成绩，但随着基数扩大、龙头企业从高速增长回落到中高速，数字经济增速从高位逐年回落，全市数字经济核心产业增加值增速由 2017 年的 21.8%下降到 2018 年的 15%。信息软件、电子商务、数字内容、智慧安防等主导产业进入平稳期，人工智能、工业互联网等新兴产业还处于孕育期，数字经济内部进入了动能转换、结构调整的新阶段。阿里系、海康系、大华系等龙头企业增速大幅下降。

（四）资源要素约束日趋严峻，产业发展空间不足

近年来，全市工业项目"用地难、难落地"迟迟不能破局，2018 年全市出让建设用地 56.67 平方千米，工业供地仅占 11.4%，为历年最低。由于用地难一些项目落户外地。同时，在全社会日益重视环保的背景下，各级政府层层加码、环保政策螺丝拧得过紧，动辄"一刀切"，部分产业必要的配套环节无法落地或淘汰过快。生物医药企业普遍反映在新药研发成功后无法落地中试车间，在量产后无法落地原料药生产基地，需要到绍兴、台州以及外省解决中试和原料药生产问题。纺织企业反映印染是纺织行业的一个重要环节，近年来全市关停印染企业 100 多家，纺织企业到省内绍兴、省外的江苏等地配套解决印染问题，该行业面临"断链"的危险。电镀、铸造、钣金、喷塑等装备制造业的必须环节在杭州生存也越来越难。

（五）发展数字经济群雄环伺，第一城品牌急需夯实

2018 年 10 月 11 日，市委市政府在云栖小镇提出全面推进"三化融合"、打造全国数字经济第一城，在省内外引起强烈反响。打造全国数字经济第一城，既是杭州当好排头兵、抢位城市竞争的职责担当，也是杭州经济厚积薄发、升级迭代的必然要求。目前全国主要城市都把数字经济作为推进高质量发展的发力点，形成了你追我赶的激烈竞争态势，杭州虽然已处于全国数字经济第一方阵，但离"第一城"目标还有差距（根据赛迪研究院、阿里巴巴研究院等权威研究机构分析，杭州综合排名在第 3 位到第 6 位之间）。打造数字经济第一城，不仅要在数字经济总量上全国领先，也要在创新能力、基础设施、融合应用、人才队伍上全国领先，形成若干领域的全国"第一"，特别是打造一批像阿里、海康、新华三以及城市大脑、云栖大会等标志性企业、标志性团队和标志性项目。

杭州工信经济面临的这些问题，是一个长期累积的过程，需要客观、全面看待。根源主要有三个方面：一是城市化快速发展，城市定位和产业演进存在交叉，全市"腾笼换鸟""退二进三"不断加快，旧的去了、新的没来，产生了较大的缺口。据初步统计，近几年来主城区盘活了 8.67 平方千米工业用地，基本上用于其他产业发展和城市发展建设。二是由于历史原因，市经信系统干部队伍年龄偏大、军转干部偏多，素质结构、能力水

平、思路方法与新经济、新技术发展存在不适应情况,参谋助手和统筹推进作用发挥存在"缺位"的情况。三是产业发展管理职能分割严重,产业的引育涉及产业规划、空间布局、企业培育、项目引进、科技创新、人才引育、公共服务配套和要素保障等环节。从市级横向层面看,目前产业规划和空间布局在发改委,项目引进在投促局,企业培育在经信局,科技创新在科技局,人才引育在人才办,公共服务涉及单位更多,且分散在各条线上。从纵向层面看,涉及市、区县、园区(平台)三级,且杭州是市级统筹力度弱、平台和区县市主体性强。

四、推进工信经济发展的对策

面对全市持续加大的工信经济下行压力,既要立足当前,千方百计地完成年度目标任务,又要着眼长远,想方设法地破解工信经济难点痛点。

(一)积极凝聚大力发展制造业的思想共识

政府是经济生态环境的主要供给者,其价值取向深刻影响经济发展方向,有时甚至起主导作用。这些年,相较其他城市,杭州政府这只"有形之手"在推进制造业发展上显得不那么有力,广州、深圳、武汉、南京这些城市,之所以动辄引进几百亿、甚至上千亿的制造业项目,与他们政府要素资源投入倾向密不可分的。同样,过去的十年之所以成为杭州制造业失落的十年,某种程度与杭州各级对还要不要发展制造业、发展什么样的制造业、在哪里发展制造业、怎样发展制造业存在一些模糊认识有关,有的认为杭州已进入后工业化,制造业日渐式微,今后发展主要靠服务业;有的把制造业与数字经济对立起来,发展数字经济简单等同于发展互联网经济等等,这些思想认识上的误区,导致推动制造业发展的步调不够一致、举措不够有力。下一步,一是推进经济高质量发展,引导全市广大党员干部深刻认清推进制造业高质量发展的历史使命,辩证处理好虚拟经济与实体经济、数字经济和工业经济、调结构与增总量、传统产业与新兴产业、市场有效与政府有力等重大关系;二是召开全市制造业高质量发展大会,进一步在全市确立重视工业的导向,更好地发挥政府"有形之手"作用,为制造业发展提供更多更好的要素供给、制度供给和能力供给,推进杭州市工业经济"争先进位"。

(二)积极完善制造业项目招引的制度机制

种瓜得瓜、种豆得豆,今天有投入,明天才能有产出。近年来,杭州工业之所以始终摆脱不了低速增长,就是前些年工业投资不断下降种下的果。因此,要牢固"项目为王"的思想,进一步完善产业项目招引的工作机制、考核机制。下一步,一是压实产业项目招引责任,建议区县和园区平台要将"70%的人员、70%的精力"用于招商引资和项目推进,区县班子成员和市直部门主要领导每年要招引1个亿元以上制造业项目,把招商完成情况作为干部考核的重要内容,做到千斤重担有人担、人人头上有指标;二是强化招商队伍建设,学习借鉴湖州市、区(县)两级300余名后备干部驻点招商的做法,让想干事、能干事的人去干成招商这件难事;三是完善项目招引服务链,以"一个项目、一名领导、一套方案、一抓到底"的项目招引专案组制度推进重大产业项目招引,实现项目引进、推进无缝衔接。

(三)积极构建制造业协同发展的空间布局

近年来,杭州市工业项目"用地难、难落地"迟迟不能破局,2018年全市公开出让的建设用地56.61平方千米中,工业供地仅占11.4%,离《推动制造业高质量发展的若干意见》明确的工业用地不低于30%的要求差距甚大,而全市"批而未供、供而未用"土地高达157.87平方千米,且各区域工业发展定位、保障什么样的产业用地、需要保障多少产业用地,均未深入谋划。下一步,一是尽快明确全市300平方千米工业用地规划,根据市委将全市现有产业平台整合成35个产业平台的要求,建议由市规资局牵头、市经信局配合,对全市规划工业用地、实际工业土地、工业利用土地、35个主平台四至边界"四张图"进行空间落位比对,在此基础上明确各区(县)中长期工业用地规划和指标,确保300平方千米落地落实。二是制定出台杭州市工业平台建设标准指引,按照产业基地、产业园区、特色小镇、产业社区的不同功能定位,分类明确产业目录、投资强度、土地产出、产值能耗、容积率控制、基础设施、中介服务配套等平台建设控制标准。三是构建"产业基地—产业园区—特色小镇—产业社区"的工业平台空间布局体系,推动工业平台协调联动发展,组建产业平台联盟,构筑有利于大中小平台协调联动、技术溢出和产业转移效应发挥的良性闭环生态。四是加强与长三角城市群、杭州都市圈产业协同,构建区域协同发展的产业生态。

(四)积极提升制造业高效发展的创新能力

2018 年,全市规上工业 R&D 经费支出与主营业务收入比仅为 2.62%,而传统制造业更是远低于此,全市 PCT 专利主要集中在阿里巴巴,制造业企业寥寥无几。下一步,一是积极建设制造业创新中心,加快燃气涡轮机械、智能诊疗设备、智慧视频安防等省级制造业创新中心建设,积极争取创国家级创新中心;谋划推动机器人及智能装备、工业控制系统、机器视觉、增材制造等领域制造业创新中心建设。二是打造一批试验验证平台,以 5G 车联网应用试点和浙江省智能网联汽车创新中心项目建设为示范,打造高端装备、新能源新材料、生命科技等领域一批试验验证平台,建立产品技术标准和测试评价体系。三是培育一批制造业"双创"平台,支持华立集团、中电海康、万向集团等制造业龙头企业建设"双创"平台;支持阿里巴巴、网易(杭州)等大型互联网企业,建设面向制造企业的"双创"服务平台,开展工业互联网、云计算和大数据服务。四是建设企业创新载体,发挥企业在科技研发创新中的主体作用,加大对国家级、省级和市级企业技术中心、工程(技术)研究中心、重点实验室等的扶持,加强研发费用加计扣除为主的税收优惠政策、创新券、金融等"组合拳"应用,激活企业创新活力。

(五)积极推进惠企服务政策的精准落实

企业是经济活动的主体。坚持惠企利企导向,突出精准高效,持续深化企业服务工作,着力提高服务企业的质量和成效。下一步,一是全面落实好惠企政策。督促市直有关单位和各区、县(市)抓好国务院、省和市政府减负降本各项政策及时落地落实,把《关于贯彻落实稳企业稳增长促进实体经济发展政策举措的通知》作为重中之重,让黄金政策发挥黄金效益。二是深入服务好重点企业。继续开展走亲连心三服务活动,要把"加强企业服务、推进中心工作、破解难点痛点、锻炼培养队伍"要求贯穿全过程,每名区县领导挂钩 1 个亿元以上企业,做到企业困难第一时间掌握、企业诉求第一时间响应。建议参照往年惯例,适时组织市四套班子领导集中开展一次走访服务全市重点企业活动,在全市形成服务企业的浓厚氛围。

工业经济稳中有进　产业结构优化调整

——宁波市 2018 年工业经济运行情况

宁波市经济和信息化局

2018 年,宁波市全面贯彻国家制造强国、网络强国战略部署,以产业争先为主导方向,以制造业高质量发展为主要目标,积极应对复杂严峻宏观形势,全面推进工业稳增促投、创新升级和改革示范等系列组合拳,各项工作取得积极成效。

一、工业经济运行情况和特点

2018 年,宁波市工业经济运行呈现总体平稳、稳中有进态势,工业生产规模、效益等指标运行平稳,产业结构持续调整优化,创新贡献持续增强。

(一)工业生产总体平稳

一是工业规模平稳壮大。宁波市规模以上工业总产值达到 16830.1 亿元,同比增长 10.3%,继续保持两位数增长。规上工业增加值达到 3730.8 亿元,高出 2017 年(3266.7 亿元)464.1 亿元。二是月度生产基本平稳。宁波市工业生产虽然月度间有波动,但各月均实现了不同程度的增长,月均产值保持在 1400 亿元左右,特别是下半年增速虽有所放缓,但单月规模均保持在高位(如图 1 所示)。三是工业产销对接平稳。宁波市规上工业企业产销率达到 98.1%,保持在 98% 以上的较高水平。四是工业出口交货值增长平稳。共实现出口交货值 3134.2 亿元, 同比增长 9.8%。同时, 工业用电保持了较高的增速,宁波市累计工业用电量同比增长8.9%,其中,累计制造业用电量同比增长 8.5%。

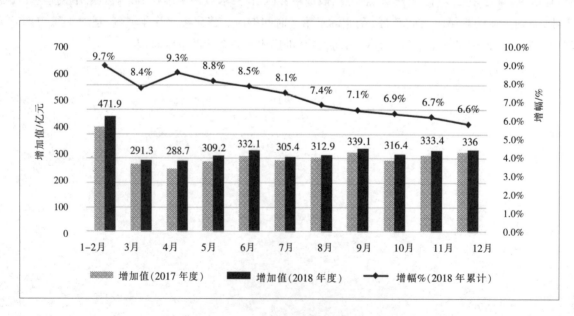

图 1　规上工业增加值增速走势

（二）工业效益总体平稳

2018年，宁波市积极落实降本减负政策，全年为企业减负862.3亿元，鼓励企业深化精益管理，企业平均盈利能力平稳提升。一是利润总额基本平稳。规上企业实现利润总额1227.5亿元，同比增长-1.4%，占全省比重达到27.6%。二是平均盈利能力平稳。宁波市规上工业企业主营业务收入利润率达到7.5%，居全国城市领先水平。全员劳动生产率达25.5万元/人·年，较2017年的22.6万元/人·年提高2.9万元/人·年。三是传统产业盈利能力改善。大力推进传统制造业改造提升，提高行业盈利和可持续发展水平，纺织业、纺织服装服饰业等传统产业利润实现两位数增长。

（三）产业结构持续调整

2018年，宁波市着力建设现代经济体系，大力推动新旧动能转化，工业产业结构持续调整优化。一是三大产业实现较快发展。高新技术产业、战略新兴产业、装备制造业分别实现增加值1872.1亿元、993.6亿元、1806.4亿元，分别同比增长6.9%、12.0%、9.3%，均高于规上工业平均。二是"3511"产业实现平稳发展。"3511"产业产值同比增长10.4%，快于规上工业平均，其中重点发展的节能环保、高端金属、稀土磁性材料和光学电子分别同比增长29.0%、15.0%、15.0%、15.1%。三是重点行业较快增长。仪器仪表（19.5%）、文教用品（14.4%）、汽车制造（11.6%）、金属制品（11.6%）等重点行业实现两位数增长，专用设备（8.4%）、计算机通信电子（8.0%）、通用设备（7.9%）、电气机械（7.3%）等重点行业增长较快。

（四）创新贡献持续增强

2018年，宁波市坚持创新驱动战略，引导企业加大科技创新。一是工业创新投入持续增加。2018年，宁波市规上工业企业技术研究开发费支出同比增长25.5%，高于主营业务收入16.4个百分点，占主营业务收入比重大达到1.9%，同比提高0.3个百分点。二是新产品贡献持续增强。2018年宁波市规上工业企业新产品产值同比增长11.9%，增速快于规上工业产值0.6个百分点，新产品产值率32.0%。

二、工业经济发展主要举措

（一）着力招引产业项目，平台载体加速建设

一是服务推进重点项目建设。集中力量实施"项目攻坚"计划，重点服务推进吉利DMA项目、大榭石化产品升级改扩建项目等4个百亿级特大项目和60个10亿级重大项目，64个项目累计完成工业投资180.3亿元。对1000万元以上工业企业技术改造项目、规上企业技改项目和省重点技术改造项目分别进行每月和每季度跟踪管理，确保项目顺利推进。二是加快重点领域合作。完善产业招商协同机制，编制制造业产业招商指南，累计牵头和参与洽谈40多个项目，成功推动李泽湘"两院一园"、华为沃土工场等18个项目注册落地，总投资约400亿元。做好产业对接，精心筹办服装节等重大产业活动，积极推进扶贫协作、山海合作、沪甬合作等工作，帮助企业拓展国内外市场。三是强化重点平台建设。编制区（县）级工业集聚区规划，基本形成市、区（县）两级工业聚集区体系。杭州湾新区汽车制造业产业基地被评为第八批国家新型工业化产业示范基地，鄞州现代电车小镇等3个列入省级特色小镇创建名单，加快推进杭州湾智能终端产业园等9家产市级特色产业园和大榭万华化工新材料产业园等4市级特色产业示范园建设。建立小微园区数据库，新建和提升22个小微企业园，推动2980家小微企业入园。

（二）着力发展高端产业，数字经济加速推进

一是加快发展集成电路产业。加速推进"一园三基地"产业布局，中芯宁波N2、南大光电、安集微电子等一批项目开工建设。唐人制造（设备）、安盾微电子等一批设计、装备项目入驻鄞州微电子创新产业园。北仑、

鄞州两区入选浙江省集成电路产业基地创建名单。宁波市集成电路已经集聚材料、设计、制造及封测企业60余家,全年集成电路及其相关产业完成工业总产值167.4亿元。二是大力发展软件和信息服务业。积极创建特色型中国软件名城,出台《关于创建特色型中国软件名城的实施意见》,聚焦推动工业软件、嵌入式软件、工业互联网操作系统软件等重点领域发展。启动建设"一区多园"宁波软件园,发布《宁波软件产业园区发展规划(2018—2030)》,推进3.1平方公里软件产业园核心区建设,培育鄞州、海曙、江北等特色软件园区。宁波市实现软件业务收入640亿元,同比增长20.1%。三是着力发展工业互联网和物联网产业。引进宁波工业互联网研究院等一批跨行业跨领域工业互联网平台,推动建设中科极动云等30个行业级、企业级工业互联网平台,累计培育76个工业物联网应用试点项目。中之杰网络协同制造工业互联网测试床项目被列入2018年国家工业互联网创新发展工程,柯力传感"以龙头企业为启动云的工业物联网产业孵化能力开放平台"被列入国家制造业"双创"平台。

(三)着力实施高端创新,发展质量加速提升

一是建设制造业创新中心。制定出台制造业行业创新中心建设指导意见。推动22个项目签约入驻浙江省石墨烯制造业创新中心,在动力电池等多个应用领域取得重要进展。组建成立宁波智能成型技术创新中心、宁波磁性材料应用技术创新中心,均成功入选浙江省制造业创新中心创建名单。筹划建设高端金属合金材料、石油基清洁能源与高端材料、纺织先进功能纤维等一批制造业创新中心取得新进展。二是提升企业创新能力。强化企业技术中心培育,引导和支持企业提升技术创新能力,新增国家级企业技术中心4家、省级企业技术中心11家,省级企业研究院30家。完善技术创新示范企业培育机制,累计培育6家国家级技术创新示范企业。组织实施年度市级工业新产品开发计划,认定公布78个市级优秀工业新产品。三是加快创新产品推广应用。发布2018年度自主创新产品和优质产品推荐目录,共354家企业1000余种产品入选。制订重点新材料首批次应用示范指导目录,宁波市18家新材料企业投保,膜材料、高分子材料等22个新材料产品参保,3家企业6个产品获得国家新材料首批次应用保险补贴。积极扶持装备首台(套)产品,天生密封件获2018年国家首台(套)重大技术装备保险补贴,实现宁波市首台(套)保险补偿工作零的突破。四是培育企业梯队。加快重点企业培育,宁波市新增华翔集团、公牛集团等3家千亿级龙头培育企业。13家企业(产品)获评国家制造业单项冠军,获评企业累计达到28家,约占全国总数的7.4%,企业数量持续保持国内城市首位。深入推进小微企业上规升级和"专精特新"发展,培育省"小升规""创业之星"42家,1900多家企业入库省"专精特新"企业培育库。谋划开展独角兽高新技术企业培育工作,建立独角兽企业培育工作机制。

(四)着力实施高效制造,制造模式加速转变

一是加快智能化改造。深入推进技术改造和智能化诊断三年"两个全覆盖"行动,新引导3524家规上企业实施技改项目,完成1871家企业智能化诊断。推广智能制造模式,宁波市新增工业机器人2331台(或套),推动建成和示范推广奥克斯空调生产线等4个自动化(智能化)成套装备改造试点项目,以及普瑞均胜智能工厂项目等4个数字化车间/智能工厂示范项目。二是推动绿色化升级。全年淘汰落后产能涉及企业184家,整治提升"低散乱"企业(作坊)2178家,腾出用能空间27万吨标煤。全年组织实施节能改造项目613个,实现节能量51万吨标准煤。积极构建绿色制造体系,全年新增国家级绿色工厂7家、绿色设计产品22项、绿色制造系统集成项目2项、绿色供应链企业1家,数量继续领跑全省。宁波市规上工业增加值能耗同比下降4.9%。三是引导服务化转型。积极推进服务型制造示范项目建设,海伦钢琴等3家企业被列入第二批国家级示范项目。杜亚电机等11家企业被列入第二批省级示范企业(平台)。推进"企业上云",新增上云企业超过3万家。深化"设计+"行动,搭建重大平台推动创新设计企业服务制造业升级,成功举办2018年中国创新设计大会暨"好设计"活动、宁波(国际)工业设计周和"和丰奖"工业设计大赛。

（五）着力实施高效改革，发展生态加速改善

一是实施"亩均论英雄"改革。创新工作模式，在全省首创取数规范化、对象全面化、流程标准化、操作信息化、运用精准化、任务清单化的工作机制，得到省级部门表彰和推广。完成近 2 万家企业综合评价工作，单位建设用地财政贡献、规模以上工业亩均税收和单位排放增加值等三项指标居全省第一。209 家低效企业通过改造提升实现亩均税收超 1 万元或通过依法关停等腾出土地空间。编制全省首个《产业用地指南》，发布宁波市制造业"亩均论英雄"企业榜、行业榜、地区榜。二是全力营造良好环境。全面贯彻落实国家、省各项降本减负政策，制定出台《关于进一步推进降本减负促进实体经济稳增长的若干意见》，全年累计为企业减负 862.3 亿元。组织开展宁波市"三联三促"企业服务专项行动，制定出台经信系统"服务企业、服务基层、服务项目"年度工作方案，定期服务重点地区、重点企业，破解发展难题。举办宁波创业创新风云榜等活动，弘扬企业家精神，提振发展信心。三是完善融资担保体系。推进政策性融资担保体系建设，基本建成以政府性融资担保机构为主，民营担保机构为补充的宁波市政策性融资担保体系。宁波市国有或国有控股的融资担保机构达到 17 家，纳入再担保的融资担保机构达到 12 家，实现再担保业务金额 8.3 亿元。创新融资担保模式，全力推动与 19 家银行、12 家担保机构开展"政银担"合作，累计业务发生额超过 1.8 亿元，引导融资担保机构为贷款额度在 500 万元以内的小微企业提供担保。四是强化服务平台网络。加快建设中小企业云制造平台等 9 个制造业重点服务平台，补充增加市中小企业公共服务平台网络服务项目，全年累计提供各类服务项目 1007 项，组织服务活动 2351 场次，答复办结企业需求 2.9 万件。深入推进国家级小微企业创业创新基地城市示范工作，提升"双创"服务券平台作用，平台入驻服务机构超过 600 家，累计服务交易次数 2.5 万余次，惠及小微企业近 1.2 万家。

三、工业经济发展面临的形势

2018 年是不平凡的一年，这一年宁波全面贯彻落实市委、市政府"六争攻坚、三年攀高"决策部署，紧紧围绕产业争先任务目标，努力克服国内外宏观经济形势变化带来的叠加影响，取得了阶段性成果。即将到来的 2019 年则是更为特殊的一年，2019 年是新中国成立 70 周年，也是高水平全面建成小康社会、推动经济高质量发展的关键之年，面临着新的发展机遇，但也有新挑战、新困难。

（一）经济形势更加错综复杂

从国际来说，2019 年，全球经济运行预计将保持错综复杂的态势。受中美贸易摩擦影响，国际货币基金组织、世贸组织分别将 2019 年全球经济增长率预测、全球货物贸易量增长预期下调了 0.2 个百分点、0.3 个百分点。但国际货币基金组织、世贸组织对 2019 年预测值仍在 4% 左右，经济发展仍为正增长。从国内来说，我国以更加开放的姿态面向世界，中央、国务院制定出台了一系列降低关税、放宽外资股比等开放举措。同时，国家将以更包容的姿态推动国内经济稳增长，杠杆作用更明显，降本减负、关键核心技术攻关等新政策激励作用更直接。从宁波来说，宁波经济稳增长面临一定压力，由于 2017 年高基数影响，2018 年下半年工业增加值增速逐月下降。但同时，新动能不断增强，产业结构加速优化，战略性新兴产业、高新技术产业、装备制造业增加值增速达到 12%、6.9% 和 9.3%。重大项目支撑作用加强，镇海炼化一体化项目、吉利 PMA 项目、中金石化技改项目等一批重大项目开工建设。新平台加快引进，余姚机器人智谷小镇、慈溪智能装备（关键基础件）产业园、杭州湾新区汽车制造业产业基地等平台推进建设。

（二）制造业高质量发展的要求更迫切

2016 年，工信部批复宁波市为全国首个"中国制造 2025"试点示范城市，两年来，取得了很多有目共睹的成绩，"中国制造 2025"既成为宁波服务国家战略的新标志，也成为宁波城市形象的新名牌，获得了国务院、

工信部、省委省政府及市委市政府的充分肯定,也得到了社会各界的巨大支持。随着国内外宏观环境的变化,要求宁波制造业实现更高水平更高质量的发展。2019年,宁波既要冲刺完成各项既定目标,交出一份高质量答卷,也要结合新形势,继续发挥在智能制造、工业强基、制造业单项冠军等方面的优势,为国家战略提供更有利支持,更要加强制造业供给侧结构性改革,在新兴产业培育、传统产业升级以及产教融合、产金融合等领域边实施、边总结出一批可复制、可推广的经验,为下一步继续争创国家级示范区奠定良好条件。

(三)数字经济发展更深入

浙江省是全国数字经济发展先发地,党中央、国务院对浙江发展数字经济寄予了殷切期望,省委省政府已将发展数字经济列为"一号工程"。2018年下半年以来,浙江省陆续发布了《浙江省国家数字经济示范省建设方案》《浙江省数字经济五年倍增计划》,明确了推进全省数字经济发展的目标任务、进度安排,组织召开了全省数字经济发展大会,动员全省贯彻实施数字经济"一号工程"。宁波作为全省数字经济发展的重要承载地之一,市委市政府对全市发展数字经济高度重视。2019年,全市将深入贯彻落实省委省政府数字经济"一号工程",以数字产业化和产业数字化为主线,将数字经济作为产业升级、社会发展的主要动力,系统推动数字化在经济、政府和社会等多个领域深度应用与融合。

四、推进工业经济发展的对策

2019年,宁波市将全面落实国家数字中国、网络强国、制造强国等重大战略和省委、省政府经济发展决策部署,按照市委、市政府"六争攻坚、三年攀高"工作要求,坚持以稳中求进为工作总基调,以实施"246"万千亿级产业集群培育工程为总抓手,全力聚焦数字经济发展、市场主体服务、创新体系完善和产业生态优化等重点领域,努力推动工业经济高质量发展。

(一)全力推动数字经济发展,打造产业集群新优势

实施数字经济一号工程,全面推进数字产业化和产业数字化,深入推进数字经济核心产业发展,努力打造"246"万千亿级产业集群,服务"中国制造2025"重点领域发展。一是加快发展数字经济核心产业。提升电子信息产业发展能级,推动北仑"芯港小镇"等集成电路"一园三基地"建设,积极打造光电显示、光学模组、光电芯片、光学薄膜为重点的光学电子产业链体系。突破发展软件与信息服务业,加快推进宁波软件园建设,打造工业物联网(江北)、工业互联网(海曙)、软件及芯片设计(鄞州)、智能终端(杭州湾)等"一区多园"特色产业体系。推进大数据应用产业化,支持大数据产品和应用试点示范,加快大数据产业基地建设。2019年,集成电路产业规上工业产值增速达到15%,软件与信息服务业规模增速达到20%。二是着力推动优势产业数字化发展。加快推进绿色石化、汽车制造两个万亿级产业集群建设,加强新一代信息技术赋智赋能,推动石化产业向绿色化、数字化升级,推动汽车制造业向智能网联汽车、新能源汽车等方向发展。制定出台《宁波市智能装备终端三年行动计划》等文件,推动高端装备、关键基础件(元器件)产业向智能化发展。深入推进磁性材料、高端金属材料、碳材料等新材料领域突破发展。加快推进纺织服装、家用电器、文体用品等优势传统制造业改造升级,推进海曙区服装制造业、慈溪家用电器制造业、宁海文体用品制造业等4个省级试点集群建设。三是支持培育新模式新业态。支持生物医药、节能环保等与服务业融合发展,打造一批符合市场需求的新业态与新模式。大力发展工业设计,积极争创省级以上工业设计中心,进一步提升和丰创意广场、镇海I设计小镇等工业设计园区(基地)服务能力。大力发展服务型制造,推动企业探索服务型制造的新模式,引导企业向提升供产品全生命周期服务能力方面发展,培育企业新的增长点。大力发展绿色制造,组织实施市级重点节能改造项目300个以上,淘汰落后及过剩产能涉及企业160家,低散乱落后产能淘汰企业1000家,培育6个以上市级绿色工业园区、40个以上绿色示范工程,推广普及100种以上绿色产品,规上工业增加值能

耗下降5%以上。四是打造数字经济发展平台载体。主动融入"大湾区""大花园"和"一带一路"建设综合试验区等大平台建设,谋划建设宁波前湾新区和甬江科创大走廊,全面推进新材料科技城、国际海洋生态科技城、航天智慧科技城建设,积极推动特色产业园、特色产业示范园和特色小镇建设,力争创建1个省级以上新型工业化产业示范基地。引导小微企业园高质量发展,创新小微园区发展模式,积极推动园区产业特色化、管理专业化、运作市场化,新增小微企业园20家以上。

(二)全力推动市场主体培育,提升企业竞争新实力

强化企业梯队培育与服务,打造各领域标杆型企业,推进大中小企业融合发展,全面提升市场主体竞争力。一是优化企业主体培育工程。强化企业梯队培育,培育发展千亿级工业龙头企业、行业骨干企业、高成长企业、单项冠军企业、创新型小微企业,促进企业做优做强。进一步扩大市级单项冠军培育企业队伍,健全单项冠军企业培育体系。大力培育一批专精特新中小企业,探索培育"小巨人"企业和独角兽企业。积极推进"企业上云"三年行动计划,打造一批上云标杆企业。2019年,力争8家企业(产品)列入国家级单项冠军,新增"小升规"工业企业400家。二是推动大中小企业融通发展。推进工业互联网平台应用和带动作用,继续推动工业操作系统、工业安全平台和工业大数据平台等工业互联网核心技术的突破,扎实做好"一云通""极动云"、生意帮协同制造等现有工业互联网行业平台、企业平台的推广应用,鼓励工业互联网平台与国家级大平台合作,提高工业互联网平台服务中小企业水平。鼓励大企业从"制造商"向"平台商"转型,通过协同制造、资源开放、需求对接等方式,形成以龙头骨干企业为依托,带动中小企业创新发展的格局。三是深入开展服务企业活动。深入开展"三联三促"企业服务专项行动,建立以市领导联系领军企业、小分队服务工业强镇、工作小组服务重点企业、区县(市)服务规上企业、8718平台服务全覆盖的服务企业体系,打造直通车、企服客、政策云等服务企业新载体。建立完善部门联席会议制度、企服责任人制度等工作机制。四是推动涉企政策落实。全面贯彻落实国家、省及市支持民营经济发展系列政策,重点抓好全市降本减负稳增长"新10条"、民营经济25条、优化营商环境80条等政策落地。加强企业基层调研,研究谋划扶持数字经济、产业集群等领域发展的新举措,突破一批企业关注关心的政策与体制。

(三)全力推动重大项目建设,增强产业发展新后劲

加强重大项目谋划、推进与服务,建立健全工作推进机制和协同机制,全力提升工业有效投资。一是加强重大项目谋划。编制"246"专项规划,在全球视野内谋划产业重大关键企业项目、创新项目、人才项目,会同相关部门开展精准招商引智工作。跟踪国内外形势政策,加强一批符合国家重点项目布局和对外开放引进项目的谋划。主动把握长三角一体化、沪甬合作等区域合作机遇,加强相关产业资源谋划对接。二是加强重点项目管理服务。汇总梳理各级各类产业投资项目、产业服务平台项目、创新中心建设项目、互联网+制造业项目以及谋划类项目,定期开展跟踪管理。建立完善宁波市1000万元以上技改项目库和5000万元以上工业投资项目库,每月进行项目跟踪管理。加快重大活动签约的工业项目落地,做到项目洽谈签约与入库跟踪管理无缝对接。深入开展"三服务"活动,筛选100个左右亿元以上重大工业投资项目由委领导开展定期联系跟踪服务工作。三是深入推进智能化改造。持续实施智能制造工程,通过帮助企业谋划挖潜、政策宣讲、代办前期手续等多种方式,引导还未实施改造的规上企业实施技改投资项目。加强智能制造工程服务公司培育,组织智能制造工程服务公司继续开展有需求企业智能化诊断工作,同时滚动扩充智能化诊断需求企业名单。四是优化产业合作推进工作机制。实施经信领域全球精准合作三年行动计划,围绕搭建合作平台、拓宽合作网络、深化合作内容,协调推进市级有关部门和区县(市)推动落实各项重点任务。牵头举办智博会、服博会、机器人峰会、工业设计大赛等重大活动,引导市级相关职能部门以及各区县(市)、重点产业园区利用

平台加强项目招引。扎实推进沪甬产业合作,东西部扶贫产业协作等工作。2019年,力争新增引进工业和信息化在谈项目20个,签约项目10个。

(四)全力推动关键技术攻关,强化自主创新新动力

围绕推进制造业创新能力提升,着力加强创新源头供给、重点领域技术突破和成果产业化,推动创新链与产业链协同发展。一是推动创新主体建设。加快建设制造业创新中心,重点推动省级石墨烯制造业创新中心成为国家级制造业创新中心。加快推进智能成型技术创新中心和磁性材料应用技术创新中心两个新增省级创新中心落地筹建。在石油基、工业互联网、高端金属合金材料等具备一定条件领域谋划筹建新的创新中心。积极引导和支持企业建设创新载体,提升企业技术中心规模和能力。二是强化四基领域关键核心技术研发。制定出台《宁波市"四基"重点领域单项冠军产品产业链培育实施方案》,聚焦推进以技术突破带动"四基"产业链发展,优先启动培育伺服电机、减速器、石墨烯、光学薄膜、模具、集成电路等6条"四基"产业链,组织实施一批"四基"技术产业化专项和"四基"产品应用专项。谋划和组织一批符合国家强基工程专项和各类"一条龙"应用计划项目。三是加快新产品推广应用。组织开展2019年度智能装备首台(套)产品认定工作,加大首台(套)重大技术装备保险补偿政策实施力度,积极推动智能装备重点优势企业与零部件企业开展配套应用,促进整机制造企业与核心零部件制造企业开展协同创新。制定发布《宁波市重点新材料首批次应用示范指导目录(2019年版)》,大力推进新材料产品推广应用。

(五)全力推动改革突破提升,营造产业发展新生态

深化制造业供给侧结构性改革,推动重点领域改革突破和融合发展,总结推广试点示范各类经验,共同营造良好发展环境。一是深化亩均论英雄改革。推进评价对象的全面化,将工业企业评价对象进一步拓展到所有工业企业。推进评价体系的科学化,增加评价指标,优化评价规则。优化新增项目建设准入评价机制和企业资源要素差别化配置机制,发布并实施宁波市制造业行业新增项目投资强度和产出效益规范指南。实施创新引领"亩均效益"行动,建立健全企业创新能力评价机制,积极探索科技型企业评价对象拓展、内涵升级工作。实施低效用地"亩产倍增"行动,全面整治提升亩均税收1万元以下的低效企业。二是优化提升公共服务能力。加快构建"一十百千万"宁波市中小企业公共服务平台网络,推进区县(市)枢纽平台实体化建设运营及区块窗口平台建设。探索通过授权合作方式,推动独立机构与有关工业园区、开发区、双创基地等合作承担百个区块窗口平台运营服务。指导协会、商会等社会服务组织建设,提升服务企业专业化能力。三是深入推进产金融合。大力推动金融支持实体经济发展,开展供应链金融、无形资产抵质押贷款业务的定向扶持。进一步降低小微企业融资担保成本,继续实施"政银担"风险分担机制并扩大覆盖范围。督促区县(市)政府加快组建政府性融资担保机构,取消对政府性融资担保机构营利性的考核指标。推进保险与制造业融合发展,加快装备首台(套)保险、新材料首批次保险等产品推广运用,不断拓展"政银保"合作模式。指导和总结推广慈溪市产融合作试点城市建设。2019年,力争融资担保总额达到45亿元以上,同比增长5%。再担保额达到14亿元以上,同比增长10%以上。四是加快推进产教融合。会同相关部门排摸宁波市工业和信息化发展学科专业需求、各类人才需求和培训资源需求,指导本地高职院校根据产业发展趋势与需求,优化调整学科专业配置。加强与工信部部属高校、相关机构的对接,服务已落地宁波市的高校对接企业需求,通过分院校落地、项目合作、校企合作等方式再推动落地一批理工科院校。五是加强试点总结推广。系统梳理各地各领域试点探索,形成并推荐一批可复制、可推广的工作新举措,积极承接国家制造强国、网络强国新战略平台,会同各级各类媒体开展制造业产业品牌、企业品牌和工作经验的主题宣传,合力营造良好氛围。

工业经济稳中向好 高质量发展加快推进

——温州市 2018 年工业经济运行情况

温州市经济和信息化局

2018 年,温州市深入推进新时代"两个健康"先行区建设,产业结构持续优化,企业活力不断增强,工业经济总体呈稳中有进态势。

一、工业经济运行情况和特点

(一)工业增长稳中向好

2018 年,温州市规上工业总产值 4721.72 亿元,同比增长 10.0%;规上工业增加值 996.24 亿元,同比增长 8.4%。从增长趋势来看,各月规上工业增加值增速基本保持在 8.4%—9.0%区间,呈现出"好于上年,逐步企稳"态势;分行业来看,规上工业 33 个大类行业中,有 28 个行业实现增加值正增长,其中 13 个行业增幅超过 10%。规上工业出口交货值总量 651.01 亿元,同比增长 6.3%。

(二)工业投资增速企稳

2018 年,温州市实现限额以上工业性投资 384.01 亿元,同比增长 10.4%,比浙江省高 11.3 个百分点,增速居浙江省第 3 位,工业投资占固定资产投资比重达 14.3%;技改投资达到 229.58 亿元,增长 3.3%,增速居浙江省第 1 位,技改投资占工业投资比重达 59.8%。新引进 20 亿元以上单体制造业项目 4 个,超 10 亿元单体制造业项目 9 个。

(三)产业结构持续优化

2018 年,温州市高新技术产业、装备制造业、战略性新兴产业增加值分别达到 542.0 亿元、486.5 亿元、185.1 亿元,同比增长 10.9%、11.5%、10.1%,占规上工业增加值的比重分别达到 54.4%、48.8%和 18.6%,占比较 2017 年底提高 13 个、3.4 个和 5.9 个百分点。数字经济核心产业增加值 421.54 亿元,总量居全省第 3 位,同比增长 14.6%,高于规上工业增加值增速 6.2 个百分点,增速居全省第 4 位。电气、鞋业、服装、汽摩配、泵阀等 5 大支柱行业规上增加值 476.8 亿元,增加值增速 10.7%,高出规上工业 2.3 个百分点。规上工业全员劳动生产率增速 11.8%,高于全省平均 3.5 个百分点,增速居全省第 2 位。

(四)创新活力不断增强

2018 年,温州市规上工业科技(研究)开发费支出 118.2 亿元,同比增长 33.1%,增速居全省第 4 位,比全省平均高出 3.9 个百分点;新产品产值 1511.72 亿元,同比增长 28.4%,增速居全省第 3 位,比规上工业总产值增速高 18.4 个百分点,新产品产值率达到 32.0%,居全省第 10 位,比 2017 年底提高 3.6 个百分点。浙江华峰新材料股份有限公司入选工信部单项冠军示范企业,新增首台(套)项目 16 个。华峰氨纶、新亚电子、福达合金、华峰合成树脂等 4 个企业产品入选单项冠军产品。

虽然工业经济总体上运行平稳,但受中美经贸摩擦、宏观环境中的不稳定因素等影响,企业的困难和问题仍然较多,工业经济下行压力持续加大。一是企业总体实力不强。温州虽然有一批创新水平高、品牌知名

度高、产品市场占有率高,在全国具有一定影响力的企业,如正泰、德力西、森马等,但温州企业总体实力不强,规上工业企业户均产值仅1亿元左右,10亿元以上企业仅占全省的6%左右;上市企业27家,仅占全省的5%左右。二是企业要素保障不足。从工业供地来看,温州工业用地保障不足的问题仍然十分突出,2018年,温州市制造业规上企业总用地面积仅45.78平方千米(全省"亩均论英雄"口径),居全省第8位,工业供地仅6.27平方千米。从用工成本来看,企业用工成本每年递增10%左右,企业招工难度逐年加大。从融资难度来看,温州在融资模式创新上尚未取得重大突破,融资问题依然是许多企业发展中的难题。三是高端产业发展缓慢。近年来,传统产业改造提升不断深入推进,产业结构不断优化,但技术密集型的高端产业发展仍然相对滞后,数字经济核心产业总体上处于价值链中低端,软件和信息服务业规模小、实力弱。2018年,战略性新兴产业占规上工业增加值的比重仅列全省第8。

二、工业经济发展主要举措

(一)精准施策,工业经济质效齐升

温州市全力打好经济转型升级组合拳,全力推进企业做大做强,工业经济发展质量和效益明显提升。

1. 促提升,工业经济稳定增长。全面推进传统产业改造提升,培育发展新动能,制定实施"十大传统产业改造提升实施方案",深入开展乐清电气等传统制造业改造提升省级分行业试点工作,工业经济保持稳定增长态势。

2. 抓培育,优质企业升规晋级。全力引导企业向专业化、精品化、特色化、创新型方向发展,华峰热塑性聚氨酯公司被工信部列为制造业单项冠军培育企业,福达合金等3个企业产品被工信部列为单项冠军产品,康奈集团有限公司等12家单位获评省级服务型制造示范企业(平台)。全市共2898家企业列入全省专精特新企业培育库,55家企业获评全省"隐形冠军"培育企业,数量均居全省第1。4家企业获评省级"隐形冠军",数量居全省第2。对"小升规"培育企业进行密切监测、逐家走访、专题辅导,新增"小升规"企业654家,净升规数458家,29家企业入选省"创业之星"企业,入选数量全省第2。

(二)创新驱动,数字经济加快发展

制定实施数字经济五年倍增实施方案,着力构建"二区三中心"特色发展格局(国家传统产业数字化转型发展示范区、数字产业创新发展示范区,国家数字贸易创新中心、数字金融发展中心和智慧物流综合服务中心),打造引领发展的新引擎。

1. 加快数字产业化步伐。加强数字经济产业项目招引,主动承接台湾、深圳等地数字产业转移,与中国交通通信信息中心开展战略合作,引进北斗卫星产业园、天心天思集团总部等一批重大数字经济产业项目。加快电子信息企业培育力度,意华股份等6家企业入选省级电子信息产业重点企业。加快鹿城、龙湾、乐清等三个省级软件和信息服务产业基地建设,积极筹建温州大学数字经济产业学院,举办系列软件技术交流活动,支持软件企业和软件产品评估,2018年通过省软协"双软评估"38个。2018年,温州市数字经济核心产业制造业增加值同比增长8.8%,增速居全省第6;软件和信息服务业营业收入37.61亿元,同比增长24.3%。

2. 加大产业数字化力度。大力推进传统制造业数字化改造,高质量举办"市长杯"工业设计大赛、智能制造暨工业机器人展会、全市时尚产业机器换人现场会等活动,传统产业改造提升工作在全省会议上做典型交流。形成了一批国家、省级示范试点企业和项目,瑞立集团"新能源汽车电控制动系统智能制造新模式示范项目"入选国家智能制造新模式应用项目,一鸣食品入选工信部制造业与互联网发展示范试点企业,庄吉等10家企业入选国家两化融合管理体系贯标试点企业,正泰等12家企业入选省级上云标杆,金卡智能等17家企业入选省级制造业与互联网融合发展示范试点企业,东经科技等4家企业入选省级工业互联网平台企

业,东蒙等 5 家企业入选省级制造业双创平台示范试点企业,新增上云企业 16500 家,新增机器人应用 1550 台。大力提升以数字化、时尚化为主要方向的创新设计水平,新增国家级企业技术中心 1 家,省级 14 家(全省 101 家),省级装备制造业首台(套)产品 16 项(全省 107 项)。

3. 加强信息基础设施建设。组织编制 5G 通信基础设施专项规划,建设开通 5G 基站,开展 5G 网络应用测试,在"温马"期间实现 5G 现场直播。制定《温州市 IPv6 规模部署和应用实施方案》,顺利启动信息基础网络 IPv6 升级改造,温州市被列入全省 IPv6 规模部署和应用先行区。目前,全市光纤到户突破 300 万户,物联网用户继杭州之后首次突破 1000 万,宽带网络平均带宽位居全省前列,无线网络接入设备规模总量保持全省前三。

(三)腾笼换鸟,产业结构持续优化

坚持把腾笼换鸟作为优化产业结构、提升发展质量的关键举措,一手抓低端产业整治,一手抓高端项目引进,温州连续四年被评为"腾笼换鸟"考核先进市。

1. 深入开展"低散乱"整治。在全省率先启动亩均税收万元以下企业整治,率先制定实施三年行动计划,2018 年共整治企业 1868 家,亩均税收由整治前的 0.25 万元/亩提升到整治后的 4.16 万元/亩。严格按照国家政策、合法、依规、有序推进去产能工作,2018 年共淘汰落后产能企业 132 家,完成 39 家僵尸企业的处置,均超额完成省定目标任务。

2. 聚力攻坚项目建设。围绕"十三五"重点发展产业,以"补链、强链、延链"为重点,引进一批质量高、规模大、带动力强的"大好高"项目。全市新引进落地亿元以上工业项目 78 个,其中超 20 亿元项目 7 个。建立重点技改项目、批而未供项目、已供地未开工项目和在建项目进展情况一月一通报制度,通过助企服务、专题协调、重点督办等多项举措,不断加快项目建设。

3. 深入推进小微园建设。坚持把小微企业园作为小微企业高质量发展的产业综合体来抓,按照"主导化集聚、标准化产出、综合化配套、智慧化管理、物业化运营"的要求,不断提升小微园的建设速度和品质,小微园工作得到了车俊省委书记、高兴夫副省长的批示肯定。2018 年新开工小微园 23 个,完成年度任务的 143.8%,新竣工 7 个,新竣工面积 345.7 万平方米,完成年度任务的 115%,新增入驻企业 613 家,均居全省前列。

4. 加快推行绿色制造。加快推进企业绿色化改造,引导企业开展绿色清洁能源和节能技术新产品应用,形成一批省级以上绿色企业示范,人民电器、一鸣、红蜻蜓等 3 家企业被评为国家级绿色工厂,实现温州市国家级绿色制造项目"零"的突破。

(四)服务为本,营商环境明显提升

在"两个健康"先行区建设的大背景下,温州着力破解当前民营企业发展的瓶颈制约和实际困难,助力民营企业提振信心,着力打造最优营商环境和"亲""清"新型政商关系。

1. 在助企服务上出实招。深入开展"万名干部进万企"和"十百千"助企服务专项行动。在温州市范围内选取 1 万家企业(项目)、选派 1 万名干部开展"五问五帮"为主要内容的"一对一"助企服务活动,第一时间协调解决好企业发展中遇到的难点和突出问题。2018 年共排查化解企业难题 3200 多个。深入实施企业家素质提升工程,通过经信学堂、专题研修班、企业对标学习等载体,着力培育具有全球视野、创新能力和互联网思维的新型企业家队伍,共培训各类企业管理人才 2900 余人。创新举办"改革开放 40 周年·探寻温州经济榜样的力量"系列大型活动,激励中小企业发扬工匠精神,大胆干事创业,活动得到企业家的一致好评。加快企业服务平台建设,高质量建设时尚智造设计中心、企业综合服务平台等服务平台,为企业提供展示、设计、融资、咨询、培训等服务。

2. 在政策扶持上出新招。建立政策刚性兑现机制,创新政策奖励兑现线上统一申办模式,提高涉企政策兑现率。积极争取上级财政资金,2018 年温州市获得国家、省级工业方面财政补助资金 2.96 亿元,并争取到 2019 年省级专项资金 3.8 亿元。制定实施进一步减轻企业负担的 42 条新政,全面落实国家和省降本减负政策,2018 年为企业减负 153 亿元。

3. 在体制改革上出硬招。深化"亩均论英雄"改革,制定出台《关于深化"亩均论英雄"改革推进企业综合评价的实施意见》,扩大评价范围,完成 4359 家规上企业和 2415 家用地面积 5 亩以上规下企业的 2017 年度综合评价工作。落实用能、用水、用地、排污、融资、奖评等差别化政策,2018 年全市已对 AB 类企业减免、补助各项资金 71466 万元,新增供地 1122.7 亩,对 D 类企业征收差别化电价水价 3640.6 万元。温州市规上企业亩均税收、亩均增加值、单位能耗增加值均列全省前三,R&D 经费占主营业务支出比重居全省第一。

三、工业经济发展面临的形势

从国际看,当前,经济全球化进入新阶段,新一轮科技革命和产业变革蓬勃兴起,国家间经济、科技竞争空前激烈,发达国家推进再工业化、吸引高端制造业回流。一些新兴市场国家依靠低成本优势吸引中低端制造业向其转移,中国的全球化红利优势弱化。同时,中美经贸摩擦升级,进一步加大我国企业外贸出口压力。

从国内看,我国经济发展长期向好的基本面没有变,经济韧性好、潜力足、回旋余地大的基本特征没有变,持续增长的良好支撑基础和条件没有变,经济结构调整优化的前进态势没有变,但供给侧结构性矛盾依然存在,实体经济供给结构不适应需求结构变化,优质产品与服务供给不足与一些行业产能过剩并存,短期经济下行压力较大。

从温州自身看,温州工业依然处于新旧增长动能交替,产业结构转型升级的关键时期。中长期来看,温州以"两个健康"先行区建设为引领,加快提升营商环境,激发大众创新创业热度,加速推进新动能培育和结构调整,工业增长后劲增强。但从短期来看,温州工业经济面临的工业用地支撑不足,生产经营成本上升等问题短期内难以明显改变。总的来看,2019 年温州工业经济面临的困难和压力仍然较大,亟待各项改革措施发力显效,以此推动工业平稳较快发展。

四、推进工业经济发展的对策

把创建新时代"两个健康"先行区作为一切工作的出发点和落脚点,把握机遇、迎接挑战、谋大谋高、赶超发展,以重点工业项目为支撑,以实施数字经济"一号工程"为重心,以"亩均论英雄"改革为抓手,以"万名干部进万企"行动为载体,改造提升传统产业,培育壮大新动能,全力推进工业和数字经济高质量发展,力争 2019 年规上工业增加值增长 7.5% 以上,数字经济核心产业增加值增速达到 15.5%,工业投资增长 12% 以上,规模以上工业全员劳动生产率提高 9% 以上。主要抓好以下四方面:

(一)抓项目,全力扩大有效投资

一是开展重点项目提速提质行动。以"万亩空间、千亿产业、百亿企业、五十亿税收"为导向,努力招引一批龙头带动项目、强基补链项目、高效税源项目。建立招引、供地、开工、续建、竣工项目"五张清单",对项目进行全过程动态跟踪监测,力争开工、建设超亿元项目 200 个以上,招引落地 10 亿元以上工业项目 10 个以上,20 亿元以上工业项目 5 个,完成投资额 420 亿元以上。开展工业项目"双合同"管理回头看,会同自然资源和规划部门对全市工业项目投资强度、亩均税收等履约情况进行督查,提高工业项目履约率。积极参加国家和省级基金的组建,争取更多项目列入上级基金支持计划。

二是开展"百园万企"小微园示范引领行动。按照"主导化集聚、标准化产出、综合化配套、智慧化管理、物业化运营"的要求,加快新一轮小微园建设规划布局,加大小微园供地力度,加快小微园项目建设进度,2019年新开工小微园22个以上,新增小微园入园企业1100家以上。推进"五集五度"绩效评价全覆盖,对已经建成的小微园开展"回头看",加快推动小微园基础设施、入园企业、管理服务和政策落实四大升级,实施18个园区智慧化改造项目,争创四星级小微园区1—2个。

三是开展万亩空间"清腾"行动。强化工业用地保障,大力推进批而未供、供而未用、用而未尽、建而未投、投而未达等"五未"土地清理行动,完成"五未"土地清理3万亩,力争全年新增工业用地1万亩。提升老旧工业园区配套水平,改造旧厂房100万平方米以上。加强闲置厂房供需对接,提高工业土地产出效益。

（二）强动能,全力发展数字经济

一是开展千企智能化改造行动。推进制造过程智能化,举办第五届中国(温州)智能制造暨工业机器人展览会,狠抓"机器换人""无人车间""无人工厂"建设,大力推进"百项百亿"重点技改,争取列入省重点技改项目550项以上,新增"机器人"应用1800台以上,打造"无人车间""无人工厂"试点示范项目20项以上,"两化"融合示范试点30个以上,技改投资增速12%以上。加大企业"上云"力度,通过行业云平台、工业大数据等技术应用,提升企业管理信息化、智能化水平,引导企业从"上云"向"用云"转变,着力打造电气、时尚、新能源汽车及零部件、专用设备、包装等五大产业云平台,新增上云企业1.2万家,其中上云标杆企业10家。

二是开展数字产业化赶超行动。实施数字经济"一号工程",制定出台数字经济"千亿产业"培育发展路径图和具体行动方案。加快数字产业化项目招引,加强与中国交通通信中心的战略合作,推进北斗卫星产业园等一批投资强度大、科技含量高的数字产业项目落地,力争全年招引数字经济产业示范项目20个以上。加快软件和信息服务企业培育,支持天心天思等一批重点软件企业发展,打造24个工业技术软件示范化项目,互联网、软件和信息技术服务业营业收入增长50%以上。加快信息基础设施建设,推进磐石"浙江云谷"大数据中心等项目建设,启动建设5G网络,新改建通信基站1000个以上,电信业务总量保持快速增长。

三是开展创新能力提升行动。努力打造温州时尚智造设计中心和省级特色泵阀制造业创新中心,开展市级制造业创新中心创建,创建省级企业技术中心8个以上。加快建设温州软件信息产业园等一批数字经济众创空间、数字经济小微园。高质量举办2019"市长杯"中国(温州)工业设计大赛,建设提升浙江鞋履工业设计研究院、浙江创意园、乐清工业设计基地等平台,推出15个互联网工业设计项目,推进设计成果本土化、产业化。鼓励企业加大创新投入和产学研合作,开展关键共性技术攻坚,争取新增优秀工业新产品100项、首台(套)产品20项以上,新产品产值增速达到25%以上。

（三）调结构,全力做强成长梯队

一是开展"亩均论英雄"全覆盖行动。建立"亩均论英雄"综合评价大数据平台,以企业、行业、园区三个"全覆盖"为目标,将工业企业全部纳入评价范围,并向省级工业园区和市级示范小微园拓展延伸。强化综合评价结果应用,全面落实用地、用能、用水、排污、奖评、融资等资源要素差别化配置政策,让资源要素向符合产业发展导向的新兴产业、效益好税收多的优质企业、带动力强的重大项目倾斜,确保工业企业亩均税收和亩均增加值增长8%以上,保持全省前3水平。开展亩均效益领跑者行动,推进亩均税收3万元以下、省级产业平台亩均税收5万元以下低效企业整治,淘汰一批亩均产出、安全生产、环境保护、节能降耗、产品质量等不达标的"低散乱"企业,全年淘汰落后产能企业110家,整治提升"低散乱"企业(作坊)3000家以上。

二是开展"5+5"产业培育行动。改造提升传统产业,积极推动电气等五大传统产业数字化、时尚化、绿色化、证券化改造,深入推进鹿城鞋业、苍南塑料制品、乐清电气、瑞安汽摩配、永嘉泵阀等省级分行业试点工作,指导开展传统制造业对标提升活动,加快创建重点行业产业创新综合服务体。推进新型工业化示范基地建设,推动乐清争创五星级产业基地,支持永嘉等地申报省级新型工业化示范基地。培育壮大新兴产业,以数字经济、新能源网联汽车及配套、智能装备、生命健康、新材料等五大战略性新兴产业为重点,加大项目招商引资力度,加快推进乐清智能装备科技加速器、瑞普新能源汽车动力锂电池等一批重大产业项目建设。在"5+5"产业基础上,将电气、时尚(鞋服)智造、数字经济、新能源网联汽车及配套、智能装备打造成为5大千亿级先进制造业集群,制定实施"千亿产业"培育发展路径图和具体行动方案,其中"一区五园"核心区块智能装备产业产值增长16%以上。

三是开展企业培育升规晋级行动。对接全省雄鹰行动、雏鹰行动,深入实施领军型工业企业、高成长型工业企业培优计划,建立多层次企业培育数据库,形成"专精特新""小升规""高成长""隐形冠军""领军型""雄鹰型"企业的梯度培育机制,争取在"百亿规模"企业、"独角兽"企业培育上取得突破,全年新增超20亿元企业3家以上,省"隐形冠军""单项冠军"培育企业40家以上,"专精特新"培育企业2000家以上,"小升规"企业550家以上。实施"百场千企万人"培训计划,通过线下培训和线上培训相结合,在经信系统开展100场以上培训活动,对1000家以上企业的万名人员进行企业管理、营销、设计、制造等方面的培训,其中培训企业家和高级管理人才1000名左右,培育一批敢于善于变革创新的优秀民营企业家。

(四)优服务,全力提升营商环境

一是开展"万名干部进万企"行动。按照"个性问题因企施策,共性问题成批化解,简单问题基层办理,疑难问题领导挂帅,紧急问题即时处理,复杂问题集中攻坚"的要求,建立问题清单、落实清单、责任清单,建立重大涉企案件报告制度,切实为企业解决一批土地、融资、技术、人才等方面问题,争取问题化解率达95%。其中第一批交办的313个问题,确保3月底前完成率要达到90%,6月底前全部完成。

二是开展降本减负"百亿惠企"行动。全面落实国家和省市降本减负政策和高质量发展系列政策,梳理公示企业税费"一张清单",进一步降低企业税费负担和企业用能、用工、物流、融资、用地、制度性交易成本以及涉企中介服务收费,力争全年为企业减负150亿元(不含出口退税)。强化政策刚性兑现,建立200家企业负担监测点,杜绝政府部门和中介机构违规收费,对降本减负和财政扶持政策兑现情况进行定期专项督查,对政策不兑现、兑现难、兑现慢等问题进行督促整改。优化政策兑现流程,利用产业政策奖励兑现系统平台,让企业少跑路、零跑路,加快财政政策兑现进度。

三是开展经信队伍规范化建设行动。制定实施《关于加强全市经信系统干部队伍的指导意见》,推进经信系统开展"重学习、强素质,重调研、强创新,重服务、强品牌,重效率、强执行,重品行、强作风"活动,落实"三清单一承诺",建设一支对党忠诚、个人干净、敢于担当的干部队伍。进一步打造"心系企业·真情经信"服务品牌,加强对企业、产业、平台和县(市、区)的服务,建设温州民营经济咨询团、企业综合服务平台和企业"云管家"平台,设立"温州民营经济发布"微信公众号,开发新政80条"一键读懂"App,为民营企业发声出招,使经信局真正成为广大企业和企业家的"娘家"。

绿色智造成效显现 工业经济迈向高质量发展

——湖州市 2018 年工业经济运行情况

湖州市经济和信息化局

2018 年,湖州市工业系统坚持新发展理念,以"中国制造 2025"试点示范城市建设为牵引,以"绿色智造"为主线,全力开展稳增长、促转型、抓改革、增后劲、转动能、降成本等系列工作,多项主要指标在全省保持领先,湖州市工业经济加快迈向高质量发展。

一、2018 年工业经济运行情况和特点

2018 年,湖州市工业经济主要指标平稳运行,产业、行业、创新等结构性指标持续向好,工业经济总体呈现"稳中有进,转中向好"的运行特点。

（一）工业经济主要运行特点

1. 工业生产加快。规上工业产出扩张。2018 年,湖州市实现规上工业增加值 801.5 亿元,同比增长 9.3%,增幅居全省第 3,快于全省平均 2.0 个百分点,较 2017 年加快 0.6 个百分点,创下近五年以来的新高（如图 1 所示）。分季度来看,2018 年一、二、三、四季度末增速分别为 8.3%、9.4%、9.8% 和 9.3%,表现为一季度高开低走,二季度企稳上行,三季度高位波动,四季度逐步回落特征,总体呈现"稳中有进"运行态势。工业用电较快增长。2018 年,湖州市工业用电量同比增长 11.4%（列全省第 2）,快于全省平均 4.8 个百分点,较 2017 年加快 1.5 个百分点,增幅创下近七年以来的新高。分季度来看,2018 年一、二、三、四季度末增速分别为 9.5%、12.1%、12.5% 和 11.4%,总体趋势和规上工业增加值增速保持一致。工业贡献作用突出。2018 年,全部工业增加值为 1152.5 亿元,同比增长 9.2%,快于地区生产总值增速 1.1 个百分点,对湖州市 GDP 增速保持全省第二的贡献率达到 50.8%,较 2017 年同期提升 7.1 个百分点;制造业入库税收为 171.9 亿元,同比增长 13.2%,占财政总收入比重为 35%。

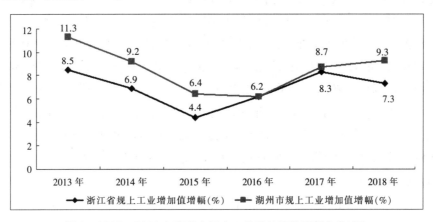

图 1　2013—2018 年湖州市规上工业增加值增速和全省对比

2. 行业运行平稳。多数行业正增长。2018 年,湖州市 33 个工业行业中仅皮革毛皮、纺织服装、铁路船舶等 6 个行业增加值为负增长,其余如医药制造(7.6%)、文体用品(8.2%)、有色金属(13%)等 27 个行业增加值为正增长,其中专用设备(25.2%)、通信电子(58.3%)、燃气生产供应(71.2%)等 14 个行业增加值增幅超10%,拉动湖州市工业面上增长。轻重工业双回升。2018 年,湖州市轻工业增加值增长 7.5%、重工业增加值增长 10.6%,较 2017 年分别回升 0.2 个和 1 个百分点,尤其是湖州市重工业产出水平总体扩张,主要原因在于2018 年铜、铁矿石、煤等大宗商品价格坚挺,以及下游需求旺盛的拉动。如三一重工的工程机械装备销售强劲,2018 年产值、利税分别增长 77.5%和 54.9%。传统行业生产回升。从主要传统行业增加值看,2018 年纺织业增长 4.7%、木材加工增长 9.4%、化纤制造增长 19.5%、黑色金属增长 7.7%,增速较 2017 年分别回升 2.9个、4.6 个、8.5 个和 14.8 个百分点。因持续去产能化和低小散整治出清,湖州市部分传统行业生产扩张,效益改善。

3. 结构明显优化。三大产业发展加快。2018 年,湖州市战略性新兴产业、高新技术产业和装备制造业增加值分别增长 11.7%、10.4%和 9.5%,增速分别列全省第 6、第 4 和第 5 位,占规上工业比重分别为 31.1%、51.6%和 26.2%,较 2018 年同期分别提升 1.0 个、6.4 个百分点和回落 0.1 个百分点,湖州市三大产业发展持续领先规上工业面上,其中数字经济核心产业、新能源汽车及关键零部件等新领域不断成长壮大,有力优化了湖州市产业结构。重点技改力度加大。2018 年,湖州市认定工业大好高项目 137 个,同比增加 87 个,增幅174%,开工率 100%;新开亿元以上工业项目 333 个,同比增加 134 个,增长 67.3%;竣工投产项目 130 个;列入省重点技术改造投资项目 304 个,完成投资额 128.3 亿元,同比增长 33.9%,增幅列全省第一。如永兴特钢加速高端钢材国产化,募投的“年产 25 万吨高品质不锈钢和特种合金棒线项目”建成投产,不锈钢高端产能进一步释放。绿色智造成效显现。2018 年,新增国家级绿色工厂 20 家,累计达 26 家,居全国前列,湖州市星级以上绿色工厂达到 1468 家,覆盖率为 60%;微宏动力、天能科技、华莹电子等 5 家企业建成省级数字化车间和智能工厂,占全省的 12.5%;新增 5500 家上云企业,新增省级上云标杆企业 17 家,入选总数居全省第2,累计培育省级上云标杆企业 26 家;“低散乱”企业(作坊)整治 6749 家,淘汰落后产能涉及企业 154 家,腾出用能空间 15.76 万吨标煤。

4. 创新步伐加快。工业创新力度加大。2018 年,湖州市规上工业科技活动经费支出 84.5 亿元,同比增长27.7%,增幅快于主营业务收入,增长 13.5 个百分点,科技活动经费支出占主营业务收入比重为 2.05%,较2018 年同期上升了 0.4 个百分点。占比创下历史新高,表明当前制造业企业更加注重创新投入,湖州市工业创新驱动发展能力不断提高。重点企业创新活跃。据监测,2018 年湖州市 339 家重点骨干企业科技活动经费支出为 54.9 亿元(占规上面上 64.9%),同比增长 28.9%,高于规上工业面上 1.2 个百分点,其中东方基因(39.7%)、中晶科技(43.7%)、鼎力机械(53.6%)等 67 家企业增幅高于 30%以上,东尼电子(5.7%)、佐力药业(7.4%)、微宏动力(13.8%)等 41 家企业的科技活动经费支出占主营业务收入比重超过 5%以上,湖州市大批重点企业创新活动趋向活跃。新产品加快增长。2018 年,湖州市规上工业实现新产品产值 1728.3 亿元,同比增长 24.9%,快于总产值增长 11.1 个百分点。湖州市规上工业新产品产值率达 40.1%(列全省第 2),较 2017年提升 2.7 个百分点,高于全省平均 2.9 个百分点。2018 年湖州市新增省级工业新产品备案 1670 项,完成新产品鉴定验收 389 项,备案数列全省第 2;湖州市智能产品 223 项,省内首台 11 项,浙江制造精品 12 项。

(二)面临的主要问题

1. 出口压力加大。进入 2018 年四季度后,湖州市规上工业出口有所下滑。从相关数据看,2018 年 1 季度末、上半年、3 季度末规上工业出口交货值分别增长 4.7%、7.6%和 10.9%,但四季度仅为 7.4%,较三季度末回落 3.5 个百分点,其中 2018 年 12 月单月出口交货值同比下降 0.9%,环比 11 月大幅回落 23 个百分点。主要是受外需减弱、"抢出口"效应逐渐消退、人民币汇率升值和"稳外贸"政策效用边际递减等因素叠加影响,未来湖州市制造业产品出口压力加大。

2. 效益明显放缓。2018 年,湖州市规上工业利税、利润同比分别增长 7.3%和 5.5%,增幅较 2017 年分别回落 14.8 个和 21.8 个百分点(如图 2、图 3 所示)。主要原因在于,一方面湖州市规上工业生产成本上升过快,其中销售费用增长 18.2%,管理费用增长 15.6%,财务费用中的利息支出增长 12.1%,三项费用支出创下近年新高,压缩企业的盈利空间。另一方面受个别企业偶然性因素影响,如巨人控股因上年的高基数(2017 年股权转让收益),造成 2018 年利润下降 94.4%;浙江长广将企业搬迁等营业外支出 3 亿元集中上报,全年亏损 3.5 亿元,两个企业影响湖州市规上工业效益增长达 7 个百分点。

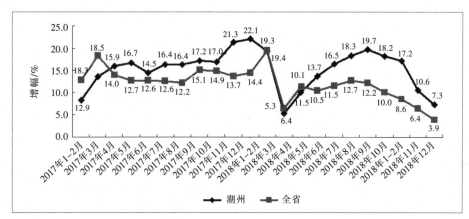

图 2　2017 年以来湖州市与全省规上工业利税累计增幅

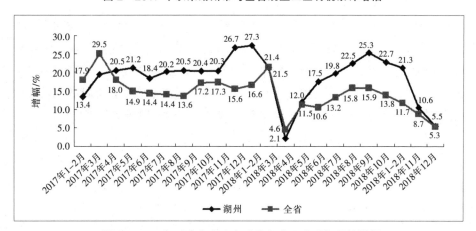

图 3　2017 年以来湖州市与全省规上工业利润累计增幅

3. 信心依然不强。2018 年,原材料、能源、物流、用工等要素价格呈现新一轮增长态势,加之因贸易摩擦加剧、宏观经济下行,有效需求不足等不利影响,广大企业经营困难压力不减,发展信心有所弱化。据对 2018 年四季度湖州市 339 家(占规上工业比重 67%)重点骨干企业调查,认为四季度宏观经济形势良好、一般、不佳的分别占 40.1%、54.3%和 5.6%,认为四季度生产经营状况良好、一般、不佳的分别占 46.9%、49.4%和 3.7%,认为 2019 年一季度宏观经济形势良好、一般、不佳的分别占 32.7%、60.6%和 6.7%,认为 2019 年一季度生产经营状况良好、一般、不佳的分别占 34.6%、60.5%和 4.9%。调查显示广大企业的信心总体不强。

总体而言,随着近期国际金融市场的震荡,以及区域性地缘政治风险的爆发,未来全球经济发展的不稳定性、不确定性明显加大。同时,国内面临基建乏力、房地产趋冷、民间投资信心不足的压力,叠加消费和出口放缓等不利因素。2019 年国内投资和出口增长面临巨大挑战,宏观经济回落压力较大。从湖州市看,部分传统行业企业经营艰难,少数企业被市场淘汰,低端产能去化阵痛不小。但有利的是随着"中国制造 2025"试点示范城市建设、改革深化、降本减负等系列工作推进,工业经济的内在活力、动力和潜力有望进一步激发,尤其是近年新引进的一大批新能源、生物医药、高端装备等重大项目将陆续建成投产,将加快推动新旧动能转换,预判 2019 年湖州市工业经济有望呈现"稳中提质""转中增效"的良性发展态势,规上工业增加值增长9% 以上。

二、工业经济发展主要举措

坚持发展第一要务,以工业经济高质量发展为导向,统筹做好稳增长、促转型、抓改革、增后劲、转动能、优服务等各项工作,扎实推动工业经济再迈新台阶。

1. 坚持以"绿色智造"为主线,谋划落实三大战略具体举措。一是全力争创"中国制造 2025"国家级示范区。在分管副市长的带领下,制订《湖州市创建"中国制造 2025"国家级示范区实施方案》,并在 11 个参评国家示范区的城市中位列第四位。全国首个绿色发展大会、工信部全国先进制造业产业集群座谈会在湖顺利召开,认真承办湖州市加快打造绿色智造城市建设暨民营经济高质量发展大会,湖州工业"绿色智造"品牌进一步打响。二是全面谋定沪湖绿色智道廊道建设思路。紧抓长三角更高质量一体化上升为国家战略的有利时机,聚焦新能源汽车及关键零部件等六大产业,编制完成了《沪湖绿色智造廊道建设实施方案》和发展规划,努力将廊道建设成为全国绿色智造样板地。三是精心绘制数字经济发展蓝图。聚焦数字经济"一号工程",以数字产业化、产业数字化为主路径,制定出台了《湖州市加快数字经济发展实施方案》,提出五年倍增目标,努力打造以数字化为引领的全国绿色智造样板地。

2. 坚持以八大产业为重点,培育形成一批优势产业和企业。一是狠抓新兴产业发展。结合"省市县(区)长项目工程",围绕新能源汽车及关键零部件、半导体芯片、高端装备、生物医药等战略新兴产业领域,对照"345"和亩均标准,严把准入关,实现项目的高质量精准招引。全年共招引"大好高"项目 137 个,同比增长174%;亿元以上新开项目 333 个,竣工 130 个。已培育形成了新能源汽车及关键零部件、绿色家居 2 个千亿级产业。二是狠抓传统产业高新化。围绕童装、铝合金等九大行业,制定湖州市传统产业高新化改造提升三年行动计划。全年新建成小微企业园 18 家,累计 48 家;吴兴区和南浔区列入省小微企业园建设提升实施主体。17 个传统产业在全省指标通报中综合排名位居前列;安吉家具及竹木制品列入省级分行业试点。三是狠抓企业主体培育。坚持大中小企业协同发展,全年预计培育"双金"企业 19 家,新增培育市级"隐形冠军"19家,欧诗漫列入国家制造业单项冠军培育企业。扎实推动小微企业上规升级,完成"小升规"企业 593 家,完成率居全省第 1 位。四是狠抓军民融合转化。成功组织召开第三届军民融合产业发展大会,创新制定《湖州市促进军民融合产业发展的八条政策》。湖州市拥有军民融合资质的重点企业达到 28 家,蓝箭航天技术有限公司实现了中国航天史上首枚民营运载火箭发射升空。

3. 坚持以"智慧应用"为核心,推动形成一批试点示范。一是实施百项"智能化技改"。引导湖州市制造业生产模式向自动化、智能化、绿色化升级。截至 2018 年,湖州市在役工业机器人达到 4214 台。南浔木地板、电梯和长兴电池、非金属等重点行业分别列入省机器换人示范行业。二是开展百项"两化融合"。重点推动498 个市级两化融合项目实施,培育市级两化融合试点企业 480 家、示范企业 88 家,在全省率先实现省级两化融合示范试点区县全覆盖。新增省级制造业与互联网融合试点示范企业 21 家,累计达到 51 家,新增及累计均列全省第 1。三是推进百项"智能制造"。遴选 76 家重点企业,率先开展市级数字化车间和智能工厂建设,微宏动力等 5 家企业已建成省级无人车间、工厂。新增省级以上智能制造新模式应用项目 15 项。四是实施千家"企业上云"。加快推进华为云平台等重大项目建设,开展季度督查,强力推动企业上云用云。全年预计新增上云企业5500家,完成率居全省前列。新增17家企业入选省级上云标杆企业,入选总数位居全省第2。五是加快千项"产品创新"。引导企业围绕用户需求,加大新产品开发力度。全年省级工业新产品备案1670项,备案数居全省前列,通过省级新产品鉴定389项。

4. 坚持以"绿色发展"为引领,构建形成系列标准体系。一是实施标准建设引领工程。建立由"中国(湖州)绿色发展指数"、绿色智能制造区域评价办法、绿色园区评价管理规范、绿色工厂组成的市、区县、园区、企业四级绿色智造标准体系,绿色智造标准体系建设走在全国地市级城市前列。二是实施示范项目创建工程。按照分级、分类、分层的培育原则,全面启动绿色工厂星级管理全覆盖工作,截至2018年,湖州市已认定星级绿色工厂1468家,二星级及以上绿色工厂覆盖率达到55.9%。新增国家级绿色工厂20家,累计达到26家,居全国前列。三是实施节能降耗工程。聚焦重点行业、重点企业,制定出台高能耗高污染企业整治工作方案,通过采取关、停、并、转、迁、治等措施,全年淘汰154家企业的落后产能,腾出用能空间15.76万吨标煤。四是实施"低散乱"整治淘汰工程。以"四无"及"低散乱"企业为重点,指导区县实施一业一策,全力推动吴兴童装等细分行业整治提升。全年完成"低散乱"企业(作坊)整治6749家,处置"僵尸企业"55家。

5. 坚持以"资源要素"为支撑,汇聚形成一批科创人才平台。一是加快创新平台建设。积极推进企业技术研发中心建设,搭建产学研合作平台,截至2018年,湖州市共创建国家企业技术中心8家,国家级技术创新中心示范企业3家,省级企业技术中心84家。诺力机械入选国家技术中心、国家技术创新示范企业,长兴县动力电池成功列入浙江省绿色电池制造业创新中心建设。二是加快创新装备研发。制定首台(套)新政,在首台(套)销售、市一级保险补偿等方面有了新的突破,全年湖州市共有11项产品列入省级首台(套),占全省10.6%,为"十三五"以来最高。三是加快创新人才引育。深入实施"南太湖精英计划"人才培养工程,围绕重点产业,推动校企、校地合作,加快技术创新人才培育、传统工艺美术人才传承发展、湖笔产业人才振兴发展,全年共引育创新领军人才104位、省"万人计划"1位、省工艺美术大师1位、市工艺美术大师22位。

6. 坚持以"改革创新"为抓手,推动开展三项改革。一是推动"亩均论英雄"改革。对标省定要求,制订出台"亩均论英雄"改革实施意见,初步建成工业大数据平台,并对湖州市9172家工业企业完成了亩均效益评价,其中规上工业企业2711家,规下工业企业6461家。2017年,湖州市规上工业亩均税收13.2万元,较2016年同口径增长16.8%。在全省各地级市中,率先在市级层面出台差别化政策意见,对用电、用水等九个方面实施资源要素的差别化配置,结合"五未"土地处置、"低散乱"企业整治等工作,强力推动低效地出清。截至2018年,已完成整治提升低效企业1226家。二是深化区域能评改革。在率先实现各区县"区域能评"全覆盖的基础上,积极拓展区域能评实施范围,完成南浔区湖笔小镇和丝绸小镇的区域能评审查,加快推进吴兴区美妆小镇,德清地理信息小镇、通航小镇,长兴县新能源小镇区域能评报告编制和审查工作。三是深入推进工业"三未"土地专项整治。制定出台《湖州市工业项目"用而未尽、建而未投、投而未达标"低效用地认定标准和处置办法》,对湖州市工业企业建设用地情况进行"拉网式"排摸,指导区县做好"三未"分类处置。湖州市已累计处置"三未"低效工业用地625宗,涉及土地面积27558亩,处置率占99.53%。

7. 坚持以"服务企业"为宗旨,制定实施一批政策服务。一是抓活动开展。创新开展"问难帮困稳增长"专项活动,深入企业开展"九问",强化问题解决,指导企业发展。湖州市排摸梳理问题1118项,解决955项,解决率85.4%。二是抓政策落地。围绕细分行业、重点产业、高端产品,分别制定了《湖州市关于加快推进绿色智能装备首台(套)产品推广应用的六条政策意见》《湖州市促进军民融合产业发展的八条政策》等政策意见,优化完善专项资金管理办法和子项管理细则,兑现省、市工业发展扶持专项资金4.7亿元。三是抓降本减负。全面贯彻落实国家、省各项减负政策,制定出台《湖州市进一步减轻企业负担优化营商环境35条意见》,加大政策宣传,强化工作督查,确保各项减负政策不折不扣执行。全年减负107.6亿元。

三、工业经济发展面临的形势

1. 全球经济面临诸多挑战,但整体缓慢复苏态势有望保持。油价将筑底回稳,铁矿石、铜、铅、铝等大宗商品价格涨幅放缓,全球通胀水平有望抑制。主要经济体的货币政策从宽松到日益趋紧,美联储持续推进渐进式缩表,2019年预计加息三次,全球资本回流发达国家的态势加剧,部分新兴市场国家面临巨大资金外流压力。“逆全球化”思潮不断升温,将减少全球贸易,形成投资壁垒,阻碍人文交流,对全球贸易的前景形成巨大的冲击。但当前世界经济总体处于后危机时代的转型恢复期,互联网、物联网、人工智能、大数据、新能源、生物医药等新经济、新模式、新业态不断涌现,动能不断增强,将有力支撑全球经济的整体缓慢复苏。

2. 国内金融债务压力沉重,但宏观经济有望保持平稳运行。国内政府、企业、居民三大部门的债务水平处于历史高位,制约国内政府基建、房地产、民营企业投资,加之外部环境的不利变化,“三驾马车”中投资、出口压力增强。宏观经济“金融收缩”的特征仍难改变,大批民企因为银行断贷或其他融资链断裂,陷入经营困难,甚至破产的严峻局面。但随着近年供给侧结构性改革的深入推进,低端落后产能加快去化,高端产品供给明显增加,国内全员劳动生产率和全要素生产率加快提升,加之城乡居民收入水平不断提升,消费升级欲望总体旺盛,为经济发展注入新的动力,中国经济将由高速增长阶段持续迈向高质量发展阶段。预计2019年全年通货膨胀率将保持在2%以下的水平,GDP增速处于6%—6.5%之间,主要宏观经济指标平稳波动。

3. 湖州市传统产业去化加快,但工业发展内生动力有望增强。在宏观经济收缩的大环境下,广大企业用工、用能、资金等要素紧张交叠生产成本的过快上涨,加之湖州市低效企业出清和“低散乱”整治力度加大,部分传统行业企业经营艰难,少数企业被市场淘汰,低端产能去化阵痛不小。但随着近年来新能源汽车、高端装备、生物医药产业项目的加快引进建成,以及“双金双高”、隐形冠军企业加快创新驱动发展步伐,湖州市工业内生结构和动力发生深刻的变化,新兴动能持续累积,发展基础更加坚实,湖州市工业经济仍将有望保持中速增长。

四、推进工业经济发展的对策

指导思想:坚持稳中求进工作总基调,聚焦“六稳”工作要求,坚持新发展理念,全面落实市委“一四六十”工作体系,以“绿色智造”为主线,重点抓好“三个全力、三个着力、三个强力”,加快推动湖州市工业经济高质量发展,为加快赶超、实现两高做出应有的贡献。

主要目标:全年规上工业增加值增幅9%,力争9.5%;规上工业利税、利润增长12%;规下工业增加值增长9%;战略性新兴产业、装备制造业增加值增速高于面上2个百分点,数字经济核心产业增加值增长16%;工业投资增长12%,力争15%;亩均税收确保提升15%,力争提升20%;单位工业增加值能耗下降10%。重点做好三方面九项工作:

(一)突出三个“全力”,努力抓好三件急事

1. 全力稳增长。一是深入开展“三服务”活动。全力深化“问难帮困稳增长”活动,通过“三送六问”,即送政策、送服务、送关怀以及问停复工安排、问生产经营状况、问项目建设进度、问市场订单计划、问要素保障需求、问面临的困难和问题,实现规上工业企业走访全覆盖。落实服务企业“白名单”,建立健全企业问题解决机制,确保在融资、用工、用能、土地等方面的制约得到有效缓解,实现工业稳增长目标。二是创新服务机制。创新民营企业服务模式,聚焦产业链、供应链、技术链、资金链、人才链、工作链,打造一站式企业综合服务平台,建立“企业出题目、政策作答卷”的常态化沟通机制,提高为企服务的精准性。三是加快政策兑现。全面落

实中央、省、市降本减负和扶持民营企业发展的各项政策,编制政策汇编,组织市、区县、乡镇开展百名业务骨干进企业送政策活动,帮助企业解读政策、用好政策。进一步优化政策申报、审批、兑现流程,缩短审批周期,力争实现政策兑现"最多跑一次"。确保 2019 年为企业新增减负 100 亿元以上。四是强化运行监测。组织开展基层干部和企业专业人员业务知识和岗位技能培训,实现重点乡镇、重点企业、重点项目统计人员专题培训全覆盖。推动外部数据与内部数据、企业运行数据与工作数据的大整合,实现面上运行监测与行业监测相互补,强化趋势性分析,掌握工作主动性。

2. 全力帮企业。一是联企业,助发展。深入了解企业生产运行情况、企业发展战略规划、制约企业发展的主要因素、企业对政府服务的迫切需求,宣传中央、省市鼓励企业发展的政策举措,解决影响企业发展的问题困难,切实提升企业发展信心。二是联项目,助推进。实地走访项目建设现场,重点了解重大项目建设推进情况,及时梳理和解决工业项目建设中存在的突出困难和问题,充分协调各类资源推动项目建设,全力推动一批重大工业项目早日竣工投产。三是联人才,助创新。牢固树立人才强市工作导向,通过走访调研、信息交流、部门会商、创新论坛等方式,及时了解掌握各类高端人才及新生代企业家的需求,针对性开展贴心服务,不断优化人才成长和创新发展环境。四是联平台,助提升。联系对接工业强镇、小微企业园、特色小镇等工业平台,深入了解工业经济发展态势,统筹指导区县科学编制小微企业园高质量发展五年规划,编制特色小镇"四个一批"项目库,推动区县加强平台配套设施建设,为平台内企业提供全面的公共服务。

3. 全力"开门红"。一是制定工作方案。结合全省"服务企业服务群众服务基层"活动开展,制定《2019 年湖州市工业"问难帮困稳增长全力助推开门红"专项活动方案》,排定目标任务、强化工作举措,推动各级各部门按照活动部署,加强工作对接,落实分工要求,确保一季度主要指标实现"开门红"。二是推动企业加快节后开复工。开展对湖州市规模以上企业春节放假及节后复工情况调查,及时掌握企业市场订单、产能发挥、资金需求、用工缺口等信息,加强趋势性、苗头性研究,强化应对措施,指导企业在落实安全生产的前提下,少停工,快复工。对节后复工缓慢的企业,及时帮助企业化解困难,推动企业及早恢复生产。三是营造浓厚氛围。充分发挥报纸、广电、网络等媒体作用,广泛宣传报道工业"开门红"各项重点工作进展情况;广泛宣传报道在加快项目建设、要素资源保障、重点市场拓展、项目人才招引等方面的先进典型;广泛宣传报道各级各部门服务企业、服务基层、服务群众的典型事例,大力营造夺取工业"开门红"的浓厚氛围。

(二)突出三个"着力",努力在三件大事上求突破

1. 着力深化沪湖绿色智造廊道建设的文章,在迅速打响品牌上求突破。一是建立合作交流机制。加大与 G60 科创走廊联席会议办公室、上海市经信委、长宁区、松江区等上海方对接,建立畅通交流合作机制。二是建立产业精准对接机制。编制产业地图,与上海相关产业园区建立深度合作关系,争取全年从上海、苏州等地引进工业大好高项目 60 个,每个县区至少引进 1 个 50 亿元以上的中高端制造业项目。三是建立人才要素招引机制。主动对接上海创新资源,开启上海人才招引"月月行"活动,加快建立孵化基地、中试基地,力争全年与上海达成科技成果转化项目 10 项以上。四是建立产业服务协同机制。以 G60 科创走廊九城市为载体,以新能源动力电池产业为核心,筹备成立新能源汽车及关键零部件产业联盟,设立面向长三角的智能网联汽车公共技术服务平台。

2. 着力深化数字经济一号工程的文章,在数字经济核心产业培育上求突破。一是建立健全推进机制。制定年度推进计划和考核办法,加快建立湖州市数字经济统计调查和评估制度,筹备成立湖州数字经济专家咨询委员会。二是大力开展项目招引。要牢牢抓住德清联合国地理信息大会召开的有利时机,紧盯台湾等重点地区,强化项目招引,力争在集成电路、工业软件等方面有实质性突破,努力让"芯片梦"在 2019 年变为现实。三是开展"个十百千"工程。"个"就是加快培育认定 5 个工业互联网平台;"十"就培育建成智能工厂和数字化

车间 50 家；"百"就是招引推进数字产业化、产业数字化项目各 100 项；"千"就是推动新增 4000 家企业上云用云，努力实现数字经济主营业务收入破千亿。

3. 着力深化传统产业高新化的文章，在重点产业质效提升上求突破。一是抓标准提升。进一步细化完善绿色指数、绿色园区、绿色工厂、绿色产品等标准，进一步提高湖州市在"绿色智造"领域的话语权。谋划召开第二届中国绿色发展大会。二是抓示范应用。加快产业数字化、智能化升级，重点推进机器换人、企业上云、"互联网+"新模式新业态培育，全年新增机器人应用 1500 台，市两化融合指数计划达到 86，信息化指数计划达到 98，确保全省前 5。三是抓主体培育。深入实施"雄鹰行动""雏鹰行动"，构建完善"小升规"—"隐形冠军"—"单项冠军"—"金象金牛"的梯度培育机制。力争全年培育"雄鹰"企业 6 家，"隐形冠军"企业 15 家，"小升规"企业 200 家，国家"小巨人"企业取得突破。四是抓入园集聚。高质量推进小微科技园建设，开展小微企业园绩效评价和星级评定工作，实现小微企业园绩效评价全覆盖，全年新建成小微科技园 15 家、力争 20 家，四星级以上小微企业达到 5 家。

（三）突出三个"强力"，努力破解三件难事

1. 强力打好"亩均论英雄"改革攻坚战，破解亩均产出低之难。一是主攻数据库建设。修改细化完善取数口径，细致排摸各项评价指标数据，加快推进模块开发与应用，尽快畅通数据渠道，实现数据实时共享，提升大数据系统功能，打实评价工作基础。二是主攻差别化政策落地。协同市发改、财政、电力等部门，建立差别化政策落实定期统计通报制度，全面推动《差别化政策九条意见》落地，确保评价对象政策执行全覆盖。三是主攻低效地出清。制定出台加快低效企业改造提升的实施意见，综合运用"创优八法"，协同"五未"土地处置、"标准地"等改革，推动低效企业有效出清，力争出清 60% 以上。

2. 强力打好工业项目"双进"攻坚战，努力破解工业项目少之难。一是高质量项目招引。围绕重点产业，紧盯重点区域，按照"建链、延链、补链、强链"的要求，紧紧依托高端智库，主动参与招商，实施精准招商。全年力争招引"大好高"项目 150 个。二是高质量项目推进。强化项目跟踪服务，定期开展项目督查，加大通报力度和精准度，推动项目早开工、早建设、早入库、早达产、早见成效，力争 2019 年湖州市新开工亿元项目300 项以上。三是高质量项目达产。对达产项目及时纳入亩均统计库，加强运行监测，开展项目投产达标预警制度，提高项目履约率。全年亿元以上竣工项目 150 项以上。

3. 强力打好工业领域绿色化改造攻坚战，努力破解单位能耗高之难。一是实施能耗对标工程。对标行业先进，选择水泥、印染等 30 个左右细分行业开展单位产品能耗对标，倒逼推动企业改造升级，提升能耗水平。二是实施示范创建工程。持续推进绿色工厂星级管理全覆盖工作，从认定向推动提升晋星转变，督促县区保证入围绿色工厂的质量及认程序，着力推进湖州市工业企业提升绿色制造水平，力争 2019 年绿色工厂覆盖率达到 80%，全年争创市级以上绿色工厂 100 家，省级以上绿色工厂 20 家。三是实施绿色技改工程。通过节能新技术、新产品、新装备的推广应用，进一步推动企业能效提升。2019 年排定重点绿色技改项目 100 项，完成投资 5 亿元。四是实施资源综合利用工程。充分发挥湖州开发区、吴兴高新区两个国家级绿色园区示范作用，以美欣达汽车回收拆解与再制造区域示范、天能铅酸铝电池的回收处理与资源化区域示范为契机，全力推广应用，打造更多行业、更广区域资源利用示范。五是实施整治淘汰工程。依法依规推进一批重污染、高耗能落后产能淘汰，重点紧盯长兴 2 条日产 5000 吨、1 条日产 2500 吨水泥熟料生产线关停。强力推进"低散乱"企业整治，全年淘汰 100 家企业落后产能，整治"低散乱"企业（作坊）3000 家，腾出 20 万吨标煤的用能空间。

"两大强市"深入推进 动能转换不断加快

——嘉兴市2018年工业经济运行情况

嘉兴市经济和信息化局

2018年,嘉兴市经信系统坚持稳中求进工作总基调,着力去产能、促调整、育动能,工业经济总体保持平稳较快增长,新兴动能培育加快,传统产业提升有力。但四季度以来,受复杂严峻国际国内环境影响,工业经济有关指标较快回落。2019年,嘉兴市工业发展将面临更加严峻的宏观经济环境,经济运行承受更大的下行压力。必须认清形势,振奋精神,增强信心,共克时艰,把缓解当前经济运行困难和突破中长期发展矛盾结合起来,确保全市工业发展大局稳定,加快工业高质量发展步伐。

一、2018年工业经济运行情况

(一)总体运行特点

1. 工业经济保持较快增长。全部工业增加值2387.18亿元,同比增长8.7%,对GDP的增长贡献率为55.5%。规上工业总产值9627.8亿元,同比增长14.6%;规上工业增加值1968.1亿元,同比增长8.9%,增速高于全省1.6个百分点,总量列全省第三,增速列全省第五。规上工业出口交货值1802.4亿元,同比增长10.9%,高于全省平均2.3个百分点,总量和增速均列全省第三。规上工业利税总额893.1亿元,其中利润总额587.8亿元,同比分别增长7.1%和8.5%,增速均高于全省3.2个百分点。

2. 新旧动能转换进一步加快。高新技术产业、装备制造业和战略性新兴产业增加值分别为1031.8亿元、584.7亿元和781.4亿元,占规上工业增加值的比重分别为52.4%、29.7%和39.7%,占比较2017年分别提高5.3、1.3和3.7个百分点。传统产业改造提升成效明显,十大传统制造业实现规上工业增加值979.7亿元,同比增长7.5%,增速高于全省平均2.5个百分点。

3. 大企业引领作用进一步增强。规上工业企业5542家,较2017年增加了262家,其中产值超百亿企业6家,与2017年持平,产值50亿(含)—100亿元、10亿(含)—50亿元和1亿(含)—10亿元以上企业分别达到14家、110家和1546家,分别较2017年增加了3家、15家和105家。大中小型企业同步发展,规上工业中大、中、小微型企业分别实现工业增加值391.9亿元、428.0亿元和907.4亿元,同比分别增长11.8%、8.9%和8.9%,大企业增长明显快于中小微企业,引领作用进一步增强。

4. 创新发展进一步凸显。规上工业新产品产值为3975.3亿元,同比增长20.6%;新产品产值率为41.3%,较2017年同期提高0.5个百分点,列全省第一位;规上工业企业技术研究开发经费支出同比增长22.1%,高于主营业务收入增速8.6个百分点。

(二)重点产业运行情况

从当前数据看,数字经济核心产业、装备制造业和基础原材料行业呈现较好的增长业绩,但下游轻纺行业,财政补贴性行业增长低迷。从运行态势看,受大宗商品价格下跌影响,基础原材料行业景气突变,显现下行走势,这给嘉兴市工业增长带来很大影响。

1. 数字经济核心产业制造业:生产逐季回升。数字经济核心产业制造业实现规上工业增加值 248.3 亿元、同比增长 12.4%,增速较前三季度、上半年和一季度分别回升 0.6 个、2.5 个和 7.4 个百分点,高于全市平均 3.5 个百分点;实现利润总额 5.7 亿元,同比下降 6.6%,降幅较前三季度收窄 9.6 个百分点。从内部结构看,光伏行业困难重重。近年来,受产能过剩和技术进步影响,光伏产品价格下跌明显,行业运行低迷,2017 年产值仅增长 5.7%,2018 年一季度产值更是下降 17.5%,在如此困境下又遭遇"5.31"补贴退坡政策,导致光伏行业全面下滑,2018 年 37 家光伏企业实现产值 280.6 亿元,同比下降 13.2%,实现利润总额仅 6000 余万元,同比下降 92.4%,超过 2/3 的企业处于停产半停产状态,部分企业出现倒闭。半导体、集成电路等新兴产业保持快速发展。伴随推进省级集成电路产业基地建设,集成电路及其相关产业呈现快速发展态势,规上工业总产值超过 50 亿元,较 2017 年翻番。初步形成以南湖区、嘉善县、海宁市为主的集成电路产业布局,南湖区斯达半导体主营快速增长,浙江芯动科技公司六英寸 MEMS 传感器生产线已经投产,恒拓电子项目开工建设;嘉善格科微电子也已开工建设;海宁泛半导体产业园建设顺利推进,规划总面积 1170 亩,已完成投资近 11.43 亿元。

2. 装备制造业:继续高速增长。装备制造业持续快速增长,成为推动全市工业经济增长和转型升级的重要力量,产业地位稳步提升。装备制造业实现规上工业增加值 584.7 亿元,同比增长 13.9%,增速高于面上平均 5.0 个百分点。其中,高端装备制造业实现规上工业增加值 406.5 亿元,同比增长 9.0%,占装备制造业增加值的比重为 69.5%。从细分行业来看,多数行业保持较快增长,但发展态势不一。以加西贝拉、晋亿实业和津上精密为龙头的通用设备业增长加快,规上工业增加值 119.1 亿元,同比增长 14.7%,增速较 2017 年提高 5.3 个百分点;以日本电产为代表的电气机械行业,受中美贸易摩擦影响增势有所趋缓,规上工业增加值 139.2 亿元,同比增长 9.3%,增速较 2017 年回落 2.9 个百分点;汽车制造业虽总体保持较快增长,但受消费市场不旺影响,自下半年以来回落明显,规上工业增加值 75.9 亿元,同比增长 16.3%,增速较 2017 年和上半年分别回落 11.6 个和 7.4 个百分点。

3. 纺织业:产销相对平稳。随着印染行业整治改造以及"机器人+""互联网+"推进,纺织业生产、效益有所提振。规上工业总产值 1096.1 亿元,同比增长 9.5%,产销率为 97.3%;规上工业出口交货值 196.8 亿元,同比增长 8.5%;规上工业利润总额 46.5 亿元,同比增长 13.7%。

4. 服装业:转型艰难。我国居民衣着消费支出连续多年低速增长(近年年均增速在 2% 左右),且电商的快速崛起极大地冲击了实体。这样的大背景下,部分企业依靠品牌化、电商化华丽转身(如雅莹、安正、林限定等企业),但更多的企业艰难生存,企业分化十分明显。规上服装企业 483 家,数量逐年减少(2016 年有 525 家,2017 年有 507 家),实现产值 396.4 亿元,同比增长 0.6%;增加值 99.3 亿元,同比下降 0.9%。而拥有自主品牌、网络销售渠道的企业却实现了高速的发展,如雅莹 2018 年利润同比增长 150% 以上。

5. 皮革业:需求疲软。据"中国·海宁皮革指数"信息系统监测,12 月皮革产品月价格总指数报收于 90.55 点,环比下跌 2.46 点,环比跌幅 2.64%,同比下跌 9.65 点,同比跌幅为 9.63%,皮革行业仍处于漫长的探底阶段。皮革行业生产、出口、利润全面持续下滑,规上工业总产值同比下降 0.6%,规上工业出口交货值同比下降 2.8%,规上工业利润总额同比下降 27.0%,规上企业亏损面达 24.5%。企业盈利能力处于历史低点,主营业务收入利润率仅为 2.1%。

6. 化工业:景气突变。前三季度,受国际油价持续上涨影响,全市化工行业产品价格保持高位,9 月化工行业 PPI 同比上涨 8.0%。但是四季度以来,受国际原油价格暴跌影响,港区监测的 46 种主要化工产品价格环比呈现"13 涨 33 跌",下跌面为 72%,环比下跌超过 10% 的有 7 种。产品价格下降拉低化工行业产值增速,全年规上工业总产值 1145.9 亿元,同比增长 19.9%,增速比前三季度回落 1.9 个百分点。12 月当月规上工业总产值仅增长 1.0%,增速较 9 月当月回落 38.8 个百分点。

7. 化纤业:高位回落。与化工行业类似,受益于石油价格上涨和产业集中度提高,前三季度化纤产品价格继续全面上涨,全行业生产增长较快,效益向好。但是四季度以来,生产经营骤然变化,涤纶长丝价格从 9 月的 12800 元/吨跌到 8900 元/吨,几乎把全年的涨幅全部跌掉,产值增速随之回落。全年规上工业总产值 731.5 亿元,同比增长 23.6%,较三季度回落 3.5 个百分点,12 月当月规上工业总产值同比增长 9.8%,较 9 月当月回落 23.9 个百分点。

二、开展的主要工作

(一)积极培育新动能

培育壮大数字经济核心产业。继续推进智能终端、通信电子、光伏等重点产业和集成电路、柔性电子、北斗、VR/AR 等新兴产业发展。闻泰通讯、晶科能源入选 2018 年中国电子信息百强企业,天通控股和佳利电子入围 2018 年中国电子元件百强。成功创建省级集成电路产业基地,并获省财政扶持资金 1000 万元。加快格科微电子、国美通讯智能手机、宇视科技智能安全产品制造基地等重大项目建设。做好第五届世界互联网大会嘉兴经贸对接工作,共签约 12 个大项目,总投资额近 110 亿元。全年新签约数字经济超亿元项目 54 项,总投资 715 亿元,其中百亿元以上项目 3 个。加快发展军民融合产业。巩固与航天五院对接成果,协同承办了航天科技集团首届军民融合创新创意大赛、第三届中国军民两用技术(新能源与节能环保)创新成果应用大赛(嘉兴海盐赛区)。启动实施了科比特氢燃料垂直起降无人机系统、泰豪军用空调系统生产线、亚达 LNG 加液机器人和平湖国际太空游览等一批军民融合项目,创建海宁军民融合产业市级示范基地。着力打通"民参军"渠道,当年新增有资质的"民参军"企业 10 家。着力推进智能化改造。实施智能化改造("机器人+")专项行动,2018 年累计完成智能化技改项目 2006 个,完成投资 548.9 亿元,购置工业机器人 2205 台。推进行业试点示范,市级汽车电子智能化改造及智能家居产品升级列入省级重点领域提升示范。

(二)着力提升传统动能

深入推进两化融合。推进 9 个国家两化深度融合示范区建设,海宁已经成为全省首批通过示范区验收的县级市。共有两化贯标试点培育企业 49 家,巨石、桐昆、晶科、亚特、嘉欣丝绸等 17 家企业已经被认定为国家级两化融合管理体系贯标企业。重点推进 7 个试点行业、30 家行业试点企业和 80 家新模式试点企业开展制造业与互联网融合发展,晶科"智能工厂"列入国家级制造业与互联网融合发展试点示范项目。推进工业互联网创新发展,毛衫汇、经编云、汉脑工业云成为省级工业互联网培育平台。此外,毛衫汇、美衫联、力通信息、明远云服 4 家企业与"阿里云"签订合作协议,成为省 supET 平台的子平台。实施企业上云新三年行动计划(2018—2020 年),新增上云企业 1.4 万家,累计上云企业 2.2 万家,五芳斋、卫星石化、航天恒嘉被评为省第二批上云标杆企业。大力去除低效供给。开展综合绩效评价,强化综合评价结果应用,实施"两退两进"提速攻坚行动,加速落后产能淘汰。2018 年,整治"低散乱"企业(作坊)23532 家,完成年度目标任务的392.2%;新建(改建)"两创"中心 44 个,完成年度目标任务的 169.2%,新建(改建)标准厂房竣工面积 264.4万平方米,完成年度目标任务的 293.8%;推动 2644 家小微企业入园发展,完成年度目标任务的 132.2%;腾退低效用地 24888 亩,完成年度目标任务的 248.9%。完成市级及以上淘汰项目 47 项,淘汰落后产能涉及企业 3251 家,分别完成年度目标任务的 100% 和 650.2%。鼓励企业服务化转型。嘉兴市荣获全国服务型制造示范城市称号,成为首批 6 家服务型制造示范城市之一。鼓励企业从加工组装向"制造+服务"转型发展,有 4家企业入选全国服务型制造示范企业(平台)名单,有 49 家企业被评为省级服务型制造试点示范企业(平台)。

(三)努力提升企业市场竞争力

推动企业股改。先后组织9次股改工作会议,分解落实年度目标任务,初步建立市县联动、部门协同的工作机制。建立健全企业股改库,整合服务机构,加大力度推进股改,初步统计新增股改企业300家左右。切实提升产品含"新"量。修订《嘉兴市装备制造业重点领域首台(套)产品认定办法》,2018年认定省级首台(套)11项,市级首台(套)85项。省级工业新产品备案1753项,增长30%。累计拥有国家级企业技术中心6家、省级企业技术中心90家、市级企业技术中心482家,国家技术创新示范企业1家,制造业"单项冠军"7项。推进智能制造试点示范,累计拥有国家智能制造试点示范项目3个,国家智能制造新模式项目5个。

(四)牢固树立绿色发展理念

开展能源"双控"攻坚行动,实施用能预算化管理、用能权有偿使用和交易、应急预案与响应管理等三大制度,组建嘉兴市节能技术专家委员会,加强对重点用能企业服务指导。实施145个节能技改项目。推进绿色工厂创建,4家企业成功创建国家级绿色工厂,33家企业申报首批市级绿色工厂。推进清洁生产改造,有126家企业通过清洁生产审核验收。深化光伏试点和应用推广,出台市本级分布式光伏电量补贴延续性政策,加强光伏工程公司规范和评价,全年全市光伏新增装机容量360兆瓦。

(五)大力推进企业减负

组织14家市级单位围绕降低收费、简化流程、优化服务三个方面提出了34条承诺事项,并在《嘉兴日报》上公布。组织四个督查组对践诺情况开展实地督查,督促有关单位整改落实督查中发现的问题。进一步健全企业负担监测制度,建立嘉兴市企业负担监测点33个,聘请嘉兴市企业负担监督员13名。全面贯彻落实国家、省企业减负政策措施,提出新一轮企业减负政策"12条",开展政策解读、宣传。全年为企业减免税费210.78亿元(不含出口退税)。组织5000余家企业实施电力直接交易,直接交易电量约为160亿千瓦时,为企业节约用电支出约4.7亿元。牵头22个市级部门开展企业走访服务、中小企业扶优扶强专项破难行动,集中走访企业17180家,收集问题1076个,大多数问题都得到了解决或答复。梳理出企业反映的共性问题,组织实施了"暖心扶企"十大专项行动,取得了阶段性成效,提振了市场信心。全部工业项目(新建、技改)实现"三个100%":100%网上申报、100%网上审批和100%批文回传。嘉兴经信局主管的5项行政许可事项,共为相关企业办理30余件,全部做到了企业"零上门、不见面"。

三、存在的主要问题和2019年发展趋势预判

(一)工业经济运行存在的主要问题

1. 企业生产经营压力加大。一是经营成本上涨过快。规上工业企业的主营业务成本同比增长14.3%,增速快于主营业务收入0.8个百分点;每百元主营业务收入的成本是85.7元,比2017年增加0.6元。二是盈利空间总体缩小。规上工业利润总额同比增长8.5%,增速较2017年回落9.0个百分点。亏损企业有847家,亏损面为15.3%,较2017年扩大1.5个百分点,亏损企业亏损额为71.6亿元,同比增长74.0%,亏损额增速为近年来之最。规上工业企业的主营业务收入利润率为6.3%,较2017年回落0.4个百分点。三是利润向上游行业和大企业集中。从行业看,化工、化纤和建材三个行业的利润总额同比增长24.9%,这三个行业新增利润占全部新增利润的73.7%,主营业务收入利润率为7.3%,较规上工业企业平均高出1.0个百分点。从企业看,大型企业的利润总额同比增长18.8%,而小微型企业利润仅同比增长6.1%,大型企业新增利润占比达58.2%,大型企业主营业务收入利润率为8.7%,高于中小微型企业3.6个百分点。

2. 中美贸易摩擦影响显现。工业品出口呈现明显的倒U型走势。前6个月,规上工业出口交货值当月增

速均为个位数;7月份开始,规上工业出口交货值增速一路上扬,9月份达到峰值为同比增长19.3%;10月份开始逐步回落,12月当月下降至同比增长7%。工业出口增速的这种波动状况与中美贸易摩擦密切相关,2018年7月6日中美开始互相加征关税,企业为规避风险,自7月以来集中抢单,由于出口报关和美国节日等因素,企业抢单到10月底结束。据此判断,可以预见出口或将成为影响2019年工业经济走势的重要因素。

3. 企业投资意愿不强。2018年,完成工业投资696.9亿元,同比下降6.1%(虽有基数调整等统计方面的原因,但也能说明整体态势)。全市428项"五个一批"重点项目完成投资270.8亿元,仅完成年度计划投资额的70.0%。调查显示,由于经济景气、市场前景和投资回报的不确定性增大,企业投资决策谨慎,观望气息较浓,2019年投资安排增加的企业占比为27.2%,投资安排持平的企业占比为45.7%,占比分别较2017年下降了6.4个和4.5个百分点,而投资安排减少的企业和无投资意愿的企业占比则分别较2017年提高了4.6个和3.4个百分点。

(二)2019年工业经济运行走势预判

从全球看,世界经济增长动力趋弱。受贸易投资保护主义升温、贸易摩擦加剧、国际融资环境趋紧、金融风险外溢增强、全球债务水平居高不下、竞争性减税行为增多等因素影响,世界经济下行压力加大。国际货币基金组织将明年全球增长预期下调至3.7%,是自2016年以来首次下调。国际机构认为美国发动的针对全球的贸易摩擦有可能导致世界经济增长放缓,特朗普对全球贸易伙伴发动贸易战,将导致全球经济增长率到2020年降低0.5个百分点;同时贸易壁垒会阻碍投资,扰乱国际供应链,减缓新技术的传播,降低全球生产率。

从全国看,经济稳中有变、变中有忧。受外部环境变化影响,国内经济稳中有变,变中有忧,贸易战影响将逐步显现、部分企业经营困难较多、金融动荡风险较大等问题导致国内经济下行压力有所加大。国家信息中心预计2019年我国GDP增长6.3%左右,比2018年有所下降。

从全市看,工业下行压力较大。企业预期总体偏悲观,发展信心明显不足。问卷调查显示,相较于2018年宏观经济形势,23%的企业认为2019年会好转,59.7%的企业认为差不多,17.3%的企业认为会变差。与前两年的调查相比,宏观经济形势好转预期占比明显下降、变差预期占比明显提高。好转预期占比较2017年调查(对2018年宏观形势判断)和2016年调查(对2017年宏观形势判断)分别下降了21.8个和9.2个百分点,变差预期占比较2017年调查和2016年调查分别提高了14.8个和9.5个百分点。而且,12月当月全市制造业采购经理人指数(PMI)为49.2%,已连续三个月处于收缩区间。

诚然,在清醒看到2019年工业经济增长严峻性的同时,必须充分看到工业经济发展的有利条件。一是我国具有大国优势和独特的政治优势,改革开放40年积累起雄厚的经济实力,国内需求潜力巨大,空间转圜余地大。二是宏观调控政策已经做出了调整,逆周期调节的力度在不断加大,稳增长成为经济工作的首要任务。各级政府已经积极行动起来,进一步采取稳增长的有力举措。三是企业的经营条件有所改善。大宗商品价格较大回落,企业的高成本压力相应减轻,供给侧结构性改革的深入推进,给企业更大的生存空间。四是嘉兴市以民营经济为主的企业充满生机和活力,具有战胜当前困难的微观基础。

综上所述,2019年嘉兴工业经济发展趋势的预判是:工业经济运行的基本面没有发生根本性变化,仍将保持在合理区间运行,但相较于2018年工业经济增速,或将明显回落。

四、2019年重点工作安排

2019年,全市经信工作的总体要求是:全面贯彻党的十九大和十九届二中、三中、四中全会以及中央、省委、市委经济工作会议精神,以习近平新时代中国特色社会主义思想为指导,落实新发展理念,弘扬"红船精神"，以供给侧结构性改革为主线，围绕"巩固、增强、提升、畅通"八字方针，坚持稳中求进工作总基调，突出稳增长，培育新动能，实施新战略，着力构建"质量高、结构优、创新强、环境友好"的工业经济体系，全面推进先进制造业和数字经济"两大强市"。

主要预期目标：全市规上工业增加值增长7%，规上工业总产值突破万亿元，数字经济核心产业增加值增长15%，新产品产值率继续保持全省第一，规上工业全员劳动生产率增长8%，规上工业亩均增加值增长7%，两化融合指数达到90左右。

(一)聚焦"一号工程"，打造数字经济强市

大力推进数字产业化。数字经济核心产业制造业产值力争1400亿元，集成电路及相关产业产值达50亿元。做大做强智能硬件、新型电子元器件、智能家居等一批特色产业，培育发展半导体、集成电路、5G智能硬件、人工智能、智能网联车等未来产业。明确半导体、集成电路、5G产业链、人工智能等产业发展导向和培育重点任务。继续推进乌镇互联网创新发展试验区建设，加快打造海宁泛半导体产业园、桐乡乌镇互联网产业园、南湖科技城、嘉善中新产业园等数字经济核心产业平台，重点抓好南湖区智能硬件、秀洲智慧物流和桃园数字小镇、海宁泛半导体、嘉善光通信、平湖微电机等产业集群建设，争取规模超50亿元数字经济产业集群达到4个。推进总投资亿元以上项目建设，全年实施数字经济产业项目投资150亿元。做好第六届世界互联网大会经贸对接工作，组织直通乌镇创业创新大赛，争取省部联动，央企共建项目、平台和研发机构，建立与高端客户对接机制。

大力推进产业数字化。力争实现工业互联网平台建设"111"目标，即建成省级行业或区域工业互联网平台1家，力争工业互联网平台应用企业数达到1000家，联网设备10000台。围绕纺织、毛衫、化工、箱包、五金、家纺、家居、经编、服装等传统行业，加快建设行业级工业互联网平台，实现数据驱动块状经济转型升级；围绕一批龙头企业，加快建设企业级工业互联网平台，开放供应链资源和市场渠道，与中小企业通过专业分工、服务外包、订单生产等多种形式，建立协调创新、合作共赢的产业链协同、服务制造新模式。继续推进企业上云，新增上云企业4000家、累计上云企业26000家。实施企业数字化改造专项行动，力争骨干企业的数控化率达65%、机联网率达30%。推进机器设备的数控化改造，推进制造生产线数字化升级，实现"数字生产"；加大企业ERP、MES、PLM、SCM、数字化设计工具、电子商务等应用系统的部署，提升系统集成能力，实现"数字管理"；通过"数字生产"和"数字管理"的叠加，打造"数字车间"。

大力完善网络基础设施。实现城域网出口带宽达5500Gbps，网络平均下载速率达90Mbps。深入实施嘉兴市信息基础设施建设三年行动计划(2018—2020年)，加快建设高速、移动、安全、泛在的新一代信息基础设施，深度优化网络结构和信号覆盖，提升城市光纤网络和移动网络能力。推进4G网络全面深度覆盖，启动编制5G网络发展规划。加快"智慧杆塔"建设，实现重点景区、园区、小区全覆盖。实现市重点公共服务场所无线WiFi扩容升级，新增AP 242个。

(二)聚焦高质量发展，打造先进制造业基地

积极培育高端装备制造业。力争实现高端装备制造业产值1600亿元，新认定市级首台(套)产品75项。制定实施高端装备制造业"222"三年行动计划，即到2021年高端装备产业实现产值2000亿元，认定首台(套)产品200个，实施智能制造重大专项20项。加快建设航天航空、氢动能和新能源汽车零部件等高端装备制造业产业基地，加速培育重点行业龙头骨干企业和重点配套企业。引进、培育新能源整车项目，提升传统汽车零部件产业对新能源汽车的市场匹配度与产业支撑度，推进氢动力新能源汽车技术突破，构建氢能源产业发展聚集地。支持企业加快与军工央企合作步伐，深化巩固军民融合产业政策、示范基地(企业)、合作对接"三个"全覆盖，聚焦发展一批军民融合产业，加快建设一批军民融合产业平台，着力培育一批军民融合骨干

企业,引进落地一批军民融合项目,力争全年引进军民融合高技术项目20个,培育省军民融合示范企业3家,创建省级军民融合产业备案基地1—2个。

加快发展服务型制造。培育国家级示范企业(平台)3家、省级示范企业(平台)30家、市级示范企业(平台)50家,软件行业主营业务收入增长30%以上。制定服务型制造示范城市实施意见,加快制造业与服务业的融合发展步伐。强化典型引路,评选"三个一批"典型案例,即一批软件赋能的项目(侧重制造业企业生产过程服务化)、一批引领行业的企业(侧重隐形冠军企业的价值链重塑)、一批初见成效的行业平台(侧重嘉兴特色产业数字化转型)。开展企业服务型制造发展咨询和诊断,研究制定嘉兴特色产业服务型制造标准。

深入推进绿色制造。力争创建市级及以上绿色工厂20家,清洁生产企业100家。围绕工业重点领域实施一批绿色制造技术改造项目,在纺织印染、化工、化纤、造纸等"两高"行业推广清洁生产技术、工艺、设备。确保完成省下达的工业节能降耗目标任务。

(三)聚焦核心竞争力培育,实施企业扶优扶强

实施企业扶优扶强。力争培育百亿元以上企业8家,"瞪羚企业"30家。全面启动"领军企业"和"瞪羚企业"培育计划,出台实施方案和操作细则,分别遴选确定20家和100家培育对象。落实一批重大项目,推进企业兼并重组,加速企业做大做强。建立帮扶机制,破解发展瓶颈,助推企业快速成长。

推进企业股改提速。力争推进1/3规上(限上)企业实施股改。以"清单式"管理、"保姆式"服务,推进企业股改提速。持续开展对企业负责人、财务会计等业务骨干的系统培训,确保股改企业培训"全覆盖"。完善企业股改问题协调解决机制,建立由"一把手"牵头的服务股改绿色通道,帮助协调解决项目审批、土地房产变更、资产转让、税费减免以及产权确认等实际问题,降低股改成本。大力引入国内外优秀辅导机构,为企业提供优质专业股改服务。强化股改工作考核、督查、通报和约谈制度。

推进企业经营管理人才素质提升。实施企业家素质提升工程,通过市县联动,力争规上工业企业培训辅导全覆盖。突出抓好企业家、创二代、领军人才和技术骨干的培训,注重对企业家和创二代开展高质量发展和国际商务知识培训、对技术骨干开展职业技能"订单式"培训。确保"领军企业"和"瞪羚企业"培育对象培训全覆盖。

(四)聚焦提质增效,加快传统产业提升

推进传统产业"五化"转型。深化嘉兴市传统制造业改造提升行动,围绕数字化、绿色化、品质化、资本化、集群化"五化"转型工程,制定年度实施计划。研究制定传统产业集群提升发展的实施意见,加快推进传统产业集群提质增效,形成一批先进制造业集群培育梯队。

深化"亩均论英雄"改革。进一步拓展"亩均效益"综合评价的范围,研究制定小微企业园内企业的绩效评价办法,完善"亩均效益"综合评价考核办法,健全"亩均论英雄"大数据平台,推进亩均税收万元以下"低产田"改造提升。依法依规实施"低散乱"企业(作坊)的整治,全年整治"低散乱"企业(作坊)5000家,腾退低效用地133.33万平方米。实施淘汰落后产能"456"行动计划,突出印染、化工、织造、机械、服装、建材(木业、扣板)等行业整治,全年力争完成市级以上淘汰任务40项,全市淘汰涉及企业500家,淘汰低效落后设备6000台(套)。

建设高质量小微企业园。高质量建设小微企业园20个、建筑面积200万平方米,实现入驻小微企业2000家。按照"七统一"(统一属性定位、统一布局规划、统一建设标准、统一开发模式、统一功能配套、统一准入要求、统一管理服务)要求,加快建设具有一定规模、主导产业突出、配套设施齐全、服务功能完善的小微企业园。制定出台金融支持小微企业园建设的实施意见,开展小微企业园绩效评价和星级评定,组织实施一批试点示范,创建5个数字化示范园,推动小微企业园高质量发展。

（五）聚焦招大引强，全力推进重大项目建设

推进重大产业项目投资。实施项目攻坚推进年活动，力争工业投资800亿元、增长10%以上，重点技改投资增长15%。实施"五个一批"项目，共442项，计划总投资2127.1亿元，2019年计划投资352.6亿元。推进市领导联挂项目和5亿元以上产业项目投资建设，实施全流程节点化"五星级"管理（土地取得、开工、投资过半、竣工、投产）。开展"百日攻坚"集中服务活动，做好"拔钉清障"，确保工业项目投资进度。

实施智能化技改"十百千万"工程。实施十个智能化改造企业试点，实施百个智能化技改项目示范，启动千企智能化改造诊断服务，实现在役工业机器人1.4万台。选定经编（海宁）、汽车电子（经开）、紧固件（海盐）、智能家居（秀洲）四个行业，先行开展智能化技术改造的试点示范。在海宁、桐乡、嘉善3个振兴实体经济强县率先启动实施千企智能化改造诊断服务。开展"融资、融物、融服务"一体化的智能制造金融创新服务，助推企业智能化改造。

推进企业新技术新产品投入。力争认定市级企业技术中心85家，新增省级制造业创新中心1个。加强市级企业技术中心培育建设，做好国家级、省级企业技术中心储备、服务、指导等基础工作，积极创建国家和省技术创新示范企业。推动先进功能纤维制造业创新中心建设，组建形成开放式产业技术创新联盟。研究制定《嘉兴市市级优秀工业新产品管理办法》，启动市级优秀工业新产品培育工作。全年举办10场新产品（新技术、新装备）推介活动。

深化产业接轨上海。抓住长三角一体化国家战略机遇，力争引进亿元以上上海中高端产业项目突破50个，利用上海内资100亿元。谋划推进沪嘉两地新能源汽车、半导体、集成电路、航天航空、精细化工等高端产业协同发展，合作共建产业联盟、创新联盟和行业协会。巩固深化各区域的产业对接平台，组织专业特色平台赴国外开展专题招商。加强中外合作园区招商队伍培训，加大与驻上海国外领事馆对接。组织开展小规模、多批次、主题化、专业化的产业招商和对接交流，全年不少于20场次。开展国际精准合作，招引高端外资，以中德中小企业合作区建设为重点，加快推进经开、平湖、海盐、嘉善等中德（欧）产业园建设。

（六）聚焦"暖心扶企"，打造最优营商环境

大力推进企业减负。全面贯彻落实高质量发展"70条"。加大企业减负政策宣传力度，健全企业减负常态化督查机制，推行涉企收费清单化管理。按照省统一部署，组织排摸、清理拖欠民营企业、中小企业的账款。继续做好电力用户与发电企业直接交易工作，扩大电力直接交易规模，逐年提高全市电力市场化交易电量占全社会用电量的比例。深化经信领域"最多跑一次"改革，实现一般企业投资项目开工前审批最多跑一次、最多100天。

深化暖心扶企专项行动。坚持需求导向、问题导向，做到"随叫随到、无事不扰"。总结推广好的做法，形成长效机制。结合新情况新形势，拓展暖心扶企各项行动的内涵和外延，着力解决企业在发展过程中遭遇的融资难融资贵、空间难空间贵、产业项目审批效率低等问题。进一步发挥中小企业服务平台的作用，深化金融指导员服务，加强金融产品供给与企业发展资金需求的对接。

加强经信干部队伍建设。进一步强化和完善机关党建工作制度，强化党组主体责任。进一步强化党风廉政建设责任制，构建亲清新型政商关系。常态化开展"大走访、大宣讲、大解放"活动，在学思践悟中融会贯通，在考验磨砺中提高觉悟，做到"案无积卷、事不过夜，马上就办、办就办好"。推进"数字经信"建设。工作实行项目化、清单化、节点化、数字化管理，树标杆、找差距、补短板。注重年轻干部培养和实践锻炼，努力打造一支"干在实处、走在前列、勇立潮头"的经信铁军，争当践行红船精神的示范者，争当营商环境最优市的示范者。

攻坚突破促转型 砥砺奋进谋新篇

——绍兴市2018年工业经济运行情况

绍兴市经济和信息化局

2018年,面对严峻复杂的经济形势,全市上下积极应对,迎难而上,共克时艰,紧紧围绕市委、市政府提出的"打好以'两业经''双城计''活力城'为重点的高质量发展'组合拳'"的战略部署,统筹推进稳增长、调结构、促改革、深融合等一系列工作,工业经济总体运行平稳,呈现"稳中有进、转中提质"发展态势。

一、工业经济运行情况及主要特点

(一)供给侧优质增效提底色

1. 生产平稳回升。在困难挑战超出预期的情况下,工业领域主动调结构、优产能,生产主要指标逐季回升,经济韧性进一步增强。2018年,全市规上工业完成产值6789.3亿元,同比增长11.6%,实现增加值1234.9亿元,同比增长7.4%,增速在全省位次从半年度的第9位升至第7位。从能源消费看,1—12月,全市工业用电338.1亿千瓦时,同比增长5.2%,居全省第7;其中制造业用电实现同比增长5.9%。从分行业看,36个行业中32个行业实现了增加值增长;增加值前10行业实现"九增一减",6个行业增幅超过全省平均水平。2018年规上工业产值、增加值及工业用电如图1所示。

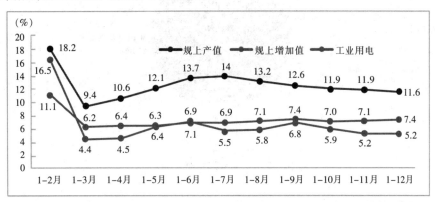

图1 2018年规上工业产值、增加值及工业用电图

2. 新旧动能并进。传统产业改造提升纵深推进,全市共淘汰348家企业的落后产能,整治提升"低散乱"企业(作坊)2549家,全年共处置"僵尸企业"91家,处置数和完成率均居全省首位。在减量退出和搬迁集聚的基础上,产能素质有效提升,八大传统产业产值增速达到11.0%,增加值增速达6.3%。瞄准集成电路等优势新兴产业,做到精准招商、要素保障和环境营造"三管齐下",新兴产业得到创新发展,全年高新技术产业增加值同比增长10.1%,装备制造业同比增长9.2%,分别高于面上增速2.7%和1.8%。增加值占比前十行业省、市增速对比如图2所示。

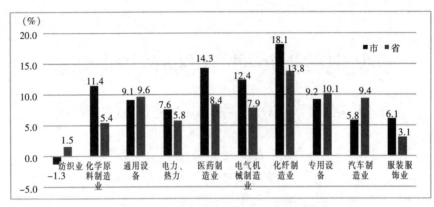

图2　增加值占比前十行业省、市增速对比

3. 效益保持上行。尽管受市场需求低迷、原材料价格宽幅震荡、经营成本抬升等各种因素影响,在维生素 E、染料、化纤等传统优势产品价格支撑下,全市工业利润增速略高于产销增速,面上效益稳步向好。1—12 月,全市规上工业实现利润 396.6 亿元,同比增长 11.1%,税收达到 207.1 亿元,同比增长 7.4%。从主要行业看, 化学原料和化学制品制造业、医药制造业和化学纤维制造业利润同比分别同比增长 39.5%、37.9%和 37.8%。企业内部管理不断加强,百元主营业务收入成本控制在 84.8 元,比上年下降 3.1 元;两项资金占用 1536.5 亿元,同比上升 5.9%,低于销售增长,且两项资金占流动资产比重维持在 34%左右,基本保持稳定。规上工业利润主要行业占比如图 3 所示。

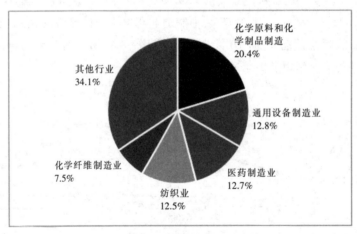

图3　规上工业利润主要行业占比

(二)需求侧承压上行有亮色

1. 出口总量上台阶。2018 年中美经贸摩擦急速升温,出口预期迅速恶化,在抢出口效应叠加人民币汇率贬值支撑下,绍兴市出口增速逆势上扬,呈现超预期高增。1—12 月,全市实现自营出口 2016.1 亿元,同比增长 10.49%,增速分别高于全国、全省 3.39 和 1.52 个百分点;以美元计,全年出口首次突破 300 亿美元大关。在保增速的同时,主动应对贸易形势变化,积极调整市场方向,"一带一路"沿线国家出口增长 11.2%,出口额占全市的 41.1%。主要产品中, 纺织服装和机电均实现 9%左右的增长, 出口额分别占全市的 60.9%和 20.4%。

2. 投资缓中提质。受经济下行压力影响,2018 年工业投资总量稳中趋缓,但投资结构优化明显,共 391

个项目列入省重点技术改造项目,88 个项目列入省"四个百项"重点技术改造示范项目(数量居全省第一)。开工建设总投资 58.8 亿元的中芯国际集成电路项目、总投资 51 亿元的安吉尔净饮水机项目、总投资 50 亿元的电咖新能源汽车等一大批重大招商项目,有 88 个项目列入省"四个百项"重点技术改造示范项目计划,数量居全省首位。2018 年,全市工业行业电力新装、增容申请容量达 196.6 万千伏安,增长 19.75%,增速居全省第三,其中通用设备制造业同比增长达 71.68%。

（三）新业态蓬勃发展显特色

1. 智能制造多点突破。实施智能制造三年行动计划和工业机器人应用倍增计划,积极推进 152 个市级智能制造重点项目和 606 个"机器换人"重点项目,重点支持纺织、化工、金属加工、黄酒、珍珠、电机、厨具、轴承等 8 个行业推广应用工业机器人,全年新增购置工业机器人 1938 台,11 个机器人与智能制造装备项目列入省"百项万亿"重大制造业项目计划,20 个项目列入省"机器换人"百项示范项目,项目数均居全省首位。新昌县轴承行业全面推开智能化改造试点的模式得到了工信部、省政府领导的重视和肯定;柯桥区结合印染产业集聚升级工程,涌现了兴明印染智能化控制工厂等一批示范项目;上虞区实施化工企业"机器换人"智能化技术改造专项行动,全区实现 3 人以下控制的车间达到 89 个,化工企业上云率达到 85%;越城区家居行业、诸暨市袜业领域、嵊州市厨具行业"机器换人"智能化改造工作取得明显成效。

2. 数字经济范式初显。以龙头企业为主体,大力推进数字化工厂建设,逐步建立智能生产线、智能车间、智能工厂三级应用示范体系。全市工信部两化融合管理体系贯标(试点)企业达 14 家,海亮集团、三力士股份等 20 家企业入选省级互联网与制造业融合发展示范试点;浙江医药、盾安环境入选全省十大智能工厂。加快推进企业上云,到 11 月份全市新增上云企业达 8649 家,环思智慧科技、陀曼智造等 2 个平台入选"企业上云"行业云应用平台。大力发展行业级、企业级工业互联网平台,着力构建"一区域一平台、一行业一朵云"的工业互联网平台发展体系,全市已建工业互联网平台 10 余家,其中省级工业互联网平台 6 家,开局良好,态势喜人。

3. 平台建设提标提速。着眼打造"万亩千亿"级产业新平台,开发区、工业园区、小微园区"三园联动"的平台支撑发展模式不断巩固。制定出台工业园区整合提升行动方案和加强小微企业园区建设管理促进产业转型升级的实施意见。按照"一次规划、分步实施"的要求,将全市省级开发区以外的 281 个工业园区规划整合到 24 个;以产业集群、特色小镇为依托,建成了友地金属加工生态园、嵊州城南智创小微园、东城智库文创园一批特色化优秀小微企业园 15 个,全市累计达 54 个,入驻企业 2844 家。

二、工业经济发展中的问题

（一）稳中有变,防风险隐忧加重

1. 市场宽幅震荡。2018 年,市场行情跌宕,经济热度逐季降温,企业避险情绪浓重。一是大宗价格波动。受全球经济放缓忧虑,美国 WTI 原油和布伦特原油由 10 月初的四年新高断崖下跌 40%,价格触及 18 个月新低,引发大宗商品集体走弱,波罗的海干散货指数 BDI 和路透大宗商品期货价格指数 CRB10 四季度以来持续创出新低。绍兴市工业领域主要原材料如 PTA、钢材、铜、棉纱等产品全年振幅均在 15% 以上,导致企业订单零碎化。二是产品价格下挫。随着原油、铜价、钢铁等大宗商品价格大幅下挫,绍兴市涉油类、资源类下游行业产品价格四季度下跌明显,成本坍塌,如涤纶长丝价格下降 20% 左右;同时,部分行业主要产品价格出现较大波动, 如维 E 价格从年初的 107.5 元/公斤高点直线下降到 10 月份的 35.5 元/公斤, 维 A 价格从 1350 元/公斤降至最低点时的 255 元/公斤(年末回至 480)。

2. 外贸形势扑朔。一是贸易摩擦纷争。美国于 7 月 6 日和 8 月 8 日先后对我国共 500 亿美元商品加征

关税,产品涉及绍兴市企业约300余家,轴承、电机行业受冲击影响较大;第二批9月24日2000亿美元中国商品加征10%关税,清单可能涉及绍兴市纺织品出口企业产品309项,约占全市总出口额的2.0%。二是汇率持续贬值。受中美贸易纷争影响,4月以来人民币对美元汇率累计贬值11%,央行先后采取了提高外汇风险准备金率从0到20%、启动"逆周期因子"两项措施应对。汇率变化虽短期有利于绍兴市外贸出口,但从长远来看急跌暴涨都不利于企业稳定发展。三是稳出口压力大。随着"抢出口"效应退去以及叠加外需走弱,顺差面临收缩压力,稳出口任务仍然艰巨。12月份绍兴市出口已出现增长拐点,当月出口同比增长-6.12%。

3. 企业风险加重。在经济增长减速的大背景下,2018年以来政策层面的金融去杠杆、大资管强治理、房地产严调控以及环保税、社保税费改革,使企业在资金链方面承压明显。尤其是对非标融资的强监管,加速了风险向其余融资方式传染,以及融资风险与经营风险之间的迭代。从市场主体看,绍兴市一批规模介于超大型民企与小微企业之间的"夹层民企",受政策影响程度最大,前期过度融资、负债规模较大、偿债压力较重的企业极易出现流动性风险,2018年绍兴市个别上市企业已出现股权质押平仓风险、企业债风险,值得高度关注。

(二)转中有难,调结构阵痛犹存

1. 动能接续缓慢。传统产业应对当前复杂市场,缺乏有效供给能力,局部出现订单不足现象,产能赋闲严重,从全市工业用电情况看,10月、11月分别同比增长-0.98%和-1.15%。尤其以织造行业表现明显,四季度产能开机率在4至5成,1—12月产值增长-2.1%;印染行业反映染化料成本上行加剧,而同质竞争激烈,染费难提,中小企业负重运行;化纤行业,原料PTA价格在5340—8062吨/元区间大幅震荡,导致化纤行情重心下移,尤其四季度之后景气度骤减,价格急跌超30%,库存周期15—21天左右。新兴产业中,集成电路小镇起航建设,但目前尚处项目投入期,成效有待时日;医药行业受一致性评价和"4+7"带量采购政策影响,洗牌趋势明显,盈利空间收窄,尽管市政府已出台关于鼓励和推动全市仿制药质量和疗效一致性评价的政策,但目前绍兴市仅京新药业的5个品规药物通过评价,行业发展后市待望。

2. 投资提振困难。工业投资虽走出低谷、逐月回升,但总体仍在低位徘徊,全年完成实绩同比增长-6.5%,严重滞后其他经济指标,对增长拉动有限。绍兴市工业经济传统印记仍然较重,在下行压力增大、传统产能饱和的大背景下,投资热情较低。从要素保障看,土地、资金等指标制约依然没有得到有效破解:2018年央行四次定向降准,但银行风险偏好下降,对实体经济信贷投放的积极性和动力严重不足,2018年末绍兴市制造业贷款余额仅为1913.2亿元,已连续5年下降,较2013年年末余额累计减少751.6亿元;占各项贷款比重为25.5%,同比下降4.0个百分点。新增用地项目土地缺口较大,仅诸暨一地,2018年项目用地缺口在1015亩左右。

3. 企业信心减弱。从全市走访和调查企业的情况来看,预期2019年宏观经济形势整体判断趋好的占18.9%,比2018年的28.7%明显下降;变差的占10.8%,比2018年上升2.9个百分点,更多企业对年后运行持不确定态度。走访中企业对外贸出口难、要素争取难、高技能人才招聘难、人力成本重、环保压力大等问题反响较多,对经济形势预判总体更趋谨慎保守。

三、工业经济发展面临的形势

(一)宏观高位回落,挑战大于机遇

2019年是新中国成立70周年,也是高水平全面建成小康社会关键之年。在喜迎新中国周年诞辰之际,绍兴市以年好"两业经"为总抓手,唱好"双城计"为主旋律,打造"活力城"为总方向,去存量、加增量、引新量,以披荆斩棘之势迎接火红之年。

2018 年,绍兴市工业结构调整继续推进,工业经济稳中有升。新动能保持较快增长,产能利用率处于近年来较好水平,企业效益状况趋向好转,小微企业经营环境不断改善。从宏观层面看,全球经济景气度高位回落,我国有望在结构性改革攻坚中实现稳中有进,但预计面临的形势较往年更为严峻,总体挑战大于机遇。

1. 外部环境稳定性差。外部环境的不稳定、不确定因素如美联储加息缩表、中美贸易战及英国脱欧谈判等影响下,市场风险偏好降至低谷,指数普遍呈现阴跌状态,国内基建维稳预期回升,市场总体先抑后扬。国际、国内经济变化将通过汇率、投资、贸易等途径影响我国经济发展。

2. 经济增长下行压力。国内宏观政策进一步向稳增长倾斜,财政政策、货币政策和监管政策的协同性明显提升,但同时仍面临结构性去杠杆、影子银行清理、政府隐性债务监管、房地产严调控等约束,经济增长仍然面临压力。

3. 传统产业增速放缓。工业结构升级仍将持续,传统产业国内外竞争压力较大,自身供给侧调整不足,产品需求减少,粘附性减弱。工业品价格下跌情况增速存在放缓可能。

（二）绍兴转型升级,挑战机遇并存。

全面贯彻落实党的十九大、省第十四次党代会和市第八次党代会精神,按照"秉持浙江精神,坚持干在实处、走在前列、勇立潮头"的要求,坚持"稳中求进"总基调,抢抓大湾区、大通道、大花园建设的战略机遇,以传统产业改造提升为总引擎,以深化供给侧结构性改革为主线,以智能制造为主攻方向,以企业精准服务为抓手,大力推进"互联网+""大数据+""机器人+""标准化+""文化+"发展应用,持续深入打好转型升级系列组合拳,着力推动产业高端化、企业现代化,再造绍兴工业经济发展新优势。从绍兴实际看,市委市政府坚持"亩产论英雄"的发展方向,做好"腾笼换鸟、凤凰涅槃"工作,用优胜劣汰方式换高质量发展空间,引领传统产业高质量发展。

1. 从挑战分析,产业优势退减,金融风险严峻。一是传统产业优势有所减退,特别是产业集聚短期内减量较大,出口受阻预期较大,而新兴产业发展增量不足,工业经济增长难度加大;二是企业风险依然严峻,考验区域经济和金融定力。

2. 从机遇分析,双城战略优势,资源配置优化。一是当前绍兴正面临难得的战略机遇,长三角区域一体化发展上升为国家战略,大湾区建设、杭绍甬一体化确立为省级战略,赋予绍兴全球化配置资源的新机遇;二是绍兴正面临良好的开放机遇,高水平开放格局加速形成;三是绍兴正面临良好的技术机遇,数字经济开局良好,"数字产业化、产业数字化"推进顺利,新技术新业态正在孕育,将为绍兴产业转型提升发展插上翅膀。

四、推进工业经济发展的对策

新的一年,要继续贯彻落实中央、省委经济工作会议精神,紧紧围绕市委市政府确定的"高水平打造全省高质量发展的重要增长极、GDP 重回全国 30 强"的发展目标,全面落实"念好'两业经'、唱好'双城计'、打造'活力城'"决策部署,牢牢把握"稳、进、融、活、优、实"六字原则,以稳促进、以进固稳,突出稳增长、促提升、优投资、防风险,全力打好转型升级系列组合拳,凝心聚力,务实创新,在推动全市经济高质量发展上取得新突破、开创新局面。

1. 念好"稳字诀",力保工业经济平稳运行。把稳增长保态势作为 2019 年工业运行的重点和突出任务,全年力争规上工业增加值增长达到 7.5%以上。通过开展"服务企业服务群众服务基层"活动,全面理清当前工业经济发展的主要矛盾和影响指标增长的突出问题,进一步提升信心、稳定预期。重点贯彻落实好民营经济高质量发展 42 条,加大对龙头企业和产业集群的扶持力度,落实国家、省支持小微企业发展的政策措施,着力解决企业在融资贷款、资源调配、劳动用工等方面的问题。建立重点帮扶"白名单",制定一企一方案,全面做好民企纾困工作。着重关注中美贸易纷争,充分利用中美谈判90天缓冲期,全力助推企业实现出口"开门红"。

2. 打好"攻坚战",确保"市区印染化工电镀产业改造提升"顺利推进。强势推进市区印染化工电镀产业改造提升工作,建立工作机制,实行挂图作战,强化三区协调,细化保障方案,破解要素难题,落实"一企一策",确保到2019年底前,完成柯桥滨海工业区内5家电镀企业和杭州湾经济技术开发区内7家电镀企业整治提升工作;到2020年农历年底,基本完成越城区印染、化工企业关停退出和市区电镀企业整治提升工作,实现升级式集聚、集约化发展。2019年重点明确企业关、停、并、转类型及所需要素保障,及时梳理、沟通搬迁方案;开展摸排调研和项目论证,细化保障方案,及时确定相关规划和水、电、气、热、污泥等配套项目,争取项目尽早落地。进一步强化督查考核,按照"一企一方案""一企一人",实行挂图作战,并对工作实绩开展一月一督查、一季一通报,确保早出成效。

3. 聚焦"芯高地",重抓数字经济"一号工程"。全面实施数字经济"一号工程",推进实施数字经济五年倍增计划,数字经济核心产业增加值增长15%,信息化发展指数达到98,"两化融合"发展指数达到85。大力发展工业互联网,开展工业互联网推广活动,全力打造集成电路小镇和大湾区"芯高地",重点抓好中芯国际集成电路8寸线、豪威科技、晶盛机电产业园等重大项目建设,推动紫光集团集成电路研发机构与生产基地规划建设,争创国家级集成电路产业园示范区;提前布局5G规划,制订出台《绍兴市加快推进5G规划建设的实施意见》,探索5G工业应用,打造工业App应用之都;确保全年数字经济增加值突破2000亿元,其中核心产业增加值增长15%以上,"企业上云"累计突破3万家,新增在役工业机器人2000台以上。

4. 看齐"工业4.0",全面推广智能化改造。开展传统产业智能化改造提升三年行动计划,确保三年所有符合改造条件的规上制造企业完成智能化改造任务。着力推进一批重点项目、一批示范项目、一批智能工厂(数字化车间)"三个一批"建设。全面推广智能制造"新昌模式",扎实推动越城智能家居和汽配、柯桥纺织印染、上虞化工和照明、诸暨金属加工和袜业、嵊州厨具、新昌轴承、滨海新城注塑等十大行业智能化改造工作,树立一批智能化改造成效显著、自主创新能力强、产品市场前景好、对产业带动作用大的智能制造典型示范项目;围绕"设备互联、数据互换、过程互动、产业互融"目标,推动改造建设成一批智能化水平较高的智能工厂、数字化车间。全年目标实施市智能制造重点项目500项;创建智能制造典型示范项目20项;建设智能化水平较高的智能工厂、数字化车间10家;全市在役工业机器人突破1万台;新增工程服务机构10家。

5. 紧盯产业链,狠抓工业投资增后劲。以项目投入确保增长后劲,年工业投资重新列入"4+1"投资考核,目标完成工业投资增长10%以上。按照补链、强链、建链要求,持续发力精准招商,谋划盯引一批高端优势产业项目。充分挖掘和引导传统产业技改类、融合类、转型类投资;积极促成四大新兴产业新增项目:高端装备产业着重抓智能化改造、智能装备,电子信息产业重点加快引进集成电路"设计—制造—封测—关键装备材料—设备维修"全产业链项目,引入上下游延伸拓展投资;生物医药产业要加快龙头企业并购投资,做强前沿研发;新材料要依托纺织、化工、金属产业基础拓展差别化、功能性产品。紧盯"市县长项目工程",强化项目服务,把握节点,倒排工期,挂图作战,确保项目早签约、早落地、早开工、早投产。

6. 打好"组合拳",深化"亩均论英雄"改革。围绕"一年大提升,三年走前列,五年成示范"的"一三五"目标,进一步深化"亩均论英雄"改革。深化工业领域"亩均效益"评价,2019年评价范围进一步拓展到占地3亩以上的规下工业企业,全面掌握工业底数。积极拓展综合评价对象,制定出台《绍兴市"亩均"上楼、入园、进店方案》,用亩均效益标准指导楼宇经济培育、工业园区整合、小微园区建设以及商圈打造,实现亩均理念全面引领二产、2.5产、三产以及新经济业态发展。联动发改、科技、商务等部门开展服务业、高新技术企业、开发区评价,合力推进"亩均效益"评价全覆盖,在全社会营造资源集约利用、高质量发展氛围。2019年,目标实现亩均税收、亩均增加值增长 8% 以上, 低效企业实现动态出清。

7. 建好"大平台", 联动推进产业园区建设。扎实推进"两园"建设, 编制实施小微企业园高质量发展五年规划, 基本实现小微企业园在产业集聚区、开发区、工业园区等发展空间的全覆盖, 全年目标新建小微企业园 25 个, 推动 2000 家小微企业入园集聚。深化开发区(工业园区)改造提升省级试点, 扎实推进涉污行业企业集聚提升计划, 到 2019 年底全市退出区域涉污企业基本关停或改造入园。结合"两园建设", 强势推进"低散乱"块状行业整治提升专项行动和园区联合整治行动, 确保全年整治"低散乱"企业 1000 家以上, 淘汰 200 家企业的落后产能。

承压前行 稳中有进 工业经济高质量发展取得新成效

——金华市 2018 年工业经济运行情况

金华市经济和信息化局

一、工业经济运行情况和特点

（一）生产运行总体保持平稳

从工业增加值看：自下半年以来，金华市规上工业增加值总体保持平稳，2018 年实现规上工业增加值 790.07 亿元，同比增长 6%，增速与全省的差距持续缩小，从工业总产值看：2018 年实现工业总产值 3913.84 亿元，同比增长 7.1%，比上半年提高了 0.8 个百分点。

（二）新项目拉动作用突出

新项目产能持续释放，拉动经济增长突出，锋锐发动机、瑞丰光电、华灿光电、爱旭太阳能等四个义乌企业新项目实现产值 66.47 亿元，占规上总产值比重的 1.7%，实现增量 44.81 亿元，拉动规上产值增速 1.2 个百分点。

（三）多数行业增势稳健

1—12 月，金华市 33 个工业行业，27 个产值保持正增长，其中增长 10% 以上的有 13 个行业，非金属矿采选业、废弃资源综合利用业、非金属矿物制品业、仪器仪表制造业、燃气生产和供应业等 5 个行业增速 20% 以上。战略性新兴产业和高新技术产业增加值增速较快，分别达到 13.9% 和 7.6%。

（四）企业利润增幅较大

1—12 月，金华市规上工业企业实现利润 172.17 亿元，同比增长 19.5%，高于全省平均水平 14.2 个百分点，比上半年高 32.4 个百分点。全市规上企业亏损面为 20%，比上半年收窄 6.5 个百分点。规上企业主营业务成本同比增长 6.4%，比全省低 4.5 个百分点，其中财务费用同比下降 2.5%。

（五）工业用电增速小幅收窄

1—12 月金华市工业累计用电 244.13 亿千瓦时，同比增长 8.68%（列全省第 5 位，高出全省均值 2.09 个百分点）；其中制造业用电 222.86 亿千瓦时，同比增长 8.65%。12 月当月工业用电 25.44 亿千瓦时，同比增长 7.19%（列全省第 5 位，低于全省均值 1.28 个百分点）；其中制造业用电 21.92 亿千瓦时，同比增长 1.71%。

二、主要问题

（一）汽车行业下滑明显

受国内汽车市场消费不景气因素影响，2018 年下半年开始，金华市支柱产业汽车制造业下降幅度较大，汽车制造业全年实现产值 261.18 亿元，同比下降 18.2%，其中 12 月单月下降了 37.2%，若剔除汽车制造业的影响，金华市规上总产值增速能达到 9.6%。重点行业增速持续下滑，拖累了整个指数增长。

（二）节能形势比较严峻

全年规上工业企业综合能源消费量为691.3万吨标准煤，同比上升5.9%，单位工业增加值能耗仅下降0.1%，七大高耗能行业能耗均上升，其中非金属矿物制品业上升20.5%，节能形势严峻。

（三）制约企业发展的因素依然突出

当前，投资增长乏力，企业融资难、招工难、土地紧缺、成本压力等因素依然制约着金华市经济的发展。

三、下步工业经济发展主要举措

2019年，金华市将主动适应和把握变中求稳，认真落实习近平总书记"支持长江三角洲区域一体化发展并上升为国家战略"的重要指示精神，在"稳投资、稳出口、稳企业"上，出实招、现实效，坚决打赢实体经济翻身战。力争规上工业增加值增长7%；数字经济核心产业增加值增长15%以上；工业技改投资增长15%以上；新增"小升规"企业400家；单位GDP能耗等约束性指标确保完成省下达任务；规上工业劳动生产率提高8%左右；规上工业亩均增加值增长8%左右；两化融合指数和信息化指数增长继续保持全省前列

重点聚焦"强优势、破瓶颈、转动能、补短板、减负担"五个方面，突出实施五大行动，不断增强工业和信息化工作前行动力：

（一）实施"百项百亿"数字化改造行动，在推进数字经济"一号工程"上再发力

充分发挥金华市数字经济发展基础好、规模大优势，积极创建数字经济示范市。一是狠抓企业数字化转型。大力推进智能制造，实施100个以机器人系统为核心的智能化改造示范项目和智能化改造模式，完成投资100亿元，新增工业机器人1500台。推动企业主动上云、深度用云，2019年企业累计上云3万家以上。二是大力推进数字产业化。积极争取省数字经济产业投资基金等主题基金支持，实施一批以省重点扶持项目"机智网"为龙头的工业互联网项目，以横店电子产业园、义乌光源科技小镇、兰溪光膜小镇等为平台，大力培育电子信息制造业，2019年产值力争450亿元以上，增长10%。三是推进数字基础设施建设。立足金华市作为全国九大互联网节点城市的优势，大力发挥移动华东数据中心、电信浙中数据中心的带动功能，重点实施好IPV6下一代互联网应用试点，争取在核心器件、集成电路、基础软件等关键技术领域实现突破，宽带、数据中心、新一代信息网络等基础设施保持全省领先水平，并把金华打造成全省第一个先行开展量子通信安全应用的示范城市。

（二）实施"三个万亩"企业空间拓展行动，在加大工业有效投资上再发力

以3年内解决1万家小微企业用地瓶颈为目标，2019年重点抓好"三个一万亩"企业空间拓展。一是以去产能为抓手，腾出一万亩。2019年完成淘汰落后产能涉及企业100家、"低散乱"企业（作坊）整治提升3000家以上。处置"僵尸企业"数30家以上，通过关停、拆除违章等方式盘活腾出企业用地一万亩；二是以小微企业园建设为抓手，换出一万亩。2019年全市完成建设小微企业园区80个以上。完成旧厂区改造和新建标准厂房1000万平方米以上，鼓励支持建设多层厂房，用空间换地一万亩。三是以盘活指标、盘活用地为抓手，拓出一万亩。每年新增用地指标重点向工业用地倾斜，同时要运用"亩均论英雄"改革机制，对D类低效企业开展市场化重组整合，土地政府回收利用等措施，全年完成所有亩均税收一万元以下企业出清任务。

（三）实施产业集群培育行动，在加快新旧动能转换上再发力

加快培育新能源汽车、光电子信息制造、磁性材料、纺织服装、日用五金、饰品、水晶、红木家具、门业、暖气片等十个特色优势产业集群。一是构建完善产业生态链系统。大力培育"创新链、产品链、配套链、人才链、政策链"等五大链条，推动上下游企业和关联产业间协同发展，加强与关键配套材料、设备、技术等企业的衔

接合作,形成集群效应。二是开展试点示范。重点实施永康、兰溪、义乌、武义四个省级传统制造业试点,建设十个示范产业园,实施一批重点技术改造项目、培育一批优质品牌商标、评选一批行业示范试点企业,争创省级隐形冠军5家以上。三是壮大企业主体。实施大企业培育"雄鹰行动",遴选一批年营业收入50亿元以上企业,努力培育形成一流企业。制定小微企业培育"雏鹰行动"计划,建立小微企业上规升级——培育隐形冠军——打造小巨人企业的梯度培育路线,完成"小升规"企业数量400家,"专精特新"培育库企业1500家以上。

(四)实施长三角区域一体化国家战略对接行动,在激发企业创新活力上再发力

一是开展协同创新对接。积极对接长三角新能源汽车产业创新平台,推进G60科创走廊机器人产业联盟建设,筹备建立新能源汽车产业创新联盟。积极参与G60科创廊道共建共享,以需求导向和问题导向,加大在新能源汽车、生物医药、工业互联网、工业设计等领域的互动交流,帮助金华市集中攻坚一批"卡脖子"核心技术和短板装备。二是开展产业转移对接。要把上海作为招引内资的重点区域,摸清金华市企业在沪发展情况,加强与在上海的民营企业总部、上海相关产业园区和知名高校的项目和人才对接。积极引导企业承接进博会溢出效应,充分发挥"制造+市场"优势,支持企业在长三角建立各类销售和服务基地,帮助企业扩大市场份额。积极引导金华市优势企业参与长三角军民融合,帮助辅导有意向"参军"的企业加快获得军工配套资质。三是开展规划布局对接。以融入长三角一体化国家战略为契机,积极参与一体化产业规划布局和承接产业协同化发展,拉长金华市产业长板,补齐短板,努力在量子通信、通用航空、氢能源、人工智能等未来产业项目入地实施上争取主动。

(五)实施帮扶民营经济"1+N"政策入企落地行动,在帮助企业减负增效上再发力

发挥打赢实体经济翻身战指挥部办公室统筹职能,协调各涉企部门落实好市委市政府《关于大力促进民营经济健康发展的实施意见》、市政府《关于加快民营经济高质量发展若干政策意见》等帮扶民营企业发展的政策入企落地。一是开展"五个一"入企帮扶活动。即组织一系列座谈活动、解决一批企业难题、推动一系列政策落地、落实一批银企对接、推进一批资源优化配置,强化政策宣讲,密切政企关系,优化营商环境,每年帮助企业减轻负担120亿元以上。二是打好企业难题歼灭战。深化"两送两增"万企大走访活动,在前期消化难题基础上,进一步加大对"硬骨头"难题的攻坚破解力度,使难题化解率达到90%以上。三是加大对企业融资难融资贵纾困力度。充分用好基金、财政资金以及金融货币等多种渠道,通过债权融资、股权投资、融资担保、周转金等方式,切实帮助困难企业度过资金难关。高度关注上市公司、行业龙头骨干企业和"专精特新"企业的投资意向和需求,对投资5000万元以上的169个重点项目,建立领导联系、团队服务"人盯人"推进方案,促使尽快形成实物产出。四是打造一支敢担当善作为经信队伍。以服务企业"最多跑一次"为导向,积极开展学习型干部队伍建设,不断提高业务能力和工作水平,以服务需求为导向,问题纾解全天候、全科式、闭环管理,努力争当实体经济翻身战的排头兵。

工业运行效益良好 新旧动能转换加快

——衢州市 2018 年工业经济运行情况

衢州市经济和信息化局

一、工业经济运行情况和特点

2018 年,衢州市以"提质增效"为目标,紧紧围绕"数字产业化、产业数字化",加快推进传统产业"弯道"超车和新兴产业"换道"超车,工业经济持续保持了良好的发展态势。截至 2018 年年底,衢州市共有工业企业 4500 余家,其中规上工业企业 872 家。产值百亿以上企业 2 家,分别是巨化集团、元立集团,10 亿元以上企业 27 家,亿元以上企业 305 家。

工业经济运行主要特点表现为"三个好":

一是工业生产效益好。实现规上工业总产值 1704.9 亿元,同比增长 16.3%,工业对全市 GDP 增长的贡献超过 50%;规上工业增加值 389.2 亿元,增长 9.1%,增速全省第 4,高出全省均速(7.3%)1.8 个百分点;新产品产值 546.8 亿元,增长 24%;销售和出口产销两旺,分别为 1664.3 亿元和 142.5 亿元,分别增长 14.9% 和 18%,增速均排名全省第 2。尤其是规上工业利税和利润,分别为 184.5 亿元和 134.2 亿元,增长 27.6% 和 39%。

二是新旧动能转换好。规上工业新产品产值增长 24%,企业研发投入增长 36%,分别排名全省第 5 和第 2;十大传统制造业增加值增长 10.3%,全年领跑全省。同时,工业投资结构更趋优化,智能化改造提升、产品提质、节能减排等成为投资主流,全市高新技术产业投资增速达到 32.6%。

三是产业集群态势好。新材料、新能源产业集群发展态势越来越好,增速均超过 15%。巨化集团、华友钴业列入全省新能源汽车电池关键材料重点培育企业,华友钴业动力电池拆分回收基地列入省级重点培育计划,杉杉等项目建成投产。集成电路产业异军突起,成为全省第三个生产基地。

二、工业经济发展主要举措

(一)抓平台配套完善,产业承载能力大幅提升

按照"区域统筹,特色发展"理念,着力优化园区规划,加快打造"种子、苗圃、孵化、加速、产业化"产业链和"空间、配套、产业、政策、招商"生态圈,有效提升平台的产业承载能力。一是推动平台改造提升。大力倡导特色小镇和循环经济理念,推进工业园区改造提升和小微企业园建设,园区生产、生活公共服务设施配套日渐完善,新建(改造提升)小微企业园 8 个、标准厂房 56.4 万平方米,推动 664 家企业入园。二是严把项目质量关。用好工业投资项目咨询决策服务制度,严控高能耗、高排放、低效益项目落地。全年共否决不符合绿色发展、园区产业定位和规划布局要求的项目 7 个,拒绝低效益投资近 10 亿元。三是推行高质量发展标准体系。推广"亩产效益提升十法",完善"6+1"亩均效益评价体系,推行工业园区低效企业出清试点,3 个试点地区现已完成低效企业出清 141 家。实施工业标准地改革,全市出让 79 宗工业项目标准地,占全年新批工业

用地52.5%。全年全市共淘汰落后产能生产线97条涉及18个行业50家企业,腾出总用能41万吨标煤;整治"低散乱"企业(作坊)733家;破产重组盘活"僵尸企业"30家,盘活企业资产近7亿元。

(二)抓产业集群培育,产业发展生态得到优化

围绕主导产业强基补链,加快改造提升传统产业,引进培育新兴战略性产业和产业链上下游配套项目,逐步形成新材料、新能源、装备制造、特种纸、数字经济、绿色食品等6大百亿特色产业集群。一是依托产业优势,着重培育氟硅、高端装备制造等产业集群,建成国内最大、产业链最齐全的国家级氟硅新材料产业基地和电子化学品产业园区;推动以矿山机械为主的传统制造业向高端装备制造业转型。二是依托龙头优势,培育形成电池新材料产业集群,以华友为龙头,通过引进杉杉、天硕、北斗星等行业知名企业,产业链上下游配套逐渐齐全。三是依托资源优势,重点培育绿色食品饮料产业集群,旺旺、伊利、娃哈哈、李子园、均瑶等一批食品饮料龙头企业先后落地。四是依托技工优势,大力发展特种纸产业集群,建成全国和省级特种纸生产基地和亚洲最大的装饰原纸生产基地,占据全国1/4市场。

(三)抓企业扶优育强,企业竞争力持续提升

坚持企业主体地位不动摇,以企业内生动力培育为核心,扎实推进"名企、名家、名品"培育。一是着力打造强市名企。培育100家龙头标杆企业,建成500家企业的专精特新企业库,推动77家企业"小升规"。同时,大力推广央企与民企联姻、民企与外资合作、新老企业联合等整合创新发展模式。二是着力培育兴企名家。深入实施"千企万人"素质提升工程,开展工商管理总裁研修班、特色班、短期研讨班、境外培训班、订单式培训班等培训20余期,提供企业订制个性化培训服务7期,全年培训4000多人次。三是着力培育兴市名品。引导企业顺应市场需求主动升级产品,推动工业产品向终端产品延伸。鼓励企业研发智能产品,全年有8个产品成为2019年省装备制造业重点领域首台(套)产品。

(四)抓数字智能制造,数字化转型破冰前行

贯彻落实省委省政府数字经济"一号工程"精神,围绕"产业数字化和数字产业化"这一主线,大力发展数字经济智慧产业。一是统筹数字经济周系列活动,牵头做好中兴项目服务,筹办克拉物联国际峰会,推动东南数字经济发展研究院、数字经济产业联盟、数字经济专家委员会和数字经济产业基金等平台架构组建,为打造"数字经济副中心城市"营造氛围、汇聚资源。二是实施产业数字化转型三年行动计划,推广企业数字化转型成功做法,推动互联网与实体经济深度融合,全年推动超过2000家企业上云,其中巨化等3家企业列入省上云标杆企业,新增应用工业机器人435台(套),减少用工6000余人,并完成100余家企业智能提升咨询诊断。开山等5家企业列入省工业企业信息化示范企业,华友等5家企业列入省"两化"融合示范试点企业,乐叶等10家企业列入省级制造业与互联网融合发展示范试点企业。三是抓好项目引进。建立数字经济产业园,先后引进阿里系、网易系、中兴系、智网、深兰、安恒等一批数字经济知名企业(独角兽企业)。成功创建省级集成电路产业基地,金瑞泓8英寸硅片项目投产,新投资83亿元的12英寸硅片项目开工建设,3D晶圆项目签约。

(五)抓营商环境建设,服务企业能力不断增强

围绕推动民营经济高质量发展这一主题,以"给企业信心、与企业贴心、让企业暖心"为服务取向,进一步提升服务企业的精准度。一是开展服务企业系列活动。组织开展贯穿全年的工业企业大走访大调研活动,针对走访调研中梳理出的"六难问题",制定出台"打造最优营商环境促进民营经济高质量发展"30条政策,并组织开展了"十送三心"服务企业系列活动。二是用好用活涉企政策。用好用活科创大专项政策,着力推动创新驱动、绿色发展。科创大专项政策首次覆盖市县两级,其中市本级兑现1.69亿元。全面落实国家、省、市各

级减负政策,全年共为企业减负62亿元。全年全市17家融资担保机构共为986家中小企业提供融资担保贷款近24亿元。三是深化工业领域"最多跑一次"。继续深化企业投资项目审批提速,推进企业投资项目承诺制和"标准地"改革,实现企业投资项目审批"零跑腿"。

三、工业经济发展面临的形势

随着政策、改革、服务等效应叠加,市场主体信心和预期逐步得以改善。但受中美贸易摩擦、生产经营成本上升、等因素影响,企业保持增长压力较大,工业经济发展形势不容乐观。

(一)企业招工难、留人难问题突出

招工难、留人难的重要原因在于园区周边生活性配套未跟上。以衢州市高新园区为例,化工企业一线操作工工资在3000—5000元/月,而周边城区房价较高,且生活性配套设施布局较少,导致外来务工人员很难产生归属感。同时,虽然衢州市职业教育水平位居全省前列,但仍难以满足经济发展的需要,职业教育水平有待提升。

(二)企业主体实力不强、活力不够

从单位规模上看,目前衢州市873家规模以上工业企业中,大中型企业仅为105家,主营业务收入亿元以上企业275家,小微企业绝大多数为民营企业,民营经济虽然占比较多,但单位规模不大。从创新资源配置情况来看,民营国家高新技术企业仅占全部规上工业企业的1/3,省级科技型中小企业在全部工业企业中占比仅为1/5,中小微民营企业的发展模式主要仍以钱、人、土地等要素驱动,没有向创新驱动转型。从产业集群发展情况来看。从衢州市产业集群发展现状来看,氟硅新材料、新能源动力电池等集群集聚在产业链上中游,较少生产下游终端产品。产业链不完整既导致产品层次较低,终端产品较少,附加值不高;也导致产业黏性不强,优质企业和项目引进难。

(三)信用与风险不匹配导致企业融资仍然困难

现行银行信贷审核机制下,企业授信与其抵押资产质量紧密挂钩,机械设备类资产抵押值非常低,导致银行信贷多数流向不动产较多的大中型企业和基础设施建设项目,对中小企业贷款利率上浮较大。融资难、融资贵的根源在于信用与风险不匹配,一方面说明社会信用体系建设还不够健全完善,金融机构难以准确把握企业信用情况,难以将社会信用转化为融资信用。另一方面说明政策性融资担保体系建设有待加强。2018年,衢州市6家政府性融资担保机构年末在保余额同比均趋下降,担保倍数仅为1.51倍,离理论上10倍的担保倍数差距甚大。主要原因是政府性融资担保机构难以摆脱国有资产管理的固有模式,难以充分发挥扶持小微、扶持三农的准公共产品作用。

(四)企业家信心略显不足,谨慎观望态度普遍

一是投资意向开始转型。多数企业对投资较谨慎,不足50%的企业表示将投资持平,20%的企业表示会增加投资,但投资方向主要集中在技术研发、设备升级等方面。二是看待中美贸易战态度谨慎。2018年,受中美贸易战影响,衢州市60%的出口企业的业务受影响,大多数企业家都抱着谨慎态度看待中美贸易争端前景。

(五)企业用电成本高于周边省份

从公开资料看,浙江省的工业电价高于周边江西、江苏、广东等地,以2018年的10千伏大工业电价为例,浙江高出江苏0.023元/度,高出江西0.052元/度,高出广东省珠海市0.026元/度。从企业实际情况看,远不止如此。衢州市外资企业晓星新材料(衢州)有限公司反映,2018年,其衢州工厂用电平均为0.67元/度,珠海工厂用电平均为 0.57 元/度,衢州比珠海高出 0.1 元/度左右,其中附加费衢州比珠海高出 0.024 元/度,全年衢州工厂比珠海工厂用电成本多出 1500 万元。其中原因既有发电成本较高(如火电上网电价比周边省份高出 0.0243 元/度),也有电力直接交易覆盖面小等因素,增加民营制造业企业生产成本。

四、推进工业经济发展的对策

2019 年,是新中国成立 70 周年,也是高水平全面建成小康社会的关键之年。面对经济下行压力正在加大、整体经济运行处于"稳中有变、变中有忧"的复杂形势,衢州市将坚持稳中求进总基调,贯彻落实创新发展理念,以"高质量发展"为主线,以新兴产业"换道超车"和传统产业"弯道超车"为重点,全力实施新兴产业培育三年行动计划和产业数字化三年行动计划,进一步提升服务企业精准度,努力推进"制造强市"建设,以优异成绩迎接建国 70 周年。

(一)推进工业信息化持续稳定较快发展的举措

1. 以加快平台整合为抓手,提升园区载体能级。围绕发展定位,按照产业特点,优化园区发展规划,加快形成产业链和生态圈。贯彻特色小镇理念和循环经济要求,加快园区整合提升,加强生活性、生产性公共服务配套设施建设,着力解决现有园区主体多、布局散、层级低、功能弱等问题,打造一批高能级产业平台。加快推进集成电路、新能源、特种纸、轨道交通装备等产业基地建设,高水平规划建设产业特色小镇。借鉴沿海发达地区工业地产经验,探索企业参与小微企业园建设模式,为小微企业入园发展打开空间。

2. 以产业集群发展为目标,提高产业发展黏性。实施战略性新兴产业培育三年行动计划,引进培育一批竞争力较强的战略性新兴产业示范企业,拓展延伸现有产业链,推动产业集群向产业基地、产业中心转化。深入实施传统制造业改造提升行动计划,推进特种纸、低压电器制造等省级传统制造业改造提升试点,做好经验总结、示范推广。加强产业研究,明确产业导向,优化产业空间布局。推进省级产业创新服务综合试点、产业创新服务综合体、技术中心、研发中心、科技企业孵化园和众创空间等建设,谋划建设战略性新兴产业示范区。充分发挥衢州海创园、京沪深杭等飞地作用,积极引进和培育一批高端产业人才。

3. 以企业扶优育强为措施,着力打造强市名企。全方位、多层次、递进式实施领军企业"雄鹰计划"、上市公司"凤凰行动"、高成长企业"独角兽计划"、科技型企业"鲲鹏计划"、中小微企业"雏鹰计划"。加大平台型、"三名"、龙头标杆、"隐形冠军""专精特新"等企业培育力度,新培育一批中国 500 强企业、年主营业务收入超 50 亿或百亿企业。推进国家高新技术企业、省级企业技术中心建设,提高企业创新能力。鼓励企业股改上市挂牌,大力发展总部经济。弘扬企业家精神,实施"千企万人"企业家素质提升工程,提升企业规范化管理水平。深化"亩均论英雄"改革,运用企业综合效益排序结果,推进资源要素差别化政策,加快低效企业出清,培育一批亩产税收排名全省前列的行业领跑企业。

4. 以产品升级换代为目标,着力培育兴市名品。根据供给侧结构性改革需求,推动全市工业产品从基础材料向下游延伸,实现由"重"向"轻"转变。增强企业品牌意识,加大"品字标浙江制造"标准制定、品牌培育和认证力度,推进试点县建设。制定衢州好产品的标准,大力推广衢州品牌,建立新技术、新装备、新产品展示推广服务平台,帮助企业开拓市场。推进工业设计与制造企业对接,为中小企业创业创新做好服务,引导企业走出去主动对接"一带一路"。

5. 以产业数字化为重点,催生新的发展动能。紧扣"数字产业化、产业数字化"这条主线,深入实施工业数字化转型三年行动计划,加快企业数字化、网络化、智能化改造,将衢州市市打造成为"一区一基地",即全省数字化转型示范区和省级集成电路产业基地,力争实现全市数字经济核心产业总量三年翻番。2019 年培育工业数字化示范企业 50 家。加快培育行业工业互联网平台,引导已上云企业向"深度用云"转化。加快集成电路产业园建设,推动金瑞泓 12 英寸硅片项目和 3D 晶元项目建设,加强集成电路产业项目招商。进一步加大电子化学品产业培育力度,加快丰富产品系列。

6. 以提升精准服务为标准,着力优化营商环境。全面贯彻落实上级各项促进民营经济发展的政策举措,确保省促进民营经济高质量发展"31 条"落深落细落实。大力实施衢州市民营经济"30 条",重点聚焦衢州市民营企业融资难、用工难、用地难、降低成本难、市场退出难、创新难等焦点问题,围绕优化民营企业融资环境、引才招工政策、强化用地保障、优化市场退出机制、推进降本减负、优化创业创新环境和着力优化营商环境七大方面,完善政策体系,进一步激发民营企业活力和动力。建立"组团联企"工作机制,按照"网格联产、组团联企、党员联心"的要求,建立"1+1+7+N"(1 名市领导+1 名部门负责人+7 名联络员+N 个部门)服务模式,将 240 余家企业列为重点服务对象,按产业分为 34 个网格,每个网格由 1 名市领导担任网格长,1 名部门负责人担任网格专员,每家企业安排 1 名干部担任联络员,及时掌握企业生产经营情况,帮助企业协调解决困难问题。

(二)几点建议

1. 建议加快推进全省职业教育改革进程。以服务现代产业发展为根本目的,进一步提升职业教育在整个教育体系中的地位和作用,为民营企业培育更多高素质劳动者和职业技能人才。加大职业教育办学投入,积极营造舆论氛围、引入社会力量参与,推动职业院校和应用型本科高校量质并举快速发展。支持各地按照当地产业结构、产业特色设置学科专业,推动产教融合、工学结合、校企合作,打造一批高水平实训基地,为全省高端制造业发展提供更多人才保障。

2. 建议加大鼓励支持民营企业科技创新的政策力度。加大科技创新投入,支持引导民营企业在科技研发、实施和成果转化等方面不断强化,对有科研成果、新产品、新材料、新工艺和具有自主研发创新的民营企业给予政策扶持。同时,进一步扩大对民营企业自主创新、成果转化落地的宣传,形成全社会重视科技创新的良好氛围。

3. 建议在全省层面合理布局产业集群,推动地区招商从竞争走向协同合作。做好全省产业布局的顶层设计,集中合理布局各个产业,减少重复布局、交叉布局,发挥各地资源要素禀赋和产业基础优势,推动全省产业体系更加健全完善。鼓励支持加快发展地区在先发地区建设飞地,加大山海协作力度,出台地区间协同招商的相关政策,形成各地招商引资"一盘棋"格局。

4. 建议进一步推动政策性融资担保体系建设。从省级层面加大对政策性融资担保体系建设的重视程度,做好顶层设计,进一步优化融资担保行业的发展环境。从法律法规层面去除政府性融资担保机构面临的国有资产保值增值枷锁,建立不以盈利为主要目的的绩效考核机制和尽职免责机制,更好发挥其服务小微、服务三农的功能。

5. 建议关注企业用电成本问题。高度重视工业电价问题,进一步降低电力企业生产成本,继续深化电力市场化改革,降低制造业企业用电成本。

保稳促调提质增效　推动工业经济高质量发展

——舟山市2018年工业经济运行情况

舟山市经济和信息化局

2018年,面对复杂严峻的国内外环境,舟山市认真贯彻省委省政府各项决策部署,聚焦高质量发展,加快经济转型升级步伐,全力以赴打好"五大会战",奋力建设"四个舟山",努力推进工业经济和信息化平稳增长。

一、工业经济运行情况和特点

(一)工业经济运行态势

1. 工业生产稳中有进。2018年规上工业产值772.6亿元,同比增长8.5%,工业增加值174.9亿元,同比增长6.4%。完成工业投资354.1亿元,同比增长26%,增幅位居全省第1位。规上工业企业实现销售产值701.6亿元,同比增长7.1%,规模以上工业产品销售率为97.3%,保持高位。新产品产值增速明显,同比增长48.7%。2018年,全市工业用电量23.9亿千瓦时,同比下降1.4%。

2. 主导产业总体稳健。从舟山市工业主要行业来看,除电子电机业外其他行业均保持增长态势。造船行业继续调整。主要造船企业分化,部分修造船企业压缩造船规模扩大修船业务,个别造船企业出现经营困难和生产萎缩。2018年共交付船舶102艘,共计211万载重吨;新接订单100艘,共计216万载重吨;手持订单722万载重吨,均出现不同程度的下降,其他行业均保持增长态势。2018年共修理船舶3993艘,同比增长7.9%,其中修理外轮1683艘,同比增长15.1%。机械制造、汽配制造行业发展势头良好,企业生产饱满,2018年产值分别增长9.6%、22.1%。石化工业在石油价格有所回升的带动下,产值增长11.1%。水产品加工业发展平稳,随着兴业集团、海力生集团两家大企业整体搬迁投产和产能进一步释放,水产加工业同步回升,2018年产值增长8.3%,水产品出口持续向好,水产品出口额79.6亿元,同比增长17.7%。

3. 企业运行总体向好。行业骨干企业成为增长主力,在远洋渔业产量快速增长的带动下,水产加工企业的远洋水产品订单增加比较明显,华兴水产、丰宇海洋生物等一批水产加工企业,产值增长保持在15%以上。多数机械加工、汽配制造企业订单饱满,满负荷生产。岱美汽配、华业塑机等一批机械、汽配企业产值均保持10%以上的增长。中船海洋、嘉蓝电子等海洋电子信息企业发展势头良好,金达电机、金秋机械、优众新材料、原邦材料等电子信息企业产值同比增长20%以上。

4. 质效有所提高优化。多数企业效益转好,受造船企业亏损影响,舟山市规上企业总体效益不理想,亏损面仍较大;但从各行业来看,多数企业效益呈向好趋势。2018年舟山市规上企业实现利润5.95亿元,除船舶修造业亏损外,水产加工、机械制造、石化等规上企业实现利润29.8亿元,同比增长20.1%。工业用能结构进一步优化。加强能耗分析预警、重点用能单位节能管理,推进有序用电。2018年规上工业能耗总量增速下降1.1%,规上工业单位增加值能耗下降7.1%,两项节能指标位居全省前列,单位GDP能耗同比下降4.3%。

(二)经济运行中存在的主要问题

1. 造船企业未脱困境。2018年造船行业并没有明显改善,开具保函问题仍是困扰造船企业的主要因素,本地银行因授信权限的制约,保函远远无法满足船企订单需求,甚至影响到个别骨干造船企业无法新接订单。2018年全国新接船舶订单量和手持订单量有所增长,但是受个别造船企业影响,新船订单有所下降。

2. 企业营运成本居高不下。受钢材、原煤、有色金属等上游产业去产能影响,钢材、金属配件等原材料价格居高不下,这对于舟山市船舶修造业、螺杆制造业等以钢材为主要原材料的企业影响较大。由于舟山市工业产品的品牌、技术等核心竞争力较薄弱,市场议价能力较差,导致产品销售价格普遍跟不上原材料购进价格的上涨节奏。部分企业仍面临着"用工难"、"留人难"的问题,技术工人的供需矛盾则更加严重,企业为稳定生产和技术团队每年都需提升用工成本。企业物流成本较高,舟山跨海大桥过桥费、岛际之间的货车轮渡费等,均大大增加了企业的运输成本,因此较高的物流成本进一步压缩了企业的效益空间。

3. 工业投资项目储备不足。2018年,除绿色石化项目以外,新澳LNG一期、恒安泰海洋柔性管道、富通电缆、中钢海洋工程等一批投资5亿元以上大项目投资基本都已完成或接近尾声,而后续大项目储备不足,工业投资增长后继乏力。这对2019年的工业投入将产生重要影响。根据摸底,2019年计划投资1亿元以上项目仅为10个;除国电海上风电2019年计划投资13亿元左右,其余基本为1亿—3亿元的额度,合计仅30亿元;且部分项目可能因政策处理、合作方案调整、资金短缺等因素无法开工。

二、工业经济发展主要措施

(一)保稳促调推进工业经济高质量发展

一是全力做好经济运行协调。建立各县区、功能区的工业经济完成情况月度预报、季度通报机制,开展重点工业企业月度监测,深入企业调研,展开专题指导服务,充分挖掘企业增长潜力。多次召开运行分析会,研究重点产业情况并采取对策建议。二是制定出台促进民营经济高质量发展意见。从降成本、助融资、优环境、强创新、促开放等五方面梳理了针对性强、可操作的20条政策意见,推进民营经济的供给侧结构性改革、推动高质量发展。三是大力推进船舶工业高质量发展。制定《舟山市推进船舶工业高质量发展行动计划(2018—2020年)》。推进产业生态化,组织召开两场现场会,大力推广船舶精益生产管理"常石工作法"和绿色修船技术应用。制定"绿色修船规范二十条"和评分标准细则,开展首批绿色修船企业和绿色修船示范企业评选。推进产品创新,太平洋海工实现舟山市首制LNG船,东鹏船厂开建小型支线LPG运输船,嘉蓝海洋无人艇项目订单超过5000万元。每季度举行全市造船企业非船业务对接会,帮助船企接获非船订单,扬帆、增洲、金海等船企已承接鱼山石化钢结构、大桥钢结构等非船项目订单3.5亿元。推进企业合作重组,促进长宏国际与中集集团成功重组,2018年新增订单21艘。发挥自贸区优势,出台《关于加快浙江自贸区船舶保税维修产业发展的意见》,2018年外轮保税维修增长15.1%。

(二)任务清单化全面推进一批重点项目

一是大力推进实施十类百项重大工业项目。确定十类共100项重大工业项目库,明确每个项目的具体举措、目标要求、时间进度。建立专门工作班子,加大跟踪服务和推进力度。十大重点推进项目、新投资开工项目、重点转型升级项目、重点技改项目、重点"机器换人"智能化改造项目五类投资项目,实际完成投资345.5亿元,完成年度目标任务的123.8%。十大重点创业创新项目已完成新产品开发;十大合作重组企业有8家完成重组并投产运行;十大产能释放项目成效明显;重点培育上市(挂牌)企业,1家企业新三板挂牌,有4家准备IPO上市,4家企业转板,10家准备股改。二是大力组织实施百项"机器换人"智能化改造项目。起草《全市智能制造三年行动实施方案》,开展"机器换人"智能制造试点示范工作,建立智能制造工程服务平台,

2018年百项"机器换人"智能化改造项目累计开工实施102项。三是大力开展招商引资。先后赴北京、上海、深圳、杭州等地开展招商和项目对接。6月底在重庆组织召开了军民融合产业(海洋电子信息产业)招商对接会,11月初组织召开军民融合产业发展论坛;促成了北京方位智能、浙江中控研究院等8家行业龙头企业在舟注册落户,实际引进市外资金5.51亿元

(三)创新驱动加快新旧动能转换

一是全面实施数字经济"一号工程"。编制《舟山市数字经济发展五年行动计划》《"智慧海洋"舟山群岛区域试点示范工程实施方案》,向国家发改委申报智慧海洋项目,市政府与中船工业就智慧海洋工作开展全面合作,并在世界互联网大会上签约。海洋大数据中心与政务云实现网络互通、数据共享;投资约7000万元的中船智慧海洋舟山先导示范工程已完成一期项目,总投资3.8亿元的智慧海洋应急通信试验网项目初步设计和投资概算通过专家评审。舟山智慧海洋示范工程正式列入国务院规划盘子,成为唯一有指向性地区项目,正在向国家发改委申报。二是完善企业技术创新体系建设。2018年完成省级工业新产品(新技术)备案51项,通过鉴定验收18项,新增6家企业入选2018年度"浙江制造精品"目录。新认定5家企业为市级企业技术中心,12家企业产品被选入"浙江制造精品"目录。三是谋划重大产业项目。谋划绿色石化产业链、海洋电子信息产业、海洋生物产业、海洋装备产业、海洋牧场、工业互联网应用等一批产业项目研究,并形成研究成果。四是培育特色产业集聚平台。加快企业集聚、公共配套设施建设,金塘螺杆小镇、展茅海创工业特色小镇、东沙汽船配工业小镇等特色工业小镇已经成为承接特色产业的重要平台。建设具有海洋产业特色的小微企业园,推进中小微企业提升改造向园区集聚,全年新增省达标的小微园3个,完成入园企业数278家。五是推进企业融合发展。大力推进企业两化融合提升改造,开展两化融合企业的试点示范。全面开展企业上云工作,2018年完成1500家企业上云任务。组织企业与军工央企、军队院校对接,支持骨干企业申报完善军工资质,4家企业获得军工保密资质,2家企业获得武器装备承制单位资质。

(四)深化供给侧结构性改革倒逼企业改造提升

一是深化"亩均论英雄"改革。建立健全工作机制,出台《关于深化"亩均论英雄"改革工作的实施意见》,结合舟山市实际,将企业岸线利用评价纳入评价范围。组织对全市规上工业企业以及占地5亩以上规下企业,开展数据采集和综合评价。推进用水、用电、用地及排污等各类资源要素差别化配置政策落地执行,推动要素资源向优质企业集聚。二是大力推进腾笼换鸟。开展全市规下"低散乱"修船企业整治提升和全市亩均税收低于1万元的低效企业专项整治工作。结合安全生产、环境治理、节能减排等法律法规和强制性标准,倒逼企业淘汰落后产能,全年完成淘汰落后涉及企业21家,"低散乱"企业整治141家。加快企业市场出清,6家"僵尸企业"实现市场出清,处置资产总额14836.5万元。三是推进区域能评改革。全力推进全市重点工业园区、特色小镇区域能评改革。6月底全面完成了4个省级经济技术开发区和3个省级特色小镇区域能评报告编制和审查。四是推进企业股改上市。建立健全工业企业上市工作机制,建立市级工业企业股改库、拟上市库和后备培育库。组织召开专题协调会,对6家重点培育上市企业的34个问题进行协调解决。制定实施工业企业股改上市五年行动计划,全市工业和信息化领域10家企业正式启动股改上市工作,2家企业完成上市准备工作。

(五)多种形式助推企业发展

一是开展企业精准服务。开展骨干工业企业"一企一服务"行动,通过"一个企业、一个领导、一套班子、一抓到底"的服务模式,着力帮助重点骨干工业企业解决一批问题。开展民营企业大走访大调研活动,市领导边走访边解决个性问题,专题研究解决共性问题。二是切实减轻企业负担。加强减负政策宣贯和落实情况

监测,开展涉企保证金清理规范工作。全年舟山市共为企业减负39.94亿元,同比增长65.9%。三是加快一批成长型企业发展。开展市级"专精特新"培育,入库企业164家;"隐形冠军"培育企业4家,新增省"隐形冠军"企业1家;推进小微企业上规升级,22家企业完成了"小升规"。四是推进企业人才工作。聘请国内10名顶级专家,成立舟山市智慧海洋专家咨询委员会。实施企业经营管理者素质提升计划,舟山经信局共举办19期不同类型的培训班、沙龙、报告会等,共计培训1000余名企业经营管理人才。

三、工业经济发展面临的形势

从国际形势来看,2019年世界经济增长动能有所削弱,不确定性不稳定性因素增多、下行风险加大。2018年以来,美国实施"货币政策正常化+大幅度减税+贸易保护主义+构建高标准贸易规则"的政策组合,将继续冲击全球经济贸易的运行。2019年人民币汇率总体趋于平稳,不会像2018年有近12%的波动起伏,汇率的稳定将有利于舟山市的船舶、水产品、油品等产品出口的平稳。中美贸易摩擦预期已经形成,整个形势对舟山市工业来说,大豆从美国进口、汽配产品和螺杆等机械产品的出口美国的影响将会扩大。从国内形势来看,根据中央经济工作会议精神,2019年将继续实施积极的财政政策和稳健的货币政策,实施更大规模的减税降费,解决好民营企业和小微企业融资难融资贵问题,深化国资国企、财税金融、土地、市场准入、社会管理等领域改革等,增强企业活力,推进民营经济发展。特别是2019年七大重点工作任务中,第一大任务就是推动制造业高质量发展。从推动先进制造业和现代服务业深度融合,推进企业优胜劣汰,增强制造业技术创新能力等方面进行重点推进。根据全省经济工作会议精神,2019年大力支持民营企业发展壮大,在减负降本、解决融资难融资贵、支持企业破解创新难拓市场难以及营商环境建设上争取突破;突出增动能,深化实施数字经济"一号工程",推动制造业、现代服务业高质量发展和各类产业平台整合提升。浙石化一体化项目作为民营经济发展的典型代表,应该迎来了最好的发展机遇,打造世界级的绿色石化产业集群。舟山突出智慧海洋工程建设的特色,做好海字文章,同时也要利用石化产业集群,打造新材料产业,大力发展数字经济。从舟山情况来看,2019年是舟山工业经济发展的机遇之年和关键之年,浙石化炼化一体化、波音交付完工中心等重大项目将投产和产能释放,工业经济结构、增长方式、发展动能将发生巨大转变,整个工业经济进入"换挡提速"期。产业来看,2019年石化将成为第一主导产业,成为拉动工业增长主要动力。整个航运业和造船业并未有明显好转的迹象,重点造船企业仍未走出困境,受开具保函难的影响,个别企业的资金压力较大,保持企业的平稳仍是工作重点。海洋电子信息、智慧海洋等新兴产业体量较小。因此,整个工业经济将处于"稳中有进"态势。政策和资源要素来看,舟山市已经形成比较完善的扶优扶强、企业帮扶、减负降本、转型升级等方面的政策体系,但是融资难融资贵、用地保障、物流成本和用工、用水成本高等问题仍比较突出。工业发展层次来看,传统产业为注,高附加值、高技术含量、自主创新的产品仍较少,总体竞争力不强。缺少上市企业、大企业大集团的引领。

四、推进工业经济发展的对策

2019年,舟山市工业系统全面落实中央经济工作会议精神,认真贯彻省决策部署,坚持稳中求进工作总基调,落实高质量发展要求,全力谋划和培育新兴产业,大力推进传统产业转型升级和提质增效,确保工业经济"稳中有进"。

(一)凝心聚力抓项目

一是全力推进重点项目产能释放。定期跟踪和专项协调,推进新奥LNG、国电海上风电、恒安泰柔性管道、富通电缆、良海粮油、华和热电等项目(企业)的产能充分释放。大力推进宏发产业园等项目开工建设。梳理确定2019年度重大工业项目,健全县区、功能区推进机制,每一个项目排出年度目标、任务清单、时间节点,全力跟踪推动保质保量完成。二是推进工业项目的招商引资。落实各区域的主体责任,把工业项目的招商引资作为各区域招商引资的重要目标进行考核。推进各区块建立工业领域招商专门力量,重视产业类项目的招引,特别是制造业项目的落地。重大力招引石化产业链配套企业,推进岱山新材料产业园建设和产业链配套项目落地。努力招引一批航空配套企业落户。推进工业投资。继续实施新一轮百项"机器换人"智能化技术改造项目,一批企业开展智能车间建设试点。着力加快大洋世家水产精深加工项目落地前的有关工作,加快项目实施。做好常石集团邮轮项目落地实施的前期准备工作,抓住船舶航行排放控制机遇,推进实施船舶脱硫装置改造项目。实施一批"两化"融合项目,重点选择金塘螺杆行业开展两化融合的试点示范。

（二）坚定不移抓转型升级

开展处置低效厂房整治攻坚行动。建立领导小组和工作机制,全面开展工业企业闲置厂房和低散乱厂房的排摸,制定低效厂房专项整治行动方案、整治标准、指导意见、提升规范要求等,组织召开现场会,大力推进开展低效厂房整治。通过"亩均论英雄"改革的资源要素差别化配置政策等措施,加大倒逼力度,促进企业转型升级,提高生产效益。开展小微企业园提升行动。制定舟山市小微企业园建设五年规划,做强现有小微园区,同时在县区、功能区再规划布局一批小微工业园区,积极引导中小微企业入园集聚,2019年新开工建设小微企业园2个,建成2个。大力推进腾笼换鸟。全面开展规下"低散乱"修船企业整治提升和亩均税收低于1万元的低效企业专项整治工作。推进结合安全生产、环境治理、节能减排等法律法规和强制性标准,倒逼企业淘汰落后产能和转型升级。大力推广"常石工作法"和绿色修船技术应用,推进绿色修船。推进企业兼并重组。以属地为主建立专班,对兼并重组、合作重组已取得进展的企业,通过政策支持、重点帮扶或"一企一策",推进企业取得实质性成效。对有意向重组的企业,通过组织专题对接、重点推介、精准招商等,帮助企业尽快取得进展。

（三）多措并举抓服务

一是深入开展民营企业服务活动。深入开展"民营企业大走访大调研"活动,市、县区、乡镇三级联动,联系帮扶企业,解决企业突出问题。二是帮助企业抢订单。大力推进重点造船企业拓展非船业务,每季度组织造船企业非船业务对接会,帮助重点船企接获非船订单。组织市内企业产品供需对接会,政府采购服务优先向市内优质产品倾斜。帮助企业争取军工资质,组织军民融合产业对接会。三是切实推进企业减负降本。做好各级减负降本政策的宣传解读和落实工作,完善监督服务机制,确保企业负担进一步降低。四是进一步精准施策。研究梳理市级层面的工业综合性政策,重点围绕数字经济发展、推进智能制造、加快新兴产业培育等,更好地发挥财政专项资金和产业基金对产业、企业发展的引导作用。五开展梯队企业培育。培育一批龙头骨干企业,培育一批科技含量高、创新力强、成长性好的创新型示范中小企业,培育一批"专精特新"企业。

（四）大力发展数字经济

推进一批涉海项目建设。组建专班专人对智慧海洋示范项目逐个进行跟踪服务,定期协调解决项目建设遇到的困难和问题,确保示范项目按期完成建设任务。全力确保智慧海洋应急通信网络项目完成系统联调联试任务,海洋大数据中心完善升级和多领域应用。拓展陆上数字化领域。推进无人装备产业发展,着力招引重点数字产业项目。推动工业互联网落地,加快螺杆、汽配、水产等行业互联网项目实施。推进船舶行业焊接自动化设备、除锈和涂装机器人设备、数字化造船系统的推广使用;水产加工行业流水线作业改造和工艺流程再造。选择10家企业进行两化融合试点示范,大力推进"企业上云",新增上云企业1000家。加快数字经济基础设施建设。强化数字产业培育和集聚功能,提升平台服务能级,规划推动5G、窄带物联网等新一代信息基础设施建设,在绿色石化基地启动5G建设试点。

工业生产持续向好 结构调整步伐加快

——台州市 2018 年工业经济运行情况

台州市经济和信息化局

2018 年以来,全市经信系统坚持"拉高标杆 争先进位"的工作要求,加快推进数字经济发展,全面推进传统制造业改造提升,大力实施七大千亿级产业集群培育,全力打造"制造之都",台州工业经济总体实现健康较快增长,有力助推台州民营经济再创新辉煌。

一、工业经济运行情况和特点

（一）工业经济运行基本情况

1. 生产增长持续向好。2018 年,全部工业增加值增长 9.4%,增速居全省第 2 位;实现规上工业增加值 1102.43 亿元,同比增长 9.7%,增速居全省第 2 位;实现出口交货值 1199.49 亿元,同比增长 9.7%,增速高于全省平均 1.1 个百分点。

2. 增长质效持续提高。2018 年,高新技术产业、高端装备制造业规上增加值分别同比增长 15.1% 和 18.0%,增速均居全省第 1 位;实现规上工业企业利润 314.2 亿元,同比增长 20.9%,高于全省平均 15.6 个百分点。

3. 工业投资有效增长。加快建设重点项目,全年在建国家工业强基项目 4 个,占全省项目数的 17.4%,项目数居全省第三,完成投资 6.79 亿元;51 个项目列入全省"四个百项"重点技术改造示范计划,项目数居全省第 4 位。2018 年,全市重点制造业投资同比增长 55.8%。

4. 转型升级持续发力。高端培育低端退出步伐加快,2018 年新增股份制企业 802 家,股改家数领跑全省;上市上柜股改实现新突破,完成 100 家,实现年初设定任务的 125%;整治提升"低散乱"企业(作坊)3133 家,在全省率先彻底告别"三合一"。

（二）当前工业经济面临的主要问题

近年来,台州市工业经济实现平稳增长,但与先进地市相比,仍存在一定差距,主要表现在:

1. "不高",即产业不高端,仍以传统产业为主。汽摩配件、医化、机械电器、模具等传统制造业占据主要地位,大部分企业仍停留在产业链末端,普遍存在附加值不高,技术密集度不足,研发设计环节缺失,市场定位低等缺陷,易受劳动力成本、原材料价格等外界因素干扰,抗风险能力弱,转型升级压力较大;数字经济、人工智能等新经济新动能发育依然偏慢,高端装备、现代生物科技等高端制造领域的关键技术仍然空白,位于"微笑曲线"两端的产业链高端企业比较少。

2. "不新",即新经济发展缓慢,新旧动能转换不快。与省内创新资源较为集聚的杭州、宁波相比,台州市科技资源存量相对不足,重大科技创新平台缺乏,科技投入偏低,至今还没有 1 个国家级高新区,也没有像样的科技城,科技总体水平在全省排位靠后。从创新模式来看,台州面向制造业前沿领域的基础核心关键技术创新和颠覆式创新较少,创新成果多以快速响应市场的渐进式创新较多,新技术、新产品、新业态发展较慢,企业持续发展壮大的动力不强;长期、持续、良性的基础创新体系尚未建成,数字经济领域关键技术储备十分匮乏,经济发展新旧动能转换不快。

3. "不大",即制造业体量不大,大企业、大项目少。从产业能级来看,2018年台州规上工业增加值1102.43亿元,还不到宁波、杭州的1/3,在全省排名靠后;2018年全市规上工业增加值1102.43亿元,全省第5,占全部工业增加值比重达58%左右,占比低于全省平均10个百分点左右。龙头企业规模也相对偏小,2018年"中国民营企业500强"中,浙江有93家入围,台州仅6家,且除中新产业集团有限公司、伟星集团有限公司外,其他4家均从事房屋建筑业。《2018浙江省制造业百强企业》榜单中,台州市仅有星星集团、海正药业、利欧集团三家企业上榜,且排名靠后,分别为第80位、第85位、第87位。

4. "不多",即土地、人才等要素资源紧缺。台州民营企业创新人才较为短缺,高层次经营管理人才尤为不足,在当前以家族式企业为主导的民营经济中,家族企业传承和"二代接班"的问题日渐突出。同时,受限于城市发展能级和综合配套水平,台州对各类高素质人才吸引力明显不足,高端创新人才缺口较大,高层次的经营管理人才尤其缺乏,每万人中大专以上学历人数、高级专业职务人数等指标在全省11市中处于后列。从土地资源支撑来看,制造业领域内可供利用的土地资源日趋紧张,新增建设用地计划指标逐年减少,土地价格高昂,有的甚至与国内一线城市相当,一定程度上抑制了优质制造业项目入驻。从资金要素供给来看,"融资难""融资贵"依然是制约制造业发展的瓶颈,企业平均贷款利率仍处于较高水平。

二、2018年工作举措

（一）聚焦新旧动能接续转换,全面加快数字经济发展步伐

2018年,实现数字经济核心产业增加值45.7亿元,同比增长17.0%,增速居全省第2位。编制出台数字经济发展实施意见,召开全市数字经济发展论坛及工作推进会、台州市智能制造专家委员会成立仪式暨浙大台州研究院智能装备新产品（新技术）推介会等;7家企业新列入国家两化融合管理体系贯标试点企业;1个项目成功入选2018年国家智能制造综合标准化与新模式应用项目。

（二）聚焦"全域整治、全面提升",强势推进传统产业优化升级

按照"一年初见成效"、"两年基本完成,三年彻底转型"的目标,继续扎实推进传统产业优化升级三年行动计划。实施"七个一"举措,即每季一主题、一推进会、一汇报会,一通报,办好一个专题研讨班,重点推进一个"510"工程,年终进行一次综合性考评。全面推进小微工业园建设,全年新增小微工业园52个,在建小微企业工业园64个。加快企业股改,2018年,全市新增股份制企业802家,完成全年任务的200.5%。

（三）聚焦产业强链补链,加快推进七大千亿级产业培育

六位市领导亲自挂帅联系汽车及零部件、通用航空、模具与塑料、医药医化、智能马桶、缝制设备、泵与电机七大千亿产业集群,建立产业集群培育"八个一"工作机制,分产业制定并印发培育方案,积极研究并起草精准扶持政策,明确产业培育目标定位、发展路径、重点领域,提出具体工作举措。确定了33个县（市、区）级特色百亿支柱产业,在全市范围内形成了"7+33"产业组团式发展体系。举办了吉利集团与优质汽车零部件企业精准对接会暨吉利白罗斯项目推介会、智能马桶和泵与电机产业对接会、汽车零部件企业与宁波均胜集团深度对接活动等系列活动,与航天十二院共同举办台州航空航天论坛,推动产业融合发展。

（四）聚焦工业高质量发展,全面深化"亩均论英雄"改革

积极打好"亩均论英雄"改革创新组合拳,全市3546家规上工业企业和4929家规下工业企业、586家高新技术企业纳入评价,前三季度规上工业亩均增加值同比增长11.3%,增速居全省第2位。实施低效企业改

造提升"135"行动,力争对亩均税收1万元、3万元、5万元以下低效企业,通过追加投资、转让出租、整合改造、收购储备、并购重组等方式,分别于1年内、3年内、5年内实现改造提升,2018年完成对全部964家亩均税收1万元以下的低效企业改造提升。

(五)聚焦企业扶优扶强,全面构建企业梯度培育新格局

启动"2211"企业培育计划,努力打造以20家销售收入超100亿元的"航母企业"、20家销售收入50亿—100亿元的"旗舰企业"、100家上市企业和100家"瞪羚企业"为核心的制造业龙头骨干企业方阵。市领导分头召开"航母企业""旗舰企业""瞪羚企业"和上市企业座谈会,对企业反映的困难及问题及时梳理分解,限时协调解决,得到企业好评。

(六)聚焦产业项目"双进",全力推动工业投资有效增长

加快建设重点项目,全年在建国家工业强基项目4个,占全省项目数的17.4%,项目数居全省第三,完成投资6.79亿元;51个项目列入全省"四个百项"重点技术改造示范计划,项目数居全省第4位。积极洽谈引进重大产业项目,谋划招引通用航空产业项目落户台州;积极开展与新华网、腾讯、浪潮、中科曙光、微软等知名企业对接活动。2018年,全市重点制造业投资同比增长55.8%。

(七)聚焦"五心"理念"妈妈式"服务,着力优化民营经济发展环境

举办中国民营经济发展(台州)论坛、中国(台州)首届"文化融"制造业峰会等活动。围绕本地优质企业留驻台州高质量发展主题,积极开展"大走访、大调研、大服务"专题活动,编制企业破难问题清单、产业导向目录清单、优质项目清单、政策供给清单等"四张清单",及时帮助企业解决各类问题。建立优质项目库,强化要素保障和服务,促进本地优质企业留驻台州高质量发展。加快推进企业减负工作,前三季度共计减免各类税费120亿元左右。

(八)聚焦落实能源"双控",大力推动区域经济绿色发展

严格落实能源"双控",2018年,从严控制高耗能和高能耗项目,全面推进高能耗企业专项整治,全年共淘汰落后设备440(台/套),腾出用能空间约11万吨标准煤。依法开展能源监察,完成58家重点用能单位的节能监察任务;开展公共机构的专项监察100多家;完成钢铁行业的专项监察。制定了《台州市绿色制造行动三年计划》,开展了以"节能降耗,保卫蓝天"为主题的现场宣传活动。认真做好民爆安全监管,2次召开全市性安全生产工作会议,层层签订安全生产责任书,并组织各类安全生产大检查7次。

三、工业经济发展面临的形势

2019年,对于处在转型升级关键期的台州工业经济来说,既面临严峻挑战又存在整合提升发展的机遇。

(一)从需求角度看

最大的不确定性在于市场的变化。一方面,中美贸易摩擦的不确定性、新兴市场国家的汇率波动、其他市场竞争的加剧等等,都对出口依存度较高的台州形成深层次影响。另一方面,消费升级对产品提出越来越高的要求,更高品质、更智能化、更具设计感等等,也在倒逼着全市产业加速转型升级。

(二)从供给角度看

前几年供给侧结构性改革深入推进,加上环保整治的高压推进,低端落后产能逐步退出市场,但也在一定程度上对全市产业链配套造成影响,并加剧了原材料价格的波动,台州工业的要素供给仍然较为紧缺。

四、下一步工作打算

(一)转形态,大力推进数字经济培育发展

数字经济是继农业经济、工业经济之后的主要经济形态,以数据为关键要素的数字经济已成为全球经济最重要的驱动力,是全球产业竞争的战略制高点。一是加强顶层谋划。积极落实《关于加快数字经济发展的实施意见》,制定出台数字经济专项扶持政策,推进骨干企业引育、数字化改造全覆盖、重点平台打造、数字人才引育、数字科技创新攻关、新产业新业态新模式培育、基础设施提升等七大行动。实施数字经济"211"培育工程,到2022年,台州数字经济规模实现倍增,增加值总量达到2000亿元,核心产业主营业务收入达到1000亿元,规上企业实现数字化改造100%覆盖。二是加快推进数字产业化。全面提升台州数字经济核心产业竞争力,在加快建设电子材料、光电子器件、智能装备电子等特色电子信息产业基地的基础上,加快引进数字经济产业项目,建立数字经济项目库,加强与浪潮、腾讯、三盛宏业等数字经济龙头企业的项目合作,推动数字经济核心产业在量与质上均取得新突破。三是加快推进产业数字化。大力实施传统产业数字化转型行动计划,2019年重点实施100项产业数字化转型示范项目,以七大千亿产业为重点,认定一批在行业内具有典型性、示范性、先进性的数字化转型示范试点企业,加快智能模具小镇、智能马桶小镇、泵业智造小镇等产业数字化发展平台建设;推动企业"触网""用云",加快实现企业上云和工业互联网应用,努力将台州打造成全省传统产业数字化转型示范区、新动能培育典范区,推动数字产业化全面开花结果。

(二)转动能,大力推进传统产业优化升级

着眼"全域整治、全面提升",按照"一年初见成效""两年基本完成,三年彻底转型"的目标,继续扎实推进传统产业优化升级三年行动计划。一是抓好"一老一小"。"老"是指老旧工业区块改造,加快对全市范围内的368个老旧工业区块全面改造、整体提升,通过科学规划,加大拆后土地和低效土地的综合利用,构建产业发展新生态,腾出高质量发展新空间。"小"是指小微工业园建设,实施小微工业园高质量发展行动,推进100个小微工业园建设项目,力争2019年小微工业园建成建筑面积871万平方米,实现3000家左右小微企业进园区,不断提高亩均效益较高企业、科技型成长型小微企业的占比;实施小微企业工业园创建产业创新服务综合体"八大提升工程",加快推进小微园大脑(暨小微园管理大数据平台)项目建设和应用推广,推动小微工业园成为传统产业转型升级的主基地、主战场。二是抓好"一高一低"。"高"是指推动企业高层次发展,深入推进"2211"企业培育工程,加大对航母企业、旗舰企业、上市企业、瞪羚企业的扶优扶强力度,建立"2211"企业培育库动态调整、梯度培育的整体工作格局;加快"专精特新""隐形冠军"企业培育,实施"专精特新"企业培育专项行动,入库培育、专项扶持,组织优质服务机构开展一对一"订单式"服务;组织"隐形冠军"培育企业专题研究班、产融合作对接活动等。"低"是指破除企业"低散乱"格局,坚持整治开路,加大对产出低能耗多的高耗能企业整治力度,特别是能耗水平明显高于行业平均水平和全省平均水平的企业,严控项目审批、加强行业整治;加大对产出低占地多的低效企业的整治力度,深入推进低效企业改造提升"135"专项行动,力争在2019年底前对亩均税收3万元以下低效企业,采取追加投资、转让出租、收购储备、并购重组等方式实现改造提升,有效提升全市亩均税收水平。三是抓好"一内一外"。"内"是指练好内功,加强机制创新,深化企业股改,随着股改工作进入后股改时期,将工作重心放在通过股改解决企业历史遗留问题;加强管理创新,深入实施企业管理三年提升行动,推行精益管理,推动企业完善公司治理结构;加强科技创新,完善企业创新体系,2019年计划新增市级企业技术中心30家以上,省级企业技术中心5家,组织开展不同层次的工业新产品新技术推介活动,加强装备制造业重点领域首台(套)产品的开发认定,深入推进产学研合作创新。"外"是指眼睛向外,鼓励引导企业加快"走出去",坚定不移走外向型路子,加大市场拓展力度,秉承东方不亮西方亮,加

强"一带一路"等地区的海外市场开发,同时通过组织举办中国塑料交易会、缝制设备展览会等展会加大国内市场开发;推动企业并购重组,将并购重组作为企业最快最直接的转型手段,既推动优势企业以提升产业集中度、延伸产业链、获取新技术为重点的跨境并购,也要发挥上市公司资源整合能力,兼并重组低效、困难企业,盘活存量资产,进一步提高企业核心竞争力。

（三）转结构,大力推进七大千亿产业培育

一是强化督查落实。2018 年是"七大千亿产业"培育的启动之年,2019 年是"七大千亿产业"培育的深化之年,重点抓好 100 项千亿产业培育示范项目。常态化系统化开展运行监测,强化督查,确保要素保障、项目推动、政策落地等落到实处。按照"八个一"的工作要求,细化完善培育方案行动计划,做到目标明确和具有可操作性,及时优化和调整产业培育举措。加快出台相关扶持政策,加强新政策的精准性。二是强化共融发展。着眼全市"七大千亿产业"和各县（市、区）33 个"百亿级产业",加快市内主导产业间的融合发展,重点围绕泵与智能马桶的对接、智能装备企业与本土企业对接等方面,推动产业跨界融合发展。三是推动强链补链。着眼于产业链拉伸,引导企业拓展上下游产业,鼓励医化企业在环保政策允许范围内加强中间体自给能力;加强产业链上下游衔接,提升本土企业的配套能力,推进汽车零部件企业与吉利等整车企业对接;加快智能模具小镇、智能马桶小镇、泵业智造小镇等产业平台建设,提升小镇研发设计、标准检测、金融服务等方面的能力,补足配套短板、提升自身优势。

（四）转方式,大力推进"亩均论英雄"改革

一是推动综合评价全覆盖。在全市规上工业企业、用地 5 亩（含）以上规下工业企业实施"亩产效益"综合评价的基础上,力争 2019 年全市所有工业企业全面实施"亩产效益"综合评价,提前 1 年完成省定工作目标。同时,实现规上服务业企业、高新技术企业、小微企业工业园、特色小镇等综合评价全覆盖。二是推动结果应用全流程。在企业用地的准入环节和监管环节均强化"亩均"导向,深入推行"标准地"制度,加强优质项目库与标准地的衔接,对不同级别的优质项目,在土地供应、环境指标等方面给予不同力度的保障支持。开展亩均效益"领跑者"行动,深入推进低效企业改造提升,编制全市"亩均论英雄"绩效报告。三是推动差别化配置全要素。探索制定全市差别化要素配置指导性意见,加大正向激励和反向倒逼力度;积极发挥县（市、区）主体作用,力争 2019 年所有县（市、区）率先实现水价、电价、用能、用地、排污、信贷、土地使用税等七类差别化政策全覆盖,推动资源要素向高效益、高产出、高成长的优质企业集聚。

（五）转动力,大力推进工业有效投资

高质量的有效投入,是台州工业经济发展的主要动力。2019 年重点实施 100 项优质项目落地开工。一是加大重点项目推进力度。按照"在建项目抓进度、新建项目抓开工、前期项目重落地"的工作要求,聚焦重点产业、重点平台、重点项目,做好重大项目精准对接,着力推进有效投资,建立重点项目清单式管理制度和重点项目领导联系制度,精准破解限期销号,确保重点项目建设取得突破;进一步形成市县联动、部门联合、督查跟进、一抓到底、协同推进的工作新格局。二是转变技改投资主攻方向。全面启动以智能化为主攻方向的技术改造工作,谋划起草《关于推动工业企业智能化技术改造的实施意见》,明确智能化技术改造目标和路径,重点实施 100 项产业数字化转型示范项目,推进单个企业技术改造向产业链协调改造转变,实现单一"机器换人"向生产经营全流程智能化改造转变。三是加大产业项目招引力度。加强市县联动,瞄准未来产业发展方向,重点围绕通用航空、节能新能源汽车、工业机器人、高性能医疗器械等新兴产业,深度谋划和推进一批产业链长、带动性强、市场前景好、亩均产出高和事关台州长远发展的高端产业项目、重大战略性新兴产业项目、军民融合项目,以高质量的有效投资推动全市工业经济高质量发展。

（六）转理念，大力推进服务企业能力提升

一是进一步树立高质量发展理念。系统梳理各类扶持政策，制定出台新一轮扶持工业发展的综合性文件，突出高质量和精准化导向；把握好稳增长和高质量的关系，在加强运行监测，推动工业经济平稳增长的同时，探索建立工业经济高质量发展评价体系；创新要素供给方式，突出亩均导向，探索优质项目化与标准地衔接、小微园保障电力直接交易等方式。二是进一步提高信息化管理水平。加快建设"数字经信"工作平台，打通涉企部门数据，整合经济运行、信息公开、能源监控、亩均效益评价、小微工业园数据监测、工业投资项目管理等功能，宏观上实现指标分析、数据展示等功能，微观上通过企业数据直报、开展在线调查等方式，实现异常企业监测、重点企业资金链监控、贸易摩擦风险监控、工业企业信用警示监测等功能。三是进一步加强常态化服务能力。深入践行"妈妈式"服务，着眼优质企业留驻台州高质量发展，建立健全服务企业常态化工作机制，推进减负降本改革，打造"审批事项最少、办事效率最高、投资环境最优"的营商环境；深入发挥中小企业公共服务平台和企业家协会、行业协会的作用，实现服务企业精准有效；深化企业家素质提升行动，充分发挥台州民营经济学院作用，继续组织举办台州市"中国制造2025"领军人才高级研修班、德国工业4.0考察等培训活动。

全年红助推高质量发展 结构性隐忧仍待关注

——丽水市2018年工业经济运行情况

丽水市经济和信息化局

2018年，在市委、市政府的坚强领导下，全市工业战线紧紧围绕加快生态工业第一经济高质量发展目标，扎实推进生态工业发展"31576"五年行动计划，深入开展"精准服务企业、振兴实体经济"专项行动，全市工业经济呈现"高开稳走向好"态势，规上工业增加值、新兴产业增加值、装备制造业增加值、出口交货值、工业用电量等5项工业指标同比增速均居全省第1位，创近五年来最好水平，为全市经济社会较快发展做出积极贡献。

一、主要指标完成情况

（一）规上工业增加值高位增长

2018年，全市实现规上工业增加值增长12.2%，创2014年1月份以来新高，比去年同期提高了6.5个百分点，高出全省平均水平4.9个百分点，从年初以来连续保持两位数增长。各县域规上工业增加值增速均实现较快增长，其中云和、遂昌、缙云、景宁实现15%以上增长。

（二）产业结构调整步伐加快

全市35个工业行业大类中，80%的行业增加值同比正增长。全市战略性新兴产业增加值、装备制造业增加值、高新技术增加值增长同比增长29.1%、15.3%、9.8%，分别高出全省17.6、5.3、0.4个百分点，分别位居全省第一、第一和第六位；健康产品制造业增加值、时尚制造业产业增加值分别增长27.5%和9.5%；八大高耗能行业增加值增速低于规上工业增速0.9个百分点。

（三）工业投资总体回暖

全年全市完成工业投资同比增长29.3%，高于年度目标14.3个百分点。全市纳入省监测的119个重点技改项目完成投资38.98亿元，完成任务目标的106.5%，开工率100%。全市完成新增工业用地供地255宗，面积6782.4亩，完成年度目标的128%，其中新出让面积6229.3亩，同比增长50.4%。

（四）数字经济发展平稳

全年全市数字经济核心产业制造业增加值同比下降0.6%。主平台绿谷信息产业园发展形势喜人，累计入驻创业创新实体311家，从业人数达4891人，实现主营业务收入26.2亿元，税收7856万元，同比分别增长94.07%和94.74%。招商引资成效明显，实到市外内资3.83亿元。

（五）节能降耗形势严峻

年度目标为单位GDP能耗下降3.13%、能源消费总量增速控制在2.13%以内。2018年全市能耗总量同比增长10.1%，单位GDP能耗不降反升1.8%，均未完成年度目标。

二、重点工作开展情况

(一)大力推进传统制造业改造提升

1. 强化规划和示范试点引领。组织编制《丽水市生物医药产业发展规划(2018—2025年)》《丽水市时尚革制品发展规划(2018—2025)》等规划,进一步明确重点产业改造提升的思路和方向。扎实推进云和县文体用品制造业、松阳县茶叶加工业传统制造业改造提升分行业省级试点工作,投资10亿元的松阳茶香小镇项目以及一批茶爽生产线、保健用绿茶提取物生产线等一批项目相继实施。组织实施6个省级"机器换人"分行业试点(青田鞋革、庆元竹木加工、松阳不锈钢、云和木制玩具、龙泉汽摩配、开发区合成革)、4个"两化"融合试点(龙泉、缙云、青田、松阳)、2个省级生态工业试点(龙泉、遂昌)、1个智能制造试点(市区离散型智能制造),切实推动智能化生态化改造。全年全市累计新增工业机器人338台,完成年度目标113%。

2. 扎实开展"低散乱"整治。围绕"7月底前全面完成排摸,12月底前整治到位率达到50%,涉水涉气排放不达标且整治无望企业全部关停,2019年12月底全面整治到位"的目标,深入开展"低散乱"企业入园及转型提升专项行动。2018年全市整治"低散乱"企业624家,完成年度任务的195%;其中:完成淘汰落后轮窑16座(完成省下达目标任务的177.78%),削减产能3.38亿块标砖。新建标准厂房33.2万平方米,完成省年度任务的166%;推动企业入园(含新入园企业)338家,完成省年度任务的169%;完成淘汰落后产能涉及企业90家,完成年度任务的180%。

3. 全面推进小微企业园建设。出台了《关于加快小微企业园高质量发展的实施意见》,争取了莲都、龙泉列入2019年省小微企业园建设提升工作实施名单,分别于4月和10月在云和、缙云召开园区建设现场会,大力推进小微企业园和标准厂房建设。2018年全市在建小微企业园共24个,占地面积1918亩,建筑面积175万平方米。其中,2018年新建成小微企业园12个,占地面积684.677亩,完成建筑面积121.18万平方米。全市谋划了今后五年建设提升小微企业园共69个,总占地面积10644余亩,建筑面积约966余万平方米。

4. 积极推进企业绿色节能发展。编制申报了《丽水市本级工业节能与绿色制造试点示范创建实施方案》,该方案被列入省实施试点名单,获省财政1000万元补助资金。推荐浙江国镜药业有限公司和浙江天喜厨电股份有限公司2家企业申报创建绿色工厂。继续开展清洁生产审核工作,全年通过验收企业40家以上,其中预拌混凝土生产企业14家。积极推进重点用能企业实施节能技术改造,全市共实施项目148个。腾出用能空间总达4.37万吨标煤,完成年度计划的156.07%。开展节水型企业创建工作,命名39家为2018年度"丽水市节水型企业"称号。全市完成了44家重点用能单位节能监察工作。

(二)大力发展数字经济

1. 加强数字经济发展谋划。认真做好吴晓东市长牵头的数字经济重点课题调研,认真贯彻落实全省数字经济发展大会精神,坚定不移实施数字经济"一号工程",以"数字产业化、产业数字化"为主线,加速数字生态经济发展,使其成为"两山"理论转换的主通道,将丽水打造成数字生态经济先行区、示范区和数字大花园。结合生态工业2021年实现"31576"发展目标,研究提出数字经济2022年实现"12358"的发展目标。筹划推进与中国信息化百人会的合作,完成相关扶持政策的拟定,完成数字生态经济研究院选址推荐及落地注册咨询等准备工作。做好产业孵化基地招商可行性研究等工作。

2. 加快推进数字经济发展"三园"平台建设。加快推进丽水绿谷信息产业园、杭州丽水海创园、大学生创业园等"三园"联动发展,其中绿谷信息产业园全年共举办入园项目路演12批次,参加项目共计169个,通过评审累计133个。聚焦创业创新,由B类市级创业园晋级为A类,成功申报省重点文化创业园。推动优质项目落地,腾讯互联网+创新基地正式启用,腾讯技术产品全面赋能全市各行各业;与西安电子科技大学开展产学研合作,建立西电-丽水产学研基地,加快高层次人才供给;新签约臻善科技、中科讯联等一大批优质项目总部落地,全年新增省级科技型企业17家,园区省级科技型企业累计达30家;以绿谷信息产业园为核心产业区的绿谷智慧小镇完成固定资产投资5.46亿元。丽水海创园运营筹备工作有序推进,起草海创园项目招商政策和运营商招商政策,启动运营商招标代理和预报名工作。有序推进大学生创业园建设工作。

3. 大力推进两化深度融合。制定《2018年丽水市推进数字经济实施方案》,推动云计算、大数据、物联网等新技术与实体经济深度融合,推进全市180家重点工业企业信息化改造提升,企业上云和企业信息化规划全覆盖;抓好典型示范,浙江新劲空调公司和毅力汽车公司智能化车间改造项目成功申报2018年省级制造业与互联网融合发展试点示范项目,培育申报2018年省级工业互联网平台2家;抓好两化融合贯标,培育国家两化融合管理体系贯标企业1家、试点企业1家;推动"企业上云",制定《丽水市深化推进"企业上云"三年行动计划(2018—2020年)》,截至12月底,全市累计上报上云企业5161家,当年新增上云企业2797家,其中省级上云标杆企业2家,完成省下达任务1600家的174%。

（三）大力推进企业梯度培育

1. 扎实开展精准服务企业专项行动。建立市领导结对联系龙头骨干企业、拟上市企业等"四张清单"制度,在全市部署开展精准服务企业专项行动。全年全市共走访企业3854家次,梳理交办涉及1005家企业反映的问题1561个,已办结企业反映问题1493个,办结率95.6%。其中,市本级走访企业239家次,梳理交办企业反映问题325个,涉及企业137家,已办结企业反映问题325个,办结率100%。出台《减轻企业负担20条意见》,全年全市减轻企业各类负担71.78亿元。全年全市共兑付企业扶持资金20.35亿元,同比增长47.58%,其中市级8.78亿元,同比增长15.02%。大力推进全市政策性融资担保体系建设,全市政策性融资担保机构达到12家,注册资本11亿元,全市政策性融资担保机构在保余额13.3亿元。市本级政策性融资担保公司于2018年6月20日正式开始运营,年度内已为25家企业提供融资担保增信服务,融资担保金额5120万元。

2. 加强"小升规"和"隐形冠军"培育。制定《关于加快中小企业梯度培育提升发展行动计划》及《加快推进中小微企业"专精特新"发展的实施意见》,切实推进小升规、隐形冠军等企业培育。2018年,全市首批报批工业小升规企业95家,完成省下达小升规45家的211%。全市新入库"专精特新"培育企业236家,完成省下达210家目标任务的112.4%,累计达到517家;新增省级隐形冠军企业1家、培育企业5家,完成省下达3家目标任务的200%。全市市级以上隐形冠军(培育)企业累计达到44家,其中省级24家。新获评省创新型示范中小企业8家、"小升规"企业"创业之星"20家,累计省创新型示范中小企业13家、"小升规"企业"创业之星"40家。

3. 推进企业股改上市工作。制定印发了《认真贯彻"凤凰行动"计划积极推动企业上市工作方案》,通过全面摸排股改资源、开展股改培训、分类指导、搭建培育平台等措施,大力推进企业股改工作。确保三年新增股份制公司100家以上,累计达到250家以上。全市全年新增股份制企业21家,其中工信领域16家,完成省经信系统下达目标任务的160%。

（四）深化经信领域改革工作

1. 积极争创省级生态工业试点市。通过广泛调研、多方征求意见、反复修改完善,制定《浙江(丽水)生态工业试点市实施方案》,11月2日,丽水市正式获批全省首个省级生态工业试点市。同时,丽水市政府与省经信厅开展"厅市合作",合力共建省级生态工业试点市。

2. 深化"亩均论英雄"改革。出台《丽水市深化"亩均论英雄改革"实施意见》,认真做好企业数据收集分析和综合评价,制定丽水市制造业行业新增项目投资强度和产出效益规范指南,认真开展低效地整治,全市

"亩均论英雄"改革工作有序推进。从 2017 年度全市规上企业综合绩效评价情况看,全市亩均税收为 13.4 万元/亩,排在全省第 7 位,同比增长 21.1%,比 2016 年提高了 2.1 万元/亩,排名上移了一位,增速排名全省第四。

3. 全面完成并实施"区域能评+区块能耗标准"改革。2018 年 2 月底,各县(市、区)、丽水开发区均完成了区域能评制度改革,市本级的绿谷智慧小镇项目也全面完成"区域能评"编制、评审。从 3 月份开始,项目节能审查实行分类管理,对负面清单外的项目实行承诺备案制,对负面清单内项目按规定开展节能评估审查。全年市里否决了 6 个高能耗项目准入,完成了 9 个市级以上工业项目节能审查。大力推进电力直接交易试点工作,2018 年全市 799 家企业参与电力直接交易试点,参与直接交易电量约 17.49 亿千瓦时,全年减轻企业负担 5147 万元。

4. 强化工业与文化产业的高度融合。推荐并通过认定第七届中国工艺美术大师 3 人,推荐并通过认定第六届省工艺美术大师 35 人(全省 99 名)。推荐并通过认定 2018 年度浙江省万人计划传统工艺领军人才 2 人,龙泉和青田各 1 人。圆满完成第三届丽水市工艺美术大师评审及历届市工艺美术大师复审工作。组织评定市级工艺美术大师 80 人,通过复审 123 人,市工艺美术大师累计达 203 人。

三、2019 年工作思路及重点举措

2019 年,全市经信系统要深入践行习近平新时代中国特色社会主义思想,坚持以"丽水之干"担纲"丽水之赞",认真贯彻落实全省经信工作会议和全市"两山"发展大会等精神,按照"清醒、坚定、有作为"的总体要求,干字当头,狠抓落实,以省级生态工业试点为载体,扎实推进生态工业发展"31576"五年行动计划,加快实施产业发展提质、平台建设提升、创新引领提效、企业培育提档、营商环境提优、干部能力提高等六大行动,扎实推进生态工业高质量发展,努力成为全省新的经济增长点,确保与全省同步实现"两个高水平"。

(一)实施产业发展提质行动

1. 深入实施数字经济"一号工程"。一是切实加快绿谷信息产业园、杭州(丽水)海创园、大学生创业园和绿谷智慧小镇"一镇三园"建设,着力打造数字经济发展的主平台。绿谷信息产业园入驻企业累计达 350 家或入驻率达 90%以上;海创园完成不少于 30 个创业创新项目或 10000 平方米的招商项目入驻;完成大学生创业园基础设施建设,运营公司和团队组建到位;绿谷智慧小镇力争 2019 年小镇考核达到良好,投资完成 3 亿元,累计完成投资 22 亿元。二是瞄准长三角、北上广深杭,盯紧主导产业、目标企业,全力做好数字经济的招引工作,力争完成招商引资实际利用市外内资 2 亿元。三是加强重点企业培育,推动一批企业向产业链上游发展、一批企业向独角兽、高新技术、科技型企业迈进、一批企业加快发展并向资本市场进军。

2. 加快传统制造业改造提升。一是抓好试点示范。积极推进松阳茶叶加工、云和木制玩具两个省级传统制造业改造提升试点,积极对接争取新入围省级试点。二是狠抓工业投资。组织抓好 2019 年工业投资项目建设计划,全年力争入库 1000 万元市级重点工业投资项目 500 个以上。推进重点企业技术改造,重点技术改造投资同比增长 15%。三是扎实开展"低散乱"企业入园及转型提升专项行动。对标行业最高标准,严格执行企业布局、项目入园、能耗限额、环保整治、安全生产、低效企业、产品质量等 7 个管控标准,确保到 2019 年底列入整治清单的企业整治到位率达到 100%。四是扎实推进绿色制造,做好《丽水市本级工业节能与绿色制造试点示范创建实施方案》的实施,围绕电机能效提升、绿色工厂、绿色园区、绿色供应链,开展试点示范创建。命名一批"丽水市节水型企业",争创一批"浙江省节水型企业"。全市计划通过清洁生产审核验收企业 40 家以上。

3. 加快培育发展新兴产业。积极落实《浙江省培育发展战略性新兴产业行动计划(2017—2020 年)》,对

标浙江省八大万亿产业,培育具有丽水特色的生物医药、节能环保、新型材料、绿色能源等环境适宜型新兴产业,组织实施战略性新兴产业项目计划100项以上。深入实施《丽水市高端装备制造业发展规划》,大力发展高效节能环保装备、机器人与智能制造装备、智能电网与新能源装备、轴承等关键基础件。充分借助市区离散型智能制造试点示范列入省级试点契机,进一步加强人工智能产业研究,加快人工智能产业发展。加快发展军民融合产业,争取获批军民融合省级示范基地1家以上。

(二)实施平台建设提升行动

1. 加强工业园区建设。积极发挥市园区办的指导、协调、统计和考核工作职能,进一步加强全市工业园区的管理工作,健全完善园区报表、基础资料、考核办法等各项工作。以集聚化、高端化为导向,大力推进12个国家级和省级工业园区(开发区)建设,着力推进工业园区(开发区)与乡镇工业功能区的整合,形成以强带弱、资源共享、联动发展的新格局,努力提升工业园区(开发区)能级,力争园区规上工业产值占全市规上工业产值比重达到70%以上。大力推进旧厂改造,努力盘活企业有效资源,全年力争完成闲置土地盘活3000亩。

2. 推进小微企业园高质量发展。加强规划引领,指导各地按照"布局合理、规模适度、产业集聚、功能配套"的原则,结合各地实际,进一步优化空间布局,编制小微企业园建设提升五年规划和实施计划,立足当前,着眼长远,统一规划,分期实施。鼓励在各类产业园区内建设小微企业创业园(园中园),形成配套协作的小微企业园区选址导向。明确园区的产业定位,突出产业特色、产业协作、产业配套,通过实施差异化发展,打造特色化、专业化、品牌化的小微企业创业园。推进小微企业园区提升工作,以莲都、龙泉列入省2019年小微企业园建设提升工作实施单位为重点,全面推进小微企业园建设提升工作,加快项目建设,提升服务质量,确保全市新增小微企业园10个以上。

3. 狠抓创新平台建设。加强企业技术中心、制造业创新中心、产业技术联盟等多层次企业创新体系建设,力争新增市级以上企业技术中心等企业研发平台10个以上。以龙泉汽车空调产业创新服务综合体建设为示范,加快谋划建设一批产业创新服务综合体。切实加强丽水省级工业设计基地规范管理工作,进一步提升设计基地服务区域特色产业功能。

(三)实施创新引领提效行动

1. 深化"亩均论英雄"改革。一是进一步扩大评价范围。工业企业扩大到园区内所有企业及园区外占地3亩以上的企业;全面开展规上服务业和高新技术企业的综合评价工作;探索开展小微企业园区、特色小镇"亩均效益"综合评价。二是进一步统一全市评价体系。督促各地完善"亩均论英雄"改革实施意见,形成省市县统一的评价指标体系,切实提高企业绩效评价的可对比性。三是进一步完善差别化落实机制。依法依规实施用地、用电、用水、用气、排污等资源要素差别化政策,依地制定个性政策,促进行业发展;拉大差别化执行差距,加大对第一档次企业减免力度,倒逼末档企业提升资源要素利用效率。四是建立全市"亩产效益"综合评价大数据平台。积极对接省平台,覆盖全市,建立一套互通、共享的数据系统,各相关部门按要求导入相关数据,分档建立"企业体检档案"。

2. 推进智能化改造。坚持试点推进、龙头示范、服务引导的方针,全面推进工业企业智能制造新一轮三年行动计划,促进规上企业实施智能化技术改造覆盖扩面提质。一是全面实施千企智能化技术改造诊断计划。切实发挥丽水工业技术研究院、省内工业信息工程服务商等技术服务力量,聚焦12个百亿特色产业集群,以规模以上工业企业为主开展智能化技术改造技术诊断和决策咨询服务。二是实施百项智能化技术改造示范项目。组织开展机器换人项目计划,全年力争完成推广工业机器人250台以上。组织实施百项示范性强、产出高、带动力大的智能化技术改造示范项目,配套以区域块状产业改造提升为重点举办系列智能化技术改造现场会。编制智能化技术改造优秀案例。三是积极培育本土化的智能制造工程服务体系,重点要引导方德机器人、斯柯特科技、锐科森等一批工程服务公司开展对本地特色产业的服务,争取入围省级工程服务公司。

3.推进"两化"深度融合。推进企业深度上云,建设一批上云用云标杆企业,打造一批标准化行业云服务平台,切实推动互联网、大数据及人工智能与实体经济的深度融合,降低企业信息系统构建成本,提高企业信息化应用水平。大力推进"腾讯互联网+创新基地"建设,以大数据、人工智能等领域前沿技术为重点,落地实施一批项目,推进新一代信息技术基础设施建设,提高城市管理智慧化水平。

(四)实施企业培育提档行动

1.培育一批骨干企业。落实"雄鹰行动",开展丽水市生态工业示范企业和示范培育企业评选,切实落实领导联系、政策要素倾斜等措施,推动示范企业进一步做优做强,并切实发挥龙头示范带动作用,加快培育形成一批产值超亿元企业及超10亿元企业。

2.提升一批中小企业。重点围绕"31576"五年行动计划重点培育发展产业和战略性新兴产业,精选创新型、科技型、成长型、"专精特新"小微企业,建立高质量的"小升规"重点企业培育库,加大政策扶持力度,开展一对一精准服务,落实倒逼机制,完善动态调整和监测制度,确保新上规企业50家以上,力争达到70家。

3.打造一批"隐形冠军"。落实"雏鹰行动",贯彻落实《丽水市人民政府办公室关于推进中小微企业"专精特新"发展的实施意见》,推进中小微企业向专业化、精品化、特色化、创新型方向发展,全市新增入库"专精特新"企业200家以上。继续组织开展省、市级隐形冠军培育企业和"创新型示范中小企业"申报评选工作,培育一批细分领域隐形冠军、"单项冠军",力争5家以上企业列入省级隐形冠军培育名单。贯彻"凤凰行动",积极配合推动企业股改上市和并购重组,力争工信领域新增股份制企业10家。

(五)实施营商环境提优行动

1.持续营造合力兴工浓厚氛围。按照"像爱护眼睛一样爱护每一家企业,像对待亲人一样对待每一位企业家"要求,构建亲清政商关系,健全政府引导、企业主体、社会协同的生态工业发展长效机制,努力打造最方便、最快速、最满意的最佳政务服务环境和营商环境。不折不扣贯彻落实企业减负政策,切实减轻企业负担。加强生态工业宣传活动,加强相关政策法规宣贯,大力传播"绿色、低碳、循环"生态工业发展理念和文化,提升市场主体生态环保意识,为生态工业发展营造良好氛围。

2.持续深化"精准服务企业、振兴实体经济"专项行动。认真落实"三服务"活动,深入开展大走访大调研大服务大抓落实,建立问题清单、责任清单和落实清单"三张清单",以"贴心"的过程服务、"滴灌"的政策供给,及时协调解决企业发展中遇到的困难和问题,做到企业反映问题"件件有着落,事事有回音",确保企业反映问题办结率达到90%以上,企业满意率达到80%以上。改造提升丽水市中小企业公共服务平台,搭建"互联网+"涉企综合服务常态化服务新平台新机制,进一步畅通企业反映困难问题的渠道。推广实施小微企业创新创业服务券政策,提高服务企业的广度和深度。加强企业家素质提升工程和企业人才队伍建设,全市全年计划培训各类企业经营管理人员5000人次以上。

3.继续深化"最多跑一次"改革。进一步推进企业投资项目专业代办服务全覆盖,全面实现企业投资项目开工前审批全流程"最多跑一次""最多100天"。完善经信系统办事指导目录、办事指南,进一步简化流程、审批材料和审批方式。强化事中事后监管,完善"两单一库",加强"双随机、一公开"监管。加强经信领域信用体系建设,推行失信联合惩戒机制。全面实施"区域能评、环评+区块能耗、环境标准"制度,对负面清单外的项目实行承诺备案制。进一步深化盐业、新型墙体材料、散装水泥、工艺美术行业管理和安全生产管理工作,切实提高服务水平和管理能力。

(六)实施干部能力提高行动

1.全面加强党的建设。坚持把党的政治建设摆在首位,用习近平新时代中国特色社会主义思想武装头脑,认真开展"不忘初心、牢记使命"主题教育。严肃党内政治生活,严格执行"三会一课"制度、主题党日活动、双重组织生活会和民主评议等制度。加强党组自身建设,坚持民主集中制原则,严格执行委党组意识决策规则制度。高度重视意识形态的极端重要性,明确目标,狠抓措施,全力推进意识形态工作。

2. 推进"清廉经信"建设。深入落实"清廉丽水"建设,结合经信部门实际,在加强责任落实、廉政教育、惩防体系建设和重点岗位防控等方面,推动主体责任履行到位。严格执行中央八项规定精神及其实施细则、省36条办法及市委实施办法,坚决反对和纠正"四风",认真落实中央关于厉行节约反对浪费、公务接待管理等制度规定。坚决防止形式主义、官僚主义,进一步加强调查研究。

3. 加强经信干部队伍建设。以机构改革为要求,进一步加强经信干部队伍建设,为推进生态工业高质量绿色发展提供坚强保障。充分利用党组理论中心组学习、干部学习、党员学习会、专题培训等多种形式,丰富学习内容,创新学习形式,不断提高渠道提高经信干部的谋划、执行和服务水平。

增量选优　存量提质

——义乌市 2018 年工业经济运行情况

义乌市经济和信息化局

2018 年,义乌市工业经济继续坚持"增量选优,存量提质"的工作思路,积极发挥"市场+制造"优势,围绕十大传统产业转型升级、四大战略产业招大引强,加强工业经济政策供给,盘活存量资源要素,加快产业结构调整,营造良好发展环境,推动实体经济高质量发展。

一、工业经济运行情况和特点

（一）工业运行稳中有升

2018 年全年实现规上工业产值 544.44 亿元,同比增长 12.61%;实现规上工业增加值 122.43 亿元,增速 10.6%。规上工业增加值拉动义乌市 GDP 增长 1.47 个百分点。

（二）工业投资高位增长

2018 年完成工业投资 114.57 亿元,同比增长 23.54%;其中技改投资 62.81 亿元,同比增长 17.31%,占工业投资比重的 54.82%。工业投资、技改投资总量均占金华各县（市、区）第一位。

（三）工业结构持续优化

2018 年规上装备制造业、高新技术产业和战略性新兴产业实现产值 100.94 亿元、225.99 亿元和 128.31 亿元,增速分别为 78.33%、28.15% 和 47.5%。

（四）新兴产能不断释放

爱旭太阳能、华灿光电、锋锐发动机、瑞丰光电等新兴产业项目产能不断释放,实现高速增长,拉动 1—12 月规上产值增速 9.3 个百分点,推动义乌市规上工业汽车制造业、计算机电子设备制造业以及电气机械器材制造业三大新兴行业产值分别增长 46.34%、46.28%、317.5%,总产值合计 80.67 亿元,占规上比重为 14.82%,较上年同期提高 7 个百分点。

二、工业经济发展主要举措

（一）狠抓项目建设,培育壮大新兴产业

一是新兴产业项目产能不断释放,爱旭太阳能、华灿光电、锋锐发动机、瑞丰光电等新兴产业项目产能不断释放,实现高速增长,2018 年 10 月,义乌市信息光电产业入围 2019 年浙江省工业与信息化重点领域提升发展培育名单。

二是重大项目开工投产加速,2018 年全年实施爱旭二期、华灿二期等重点工业项目 62 项,其中 21 个项目已投入运营。木林森 LED 照明项目、岩谷科技有限公司年产 400 万平方米二氧化硅气凝胶保温材料项目、义乌吉利发动机有限公司年产 80 万台套汽车零部件项目等 5 大项目入围 2018 年省重大工业项目计划。

（二）强化政策引领，做优做强传统制造业

一是强化产业政策引领，制定出台《关于推动实体经济高质量发展的若干意见》，进一步加强政策供给，拿出 3.2 亿元财政资金支持民营经济发展，推动企业向智能制造、科技创新、品牌建设、两化融合等方面探索转型，增强企业核心竞争力，提升企业核心实力。

二是培育行业龙头，积极培育单打冠军、隐形冠军，浪莎控股集团有限公司跻身工信部第三批单项冠军培育企业名单，义乌华鼎锦纶股份有限公司的锦纶弹力丝列入工信部第三批制造业单项冠军产品，均实现零的突破；2018 年，培育浙江省"隐形冠军"企业 1 家，浙江省"隐形冠军"培育企业 5 家。新增"专精特新"入库培育企业 220 家，新增工业和信息化股改企业 24 家。

三是扎实推进服装制造业改造提升省级试点，建设朵彩"聚织云"、智能袜都、天派服装产业园等发展平台，加快推动服装制造企业产业转型、产品创新、技术升级。在全市范围内谋划印染行业整合集聚，不断提升印染等配套行业对服装制造业改造提升的支撑作用。

（三）突破要素瓶颈，深入推进资源要素市场化配置改革

一是深化"亩均论英雄"改革，构建"1+2+N+X"工作体系，全面深化"亩均论英雄"改革，找准"市场有效、政府有为、企业有利"的最佳结合点，2018 年前三季度，全市规上工业亩均税收同比增长 15.9%，分别高于全省和金华平均水平 7.4、11.6 个百分点。优质企业获得感不断增强，全年累计差别化减免城镇土地使用税 1.54 亿元，实施 A 类企业水价、气价补贴 560 多万元；低效企业整治限期完成，172 宗 D 类企业用地完成整治 152 宗、关停 20 宗，改造提升存量低效工业用地 1.24 万亩。义乌市"亩均论英雄"改革工作机制受到社会广泛关注，省经信厅专门刊文宣传义乌市经验做法和成效，山东省深改办等 9 个省份和韩国大邱市来义乌市学习交流。

二是全省率先实施工业用地全生命周期管理，构建工业用地全生命周期管理机制，出台全省首个《关于加强工业用地全生命周期管理的实施意见（试行）》，率先建立工业用地"供地—监管—退出"全生命周期管理体系，将投入、产出、能耗、环保等"标准地"系列标准纳入工业用地日常管理，工业用地司法拍卖成交均价较改革前下降约 16%，初步实现工业用地二级市场价格稳步下降的预期目标。盘活低效用地实现腾笼换鸟，2018 年支持 A 类、B1 类、高税无地企业通过司法拍卖和市场化转让方式取得土地政策补助资金达 1732 万元。

三是推进工业用地"腾笼换鸟"，修改完善《义乌市工业资产收购与运营实施办法》，鼓励国资公司和平台通过有机更新、协议转让、司法拍卖等方式收储工业用地，盘活利用存量工业用地资源，截至目前已有机更新（改造提升）存量工业用地 824.5 万平方米，其中有机更新 216.5 万平方米，改造提升 608 万平方米。

（四）坚持堵疏结合，全面推进块状行业整治提升

一是小微企业园建设走在前列，谋划实施小微企业园"十百千万"工程，推进小微企业园创业谷建设试点，"足衣谷"项目首试启动。全市现有小微企业园建设项目 42 项，总用地面积 298.8 万平方米、总建筑面积 445 万平方米，2018 年建成投用小微企业园 19 家，集聚小微企业 1640 家，园区数量和质量列金华第一，走在全省前列。金华市小微企业园区建设现场会在义乌召开；义乌美创园作为全省两个小微企业园典型代表之一在全省小微企业园建设提升暨"低散乱"整治推进会上作交流发言，并得到了省委车俊书记肯定；入围全省小微企业园建设提升工作实施县市，省级财政将给予义乌市 750 万元小微企业园建设提升专项激励资金。

二是"低散乱"企业整治成效突出，按照"治标更治本"的工作要求对"四无"企业、"脏乱差"块状行业、出租型企业从严对标整治，打好"低散乱"行业整治提升组合拳。2018 年累计整治提升"低散乱"企业 2736 家，

其中改造升级857家、搬迁入园37家、合作转移399家、关停淘汰1443家,处置"僵尸企业"9家。

三是"低效用地"企业整治行动迅速,全市共有亩均税收万元以下低效用地101宗,2045亩,现已完成整治78宗,89.7万平方米;限期整改11宗,关停12宗。加快工业旧厂房改造步伐,2018年已累计改造旧厂区152万平方米,建成标准厂房31.2万平方米。

(五)引导技术创新,加速推进智能制造发展

一是扎实推进技术改造和机器换人工作,9个项目入围省重点技改项目,8个项目入选省百项万亿重大制造业项目,30个项目入围金华市重点技改项目。全年购置工业机器人284台。全年兑现技改补贴资金8741.89万元。

二是切实提升企业创新能力,全年备案工业新产品63个,验收项目61个。义利零部件、新一代矿机项目入选2019年度浙江省装备制造业重点领域首台(套)。

三是全面推进服务型制造,浙江聚饰网络科技有限公司入选浙江省第二批服务型制造示范创建平台;义乌工业设计中心完成搬迁,与宾王158文创园进行资源整合,目前园区有入驻企业30家,专业设计人员220余名。多次组织企业参加工业设计大会,加强设计企业与本地制造业企业融合。2018年10月,义乌市工业设计赋值能力实施内容列入名单2019年度工业和信息化重点领域提升发展工作实施名单。

(六)加强节能降耗工作,推进企业绿色发展

一是全面推广优质燃煤,下发《关于新建耗煤项目实施煤炭消费减量替代的通知》,从源头控制煤炭消费总量,对新增耗煤项目实施减量替代。全市洁净煤使用率超过90%。1—11月份,煤炭消费量为33万吨,同比下降12.7%。

二是加快重点领域的节能推广,积极推进光伏发电项目推广工作,2018年新增建设光伏发电项目共42.712兆瓦,其中居民光伏项目1067个,装机容量10.342MW。2018年全市新增新能源汽车标准车辆2177.5辆(标车)。

三是积极推进淘汰落后产能工作,按照坚持新增产能与淘汰产能"等量置换"或"减量置换"的原则,高标准、严要求推进淘汰落后产能工作。截至2018年已完成22家企业现场验收工作。

四是高效开展清洁生产工作,截至2018年已完成19家企业的清洁生产验收工作,待验收5家,两家企业获评2017年度浙江省绿色企业(清洁生产先进企业)。

(七)推动企业上云,继续推进两化深度融合

深化省级两化融合示范区建设,实施两化融合重点项目23个,总投资6000多万元。大德药业和姗娥针织入围金华市级"数字化车间"试点项目、曼姿袜业入围金华市级"物联网工厂"。累计上云企业数量超10000家,阿里巴巴义乌产业带平台入驻企业达3.8万家,入驻企业数、年成交额、访问热度等综合排名持续位居阿里巴巴政府签约产业带第一名。

(八)强化企业服务,打造最优营商环境

一是深入推进"最多跑一次"改革,构建工业用地"标准地"出让工作机制,出台实施《工业项目标准地出让制度实施意见》,新增工业用地100%实现"标准地"出让,共计出让14宗、51.7万平方米。全力推进项目开工前审批"最多跑一次"改革,对照省政府提出"企业投资项目开工前审批全流程最多跑一次、最多100天"的目标,推行"标准地+承诺制+代办制"工作机制,创新提出"标准地"带"服务包"出让,实现全省首例"标准地"项目"拿地即开工"。

二是积极实施企业减负工作,认真服务企业,深入开展"两送两增"服务企业活动,建立市领导"九联系"、一对一帮扶重点企业制度,通过五十强走访、两送两增万企大走访等活动,解决 374 个企业难题。贯彻落实企业减负降本政策,全年为企业减负 19.6 亿元。

三是帮助企业解决融资难题,政策性融资担保实现向三农、科技型企业扩面,截至 2018 年累计为 88 家(次)企业家提供政策性贷款担保,累计担保金额 140975 万元,实际在保余额 72530 万元,现在保企业 47 家,其中发放"三农"担保 645 万元,发放科技信用担保贷款 7600 万元。

四是助推企业拓展市场,成功举办 2018 中国义乌国际智能装备博览会,吸引国内外 471 家企业参展,展品涉及高端装备、人工智能、工业自动化、机器人、环保节能、机床机械、纺织机械、智能仓储等多个门类,32694 人次专业观众到场参观采购,其中本地企业近 7000 人进场,展会现场达成意向订单 217 个,现场及意向成交金额累计超过 28.6 亿元。

五是开展企业培训和人才服务工作,成功举办"中行杯"浙江好项目·义乌赛 2018 中小微企业创新创业大赛,成立企业经营管理人才教育基地,举办新生代、创二代企业家课程等企业培训 31 期,参训 3300 人次。

三、工业经济发展面临的形势

部分主导行业产值低速增长。1—12 月,传统制造业行业中,服装、纺织、印刷、造纸、副食品加工、橡胶塑料等六大行业(产值占总产值的 48.7%)增速分别为 0.38%、1.69%、-10%、4.15%、-8.58%、-7.78%。传统产业普遍低位增长或负增长。

新动能支撑贡献预计有所减弱。2018 年义乌市产值高速增长的爱旭等四个项目的贡献已基本释放到位。鉴于国内汽车销量下降,锋锐发动机有限公司,预计不但没有新的增量,反而会下拉。

新项目投产进度不快。新项目中目前已完成小升规的只有义利汽车零部件,有望在 2019 年一季度投产的只有极智通信,其余项目如木林森、英伦汽车、爱旭二期、东方日升的投产时间均有较大不确定性。

中美贸易战影响。化妆品、玻璃画框等制造行业对美国出口下降,利润减少。义乌服装、化妆品、印刷制品、仿首饰、帽类、画框等商品占对美出口主要商品比重较大。其中化妆品、印刷制品、帽类、玻璃画框等已列入第三批清单,这些行业订单、出口额、利润将受到进一步影响。

四、推进工业经济发展的对策

继续围绕"增量选优,存量提质",继续深化结构调整优化,加大招商引资力度,加快低散乱行业整治,努力推动传统产业改造提升;围绕小微园建设、破解低效用地、工业有机更新攻坚克难,推动义乌工作经济再上一个新台阶。

(一)坚定不移招商引资,保持可持续发展

围绕四大产业,发挥经济开发区、高新区两大平台主战场作用,继续坚定不移推进招商引资"一号"工程。抓好项目建设,推进重大项目开工投产,工业投资增长 25% 以上,实现新兴产业产值倍增、规上工业产值三年超千亿,打造高端制造示范区。

(二)以"倍增计划"为主抓手,打好实体经济翻身战

预计 2019 年实现规上工业增加值增速 8% 以上,新增产值预计 100 亿元以上。围绕目标计划,抓住三个重点,打好实体经济翻身战:一是加快新项目投产,推动木林森、华灿二期、东方日升等项目早日建成投产;二是实施倍增计划,建立遴选、培育、退出机制,对产值和效益倍增试点企业加大技改贴息、厂房租赁、市场化购地、融资贷款政策享受力度,提高财政补助比例;三是大力推进 6000 平方米以上企业增产提效行动,力争年内实现小升规企业 60 家。

(三)创新工业用地管理,拓展发展新空间

全面落实工业用地全生命周期管理机制。在新增工业用地"标准地"出让的基础上,严格落实存量工业用地转让实施全生命周期管理及司法拍卖工业用地"标准地"模式,引导 A 类企业、高税无地企业市场化购买工业用地,盘活存量。创新体制机制推进工业用地有机更新。学习上海、广东等地实施低效用地再开发的先进经验,创新开展存量低效工业用地"退二优二""退二进三"新模式,进一步盘活存量工业用地资源,全面推进产城融合,提升城市品质。

(四)打造义乌"微谷",推动工业平台能级提升

进一步完善小微企业园建设顶层设计,制定出台《义乌市推动小微企业园高质量发展的实施意见》,编制全市小微企业园建设规划。启动实施小微企业园建设"十百千万"工程。全年力争实施小微企业园建设项目40 个以上,建成投用小微企业园 25 家以上,推动 1500 家以上小微企业入园集聚发展。以打造小微企业"创业谷"为目标,谋划启动足衣谷、义亭化妆品等首批"微谷"项目,围绕上溪低丘缓坡 3 平方公里新空间,精心谋划高质量小微"创业谷"项目。探索实施小微企业园工业地产开发模式。借鉴温州、深圳等地成功经验,探索实施小微企业园工业地产开发模式,进一步提升民营资本参与小微企业园开发建设运营的积极性。

(五)进一步深化"亩均论英雄"改革,推动"低散乱"行业整治

进一步修订完善亩产效益综合评价办法,完善资源要素差别化配置机制,加大 A 类、B1 类企业扶持力度,将 A 类、B1 类企业城镇土地使用税差别化减免额度分别提高至 100% 和 80%,将 A 类企业天然气补贴从 0.5 元/立方米提高至 0.6 元/立方米。推动块状行业整治提升。结合仿真花产业园建设,完成仿真花行业集聚入园工作。全面推进电镀园区建设,确保年内投入使用;加快印染园区谋划,尽快确定印染园区选址及工艺选型,力争 2019 年上半年启动印染园区建设。

(六)大力推动智能制造,推进传统制造业数字化转型

以机器换人为重点,推进服装制造业改造提升省级试点建设。推动企业智能化技术改造,鼓励华灿、爱旭等龙头企业争取国家级、省级智能制造类项目。培育企业"专精特新"方向发展,培育单打冠军、隐形冠军 5 家以上。发展数字经济一号工程。加快数字化赋能,推动"智能+""智慧+",推进两化深度融合,实现数字化改造骨干企业 20 家以上,企业上云 3000 家以上,数字经济核心产业增加值增长 50% 以上。推进省级信息经济发展示范区建设,加快信息基础设施建设,实现城区热点区域的 5G 覆盖。加快推进工业循环经济、清洁生产和资源综合利用工作,促进企业绿色发展。

(七)深化企业服务,营造企业发展最优环境

落实省、市关于税费、社保、物流等支持民营企业降本减负措施,进一步降低企业用地、用能成本,全年力争为企业减负 20 亿元以上。继续推进企业投资项目"最多跑一次"改革,加快企业投资项目审批管理系统开发,实现"标准地"项目"拿地即开工"目标。践行党员干部"五(吾)带头"行动,持续开展"三服务"活动,落实企业帮扶"白名单"制度,实施优化营商环境 28 条具体措施,开展重点企业帮扶解困,致力破解民营经济发展中的瓶颈制约,为打造最优营商环境促进民营经济高质量发展提供保障。

2019 浙江工业发展报告

ZHEJIANG INDUSTRIAL DEVELOPMENT REPORT

第五部分　政策篇

浙江省人民政府关于深化"亩均论英雄"改革的指导意见

浙政发〔2018〕5号

各市、县(市、区)人民政府,省政府直属各单位:

近年来,各地、各有关部门积极探索推进"亩产效益"综合评价和资源要素市场化配置改革,有力促进了经济提质增效升级。为认真贯彻党的十九大和省第十四次党代会精神,进一步深化"亩均论英雄"改革,现提出如下指导意见。

一、总体要求

(一)指导思想

深入贯彻落实习近平新时代中国特色社会主义思想,以新发展理念为引领、"八八战略"为总纲、供给侧结构性改革为主线,坚持质量第一、效益优先,把深化"亩均论英雄"改革作为转变发展方式、优化经济结构、转换增长动力的有力抓手,找准有为政府和有效市场的黄金结合点,深入推进资源要素市场化配置,激发各类市场主体创新活力,不断提高全要素生产率,加快推动经济发展质量变革、效率变革、动力变革,为奋力推进"两个高水平"建设、加快实现实体经济高质量发展奠定坚实基础。

(二)基本原则

坚持县级主体和三级联动相结合。充分发挥县(市、区)深化改革的主体作用,推进重点任务落实和重大措施落地,省市县三级协同联动,以"最多跑一次"改革为牵引,增强改革的系统性、有效性。

坚持改革创新和依法依规相结合。进一步推进制度创新,完善"亩均论英雄"改革的体制机制和政策体系,注重依法行政,实施资源要素差别化配置政策,确保改革在法治轨道上深化推进。

坚持动力转换和降本减负相结合。推动"亩产效益"综合评价从提高资源要素产出率向提高全要素生产率转变,强化创新驱动发展,不断优化营商环境。

坚持正向激励和反向倒逼相结合。以"亩产效益"为核心,以市场化配置为导向,以差别化措施为手段,完善激励倒逼机制,优化产业政策,促进优胜劣汰,不断增强经济创新力和竞争力。

(三)主要目标

在全省用地3333.3平方米以上工业企业已经实施"亩产效益"综合评价的基础上,到2020年,全省所有工业企业和规模以上服务业企业(不含批发零售住宿餐饮、银行证券保险行业和房地产开发,下同),以及产业集聚区、经济开发区、高新园区、小微企业园区、特色小镇(不含历史经典产业特色小镇,下同)全面实施"亩产效益"综合评价;与"亩产效益"综合评价制度相匹配的资源要素市场化配置、产业创新升级机制全面完善;经济发展质量和效益明显提升,区域"亩产效益"达到全国领先水平,规模以上工业亩均增加值、亩均税收、劳动生产率增速均高于工业平均增速,单位能耗增加值、单位排放增加值年均分别提高4%以上,研究与试验发展(R&D)经费支出占主营业务收入之比提高到1.5%以上;产业结构不断优化,先进制造业和现代服务业在国际产业分工和价值链中的地位明显提升,加快形成质量高、效率优、创新强、体制活、协调性好的具有浙江特色的现代化经济体系。

二、建立健全"亩产效益"综合评价机制

(一)全面开展企业综合评价

以县(市、区)为主体,完善导向清晰、指标规范、权重合理、分类分档、结果公开的企业综合评价体系。按照谁主管、谁统计、谁负责的原则,加强数据清查、统计、报送等工作。规模以上工业企业综合评价以亩均税收、亩均增加值、全员劳动生产率、单位能耗增加值、单位排放增加值、R&D经费支出占主营业务收入之比6项指标为主,评价结果分为4档。规模以上服务业企业以亩均税收、亩均营业收入等指标为主,规模以下工业企业综合评价以亩均税收等指标为主。支持有条件的地区实施高新技术企业"亩产效益"综合评价。

(二)推进产业和区域综合评价

省对各市、县(市、区),31个制造业行业,以及服务业重点行业开展"亩产效益"综合评价,加快推进产业集聚区、经济开发区、高新园区、小微企业园区等产业园区和特色小镇(以下统称园区)"亩产效益"综合评价。各市、县(市、区)结合实际,对重点传统制造业和服务业重点行业开展分行业"亩产效益"综合评价,加快推进乡镇(街道)等"亩产效益"综合评价。

(三)建设综合评价大数据平台

加快推进省、市、县(市、区)、园区四级"亩产效益"综合评价大数据平台建设。各地、各有关部门要对照规范要求将综合评价有关数据导入平台,保证基础信息的准确、完整、及时更新和共享。加强数据获得的合规性,按照国家对数据开放的有关规定和要求,综合评价大数据平台按主题、部门、地区进行分类分级共享,分档建立企业体检档案。

三、建立健全要素优化配置机制

(一)完善资源要素差别化政策

在切实推进降本减负的基础上,各县(市、区)政府可依据企业"亩产效益"综合评价结果,依法依规实施用地、用电、用水、用气、排污等资源要素差别化政策,扩大差别化价格实施行业范围,加大首档企业激励力度,倒逼末档企业提升资源要素利用效率。对"小升规"工业企业、新设立企业、重大项目建设期内企业等可视情暂缓实施差别化价格政策。加强对利用差别化价格政策征收费用的专项管理与审计,确保用于支持产业、企业转型升级和创新发展。

(二)推进资源要素区域差别化配置

加大资源要素差别化配置和叠加运用,按照利用效率高、要素供给多的原则,构建年度用地、用能、排放等资源要素分配与市、县(市、区)"亩产效益"绩效挂钩的激励约束机制。完善新增建设用地计划分配与存量建设用地盘活挂钩制度,对通过盘活存量建设用地提高亩均增加值、亩均税收的市、县(市、区),按规定下达年度新增建设用地挂钩计划。对单位能耗增加值高的市、县(市、区),在能源消耗总量指标上给予倾斜,相应对单位能耗增加值低的市、县(市、区),在能源消耗总量指标上给予削减。对单位排放增加值高的市、县(市、区),在主要污染物总量减排上给予倾斜,完善主要污染物总量指标量化管理、主要污染物总量削减替代、主要污染物总量控制激励等制度。

（三）规范资源要素跨区域市场化交易

依托浙江政务服务网和省公共资源交易平台，整合建立规则统一、公开透明、服务高效、监督规范的要素交易平台体系，实现信息和资源共享。以市、县（市、区）政府为主体，推进土地、用能、排污权等资源要素更大范围的市场化交易。各市、县（市、区）政府要积极发挥公共资源交易平台作用，坚持有保有压、扶优汰劣的原则，推动企业"亩产效益"综合评价与规范企业间要素交易行为相结合，进一步降低企业关闭、停产、退出、要素交易、并购重组等过程中的交易环节费用，加快推动土地、用能、排污权等资源要素向综合评价高的优质企业集聚。

四、建立健全促进产业创新升级机制

（一）设立投资强度和产出效益行业规范

加快推广"标准地"制度，各地新增工业用地、商业服务业设施用地、物流仓储用地出让前，要将投资、亩产、能耗、环境、建设等标准纳入土地招标拍卖挂牌出让条件。建立健全"建设期+投产期+剩余年限使用期"的土地分阶段权证管理制度，强化土地出让合同管理，严格项目竣工综合复核验收，对未达到协议规定的，严格落实相应措施。省定期发布全省31个制造业行业新增项目投资强度和产出效益规范指南。

（二）实施创新引领"亩产效益"行动

强化创新作为引领发展和提升"亩产效益"的根本动力，实施分行业"亩产效益"领跑者行动计划，发布重点指标领跑者名单，树立先进典型，引导企业对标先进、补齐短板，加强技术、管理、制造方式、商业模式等创新，加快"亩产效益"提档升级。适时将企业"亩产效益"综合评价情况纳入省政府质量奖申报条件。对"亩产效益"高的市县、园区和产业，在创新要素分配方面给予倾斜，优先布局产业创新服务综合体、工程技术研究中心、制造业创新中心、重点企业研究院、高新技术研发中心、企业技术中心等创新平台或载体。打破现有行政区划的限制，统筹整合创新资源，推动人才、项目、成果等创新要素在区域之间的合理流动和高效配置，构建协同有序、优势互补、科学高效的区域创新体系，不断增强经济创新力。

（三）加强企业分类精准指导

对"亩产效益"综合评价首档企业，重点保障资源要素需求，支持其股改上市、并购重组，在政府性评奖评优、试点示范项目申报、重点科技项目攻关、重大创新载体建设、人才引进培养等方面给予倾斜，重点支持首档规模以下企业进入小微企业园区发展。支持金融机构实施差别化信贷政策，在风险可控和商业可持续的前提下，对首档企业在信用评级、贷款准入、贷款授信、担保方式创新、还款方式创新和利率优惠等金融服务方面给予重点支持。对末档企业严格运用环境保护、安全生产、资源节约、产品质量等方面的法律法规以及国家、省有关产业政策，依法依规实施整治倒逼，停止各类财政补贴，加大整治"低小散""脏乱差"和淘汰落后产能力度。支持各地采取协商收回、鼓励流转、协议置换、"退二优二""退二进三"、收购储备等方式实施城镇低效用地再开发。

（四）推动产业和区域协调发展

基于分行业、分区域的"亩产效益"综合评价结果，合理制定针对性强的产业支持政策和区域发展规划，集中资源大力发展"亩产效益"优势产业，加快培育先进制造业集群，合理推进区域生产力布局和重大基础设施建设。对标国内外先进区域，加快"低产田"改造提升，全面推进传统制造业和各类开发区的改造升级，推动生产性服务业向专业化和价值链高端攀升，坚决打破拖累转型升级的"坛坛罐罐"，合理转移和淘汰不适合继续留在当地发展的产业。建立健全生态环境财政奖惩制度，按照谁受益谁补偿、谁污染谁付费的要求，在衢州、丽水全域和全省重点生态功能区的县域,全面建立财政奖惩与主要污染物排放总量、出境水质和森林覆盖率挂钩机制,加快推动区域经济协调发展。开展各市、县(市、区)营商环境评价,切实降低企业成本,打造良好的营商环境。

五、强化服务保障机制

(一)加强组织领导

建立由省政府主要领导任组长,省政府分管领导任副组长,省级有关部门主要负责人为成员的省深化"亩均论英雄"改革工作领导小组,重点研究协调深化"亩均论英雄"改革的重大问题。领导小组办公室设在省经信委,牵头抓好政策协调和年度工作的组织实施。领导小组成员单位及其他有关单位根据各自职责,研究制定深化"亩均论英雄"改革的配套政策措施,加强对地方工作指导,形成工作合力。各地要把深化"亩均论英雄"改革工作摆在更加突出的位置,落实主体责任,健全工作机制,制定实施方案和配套政策,认真抓实抓好。

(二)强化考核激励

省深化"亩均论英雄"改革工作领导小组办公室会同省级有关部门,加大对各地深化"亩均论英雄"改革工作的考核力度,并将考核结果报省政府同意后向全省通报,对改革工作扎实、要素配置精准、"亩产效益"提升显著的市、县(市、区),在财政政策支持等方面给予倾斜,并探索建立长效激励机制。加强对地方工作进展情况的跟踪督查、定期通报,及时总结经验,改进不足,协调解决有关问题。

(三)加强宣传引导

充分利用传统媒体和新媒体,主动讲好"亩均论英雄"改革故事。宣传推广各地经验和典型做法,及时准确发布改革信息和政策法规解读,正确引导企业预期,切实转变企业发展理念,为改革工作营造良好的舆论氛围和社会环境。

浙江省人民政府
2018 年 1 月 15 日

浙江省人民政府关于进一步优化投资结构
提高投资质量的若干意见

浙政发〔2018〕13号

各市、县(市、区)人民政府,省政府直属各单位:

为深入贯彻落实党中央、国务院和省委、省政府决策部署,做好当前和今后一个时期浙江省扩大有效投资工作,进一步优化投资结构,推动全省投资质量和效益持续提升,现提出如下意见:

一、着力优化投资结构

(一)确立投资工作导向

坚持质量第一、效益优先,推动资源要素从低质低效投资领域向优质高效投资领域流动,提高产业准入门槛,提高项目亩均投资强度、亩均投入产出比,提高资本效率、资源效率、环境效率和科技贡献率,改善投资环境,发挥投资对优化供给结构的关键性作用。(责任单位:省发展改革委,各市、县〔市、区〕政府)

(二)优化投资评价体系

完善投资考核办法,着重考核交通建设投资、生态环境和公共设施投资、高新技术产业投资、民间投资、省市县长项目工程推进等情况,确保投资项目数据真实可靠。(责任单位:省发展改革委、省财政厅、省统计局,各市、县〔市、区〕政府)

(三)加大交通建设投入

推进铁路、轨道交通、高速公路、普通国省道、"四好农村路"、水运、机场等综合交通网络建设,重点谋划实施杭绍台铁路、杭温铁路、杭衢铁路、杭绍甬智慧高速公路等重大项目,加大对加快发展地区交通项目的专项扶持,构建省会城市至各设区市高铁1小时交通圈、全省空中1小时交通圈,谋划提升杭州宁波一体化发展水平,大幅提升交通基础设施惠及民生的水平。(责任单位:省发展改革委、省交通运输厅,各市、县〔市、区〕政府)

(四)加大新动能培育投资

聚焦新技术新业态新模式,加大八大万亿产业和未来产业投入,优先支持互联网、物联网、大数据、人工智能等数字经济新产业,加大软投入、高新技术产业投资力度,持续提高创新投资比例。实施智能化技术改造行动,大力推动以智能制造为主攻方向的新一轮企业技术改造投资。(责任单位:省发展改革委、省经信委、省科技厅,各市、县〔市、区〕政府)

(五)持续增加生态环境投入

不断加大生态保护和污染防治力度,加大治水治土治气投资,加快水利基础设施、污水(垃圾)处理设施建设,提高污水处理厂清洁排放标准、城乡垃圾分类覆盖率,促进浙江省生态环境质量持续改善。(责任单位:省环保厅、省建设厅、省水利厅、省治水办,各市、县〔市、区〕政府)

（六）激发民间投资新活力

落实国务院关于激发民间投资活力、促进经济持续健康发展的指导意见，深入推进"放管服"改革，着力构建"亲""清"新型政商关系，支持民间投资创新发展，开展政务失信专项治理，清理核查民间投资项目报建审批情况，进一步降低民营企业经营成本，鼓励民间资本投向"中国制造2025"、八大万亿产业、大湾区大花园大通道大都市区建设、传统产业改造提升等领域。加大浙商回归工作力度，发挥浙江商会、浙江大学校友会等桥梁作用，提高项目回归质量。（责任单位：省发展改革委、省经信委、省环保厅、省商务厅、省旅游局、省金融办，各市、县〔市、区〕政府）

（七）全面实施省市县长项目工程

省政府主要领导，分管发展改革、工业和信息化、商务工作的省领导每人每年牵头谋划招引1个总投资100亿元左右的重大产业项目（不包括房地产开发投资项目，下同）；各设区市党委、政府主要领导和分管经济工作的有关领导，省发展改革委、省经信委、省科技厅、省商务厅、物产中大集团、杭钢集团、巨化集团、省能源集团、省交通集团、省机场集团、省海港集团、省金融控股公司主要负责人每人每年谋划招引1个总投资50亿元左右的重大产业项目；各县（市、区）党委、政府主要领导和分管经济工作的有关领导每人每年谋划招引1个总投资20亿元左右的重大产业项目。排出省市县长项目工程清单，落实领导责任、时间节点和要素保障。（责任单位：省发展改革委、省经信委、省科技厅、省商务厅等，各市、县〔市、区〕政府）

（八）大力促进双向投资

以参与"一带一路"建设为统领，以新兴产业、各类开发区、跨境经济园区等领域合作为重点，加大双向投资，增强统筹利用国际国内两个市场、两种资源的能力。编制实施浙江省利用外资和境外投资重大项目推进计划。开展外资参与大湾区大花园大通道大都市区建设、乡村振兴战略、省市县长项目工程专项行动，推动外资招大引强取得实效。推进新一轮对外投资合作。（责任单位：省发展改革委、省商务厅、省经信委、省科技厅，各市、县〔市、区〕政府）

二、加强投资项目管理

（一）编制五年重大项目计划

制定实施浙江省"4+1"重大项目建设计划（2018—2022年），围绕交通建设投资、生态环境和公共设施投资、高新技术产业投资、民间投资和省市县长项目工程，科学布局一批标杆性项目。依托浙江政务服务网投资项目在线审批监管平台（以下简称在线平台），建立五年重大建设项目库，实行动态管理。（责任单位：省发展改革委、省经信委、省科技厅、省环保厅、省建设厅、省交通运输厅、省水利厅、省商务厅、省国资委、省旅游局，各市、县〔市、区〕政府）

（二）优化投资项目管理方式

运用"互联网+"、大数据等技术，推动投资项目管理模式根本性转变，实现服务监管全覆盖、全过程、常态化。坚持标准化、信息化、制度化，加强各类投资项目整合管理，实行"一库一码"（"一库"指依托在线平台的项目库，"一码"指每个项目贯穿全生命周期的唯一项目代码）制度，统一项目申报、项目标准、项目监测、项目考核，实行分行业分领域分阶段协同管理。（责任单位：省发展改革委、省经信委，各市、县〔市、区〕政府）

（三）滚动推进"四个一批"重大项目

分年度统一编制实施全省重大建设项目一本账，明确形象进度、主要节点、责任单位，推动各方合力破解项目实施中的突出矛盾和问题，形成谋划招引一批、前期攻坚一批、建设实施一批、建成投产一批的良性循环。"四个一批"项目实行即报即列、动态调整、滚动推进。(责任单位:省发展改革委、省经信委、省教育厅、省科技厅、省环保厅、省建设厅、省交通运输厅、省水利厅、省农业厅、省商务厅、省国资委、省旅游局,各市、县〔市、区〕政府)

三、创新工作机制

(一)健全浙商回归工作机制

着眼于发挥浙商回归牵引作用,完善专业招商、以商引商、产业链招商机制,创新承接特色产业和资本、人才等要素的集聚平台。完善省领导与省外浙商商(协)会等组织的挂钩联系机制,加快建设浙江大学校友企业总部经济园,促进浙商产业、资本与浙江大学校友人才、科技的联体回归,打造浙商回归创业创新示范基地。(责任单位:省发展改革委,各市、县〔市、区〕政府)

(二)建立健全招引外资外智机制

有效整合商务、外事侨务部门及各地政府驻国外资源,推动在世界各国和地区尤其是"一带一路"沿线国家和地区成立华侨组织,为浙江省招引外资大项目、先进技术和高端人才提供便利。建立实施外事活动中洽谈招引大项目机制,实行项目清单式管理。加快推进中国(浙江)自由贸易试验区建设,有序放宽外商投资准入,全面实施外商投资准入前国民待遇加负面清单管理制度。积极开展精准招商,以国际产业合作园建设为抓手,优化利用外资结构、提高利用外资质量,推动创新型企业境外上市。(责任单位:省商务厅、省发展改革委、省外侨办,各市、县〔市、区〕政府)

(三)完善央企对接工作机制

建立健全发展改革部门牵头、有关部门和地方协同的央企对接工作机制,进一步健全战略协议带动、重大项目清单支撑、年度项目计划落实的工作链,力争一批标杆性央企合作项目落户浙江省。加强各级央企对接工作队伍建设,提高综合协调、联络服务和督促落实能力。(责任单位:省发展改革委、省国资委,各市、县〔市、区〕政府)

(四)建立健全招大引强工作机制

优化整合招引大项目好项目的政策资源,建立健全省级统筹、部门服务、市县落实新机制。深入实施产业链精准招大引强,谋划招引一批引擎性、旗舰式的重大项目,优先向大湾区大花园大通道大都市区布局建设。(责任单位:省发展改革委、省经信委、省国土资源厅、省商务厅,各市、县〔市、区〕政府)

(五)构建规范高效的政府和社会资本合作(PPP)推进机制

建立健全PPP工作协调机制,加强部门协同,逐步统一PPP项目库、专家库、咨询机构库。加大基础设施和公用事业领域开放力度,争取PPP项目中社会资本控股成为常态。鼓励商业模式清晰、现金流稳定、投资回报机制合理的经营性和准经营性基础设施项目规范采用PPP模式,非收费的国省道公路、非特许经营的市政道路、市政管网等基础设施项目审慎采用PPP模式。鼓励通过移交—经营—移交(TOT)等方式,规范有序盘活基础设施优质存量资产,丰富民营企业投资机会,形成资产变资金、资金变资本的可持续投融资模式,既控债务又促发展。(责任单位:省发展改革委、省财政厅,各市、县〔市、区〕政府)

四、加强要素保障

(一)建立健全重特大项目要素保障机制

对总投资100亿元以上(加快发展地区70亿元以上)的跨设区市和跨省(市)的铁路、城际轨道、高速公路、内河航道、能源设施、水利工程等重特大基础设施项目,在符合国家规定的前提下,原则上由省级层面统筹协调项目资本金,统筹保障用地、围填海、能源消耗和碳排放等要素指标,其中建设用地和规划空间指标100%安排,耕地占补平衡指标按补充耕地数量的1/3统筹解决,并优先纳入跨省补充耕地范围。修订完善省重大产业项目用地保障机制,对省市县长项目工程,优先纳入保障范围,其中:对总投资50亿元以上(加快发展地区35亿元以上)的项目,100%保障用地指标;对其他项目给予一定用地保障。(责任单位:省发展改革委、省财政厅、省国土资源厅、省环保厅、省海洋与渔业局、省能源局)

(二)依法创新融资方式

实施防范化解地方政府性债务风险专项活动,进一步规范地方政府举债融资行为,加快推进融资平台公司实体化、市场化转型,依法依规进行公益性项目融资。依法创新项目融资方式,为重大项目尤其是续建项目建设提供保障。省级政府产业基金会同各市、县(市、区)政府产业基金,联合社会资本共同设立项目定向股权投资基金,专项用于支持重大项目建设。对特别重大产业项目给予"一企一策"支持。深化国有企业分类改革,在高速公路、轨道交通、机场、海港、能源等领域,进一步做强做优做大国有资本,通过市场化方式开展重大项目投融资、建设、运营。依托省属投资控股公司,投资持股银行、证券、保险、信托、金融租赁等金融机构,建成全牌照综合性金融控股集团,加大对事关浙江省全局发展的重大项目融资及综合金融服务支持。大力发展直接融资,在防范风险的前提下,扩大债务融资工具发行规模,积极争取银行间市场创新产品在浙江落地。深入实施企业上市和并购重组"凤凰行动"计划,力争到2020年境内外上市公司及重点拟上市企业突破1000家。(责任单位:省发展改革委、省财政厅、省国资委、省金融办、人行杭州中心支行,各市、县〔市、区〕政府)

(三)优化土地要素供给保障

新增建设用地指标重点保障"4+1"重大项目用地需求。积极用好跨省域补充耕地国家统筹和城乡建设用地增减挂钩节余指标跨省域调剂政策。继续实行省重大基础设施项目要素保障机制。划定永久基本农田整备区,新增耕地用于重大项目占用永久基本农田补划。优化和改进用地报批工作,推动解决用地报批耗时较长、一次性通过率较低等问题。压实重大项目征地拆迁工作市县政府的主体责任,实施征地拆迁工作总包干模式。继续推进城镇低效用地再开发,完善新增建设用地计划分配与存量建设用地盘活挂钩办法。(责任单位:省国土资源厅、省发展改革委,各市、县〔市、区〕政府)

(四)优化用海、用能、碳排放、排污权指标保障

深化企业分类综合评价,加快推进以亩产效益为导向的资源要素差别化配置机制,强化正向激励和反向倒逼,促进各类要素向高端产业、优质企业和高产项目集聚集中。探索建立涉海空间资源保障重大项目用海新机制。在符合全省能源消费总量控制、碳排放总量控制、主要污染物排放总量控制的条件下,依法依规优先保障重大项目建设的能源消耗、碳排放、排污权等指标需求。(责任单位:省发展改革委、省经信委、省环保厅、省海洋与渔业局、省能源局)

(五)营造更好投资环境

推进投资项目审批过程全覆盖、流程全面优化、审批标准全面统一,减事项、减次数、减材料、减时间,依托在线平台,实行平台应用的100%网上申报、100%网上审批,最大限度缩短审批时间,2018年实现一般企业投资项目开工前审批最多跑一次、最多100天,力争实现竣工验收前最多跑一次。依法稳妥实施企业投资项目承诺制改革,探索建立统一标准化改革办法。各地新增工业用地、商业服务业设施用地、物流仓储用地出让前,要将投资、亩产、能耗、环境、建设等标准纳入土地招标拍卖挂牌出让条件。2018年底前建成全国投

融资模式创新示范省,努力成为全国投资项目管理最优、监管最强、融资最畅、效率最高、环境最好的省份之一。(责任单位:省发展改革委、省经信委、省国土资源厅、省建设厅、省环保厅、省海洋与渔业局、省能源局等,各市、县〔市、区〕政府)

各地、各有关单位要认真落实本意见精神,加强组织领导,层层压实责任,推动各项任务举措和重大项目早日落地见效,加快形成优化投资结构提高投资质量的指标体系、工作体系、政策体系、评价体系,掀起全省大抓项目、抓大项目的热潮,推进全省"两个高水平"建设。

浙江省人民政府
2018 年 4 月 27 日

192

浙江省人民政府关于促进外资增长的若干意见

浙政发〔2018〕23号

各市、县(市、区)人民政府,省政府直属各单位:

为贯彻落实《国务院关于促进外资增长若干措施的通知》(国发〔2017〕39号)精神,全面提升浙江省外商投资环境法治化、国际化、便利化水平,打造高质量外资集聚地,现提出如下意见:

一、进一步放宽外资市场准入

全面落实准入前国民待遇加负面清单管理制度,认真执行国家关于放宽银行业、证券业、保险业和汽车等制造业企业外资股比限制等规定。鼓励在互联网、物联网、大数据、人工智能等新技术领域引进外资,做大做强数字经济。服务业发展专项规划中涉企、涉项目政策,外资企业、项目同等享受。支持中国(浙江)自由贸易试验区建设具有海洋特色的国际医疗旅游先行区。对涉及大湾区大花园大通道大都市区建设的重大外资项目,实行一业一策、一企一策。(省发展改革委、省经信委、省科技厅、省商务厅、省卫生计生委、省金融办、省委网信办、省交通运输厅、人行杭州中心支行、浙江银监局、浙江证监局、浙江保监局,各市、县〔市、区〕政府)

二、加强外资用地保障

建立重大外资项目申报省重大产业项目绿色通道,将符合条件的重点外资项目优先纳入省重大产业项目库。加大外资项目用地支持力度,对特别重大的制造业外资项目,省给予全额用地计划指标奖励;对龙头类外资项目,省给予60%用地计划指标奖励;对示范类外资项目,省给予40%用地计划指标奖励。鼓励利用存量建设用地或增减挂钩节余指标支持重大外资项目建设,盘活利用的存量建设用地纳入挂钩计划,按存量与新增3:1的比例给予用地指标配套奖励。鼓励利用跨省扶贫增减挂钩节余指标支持国际产业合作园建设。鼓励各地在符合经济社会发展规划、土地利用总体规划、城市总体规划的前提下,优先保障开发区内外商投资项目落地所需建设用地。(省国土资源厅、省发展改革委、省建设厅、省商务厅)

三、加大财政支持力度

对世界500强企业(以美国《财富》杂志排行榜为准,下同)或全球行业龙头企业在浙江投资总额超过3亿美元(新设或增资)、实际利用外资超过1亿美元、具体投向八大万亿产业或战略性新兴产业的制造业企业,新设企业在其投产后3年内缴纳税收所形成的地方财政收入当年增收省分成部分、增资企业自增资完成后3年内缴纳税收所形成的地方财政收入当年增收省分成部分返还所在地政府。对列入省市县长项目工程的外资项目,采取"一事一议"方式给予支持。新引进外国跨国公司地区总部,其缴纳税收形成的地方财政收入省分成部分首次超过1亿元的,将其当年省分成部分的50%一次性返还所在地政府（最高不超过1亿元)。注重发挥各级政府产业基金引导作用,吸引社会资本通过组建定向基金和并购基金等方式,支持世界500强跨国公司地区总部项目、境外"隐形冠军"企业投资项目、外资并购或国内企业海外并购回归项目等。进一步完善利用外资工作考核机制,2018—2020年每年安排2亿元用于利用外资专项工作激励。(省财政厅、省商务厅,各市、县〔市、区〕政府)

四、加大金融支持力度

鼓励省属国有企业引入符合条件的外资参与混合所有制改革。浙江省支持民营企业境内上市、"新三板"挂牌和区域性股权市场融资等政策,外资企业同等享受。支持外资企业在境内和境外发行债券,允许其将境外发债资金回流。支持外资企业开展本外币全口径跨境融资,在一定倍数净资产额度内获得本外币融资。支持外资企业在中国(浙江)自由贸易试验区开展飞机、船舶等经营性租赁业务,争取开展经营性租赁收取外币租金业务试点。放宽中国(浙江)自由贸易试验区内跨国公司外汇资金集中运营管理业务准入条件。(人行杭州中心支行、省发展改革委、省科技厅、省人力社保厅、省商务厅、省国资委、省金融办、省地税局、省国税局、杭州海关、宁波海关、浙江证监局,各市、县〔市、区〕政府)

五、支持外资企业研发创新

鼓励外资研发机构(含企业内设研发机构,下同)参与浙江省研发公共服务平台建设和政府科技计划项目,并享受相关支持政策。世界500强企业、全球行业龙头企业在浙江省新设具有独立法人资格的外资研发机构,可按"一项目一议"方式报请省利用外资工作领导小组予以重点支持。对认定为省级重点企业研究院的外资研发机构,按规定给予支持。符合免税资格条件的外资研发中心经公告,可按规定享受科技创新进口免税政策。支持海外孵化投资,鼓励省内企业通过海外创新孵化中心等创新载体,带动国外专家团队引进和高端项目回归,不断完善"资本孵化+招引回国+国内成长"模式。(省科技厅、省财政厅、省经信委、省商务厅、省国税局、杭州海关、宁波海关)

六、支持外国人才创业发展

全面实施外国人才签证制度,为外国"高精尖缺"人才来浙创新创业提供人才认定、签证居留等便利。凡符合条件的外国高端人才,可以办理《外国高端人才确认函》,签发有效期5—10年的多次入境人才签证,并向其配偶及未成年子女签发相应种类签证。实施外国人才来华工作许可制度,对经认定的外国高层次人才、省内企业聘雇并担保的行业高级人才,可适当放宽年龄限制,按规定签发不超过5年的工作类居留许可。健全外国人才引进制度,在国内外资研发机构工作的特别优秀的海外高层次人才可直接认定高级职称。支持外资企业中方人员申办APEC商务旅行卡。支持中国(浙江)自由贸易试验区、杭州国家自主创新示范区对符合条件的外国人才实施在华永久居留、办理签证证件等出入境新政,条件成熟后逐步向全省推广。(省公安厅、省人力社保厅、省外侨办)

七、保障境外投资者合法权益

加强外资企业知识产权保护,开展侵犯专利权、商标专用权、商业秘密和网络侵权盗版等知识产权问题集中整治。健全重大外资项目跟踪服务机制和重点外资企业服务机制,省政府每年召开重点外资企业圆桌会议,协调解决企业经营中存在的问题。各地、各部门要严格兑现向投资者及外商投资企业依法做出的政策承诺,维护政府公信力。县级以上政府应设立外商投资企业投诉受理机构,按照属地管辖原则妥善处理各类投诉事项。(省商务厅、人行杭州中心支行、省工商局、省新闻出版广电局、省科技厅、省统计局、省法院,各市、县〔市、区〕政府)

八、创造更有吸引力的投资环境

加快推进"最多跑一次"改革,推动外商投资信息跨层级、跨部门共享,降低企业制度性交易成本。推进外商投资商务备案与工商登记"一窗一表"受理模式,并力争早日实现"多证合一"。推进外资项目"区域能评+区块能耗标准"等"多评合一"试点工作,在省级特色小镇、省级以上开发区、产业集聚区等特定区域,推行外资项目"区域环评+环境标准"改革。探索推行重大外资项目行政审批委托代办制。中国(浙江)自由贸易试验区管委会经依法授权可享受省级管理权限。支持国家级经济技术开发区推行"一口受理"和行政审批局管理模式。总投资不超过1亿美元、涉及特别管理措施中限制类的外资企业的设立和变更,由拥有省级审批权限的商务行政主管部门(省商务厅、杭州市投资促进局、宁波市商务委、舟山市商务局)和国家级经济技术开发区负责审批。外资企业同等享受省内企业减负担降成本政策。支持有条件的地方建设境外并购回归产业园,推进高质量境外并购项目回归发展。开展县(市、区)投资环境评价工作。(省商务厅、省发展改革委、省经信委、省财政厅、省地税局、省国税局、省环保厅、省统计局、省海港委、省工商局、杭州海关、宁波海关、人行杭州中心支行,各市、县〔市、区〕政府)

九、完善利用外资工作保障机制

实施重点外资促进"111"工程,每年省政府举办重大投资促进活动不少于1场,省级有关部门组织境内外重要投资促进活动不少于10场,各市、县(市、区)组织境内外重要投资促进活动不少于100场。在浙江省外资主要来源地分大区设立若干境外商务代表处,构建辐射全球的国际化投资促进网络。实施年度利用外资和境外投资双向推进计划,对列入计划的项目予以重点支持。实施"互联网+外资"计划,建设外资重大项目信息库、客商库和"招商地图"。实施校友回归工程,鼓励省内高校招引校友携项目或技术回归创业。鼓励精准招商,对列入省重点出访项目的招商团组所涉及的出国计划单位限量、个人限次等问题,由省委外事工作领导小组办公室负责统筹解决。对各市、县(市、区)利用外资工作进行分类考核,建立利用外资工作排行榜,每季度对排名靠前的市、县(市、区)予以公布,对排名靠后的市、县(市、区)政府主要领导进行约谈。进一步提升利用外资工作在各级政府工作绩效考核体系中的权重。对招商引资出现失误,但是符合国家和省确定的改革方向,决策程序符合法律、法规规定,且勤勉尽责、未谋取私利、主动挽回损失、消除不良影响或者有效阻止危害结果发生的,对有关单位和个人不作负面评价,免除相关责任。(省商务厅、省发展改革委、省教育厅、省财政厅、省外侨办、省编办,各市、县〔市、区〕政府)

各地、各部门要高度重视新形势下利用外资工作,省级有关部门要在本意见印发1个月内制定具体实施细则,各市、县(市、区)政府要在本意见印发3个月内制定有针对性的工作举措。各地、各部门要加大利用外资政策宣传和落实力度,每年12月底前将政策落实情况报送省利用外资工作领导小组办公室。

浙江省人民政府
2018年5月8日

浙江省人民政府关于强化实施创新驱动发展战略深入推进大众创业万众创新的实施意见

浙政发〔2018〕31号

各市、县(市、区)人民政府,省政府直属各单位:

为贯彻落实《国务院关于强化实施创新驱动发展战略进一步推进大众创业万众创新深入发展的意见》(国发〔2017〕37号),进一步优化浙江省创新创业生态环境,充分释放全社会创业创新潜能,在更大范围、更高层次、更深程度上推进大众创业万众创新,现提出以下意见。

一、促进科技成果转化

制定《浙江省促进科技成果转化条例实施细则》,完善配套政策措施。鼓励科研院所、高校建立完善本单位职务科技成果转移转化管理方法,依法依规促进科技成果转移转化。(责任单位:省科技厅、省经信委、省教育厅、省人力社保厅)

健全技术转移体系,大力发展"互联网+"科技大市场,构建全国性技术交易网络,加快浙江知识产权交易中心建设。对通过网上技术市场交易、成交金额超过100万元的产业化项目,按成交金额的15%给予一次性补助,最高不超过100万元。对通过参加竞价(拍卖)方式实现交易的产业化项目,按实际成交金额的20%给予一次性补助,最高不超过200万元。推动建立二十国集团(G20)国际技术转移中心,积极开展"一带一路"科技合作交流行动。(责任单位:省科技厅、省教育厅、省质监局、省外侨办)

引导众创空间、创业孵化基地向专业化、精细化方向升级,支持龙头骨干企业、高校、科研院所围绕优势细分领域建设平台型众创空间。探索将创投孵化器等新型孵化器纳入科技企业孵化器管理服务体系,享受相应扶持政策,对优秀众创空间、省级创业孵化示范基地给予财政资金奖励。推动省级以上高新技术园区实现国家级科技企业孵化器全覆盖,推进离岸孵化器建设。支持国家级、省级技术标准创新基地建设,鼓励高校探索建立专业化科技成果转移转化工作机构。(责任单位:省科技厅、省发展改革委、省经信委、省教育厅、省财政厅、省人力社保厅、省商务厅、省质监局)

探索在战略性新兴产业相关领域率先建立利用财政资金形成的科技成果限时转化制度。对不涉及国防、国家安全、国家利益、重大社会公共利益的科技成果,由项目主管部门与项目承担单位在项目合同中约定成果转化期限。在合理期限内未能转化的,可按《浙江省促进科技成果转化条例》由成果完成人自行实施转化,也可由主管部门依法强制许可实施转化。(责任单位:省科技厅、省经信委、省教育厅、省财政厅)

二、拓展企业融资渠道

在有效防控风险的前提下,鼓励商业银行合理下放审批权限,提高小微企业、"三农"贷款审批效率。支持地方性法人银行在符合条件的情况下,探索在基层区域增设小微支行、社区支行。推进银税互动,助推小微企业将纳税信用转化为融资资本。(责任单位:省金融办、浙江省税务局、人行杭州中心支行、浙江银监局)

建立政银担保等不同类型的风险补偿机制,发展"贷款+保险保障+财政风险补偿"专利权质押融资新模式,支持保险公司为科技信贷产品和服务提供保证保险服务,对符合条件的由市、县(市、区)政府提供风险补偿或保费补贴。(责任单位:人行杭州中心支行、省经信委、省科技厅〔省知识产权局〕、省财政厅、省金融办、浙江银监局、浙江保监局,各市、县〔市、区〕政府)

进一步提升省级创业投资(科技成果转化)引导基金,以及财政出资各类创业投资企业的市场化运作水平,重点支持投资早中期、初创期科技型中小微企业发展的创业投资基金。落实好创业投资企业和天使投资个人有关税收优惠政策。完善创业投资基金中国有资本投资的后评价机制,提高国有资本参与积极性。(责任单位:省发展改革委、省经信委、省科技厅、省财政厅、省国资委、浙江省税务局、省金融办)

实施"凤凰行动"计划,支持高新技术和战略性新兴产业领域的企业对接境内外资本市场,支持创新型、创业型和成长型中小微企业在"新三板"市场和区域股权市场挂牌,支持浙江股权交易中心国际人才板等企业板块建设。以高端技术、高端人才和高端品牌为重点,引导上市公司开展并购重组业务。支持企业加大债券发行宣传力度,推动优质企业发行债券。(责任单位:省金融办、省发展改革委、人行杭州中心支行、浙江证监局)

完善财政等配套政策,推动金融与科技融合,鼓励企业充分利用区块链、大数据、云计算等技术发展新金融业态。对有实质创新内容的、真正支持科技型企业的金融业务,支持先行先试、创新发展。(责任单位:省金融办、省财政厅、省科技厅、浙江省税务局、人行杭州中心支行、浙江银监局、浙江证监局、浙江保监局)

健全创新券管理制度和运行机制,出台省内通用通兑办法,探索长三角地区内创新券跨区域流动。鼓励市县对企业自主开展的技术创新活动采用普惠制创新券方式给予政策支持,支持高校创新资源开放共享,探索淳安等26个加快发展县内企业在使用高校、科研院所大型仪器设备时,享受创新券全额抵用政策。(责任单位:省科技厅、省教育厅、省财政厅)

三、促进实体经济转型升级

进一步整合利用创新资源,加快建设之江实验室,争创国家实验室。建设产业创新中心、制造业创新中心等国家级重大创新平台,加快产业创新服务综合体建设。支持有条件的企业在全球创新资源集聚地区建设海外创新孵化中心等创新平台。建立基础研究财政经费稳定增长机制,对绩效评价优秀的已建重大科技创新平台给予一定奖补。(责任单位:省发展改革委、省经信委、省科技厅、省财政厅)

支持大型企业开放供应链资源和市场渠道,构建产业链协同研发体系,带动产业链上下游发展,促进大中小微企业融通发展。支持外资研发机构(含企业内设研发机构)参与浙江省科技计划项目。(责任单位:省发展改革委、省经信委、省科技厅、省财政厅、省商务厅)

实施数字经济"一号工程",制定实施数字经济五年倍增行动计划,加快推进国家数字经济示范省建设,推动数字经济和实体经济融合创新,构建以数字经济为核心、新经济为引领的现代化经济体系。(责任单位:省经信委、省发展改革委、省科技厅、省商务厅)

出台共享经济培育政策,引导各类市场主体探索分享经济新业态新模式,建设一批科研仪器、知识技能、生产能力、品质生活等领域的分享平台,提升市场配置资源效率。(责任单位:省发展改革委、省经信委、浙江省税务局、省工商局)

推进中国(浙江)知识产权保护中心建设,建立完善审查确权、行政执法、维权援助、仲裁调解、司法衔接相联动的机制,依法惩治知识产权违法犯罪及侵权行为,改善知识产权保护环境。健全海外知识产权维权援助机制,支持省内企业积极应对海外专利诉讼。(责任单位:省科技厅〔省知识产权局〕)

企业利用存量土地办众创空间,实行建设用地按原用途和土地权利类型使用的过渡期政策。对新产业工业项目用地,生产服务、行政办公、生活服务设施建筑面积占项目总建筑面积比例不超过15%的,可仍按工业用途管理。在兼容设施建筑面积比例不超过项目总建筑面积15%、兼容用途的土地和房产不分割转让的情形下,科教用地可兼容研发与中试、科技服务设施与项目及生活服务设施建设。(责任单位:省国土资源厅、省建设厅)

四、激励各类人才创新创业

建立高校、科研院所科研人员绩效工资正常增长机制。科研项目绩效支出、科技成果转化奖励、横向劳务报酬等收入,在核定事业单位绩效工资总量时单列。推进纵向和横向科研经费分类管理,横向科研经费按委托方要求和合同约定管理使用,实行有别于财政拨款科研项目管理方式。(责任单位:省人力社保厅、省委人才办、省教育厅、省科技厅、省财政厅)

开展海外高层次人才服务"一卡通"试点,拓宽安居保障和医疗保健服务通道,分层分类安排高层次人才子女入学。探索华侨华人高层次人才来浙创新创业便利政策措施。开展在浙外国留学生毕业后直接就业试点。加快推进杭州、宁波国家海外人才离岸创新创业基地建设。(责任单位:省委人才办、省公安厅、省人力社保厅、省外侨办,有关市、县〔市、区〕政府)

进一步完善柔性引才机制,建立以创新创业实效为导向的人才评价办法,采取不改变人才的户籍、人事关系等方式,解决关键领域高素质人才稀缺等问题。各地可根据人才需求情况完善居住证积分、居住证转办户口、直接落户、住房保障等人才引进政策。(责任单位:省委人才办、省公安厅、省人力社保厅,各市、县〔市、区〕政府)

加快将现有支持"双创"相关财政政策措施向返乡下乡人员创新创业拓展,将符合条件的返乡下乡人员创新创业项目纳入强农惠农富农政策范围。返乡农民工可在创业地参加各项社会保险。鼓励有条件的地方将返乡农民工纳入住房公积金缴存范围,按规定将其子女纳入城乡居民基本医疗保险参保范围。(责任单位:省人力社保厅、省农办、省发展改革委、省科技厅、省财政厅、省农业厅,有关市、县〔市、区〕政府)

五、创新政府服务管理方式

深化"最多跑一次"改革,改善营商环境,放宽市场准入。推进"多证合一"登记制度改革。积极推进"证照分离"改革试点,推进数字证照、全程电子化。全面推行企业和个体工商户简易注销改革,完善市场退出机制。推进企业统计减负工作,努力减少企业统计报表和统计指标。(责任单位:省工商局、省发展改革委、省经信委、省商务厅、省统计局)

完善以负面清单为主的产业准入制度,对未纳入负面清单的行业、领域、业务等,各类市场主体皆可依法平等进入。探索新经济领域产品项目实施企业承诺登记与随机抽查监管相结合的行政审批监管模式,加大事中事后监管力度,实现"双随机、一公开"监管全覆盖。进一步完善新产业新业态新模式统计指标体系,做好监测分析工作。(责任单位:省编办、省发展改革委、省经信委、省环保厅、省商务厅、省工商局、省质监局、省新闻出版广电局、省食品药品监管局、省统计局、省金融办)

加快国家、省级双创基地建设,支持全面创新改革试验区、国家自主创新示范区等谋划创新改革举措,破除体制机制障碍,加快形成一批可复制、可推广的"双创"模式。(责任单位:省发展改革委、省经信委、省科技厅)

积极参与全国"双创"活动周、"创响中国"等"双创"活动,高质量办好省"火炬杯"创新创业大赛、省电子商务创业创新大赛等系列活动,推动创新创业理念更加深入人心。(责任单位:省发展改革委、省经信委、省科技厅、省商务厅、省新闻出版广电局、省科协)

浙江省人民政府

2018 年 8 月 14 日

浙江省人民政府关于加快发展工业互联网
促进制造业高质量发展的实施意见

浙政发〔2018〕32号

各市、县(市、区)人民政府,省政府直属各单位:

为认真贯彻落实国务院关于深化"互联网+先进制造业"、发展工业互联网的指导意见精神,现就浙江省加快发展工业互联网、促进制造业高质量发展提出如下实施意见:

一、基本态势

工业互联网作为新一代信息技术与制造业深度融合的产物,已日益成为新工业革命的关键支撑和深化"互联网+先进制造业"的重要基石,对实体经济特别是制造业发展将产生全方位、深层次、革命性影响。纵观国内外工业互联网发展,大多是大型企业搭建的面向企业内部、延展到供应链客户的企业级平台,缺乏基础性和行业级平台,企业应用广度和深度均有待突破。浙江省是制造业大省,又是互联网大省,信息化和工业化深度融合指数、电子商务规模、移动支付覆盖面、上云企业数量、网络基础设施水平等全国领先。近年来,浙江省互联网由消费领域向生产领域、实体经济拓展,制造业向数字化、网络化、智能化转型,涌现出一批面向企业、行业和块状经济的工业互联网平台。特别是以阿里云为支撑,承载行业级平台的基础性平台开始搭建,将为大中小企业提供分层应用服务,也为全球工业互联网发展探索新的模式。当前,浙江省正处在传统制造业改造提升的攻坚期和制造强省建设的关键期,亟须发挥特色优势,抢抓历史机遇,坚持扬长补短,加强顶层设计,广泛动员部署,精心组织实施,加快发展工业互联网,为实现制造业高质量发展注入新的动能。

二、总体要求

(一)指导思想

以习近平新时代中国特色社会主义思想为指导,全面贯彻党的十九大精神,推动互联网、大数据、人工智能和实体经济深度融合,深入实施数字经济"一号工程",以供给侧结构性改革为主线,以实现制造业高质量发展为目的,坚持政府推动与市场驱动相结合,以平台为核心、应用为根本、产业为支撑、网络为基础、安全为保障,构建资源集聚、开放共享、创新活跃、高效协同、具有特色的工业互联网生态体系,为建设以数字经济为核心的现代化经济体系奠定基础。

(二)发展目标

到2020年,培育形成1个具有国际水准的基础性工业互联网平台和10个以上国内领先的行业级工业互联网平台,形成具有特色的"1+N"工业互联网平台体系,基本实现全省工业主要行业工业互联网应用全覆盖;开发集成3万款以上工业应用程序(App),连接5000万台工业设备,立足服务本省,积极辐射全国,服务10万家以上工业企业,培育3000家深度应用示范企业。初步建成低时延、高可靠、广覆盖的工业互联网网络基础设施,掌握一批关键技术,形成较为完整的产业链,基本建立安全保障体系,成为全国工业互联网发展先行区。工业互联网运行分析将成为政府及部门经济运行监测、金融机构信贷服务、科研院所相关研究的重要依据。

到 2025 年，"1+N"工业互联网平台体系更加完善，形成 1 个国际领先的基础性工业互联网平台和 30 个以上国内领先的行业级工业互联网平台，实现全省工业各行业应用全覆盖，服务内容和绩效得到国内外企业广泛认可；开发集成 10 万款工业 App，连接 2 亿台工业设备，服务 30 万家以上工业企业，培育 1 万家深度应用示范企业；工业互联网新技术、新模式、新业态蓬勃兴起，形成具有国际竞争力的网络基础、产业生态、安全保障和政策体系，成为全国工业互联网发展示范区，占据全球工业互联网发展制高点。

三、主要任务

（一）构建平台体系

1. 打造 1 个基础性平台。支持阿里云、浙江中控、之江实验室及省内外其他优势企业和科研机构强强联合，开放合作，加大投入，研发攻关，突破数据集成、平台管理、开发工具、微服务框架、建模分析等关键技术，打造支持各行业主流设备连接协议和开放技术标准，具备国际领先的技术处理能力、数据智能引擎、安全保障体系和合作伙伴生态的工业互联网基础性平台。

2. 培育一批行业级、区域级、企业级平台。从物流、轴承、袜业、毛衫、汽车零部件、化纤、光伏、新材料、石化等已有一定基础的细分行业或块状经济入手，鼓励互联网企业、工业信息工程服务商、软件企业等牵头建设具有专有技术、专业知识、开发工具的行业级平台。及时总结经验，将培育建设行业级平台的成功做法复制推广到其他各工业主要行业领域。鼓励依托小微企业园、特色小镇、产业集聚区等建设区域级平台。支持大型制造企业围绕产业链数字化、网络化、智能化需求，搭建企业级平台，开放资源和能力，促进大中小企业融通发展。

3. 提升平台服务能力。推动基础性平台为行业级、区域级平台提供基础架构、算法模型、数据处理、计算能力、安全存储、平台联通等服务，为大型制造企业提供"专有云+大数据"服务。推动行业级平台构建行业领域知识库、工具库和模型库，利用微服务组件等为中小企业提供专业、精准、适用的服务。推动区域级平台围绕共性需求提供精细管理服务。鼓励各类开发者基于平台开发一批特定行业、特定场景的工业 App，一批应用价值高、带动力强的行业通用工业 App，一批普适性强、复用率高的基础共性工业 App。鼓励平台开辟 App 超市，创新开发应用模式。支持优秀工业 App 及应用解决方案推广应用，每年公布若干应用频次高、客户评价好的工业 App，给予一定奖励。

4. 推动"1+N"平台合作发展。以服务为纽带，推动基础性平台、行业级和区域级平台、企业形成紧密互补合作关系，分层开发服务模式，提供面向企业现场生产过程优化、运营管理决策优化、社会资源优化配置与协同、产品全生命周期管理与服务优化等的服务。推动基础性平台以行业级和区域级平台发展需求为导向，安排专业团队，落实优惠措施，提供技术支持、市场推广、平台支撑、人才培养等服务。以综合实力、精准定位、用户基础、发展前景为条件，分批培育认定行业级和区域级平台。组建工业互联网平台联盟。

（二）推进融合应用

1. 实施工业企业智能化技术改造。总结推广轴承等行业成批量智能化技术改造的做法，推动低成本、模块数字化设备和系统的部署应用。发挥大企业的综合优势，深入推进"机器换人"，实施以机器人系统为核心的智能化技术改造。推进制造生产线智能化技术改造，实现全过程的数字化管控，打造一批数字化车间、智能工厂。培育工业信息工程等服务商，在细分行业开发推广一批工业智能软件和智能制造解决方案，打响行业品牌。

2. 推动工业企业上平台用平台。深入开展企业上云行动，推动企业业务系统向云端迁移，开展研发设计、生产制造、运营管理、供应链协同等应用;整合资源,构建协同制造体系,开展个性化定制,推动制造业服务化转型。采取"基础性平台让一点、行业级和区域级平台出一点、网络运营商降一点、各级政府补一点、上云企业交一点"的办法,降低企业上平台用平台的费用。

3. 加快工业大数据开发应用。鼓励企业构建工厂内部人与机器、机器与物料、机器与机器互联的网络结构,打通数据链,提高数据感知、识别、挖掘、分析和管理能力。利用大数据优化业务流程,提升柔性化生产、精细化管控和智能化决策能力。探索"企业大脑"建设,形成基于数据分析与反馈的工艺优化、流程优化、设备维护和风险预警能力。推动传统产业大数据平台建设,争创国家工业大数据创新中心。

(三)增强产业支撑

1. 加强核心共性技术攻关。鼓励企业和科研院所围绕工业互联网核心关键技术、网络技术、融合应用技术开展联合攻关,形成一批自主知识产权。依托基础性平台,建设工业互联网创新中心,组织研发和成果产业化。

2. 构建工业互联网标准体系。鼓励优势企业加入工业互联网国际和国家标准化组织。健全浙江省工业互联网标准组织,编制标准体系规划与路线图,组织研制相关标准。支持企业将自主创新技术形成工业互联网技术标准。鼓励有条件的企业搭建标准测试环境,完善检验检测能力,开展共性技术标准试验验证。持续推进信息化和工业化融合管理体系贯标工作。

3. 发展工业互联网产业。实施工业技术软件化行动,支持有条件的地方创立省级工业技术软件化基地。以应用需求为导向,带动工业互联网装备、自动化系统、软件、通信等产业发展。发展工业互联网安全产业,突破一批安全核心技术,研发与应用一批安全产品,培育一批具有核心竞争力的安全企业。

4. 培育工业互联网示范基地。实施工业互联网进集聚区、进特色小镇、进小微企业园行动。支持杭州、嘉兴、金华等互联网发展基础较好的地区,加强技术研发与产业化,形成一批以数字产业化为主要特色的产业示范基地。支持宁波、湖州等制造业基础较好的地区,创新应用模式,形成一批以产业数字化为主要特色的应用示范基地。支持温州、绍兴、舟山、台州、衢州、丽水等地结合产业特点,在细分领域形成一批具有特色与优势的示范基地。支持有条件的地区培育工业互联网安全产业基地。

(四)提升网络水平

1. 加快工业企业内网改造。支持工业企业以互联网协议第六版(IPv6)、工业无源光网络(PON)、工业无线等技术设备改造生产现场网络及系统,实现内网 IP 化、扁平化、柔性化。推进智能网关、窄带物联网、工业过程/工业自动化无线网络等技术应用。

2. 升级网络信息基础设施。加快建设高速、移动、安全、泛在的网络基础设施,推进第五代移动通信(5G)和 IPv6 规模试验和应用,高水平建设全光网省。加大频谱保障力度。落实国家网络提速降费政策,鼓励开发满足不同场景、不同需要的网络套餐,大幅降低企业互联网专线和数据流量资费水平。

3. 推进工业互联网标识解析应用。加快布局工业互联网标识解析节点,到 2020 年标识注册量超过 2 亿个,力争国家顶级节点在浙江省落地,并建成若干个二级节点,基本建立标识解析服务体系。

(五)强化安全保障

1. 落实安全主体责任。督促工业互联网平台运营企业及应用企业落实安全要求,加大安全投入,完善技术手段,提升安全防护能力。明确基础性、行业级、区域级和企业级平台数据分级分类管理要求及安全防护责任,加强数据收集、存储、处理、转移、删除等环节安全防护能力,健全数据流动管理机制,加强数据安全监督检查。合理界定依托平台开发应用的成果及相关数据的知识产权归属。

2. 健全安全管理机制。建立涵盖设备安全、控制安全、网络安全、平台安全和数据安全的多层次安全保障体系。完善工业互联网安全评估机制,定期开展评估和抽查,通报安全风险。健全工业互联网服务企业信用监督与失信行为联合惩戒制度。制定分级分类安全应急预案,提升应急处置能力。

3. 提升安全技术防护能力。建设国内领先的工业互联网安全服务平台,构建设备指纹库、系统漏洞库和态势感知、模拟仿真、漏洞挖掘等平台体系。支持之江实验室等科研机构建设工业互联网攻防实验室,搭建攻防靶场、模拟仿真环境,加强攻防演练。

四、组织实施

(一)加强组织领导

省信息化和工业化深度融合国家示范区建设工作领导小组要加强对工业互联网发展工作的领导和协调。完善省政府与工业和信息化部的合作机制,共建工业互联网发展示范区。各市、县(市、区)政府要建立工作机制,制定实施方案,出台扶持政策,推动政企合作,落实各项任务。

(二)开展试点示范

开展工业互联网发展、平台建设与应用、企业智能化技术改造等示范试点,培育一批标杆,形成可复制可推广的经验,并向其他企业、行业和地区推广应用,探索针对不同行业需求、满足区域发展特色、适应大中小企业不同发展阶段的工业互联网发展路径。

(三)加大政策支持

统筹省工业与信息化、科技等财政专项资金,与市县共同支持工业互联网核心技术攻关、创新中心建设、企业智能化技术改造和上平台用平台等。加大对工业互联网发展的精准信贷扶持力度,完善银企对接机制,创新信贷产品,在依法合规、风险可控、商业可持续的前提下,探索开发数据资产等质押贷款业务,延伸产业链金融服务。支持政府产业基金与社会资本合作,投向工业互联网发展。落实固定资产加速折旧、企业研发费用加计扣除、软件和集成电路产业企业所得税优惠、小微企业税收优惠等相关税收政策。

(四)建设人才队伍

支持企业推行首席信息官制度,培育引进一批熟悉生产经营流程、掌握数据分析工具、具备跨界协作能力的复合型应用人才。加大对工业互联网领域全球顶尖人才、行业领军人才及团队的引进和培养力度。鼓励高校加强工业互联网相关学科专业建设,提升育人质量。组织开展企业家工业互联网知识培训。支持校企合作开展工业互联网应用人才订单式培训,提高一线员工应用技能。

(五)推动开放合作

建立工业互联网技术、产品、平台、服务等的国内外合作机制,推动工业互联网平台、集成方案等"引进来"和"走出去"。鼓励国内外企业全产业链紧密合作。支持浙江省工业互联网平台联盟、企业与国内外相关组织在架构、技术、标准、应用、人才等领域开展合作与交流。利用世界互联网大会等平台,发布浙江省最新发展成果,加强与世界领先平台的合作和对接。

(六)营造良好环境

加强对工业互联网发展的政策解读和舆论宣传,将相关知识纳入领导干部理论学习的内容。推动政务数据资源开放共享,实施包容审慎监管原则,打造有利于技术创新、网络部署与产品应用的外部环境。编制发布工业互联网发展年度报告,推广优秀解决方案和典型案例。建立工业互联网发展情况动态监测和第三方评估机制,每年发布评价结果,对成效显著的给予奖励。

浙江省人民政府

2018 年 8 月 13 日

浙江省人民政府关于全面加快科技创新
推动高质量发展的若干意见

浙政发〔2018〕43 号

各市、县(市、区)人民政府,省政府直属各单位:

推动高质量发展必须深入实施创新驱动发展战略。为加快创新强省建设,着力构建"产学研用金、才政介美云"十联动创新创业生态系统,为"两个高水平"建设提供科技支撑,现提出如下意见。

一、总体要求

坚持把发展作为第一要务、创新作为第一动力、人才作为第一资源,牢固树立创新强省工作导向,聚焦聚力高质量竞争力现代化,创新引领、融合联动,精准高效实施撬动高质量发展的科技新政,大力推进以科技创新为核心、创新生态圈为基础的全面创新,为建设现代化经济体系提供战略支撑。

加快打造"互联网+"和生命健康两大世界科技创新高地,在以"城市大脑"为标志的大数据、人工智能、工业互联网、新一代集成电路等"互联网+"领域和以创新药物研发与精准医疗为标志的结构生物学、靶向药物、免疫及基因治疗等生命健康领域,掌握一批事关浙江省产业国际竞争力的关键核心技术。力争通过 5 年的努力,建成 10 个左右具有国际竞争力的高能级创新平台,取得 100 项左右国际先进的标志性科技成果,培育 100 家左右具有核心技术竞争力的创新型领军企业,形成创新主体高效协同、创新要素顺畅流动、创新资源优化配置的创新创业生态圈,数字经济、生物医药、新材料、航空航天、新能源汽车、高端装备制造、绿色石化等产业进入全球价值链中高端。

到 2022 年,主要科技创新指标实现"五倍增、五提高",即全社会软投入达到 6700 亿元、高新技术企业达到 2 万家、科技型中小企业达到 6 万家、技术交易额达到 1200 亿元、PCT(专利合作条约)国际专利申请量达到 3000 件,比 2017 年翻一番;全社会 R&D(研究与开发)经费支出占地区生产总值(GDP)比重达到 3%,每万名从业人员中研发人数达到 130 人年,每万人发明专利拥有量达到 25 件,高新技术产业增加值占规模以上工业增加值比重高于 50%,科技进步贡献率达到 68%。科技创新成为实现高质量发展的强大动能,新经济成为推动高质量发展的主引擎,创新强省建设走在全国前列。

二、全面加快科技创新

(一)开展关键核心技术攻坚,支撑新经济快速发展

1. 加强基础研究。瞄准世界科技前沿,聚焦经济社会发展战略需求,实施 5 个以上重大基础研究专项。重点在信息科学领域的人工智能、大数据计算、智能感知计算认知、脑机融合、集成电路、网络安全和量子计算等方向,生命健康领域的生物大分子结构学、脑科学、免疫与基因治疗、精准医疗等方向,以及新材料、先进制造等技术依赖度较高的科学领域,加强前沿基础理论研究布局,强化变革性、交叉性基础研究,实现前瞻性基础研究、引领性原创成果重大突破,取得一批具有全球影响力的重大基础研究成果。推动与国家自然科学

基金共同设立数字经济联合基金。(责任单位:省科技厅)

2. 实施产业关键核心技术攻坚工程。紧扣新兴产业培育发展和传统产业改造提升的技术需求,按照产业链、创新链、资金链、政策链融合要求,创新攻关体制,实施 15 个以上重大科技专项。在信息通信、生物医药、新材料、新能源与节能、高端装备制造、农业新品种、生态环境保护与修复等前沿领域,掌握一批关键核心技术,开发一批战略创新产品。加快突破万亿级产业和汽车、五金、机械、石化等块状特色产业关键共性技术,推动产业转型升级。省财政 5 年投入省级重大科技专项 60 亿元以上,市县两级财政联动投入 200 亿元以上,带动全社会研发投入 1000 亿元以上。(责任单位:省科技厅、省经信厅、省财政厅,有关市、县〔市〕政府)

3. 启动数字经济、生命健康 2 个重大科技专项。以国家新一代人工智能开放创新平台"城市大脑"建设为核心,以创新药物研发与精准医疗为重点,促进基础研究、应用研究与产业化对接融通,推动数字经济和生物医药产业竞争力整体提升。每个专项确定 10 个左右主攻方向,产学研结合、省市县联动、滚动实施,省财政按照省重大科技专项政策每年给予每个主攻方向 2000 万元以上的支持。(责任单位:省科技厅、省财政厅,有关市、县〔市、区〕政府)

4. 推动关键核心技术融合应用创新。推进"城市大脑"在城市治理中的全面应用,加快智慧城市建设。推动人工智能、物联网、云计算、大数据等信息技术在农业、制造业和服务业的应用和融合创新。开展细胞治疗技术创新发展试点,支持在智能汽车、智慧医疗、数字农业、数字文化等的应用场景开展先行先试。支持杭州建设国际金融科技中心,做大做强金融科技产业,打造移动支付之省。(责任单位:省经信厅、省科技厅、省交通运输厅、省农业农村厅、省卫生健康委、省地方金融监管局、人行杭州中心支行、浙江银保监局筹备组,有关设区市政府)

5. 提升承接国家重大科技计划项目能力。对接国家战略,谋划新一轮中长期科技发展规划,争取与国家有关部委联合组织人工智能、工业互联网、新药创制、传染病防治等国家科技重大专项,探索科技投入和科技计划管理新机制,按规定予以足额经费支持。支持企业承担国家科技重大专项、重点研发计划等,按国家规定予以配套,项目申报前明确配套资金。实施长三角区域科技创新联合攻关,共同承接面向 2030 重大战略项目和国家科技重大专项。(责任单位:省科技厅、省发展改革委、省经信厅、省财政厅)

6. 加快建设具有全球影响力的数字科技创新中心和生物医药研发中心。汇聚全球科技资源、人才资源,支持龙头企业开展网络信息、人工智能、生命健康领域的基础理论和科学研究,建设具有国际先进水平的科学中心和研发平台。加快推进医药产业创新发展,争取国家药品审评审批改革试点,打造国内领先、国际有影响力的医药强省。到 2022 年,数字经济年增加值达到 4 万亿元,新一代信息通信技术产业增加值占数字经济核心产业的比重达到 50%;20 个以上创新药物获批临床研究或投放市场,建成一批年产值 500 亿元以上的产业集聚区和百亿级产业基地。(责任单位:省科技厅、省委人才办、省委网信办、省发展改革委、省经信厅、省商务厅、省卫生健康委、省市场监管局、省地方金融监管局)

(二)强化区域协同创新,打造湾区高新技术产业带

1. 高水平建设国家自主创新示范区。以杭州城西科创大走廊和杭州、临江国家高新区为核心,将杭州国家自主创新示范区打造成为"互联网+"科技创新中心;以宁波国家高新区为核心建设国际一流的新材料和智能制造创新中心,以温州国家高新区为核心建设具有全国影响力的生命健康创新中心和智能装备基地,并辐射带动台州市、舟山市,建设宁波温州国家自主创新示范区,打造民营经济创新创业新高地。主动融入长三角科技创新圈,谋划建设杭州江东新区、宁波前湾新区、绍兴滨海新区、湖州南太湖新区等新区,打造环杭州湾高新技术产业带。支持杭州、宁波、温州等市设立国家自主创新示范区创新发展专项基金,重点投资重大创新项目,对于符合条件的项目,省创新引领基金通过市场化方式予以倾斜支持。(责任单位:省科技厅、

省财政厅,有关设区市政府)

2. 全力打造杭州城西科创大走廊。理顺杭州城西科创大走廊管理体制,明确责任分工。支持杭州紫金港科技城打造以科研及成果转化为核心、研发服务为支撑的新兴高能级板块,推动杭州未来科技城和青山湖科技城成为技术研发、企业孵化和成果转化基地,支持特色小镇建设,打造之江数字文化产业园。到2022年,力争集聚高水平科研院所100家、科创团队100个、高新技术企业1000家,战略性新兴产业产值比重达到70%以上,成为国家级科技创新策源地和重大科研基础设施集群区。(责任单位:省科技厅、省发展改革委,杭州市政府)

3. 加快G60科创走廊建设。支持杭州、湖州、嘉兴、绍兴、金华等市联合制定实施发展规划和支持举措,布局建设各具特色的高新区、科技城、特色小镇、产业园,打造以智能制造、航空航天、工业互联网、微电子、生物医药、新能源为特色的高新技术产业集聚带,推进长三角区域科技创新一体化发展,建设具有全国影响力的产业协同发展示范区。支持有关市、县(市、区)设立G60科创走廊建设专项基金,重点投资重大创新项目,对于符合条件的项目,省创新引领基金通过市场化方式予以支持。(责任单位:省科技厅、省发展改革委、省经信厅,有关设区市政府)

4. 加快宁波甬江科创大走廊建设。在新材料、智能制造、生命健康等重点领域取得一批具有自主知识产权的科技成果,培育一批占据全球高端制造业主导权的科技型企业,打造全球一流的新材料与制造领域产业技术创新基地。到2022年,在智能制造、新材料等领域建立30家左右省级以上重点研发机构、制造业创新中心、工程研究中心和工业设计中心,高新技术产业增加值比重达到60%以上。(责任单位:省科技厅、省发展改革委、省经信厅,宁波市政府)

5. 深化全面创新改革试验区建设。全面推进各项改革试点,持续推广县域创新发展的新昌经验和打造全国一流高新区的滨江经验。支持研发和人才"飞地"发展,"飞地"新引进落户高层次人才在子女入学等方面可以享受工作地居民同等待遇。选择衢州、丽水等地若干市县开展创新型城市(县、区)试点。到2022年全省50%以上的设区市建成国家创新型城市,争取建设一批国家级县域创新型示范县(市)。(责任单位:省科技厅,有关设区市政府)

6. 推动高新区成为高新技术产业发展的核心载体。统一规划、标准,加强协同管理,支持"一区多园"建设,做大做强国家高新区。引导经济开发区、工业园区向省级高新园区转型,力争工业大县省级高新园区全覆盖,并确保质量。建立高新区发展评估制度,对年度综合评估全国排名前50%的国家高新区、全省排名前5位的省级高新园区,在重点研发计划项目、创新团队、创新载体等方面给予每家2000万元以上的省级科技专项经费组合支持。建立省级高新园区退出机制。(责任单位:省科技厅,有关设区市政府)

7. 建设高新技术特色小镇。在国家高新区和省级高新园区择优规划建设一批以高新技术产业为主导的特色小镇。对每个获批的高新技术特色小镇,在重点研发计划项目、创新人才、创新载体等方面给予1000万元以上省级科技专项经费组合支持。到2022年,建成一批以高新技术产业为支柱、创新创业高度专业化、产业链与创新链高度融合的特色小镇,形成一批全国有影响力的科技强镇。(责任单位:省科技厅、省发展改革委,有关市、县〔市、区〕政府)

8. 实施科技支撑乡村振兴战略行动。推动农业农村领域科技研发、产业基地、人才队伍一体化发展,创新驱动乡村振兴。加快培育农业高新技术产业,建设一批重点农业企业研究院和农业科技园区。深入实施科技特派员制度,鼓励科技特派员创办农业科技企业和"星创天地",加快农业科技成果推广应用。(责任单位:省科技厅、省农业农村厅、省林业局)

(三)打造高能级创新载体,集聚高端创新资源

1. 加快之江实验室建设与发展。制定之江实验室建设发展的若干意见,完善"一体双核多点"新型研发机构体制机制,争创国家实验室。建设人工智能研究院和未来网络技术研究院,在智能云、工业物联网、大脑观测及脑机融合等领域谋划建设若干重大科研基础设施。建立省市区三级联动的财政保障机制,2018—2022年省财政安排100亿元支持之江实验室建设(含购建大科学装置)。(责任单位:省科技厅、省发展改革委、省财政厅,杭州市政府)

2. 支持创新型领军企业打造顶级科研机构。引导企业在大数据、量子计算、芯片技术、生命科学、创新药物等领域突破一批关键核心技术,在数字经济、生命健康等产业领域跻身全球领先地位。推动组建国家数据智能技术创新中心,形成辐射带动产业发展的技术创新网络。加快培育发展面向市场的新型研发机构,符合划拨用地目录的,建设用地可采用划拨方式供地,市县根据其研发经费支出可给予不超过20%的财政补助。(责任单位:省科技厅、省财政厅、省自然资源厅,杭州市政府)

3. 加快建设大科学装置及试验基础设施。建设超重力离心模拟与实验装置,筹建重大工程工业控制系统信息安全大型实验装置等重大科技基础设施(装置)项目。到2022年,力争建成2个以上大科学装置。推动长三角区域国家实验室等高水平创新平台共建共享,促进重大科技基础设施集群融合发展,合力参与国际或国家大科学计划。(责任单位:省发展改革委、省科技厅,有关设区市政府)

4. 支持浙江大学加快建设世界一流大学。瞄准国家战略目标和国际学术前沿,面向未来科技、产业和社会重大需求,建设具有引领作用的跨学科、大协同的创新基地。聚焦生命科学、信息科学、物质科学的交叉融合,围绕脑科学与人工智能、生命调控与医药健康、生物技术与绿色智慧农业、纳米科技与功能材料等重点领域,集聚全球顶尖学者和创新人才,打造享有世界声誉的顶尖科技创新中心和杰出人才培养基地。(责任单位:省教育厅、省发展改革委、省科技厅、省财政厅,有关设区市政府)

5. 支持西湖大学加快建设高水平研究型大学。集聚顶尖人才,建设重大科研基础设施,努力打造具有全球影响力的生命科学等研究中心。鼓励在生命科学、理学、工学等领域参与各类科技计划,对于符合条件的,在基础公益研究、重点研发、创新团队、创新载体等方面给予竞争性立项支持。(责任单位:省教育厅、省科技厅、省财政厅,杭州市政府)

6. 实施高校创新能力提升工程。推进有关高校一流学科建设,扶持省重点建设高校创建国内一流大学,加强数字经济、生物医药等相关优势特色学科建设,力争一批学科进入国内前列、世界一流行列。引导高校加强科研管理制度创新,加大对自主开展科学研究的稳定支持力度。支持跨学科团队合作和集智创新。(责任单位:省教育厅、省科技厅、省财政厅,有关设区市政府)

7. 引进大院名校共建创新载体。支持引进建设具有先进水平的新型创新载体。鼓励国内外知名企业、高校、科研院所在浙江省设立研发机构和研发总部,从事竞争前技术研发,对于符合条件的,省财政给予最高3000万元支持。发挥地方政府和高校的积极性,争取20所左右国内外著名高校来浙办学。(责任单位:省科技厅、省教育厅、省财政厅、省国资委,有关设区市政府)

8. 加快国家级重大创新载体建设。支持企业建设高水平研发机构,统筹优化省级重点实验室,提升各类科技创新基地创新能力和活力。对浙江省企业新获批牵头承担国家级重大创新载体建设任务的,省财政给予最高3000万元支持;对事业单位等其他主体新获批的国家级重大创新载体,采取"一事一议"方式给予支持。到2022年,浙江省国家级重大创新载体达到40家左右。(责任单位:省科技厅、省发展改革委、省经信厅、省教育厅、省财政厅、省卫生健康委,有关市、县〔市、区〕政府)

(四)强化企业主体地位,全面提升企业创新能力

1. 实施科技企业"双倍增"行动。省中小企业发展等相关专项资金要加大对科技型中小企业扶持力度,加快培育高新技术企业。实施高新技术产业地方税收收入增量返还奖励政策,经国家认定的高新技术企业的企业所得税(地方部分)增收上交省当年增量部分,全额返还所在市、县(市)。建立科技型企业数据库和高新技术企业后备库,有条件的地方对企业入库、成长为高新技术企业的可分别给予20万元以上的财政奖励。(责任单位:省科技厅、省经信厅、省财政厅、浙江省税务局,有关市、县〔市〕政府)

2. 实施企业技术创新赶超工程。引导龙头骨干企业主动对标全球领先企业,建立对标指标体系,强化核心技术研发,努力成为全球细分领域的领军者。深入实施"中国制造2025"浙江行动和"凤凰行动""雄鹰行动""雏鹰行动",加快传统产业高技术化,培育一批高成长科技型企业,支持其境内外上市。鼓励科技型企业上市和并购重组中引入保险机制。到2022年,力争培育数字经济上市企业150家,重点支持100家骨干高新技术企业成为创新型领军企业,上市的高新技术企业占全省上市公司的比重达到60%以上。(责任单位:省地方金融监管局、省经信厅、省科技厅、浙江银保监局筹备组、浙江证监局,有关设区市政府)

3. 推动规模以上工业企业研发活动、研发机构、发明专利全覆盖。推进省级重点企业研究院扩面提质,实行事前资助与事后补助相结合的经费支持方式。对于新获批建设省级重点企业研究院的企业,省财政对其研发项目按照省级重点企业研究院建设与管理办法给予支持。完善企业研发机构管理体系,到2022年,新增国家级企业技术中心30家左右、省级重点企业研究院50家左右。(责任单位:省科技厅、省经信厅、省财政厅)

4. 加强科技创新开放合作。开辟多元化科技合作渠道,发挥科技创新在浙江省参与"一带一路"建设中的引领和支撑作用,全面提升科技创新合作的层次和水平。鼓励有条件的机构和有实力的龙头企业建设海外研发中心、海外创新孵化中心,到2022年力争达到100家,对创建工作成效显著的单位,按规定分类给予支持。(责任单位:省科技厅、省委人才办、省财政厅、省人力社保厅、省商务厅、省科协)

5. 发挥企业转化科技成果的主体作用。以吸引大院名校科技成果来浙转移转化为重点,省市县联动、多元化资金支持,激励企业牵头实施重大科技成果产业化,各级政府创新创业专项基金通过市场化方式予以支持。鼓励企业和社会资本建设为科技型中小企业提供技术集成、熟化和工程化试验服务的开放型中试基地。建立发明专利产业化评价体系,实施与转化绩效挂钩的奖励制度,每年推动2000个授权发明专利产业化。(责任单位:省科技厅、省财政厅,有关市、县〔市、区〕政府)

6. 推进创新型重大产业项目落地建设。开展企业软投入统计调查,完善省重大产业项目申报及奖励管理办法,聚焦引领性的重点项目和人才团队,加大研发资金和人力资本投入。在产业项目审批中,将研发支出和人力资本等软投入视同固定资产投入,支持软投入达到3000万元的项目优先申报省重大产业项目。围绕制造强省产业发展重点,组织实施100项以上新兴产业示范项目。(责任单位:省发展改革委、省经信厅、省科技厅、省自然资源厅、省统计局)

7. 引导企业加大创新投入。全面落实研发费用税前加计扣除、高新技术企业所得税优惠等普惠政策,争取国家在浙江省开展相关政策试点,激励企业加大研发投入。引导企业规范研发项目管理。推行企业研发准备金制度,对符合加计扣除政策的研发支出,经审核后,市、县(市)可给予一定比例的财政补助,省财政对研发经费支出占主营业务收入比重排名前500位的规模以上工业企业给予奖励。国有企业当年研发投入可以在经营业绩考核中视同利润。(责任单位:省科技厅、省财政厅、省国资委、浙江省税务局,有关市、县〔市〕政府)

8. 深化完善科技创新券制度。建设长三角区域科技资源开放共享平台,推进科技创新券长三角区域范围内通用通兑,拓宽科技创新券用途。省财政对提供服务的省级创新载体,按照政策支持范围内上年度实际兑付总额给予不超过 30%补助。到 2022 年,新增发放科技创新券 15 亿元,服务企业 5 万家次。(责任单位:省科技厅、省财政厅)

9. 完善创新产品政府采购政策。制定符合国际规则的创新产品推荐目录,落实和完善政府采购促进中小企业创新发展的相关措施,加大创新产品和服务的采购力度。逐步推行科技应用示范项目与政府首购相结合的模式,促进创新产品的研发和规模化应用。对符合国家首台(套)重大技术装备推广应用指导目录的工业企业产品,在实现首台(套)销售后,市县可视财力情况对首台(套)产品给予奖励。(责任单位:省财政厅、省经信厅、省科技厅)

10. 实施专利和标准国际化战略。完善专利资助政策,激励企业知识产权创造和运用。对企业首件国内发明专利授权的申请费和代理费,企业所在地市县财政可给予一定奖励。加强专利的海外布局,对通过 PCT途径向国外申请专利的企业,省财政给予每件专利申请不超过 1 万元的费用补助。加大科技计划对关键技术标准研制的支持力度,加强优势特色产业和战略性新兴产业领域国际标准研制的前瞻布局,鼓励优势企业参与研制国际标准,推动自主知识产权标准成为国际标准。(责任单位:省市场监管局、省科技厅、省财政厅)

(五)深化科技体制改革,激发全社会创新活力

1. 深化项目评审、人才评价、机构评估改革。实施分类评价制度。改革重大科技专项、重点研发计划项目立项和组织实施方式,从过程管理向效果管理转变。科学设定人才评价指标,推行代表作评价制度,注重个人评价、团队评价和同行评价相结合。建立科研事业单位中长期绩效评价制度,充分发挥绩效评价在财政拨款、科技计划项目立项、科技人才推荐、绩效工资总量核定等方面的激励约束作用。(责任单位:省科技厅、省委人才办、省人力社保厅)

2. 优化科研管理,提升科研绩效。简化科研项目申报和过程管理,完善分级责任担当机制,强化科研项目绩效评价。推行省重大科技专项和领军型创新创业团队项目首席专家负责制,赋予科研人员更大的人财物自主支配权和技术路线决策权。推进科技计划体系改革,建立公开统一的科技计划管理平台,逐步形成政府部门立项、承担单位实施、专业机构评估的全程精细化、专业化、透明化科技计划管理体制。省级科技计划项目一般采取公开竞争的方式择优遴选承担单位,对聚焦关键核心技术攻坚的重点或重大科技计划项目,可采取定向择优或定向委托等方式确定承担单位,强化成果导向。(责任单位:省科技厅、省财政厅)

3. 深化科研院所分类改革。以建设一流科研院所为目标,理顺省属科研院所领导体制和管理体制,开展省属科研院所中长期绩效评价改革试点,对绩效显著的科研院所在科研条件、科研项目、绩效工资等方面给予优先支持。加大省属公益类科研院所稳定支持力度,推动应用类、转制类科研院所向科技集团发展。(责任单位:省科技厅、省委编办、省财政厅、省人力社保厅)

4. 深化科技成果转化机制改革。实施以增加知识价值为导向的分配政策,下放科技成果使用、处置和收益权,落实职务科技成果转化现金和股份奖励的个人所得税优惠政策。探索赋予职务科技成果所有权或长期使用权,对完成科技成果作出重要贡献的人员可给予 70%以上的权属奖励。完善高校、科研院所科研评价体系,将科技成果转化成效作为项目和人才评价的重要内容,到位经费达到一定规模的横向技术开发、技术转化项目视同省级科技计划体系项目。(责任单位:省科技厅、省教育厅、省财政厅、省人力社保厅、浙江省税务局)

5. 深化科技奖励制度改革。修订科技奖励办法,实行提名制,推行分级评审,优化科技奖励结构,提高科技奖励标准,增强科技人员荣誉感、责任感和使命感。(责任单位:省科技厅、省财政厅)

6. 加强科研诚信建设。完善科研诚信管理工作机制和责任体系,建立完善科研诚信信息系统,加强科研

诚信教育和科研活动全流程诚信管理,教育引导广大科技工作者强化责任意识。对学术不端行为实行"零容忍",依法依规对严重违背科研诚信要求行为实行终身追究。(责任单位:省科技厅、省教育厅、省科协、省社科联等,各设区市政府)

(六)统筹整合要素资源,构建创新创业生态系统

1. 构建"产学研用金、才政介美云"十联动创新创业生态系统。发挥体制机制优势,统筹政府、产业、高校、科研、金融、中介、用户等力量,整合技术、资金、人才、政策、环境、服务等要素,形成创新链、产业链、资金链、人才链、服务链闭环模式,打造创新人才、创业企业、创投资本、科技中介等创新创业群体的理想栖息地和价值实现地。(责任单位:省科技厅、省委人才办、省发展改革委、省经信厅、省教育厅、省人力社保厅、省地方金融监管局等,各设区市政府)

2. 打造具有特色的十联动创新联合体。坚持政府引导、企业主体,高校、科研院所、行业协会以及专业机构参与,加快建设集创业孵化、研究开发、技术中试、成果推广等功能于一体的产业创新服务综合体。支持龙头企业整合高校、科研院所力量,建立专业领域技术创新联合体。到2022年,省市县三级建成300个产业创新服务综合体,其中省级产业创新服务综合体达到100个,实现块状经济和产业集群全覆盖;省财政5年投入30亿元以上,市县联动投入100亿元以上,引导社会资本投入300亿元以上。(责任单位:省科技厅、省发展改革委、省经信厅、省财政厅等,有关市、县〔市〕政府)

3. 推广校地合作模式。总结推广浙江清华长三角研究院"北斗七星"创新发展模式和"一园一院一基金"校地合作模式。全面深化产教融合,支持高校、科研院所到市县设立应用技术研究院,推广"企业出题,高校、科研院所解题,政府助题"等新型产学研合作模式,鼓励企业与高校联合培养专业技术人才和高技能人才。推进校(所)企联合共建重点实验室、工程技术中心等协同创新载体。(责任单位:省科技厅、省发展改革委、省经信厅、省教育厅、省财政厅,有关市、县〔市、区〕政府)

4. 建设全国一流的科技成果交易中心和面向全球的技术转移枢纽。推进国家科技成果转移转化示范区建设,构建省市县三级联动的科技成果转化体系,推广特色鲜明的科技成果转化模式。加快建设"互联网+"浙江科技大市场,打响"浙江拍"品牌。鼓励高校、科研院所建立具有法人资格的专业化技术转移机构,加快浙江知识产权交易中心建设,打造长三角区域技术市场共同体。(责任单位:省科技厅、省教育厅,有关设区市政府)

5. 加强军民科技协同创新能力建设。争取建立国家级军民融合协同创新平台,支持龙头骨干企业联合军工科研院所合作建设军民融合创新载体。对于承担军工科研项目的企业,有条件的市、县(市、区)可按照项目合同金额给予最高35%的资助。到2022年,引进和培育10个以上特色鲜明的军民融合科技协同创新平台及军民协同创新联盟,实施100项军民融合产业重大项目。(责任单位:省委军民融合办、省发展改革委、省经信厅、省科技厅)

6. 坚持金融资本、社会资本、政府基金有机结合构建科创金融体系。发挥钱塘江金融港湾金融资源集聚效应,扩大对科技型中小企业的服务范围和信贷规模。拓展贷款、保险、财政风险补偿捆绑的专利权、商标权等质押融资业务。完善政策性融资担保体系,为科技型中小微企业服务。落实创业投资企业和天使投资个人投资种子期、初创期科技型企业的税收优惠政策,扩大创业投资规模。省创新引领基金出资5亿元以上与社会资本合作设立天使投资基金,以阶段性参股形式支持初创企业的天使投资和科技型企业的风险投资。到2022年,全省创业投资资本规模达到2000亿元左右,成为国内领先的创业投资集聚地。(责任单位:人行杭州中心支行、省发展改革委、省经信厅、省科技厅、省财政厅、省市场监管局、省地方金融监管局、浙江省税务

局、浙江银保监局筹备组,有关设区市政府)

7. 加快创新人才梯度化引进和培育。深入实施省"千人计划""万人计划""151人才工程",加大力度引进和培育国际顶尖人才和高层次人才。有条件的市、县(市、区)可以设立人才专项基金,集聚支撑新经济新产业的高精尖缺人才。扩大省自然科学基金规模,加强青年人才战略储备,发挥青年科学家作用。鼓励企业采取股权期权激励、项目制奖励、岗位分红等市场化激励机制。到2022年,新引进和培育省领军型创新创业团队100个以上,新遴选青年科技人员5000名,给予省自然科学基金启动研究项目支持。(责任单位:省委人才办、省科技厅、省财政厅、省人力社保厅)

8. 引导全社会加大研发投入。优化科技投入结构,把科技投入列为公共财政的支出重点,在年初预算安排和年度预算执行中的超收安排时予以重点保障。省级财政科技投入聚焦基础研究、应用基础研究和共性技术攻关,高校、科研院所科研经费聚焦原创能力建设,市县财政科技投入聚焦产业研发活动和科技成果转化,带动全社会加大研发投入。省财政5年安排600亿元左右,市县财政联动投入600亿元左右,引导金融资本、社会资金投入2900亿元左右,撬动全社会研发投入9000亿元左右。(责任单位:省财政厅、省科技厅,各设区市政府)

9. 加快形成覆盖创新创业全链条的科技服务体系。大力发展技术经纪、知识产权、检验检测等第三方专业化服务,支持科技企业孵化器、大学科技园、众创空间等孵化机构为科技型中小企业提供创业辅导、企业融资、工业设计等社会化、市场化服务,并按照国家和省有关规定享受优惠政策。加快国家"双创"示范基地建设,支持大学科技园到市县设立创新创业基地。到2022年,引进和培育100家拥有知名品牌的科技服务机构,涌现一批新型科技服务业态,形成一批科技服务产业集群。(责任单位:省科技厅、省发展改革委、省经信厅、省市场监管局、浙江省税务局等)

10. 实行严格的知识产权保护制度。加快建设知识产权保护中心,建立查处知识产权侵权行为快速反应机制,加大侵权行为惩治力度,优化电子商务等领域知识产权保护环境。建立从申请到保护的全流程一体化知识产权维权制度,完善知识产权综合执法体系、多元化国际化纠纷解决体系。争取设立杭州知识产权法院。(责任单位:省市场监管局)

11. 加强知识产权综合管理和公共服务。建立重大经济活动知识产权审查评议制度,在重大产业规划、重大经济和科技项目等活动中开展知识产权评议试点。建设知识产权托管、评估、交易公共服务平台,引进和培育专业化、国际化的知识产权服务机构,建成1—2个具有全国影响力的国家知识产权服务业集聚发展示范区。加强知识产权国际合作交流,完善长三角地区知识产权合作机制。(责任单位:省市场监管局)

12. 营造创新创业最美环境。以"最多跑一次"改革为牵引,推动政府数字化转型、企业数字化运营和社会数字化治理,推进智能制造和企业上云,完善"政采云"政府采购服务平台,加快民生领域"互联网+"应用,打造"掌上办事之省""掌上办公之省"。制定提升全民科学文化素质行动计划,倡导科学家精神和企业家精神,营造尊重知识、尊重人才、鼓励创新、宽容失败的文化环境。创建国家可持续发展议程创新示范区,建设宜居宜业、宜创宜游的幸福美好家园。(责任单位:省发展改革委、省经信厅、省科技厅、省人力社保厅、省科协等,各设区市政府)

三、保障措施

(一)加强组织领导

将省科技体制和创新体系建设领导小组调整为省科技领导小组,省政府主要领导任组长,分管副省长任副组长,研究、审议全省科技发展战略、规划、重大政策、重大科技任务和重大项目,协调重大事项。建立市、县(市、区)政府一把手抓科技创新的工作机制,加强对科技创新工作的统筹协调、督促落实,形成各地、各部门联动推进创新改革、制定创新政策、建设创新平台、实施创新项目、引进和培育创新人才的工作体系,提升创新体系整体效能。

(二)强化政策协同

建立创新政策调查和评价制度,定期开展评价和清理工作,及时修订或废止有违创新规律、阻碍新产业和新业态发展的政策条款。强化科技、教育、财政、投资、土地、税收、人才、产业、金融、知识产权、政府采购、军民融合、审计等政策协同,形成目标一致、协作配合的政策合力,最大限度发挥各种支持政策的叠加效应。

(三)完善指标体系

按照创新强省建设总目标,聚焦全社会研发投入、高新技术产业发展、科技成果转移转化、科技企业培育、创新人才引进和培育、科技体制改革、创新环境营造等重点工作,将全社会软投入和 R&D 经费支出、高新技术企业数、科技型中小企业数、PCT 国际专利申请量、发明专利授权量、高新技术产业增加值、技术交易额、研发人员数作为设定各地年度科技创新工作目标任务的主要指标。建立定量与定性相结合的指标体系,细化落实主要目标和重点任务。

(四)严格考核督查

将全社会 R&D 经费支出作为科技进步目标责任制考核主要指标,对年度全社会 R&D 经费支出占 GDP 比重和财政科技投入增幅双下降的市、县(市、区),在考核时实行"一票否优"。进一步完善科技进步目标责任制考核办法,建立以科技创新基础能力、年度目标任务完成情况、创新性工作评价为主要内容的科技创新考核体系,营造勇于担当、敢于改革的浓厚氛围。

浙江省人民政府

2018 年 11 月 29 日

浙江省人民政府关于加强质量认证体系建设
服务高质量发展的实施意见

浙政发〔2018〕44号

各市、县(市、区)人民政府,省政府直属各单位:

为深入贯彻落实中共中央、国务院关于开展质量提升行动的指导意见和《国务院关于加强质量认证体系建设促进全面质量管理的意见》(国发〔2018〕3号),充分发挥质量认证在传递质量信任、服务高质量发展中的作用,现就加强浙江省质量认证体系建设提出以下实施意见。

一、总体目标

到2022年,浙江省质量认证制度基本完备,质量认证供给更加充分,产业能级不断提升,国际竞争力日益增强。质量认证向一二三产业和社会治理领域不断延伸,有效覆盖重点产业质量认证需求,促进各类企业组织尤其是中小微企业质量提升。全省检验检测认证产业收入达到300亿元以上,国家检验检测高技术服务业集聚区(浙江)全面建成并高效运行。具有国内一流、国际先进水平的"品字标"认证体系初具规模,形成品牌集聚优势。

二、主要任务

(一)深化制造业质量认证工作

全面推进"品字标"浙江制造品牌建设,以第三方评价方式驱动管理提升、生产优化,加速数字产业化和产业数字化。服务创新驱动发展战略,强化对新技术、新产品、新模式、新业态的技术服务保障,围绕数字经济、生物经济、节能环保等一批重量级未来产业开发质量认证管理工具,健全首台(套)重大技术装备检测评定的标准、检测和认证方法,加快科技创新成果转化。持续开展传统产业和产品对标达标活动,重点推动消费品制造领域、原材料制造领域、机械装备等零部件制造领域开展质量诊断服务,找准优势和短板,推动企业转变管理和建设方式,促进优势产业加快升级,倒逼落后产能加速出清。对接国家统一的绿色产品标准、认证、标识体系改革,推行浙江绿色产品评价标准和认证体系,增加绿色产品有效供给,引导绿色生产和绿色消费,全面提升绿色发展质量和效益。

(二)加大乡村振兴认证供给

加快构建以"丽水山耕"为示范的"品字标"农产认证制度,全面推行"1+N"全产业链、全流程标准化质控体系。加强认证检测技术和手段方法的创新,推动互联网信息技术在精准生产、信息服务和安全追溯体系建设方面的创新应用,引导农业生产方式转变。加快"丽水山耕"全产业链创新服务综合体建设,鼓励创建国家有机产品认证示范区,发展良好农业规范认证,增加优质生态农产品供给。以湖州、衢州、丽水等区域为试点,开展美丽乡村升级版认证,加强农村基础设施、乡村产业及乡风文明建设。结合现代农业园区和农业科技园区建设,深入开展"三品一标"(无公害农产品、绿色食品、有机农产品和农产品地理标志)认证。积极开展休闲农业、森林人家、森林康养基地、精品民宿等农旅品牌认证,努力走产品绿色、产出高效、产业融合、环境友好的现代农业发展之路。

(三)完善服务业认证体系

加快构建"品字标服务"认证体系,以第三方评价方式推动高水平浙江服务标准落地,发掘、培育、形成一批示范性强、群众满意度高、具有良好社会形象的服务品牌。创新电子商务认证规则,引导电子商务产业载体、物流载体、人才体系建设,提升电子商务服务质量。结合湖州市、衢州市绿色金融改革创新试验区建设,探索绿色金融服务认证。开展公共机构绿色数据中心服务认证,规范公共机构能源审计工作,提升数据中心节能环保水平。建立基于市场需求的社会第三方养老服务认证,引导养老服务业健康发展。

(四)创新政府治理体系认证

运用质量认证手段进一步加快政府职能转变,持续推进简政放权,以"最多跑一次"改革为牵引,完善社会治理标准化体系。探索认证手段在政府评价中的创新应用,在行政审批服务、环保治理评估以及各类评级、评奖、遴选等事务性管理服务领域引入第三方评估。健全政府公共服务效能监察体系,将行政管理行为第三方评价制度从政策落实阶段向政策制定等阶段延伸,提高政府公共管理效能和公信力。建立质量认证专家咨询制度,开展质量认证课题研究,完善质量认证统计分析机制。

(五)加快质量认证国际合作升级

持续完善技术性贸易措施应对工作机制,支持浙江省检验检测认证机构拓展国际业务,积极参与国际标准、规则制定,加强国际化检验检测认证人才培养和输出,提升浙江省检验检测认证机构的国际影响力。有序开放质量认证市场,鼓励优质外资检验检测认证机构进入浙江省质量认证市场。主动对标国外先进认证标准、技术和服务,推动国内外检验检测认证机构间合作,加快互认互信进程,促进中国(浙江)自由贸易试验区、义乌国际贸易综合改革试点、宁波"中国制造2025"试点示范城市建设,推进浙江省外贸优化升级产业基地建设,强化与"一带一路"沿线国家和主要贸易国相关省(州)的项目合作,带动产品、技术、装备、服务"走出去"。

(六)提升科创支撑服务能力

推进国家检验检测高技术服务业集聚区(浙江)建设,加快杭州、宁波、嘉兴、绍兴等地行业信息、人才、机构集聚,拓展检验检测认证产业和服务链条,鼓励温州等地推进检验检测认证产业集聚发展。积极打造质量服务综合体,充分对接之江实验室等高水平创新载体、产业创新服务综合体、特色小镇,加强检验检测认证技术创新、管理创新和运行模式创新,构建服务重大产业检测技术和标准体系,拓展战略性新兴产业等高技术检验检测认证市场空间,提升日用消费品质量安全检测能力,健全食品农产品质量安全检测体系,推动检验检测认证与产业经济深度融合,形成以质量认证为"连接器"的产业聚合发展新模式。构建服务军民融合产业发展的通用检验检测认证体系,打造军转民、民参军的能力验证"直通车"。

(七)推动企业质量管理提升

积极开发全生命周期追溯管理、供应链管理等适应新业态需求的质量管理工具。积极采用国际先进质量管理标准,鼓励企业运用卓越绩效评价、全面质量管理、精益生产、六西格玛等先进质量管理方法,建立现代企业管理制度。推进企业认证升级工作,发挥国有大中型企业质量管理"领跑者"作用,带动各行业质量管理水平整体跃升。开展中小企业质量诊断、修复一条龙服务,引导和帮助企业提升产品质量和品牌信誉。结合产业创新服务综合体建设,为中小企业开辟检验检测绿色通道,提供检验检测认证一站式服务。

（八）优化质量认证营商环境

健全市场准入机制,推动资质认定准入统一目录化,进一步完善资质认定自我声明制度,优化许可流程。推进检验检测机构资质联合审批事项整合,打破部门垄断和行业壁垒,扩大联合审批范围,避免重复认定。积极稳妥推进检验检测认证机构整合改革,完善省市县三级质量基础设施体系,优化检验检测公共技术服务平台布局,培育壮大检验检测认证市场主体。积极推动高等学校、科研院所、龙头企业和社会检验检测认证机构等的资源整合和开放共享,构建大检测体系。

（九）强化质量认证监管

加强质量认证监管体系建设,厘清监管权责范围,纵横联合,充实基层监管力量,建立公安、生态环境、司法行政、市场监管等部门间常态化联合监管机制,形成事中事后监管合力。推行"互联网+监管"方式,以大数据手段推进检验检测认证机构智慧监管、精准监管,强化风险防控。全面推行"双随机、一公开"监管模式。加快推进质量认证信用体系建设,落实企业主体责任,强化行业自律和社会监督,加快建立从业机构及从业人员的诚信档案,严格落实从业机构对检验检测认证结果的主体责任、对产品质量的连带责任,提高违法失信成本。引入信用管理手段,探索"标准+自我声明""标准+保险"等"品字标"品牌认定新模式。

三、保障措施

（一）加强组织领导

健全省认证认可检验检测工作联席会议制度,省级相关部门各司其职、共同推进,加强政策衔接、规划引导、许可互认、执法互助。各级政府要充分认识加强质量认证体系建设的重要意义,将质量认证体系建设纳入经济社会发展规划,围绕重点项目、重点工作、重大任务,抓好质量认证工作有关试点示范,制定工作方案,加强督促落实,确保加强质量认证体系建设的各项决策部署落地。

（二）加强政策支持

加快推进《浙江省检验机构管理条例》的修订工作,在制(修)订的相关地方性法规中融入认证认可元素,构建科学有效的质量认证地方性法规体系。完善质量认证发展经费多元筹集和保障机制,对企业在研发活动中实际发生的试制产品检验费、研发成果的论证、鉴定等研发费用,可按规定享受加计扣除政策。支持将符合条件的检验检测认证机构认定为高新技术企业。推动质量认证服务纳入全省科技创新体系。在招标采购、市场监管、社会治理、公共服务等领域,加大对获得质量认证的优质产品和优质服务的采信。

（三）加强宣传培训

大力推广先进质量认证工具,普及质量认证基本知识,宣传质量认证在加强全面质量管理中的基础性作用,传播获得质量认证产品的可信任度,积极引导生产消费。加强高等学校质量认证相关专业课程建设,探索建立以培养具有工匠精神技术技能人才为重点的质量认证职业教育、技能培训制度。建立面向企业的质量认证教育培训网络,引导企业主要负责人树立质量认证意识。推进高素质、复合型质量认证人才队伍建设,将高端质量认证人才纳入全省人才发展规划。

浙江省人民政府

2018 年 11 月 28 日

浙江省人民政府关于做好当前和今后一个时期
促进就业工作的实施意见

浙政发〔2018〕50 号

各市、县(市、区)人民政府,省政府直属各单位:

为全面落实党中央、国务院关于稳就业工作的决策部署,大力促进就业创业,确保就业局势持续稳定,根据《国务院关于做好当前和今后一个时期促进就业工作的若干意见》(国发〔2018〕39 号),结合浙江省实际,现提出如下实施意见。

一、支持企业健康发展

(一)加大稳岗支持力度

对不裁员或少裁员的参保企业,可返还其上年度实际缴纳失业保险费的50%。2019 年 1 月 1 日至 12 月 31 日,对面临暂时性生产经营困难且恢复有望、坚持不裁员或少裁员的参保企业,返还标准可按 6 个月的企业及其职工应缴纳社会保险费的50%确定。上述资金由失业保险基金列支。具体操作办法由省人力社保厅会同有关部门另行制定。(省人力社保厅牵头,省经信厅、省财政厅、省商务厅、浙江省税务局等参与)

(二)加强困难企业用工指导服务

完善企业用工监测制度,加强困难企业生产经营和用工情况监测分析,定期研究会商,提出应对预案。指导困难企业采取协商薪酬、调整工时、轮岗轮休、在岗培训等措施,保留就业岗位。对可能出现的规模性裁员,主动进行失业预防、调节和控制,指导企业制定裁员方案,依法妥善处理劳动关系,及时做好职工社会保险转移接续工作,多渠道分流安置职工。加强企业间、地区间劳动力余缺调剂,促进失业职工及时实现再就业,对人力资源服务机构等市场主体提供相关就业服务的,可根据其服务成效给予就业创业服务补贴。(省人力社保厅牵头,省发展改革委、省经信厅、省财政厅、省建设厅、省商务厅、省医保局、省总工会等参与)

(三)强化民营企业金融服务

提高商业银行民营企业授信业务的考核权重。按照问题导向、分类施策原则,对符合条件的民营企业在信贷准入、利率定价、债券融资、会商帮扶、专业咨询等方面给予精准支持。加大小微企业信贷投放力度,政府性融资担保基金应优先为符合条件的小微企业提供低费率的担保支持,提高小微企业贷款可获得性。(省财政厅、省地方金融监管局、人行杭州中心支行、浙江银保监局按职责分工负责)

二、鼓励自主创业就业

(一)加大创业担保贷款实施力度

符合创业担保贷款申请条件的自主创业人员,可申请最高不超过 50 万元的创业担保贷款。自主创业人员及其配偶除有助学贷款、扶贫贷款、住房贷款、购车贷款、5 万元以下小额消费贷款(含信用卡消费)记录外没有其他贷款的,可同时申请创业担保贷款。对还款积极、带动就业能力强、创业项目好的个人和小微企业,可继续提供创业担保贷款贴息,累计次数不得超过3次。落实创业担保贷款奖补政策,按当年新发放创业担保贷款总额的1%,奖励创业担保贷款工作成效突出的经办银行、基金运营管理机构等单位。各地要充实创业担保基金,对符合条件的创业担保贷款给予贴息及奖补。(省财政厅、省人力社保厅、省地方金融监管局、人行杭州中心支行、浙江银保监局按职责分工负责)

(二)支持创业载体建设

各地要根据实际需求,加强创业平台建设,或在现有各类创业平台设立专区,为重点人群创业提供低成本场地支持、指导服务和政策扶持。根据入驻实体数量、孵化效果和带动就业成效,认定一批省级创业孵化示范基地,省财政给予每家省级示范基地30万元的一次性奖补,市县两级要对成效突出的创业孵化基地加大支持力度。(省经信厅、省科技厅、省财政厅、省人力社保厅、省市场监管局,各市、县〔市、区〕政府按职责分工负责)

(三)加强青年就业见习扶持

将就业见习政策对象扩展至离校2年内未就业高校毕业生和16—24岁登记失业青年,并适当提高见习补贴标准。鼓励探索创新就业见习模式,提高见习组织化程度。对吸纳见习人数多、促进就业成效好,被认定为省级就业见习示范基地的单位,省财政给予每家30万元的一次性奖补。(省人力社保厅牵头,省教育厅、省财政厅等参与)

(四)保障劳动者公平就业权利

各地要健全源头预防和市场监管相结合的长效机制,强化线上线下招聘行为日常监管,依法开展人力资源市场专项整治,畅通劳动者维权渠道,防止和消除各类就业歧视行为。人力资源服务机构要认真履行审核义务,确保发布的招聘信息真实、合法、有效。引导用人单位树立正确的选人用人观念,营造公平就业的良好环境和氛围。(省人力社保厅负责)

三、提升劳动者职业技能

(一)支持困难企业开展职工在岗培训

2019年1月1日至12月31日,困难企业组织开展职工在岗培训的,所需经费按规定从企业职工教育经费中列支,不足部分经所在地人力社保部门审核评估合格后,由就业补助资金予以适当支持。(省人力社保厅牵头,省财政厅等参与)

(二)开展失业人员培训

支持各类职业院校(含技工院校)、普通高等学校、职业培训机构和符合条件的企业承担失业人员职业技能培训或创业培训。通过项目制培训、校企合作培训等形式为失业人员提供针对性的培训服务,对培训合格的失业人员按规定给予职业培训补贴。2019年1月1日至2020年12月31日,对就业困难人员和零就业家庭成员,在培训期间按当地最低生活保障标准再给予生活费补贴。生活费补贴政策每人每年只享受一次,且不可同时领取失业保险金。(省人力社保厅牵头,省教育厅、省财政厅等参与)

(三)放宽技术技能提升补贴申领条件

2019年1月1日至2020年12月31日,将技术技能提升补贴申领条件由企业职工参加失业保险3年以上放宽至1年以上。(省人力社保厅牵头,省财政厅等参与)

四、做好失业人员帮扶

(一)实行失业登记常住地服务

失业人员可在常住地公共就业服务机构办理失业登记,申请享受当地就业创业服务、就业扶持政策、重点群体创业就业税收优惠政策;符合条件的,可在常住地进行就业困难人员认定,享受就业援助。提升基层就业创业服务能力,深入推进高质量就业社区(村)建设,对建设成效突出的,给予一定奖补。(省人力社保厅牵头,省财政厅、浙江省税务局等参与)

(二)加强就业援助工作

各地要切实把就业困难人员作为优先服务对象,进一步优化登记认定程序,加强动态管理、分类帮扶和全程跟踪服务,提高就业援助精准度,促进就业困难人员稳定就业。各地可根据需要,加大公益性岗位开发力度,优先安置失业职工中的就业困难人员。(省人力社保厅牵头,省财政厅等参与)

(三)保障困难群众基本生活

对符合条件的失业人员,按时足额发放失业保险金,其个人应缴纳的基本医疗保险费从失业保险基金中列支。生活困难的失业人员,按当地最低生活保障标准给予不超过 6 个月的临时生活补助,对象范围由各地结合实际确定,所需资金由就业补助资金列支。将符合最低生活保障条件的家庭,及时纳入最低生活保障范围。对符合临时救助条件的,及时给予临时救助。(省民政厅、省财政厅、省人力社保厅、省医保局、浙江省税务局按职责分工负责)

五、加强组织实施

(一)强化政府主体责任

各级政府要坚持把促进就业放在经济社会发展更加突出的位置,建立由政府负责人牵头、相关部门共同参与的工作机制,层层压实责任,加强资金保障,分级预警、分层响应、分类施策,统筹做好本地区稳定和促进就业工作。

(二)明确部门工作分工

人力社保部门要统筹协调就业政策制定、督促落实、统计监测等工作。发展改革部门要综合评估经济形势变化,注重发挥产业和投资政策对就业的促进效应。财政部门要多渠道筹措促进就业所需资金,保障促进就业政策落实。经信、教育、科技、民政、商务、市场监管、地方金融监管、税务、人民银行等部门和单位要立足职能职责,积极出台促进就业创业的政策措施。群团组织要主动服务大局,提出意见建议,开展更多有利于稳定和促进就业的专项活动。

(三)提升就业服务质量

各地、各有关部门要按照"最多跑一次"改革要求,着力提升公共就业服务水平,进一步优化办事流程、精简证明材料,及时向社会公布政策清单和服务指南。加强信息化建设,将申请享受就业创业扶持政策和就业创业服务的困难企业、失业人员,纳入实名制管理服务信息系统。积极开展政策宣传,深入企业、群众、基层宣讲政策、了解困难、做好帮扶,确保各项政策资金规范便捷地惠及享受对象。

各设区市政府要在本实施意见印发之日起 30 日内,制定出台实施细则,突出重点帮扶对象,合理细化补贴标准,确保各项政策尽快落地。各地贯彻落实本实施意见的有关情况和发现的重要问题,要及时报送省人力社保厅。

已有规定与本实施意见不一致的,按本实施意见执行。

浙江省人民政府

2018 年 12 月 29 日

浙江省人民政府办公厅关于加快军民融合产业发展的实施意见

浙政办发〔2018〕24 号

各市、县(市、区)人民政府,省政府直属各单位:

为贯彻落实党中央、国务院有关决策部署和《国务院办公厅关于推动国防科技工业军民融合深度发展的意见》(国办发〔2017〕91 号),加快浙江省军民融合产业发展,经省政府同意,现提出如下实施意见。

一、总体要求

(一)指导思想

以习近平新时代中国特色社会主义思想为指导,认真贯彻落实党的十九大和十九届中央军民融合发展委员会第一次全体会议精神,抓住军民融合深度发展重大战略机遇,瞄准需求、补齐短板、聚焦重点,突出高质量发展,加强政策支撑和组织保障,打造创新引领、富有特色、充满活力的军民融合产业发展高地,当好军民融合深度发展排头兵。

(二)主要目标

到 2020 年,军民融合产业不断壮大,产业结构不断优化,创新能力不断增强,重大项目建设不断推进,重点企业示范带动能力不断提升。全省军民融合产业总产值达到 4500 亿元,年均增速 15% 以上;实施军民融合产业重大项目 100 项以上;建设省级军民融合产业基地 50 个、示范企业 100 家以上;新增"民参军"企业 100 家以上,成为全国重要的军民融合产业创新基地和国防科技工业军民融合综合改革示范基地。

二、重点任务

(一)聚焦发展重点产业

立足浙江省产业基础,发挥特色优势,围绕新兴产业培育和传统产业改造提升,打造若干技术水平高、带动力大、辐射能力强的军民融合产业链。瞄准与浙江省合作的军工央企集团,重点推动卫星应用及通信、智慧安防、人工智能、高端电子元器件及产品、软件等信息产业军民融合,提升柔性电子、北斗卫星导航、射频集成电路等产品规模化生产能力;加快高端船舶和海洋工程装备、民用航空航天装备、民用核电装备、智能制造装备、军事物流等高端装备制造业军民融合发展,大力发展民用无人机、通用飞机、航空电机、航空标准件紧固件、高端轴承、民用航空发动机零部件等产业;促进高性能合金材料、高性能复合材料、新型无机非金属材料等前沿新材料产业军民融合。抓住军队后勤改革契机,推动军用特种纺织品、特种机械零部件、特种五金工具、特种电器件等传统产业领域的军民融合。鼓励各地结合实际,明确重点主攻产业,优化空间布局,依托现有产业平台,推动军民融合产业集聚发展。在各类开发区、高新园区等建设军民融合产业发展核心区块。根据各地产业特色和优势,打造一批新型特色军民融合产业基地,建设一批核电关联、通航制造、航空航天、地理信息等军民融合产业特色小镇,建设国家新型工业化产业示范基地(军民融合)和国防科技工业军民融合创新示范基地。

(二)培育骨干企业和研发机构

支持民营企业参与军工集团重要军品科研、生产配套和军用标准制定,引导军民融合企业加强产业协作配套。支持民营企业开展装备承制单位资格、武器装备科研生产许可等资质认证。鼓励民营企业以资金、设备、技术等方式,参与军工企业、科研机构混合所有制改革。鼓励企业积极参与边海防装备开发,大力发展反恐维稳、安保警戒、应急救援、网络和信息安全等方面的技术和产品。建设一批省级军民融合示范企业。落实省政府与国防科技工业局共建杭州电子科技大学协议,支持国防科技重点实验室、国防重点学科实验室和国防特色学科建设。支持龙头骨干企业与军工科研院所、高校等合作建设军民融合研究院、军民两用技术研究中心或国防重点实验室、国家级企业技术中心,积极引进国家级技术创新平台在浙江省设立军民融合研发中心,依托现有省级企业技术中心建设军民两用技术服务中心。

(三)引进集聚军工资源

落实省政府与工业和信息化部共同推进"中国制造2025"浙江行动战略合作协议,加强与中央军民融合发展委员会办公室、中央军委装备发展部、中央军委科学技术委员会、国防科技工业局等的合作,建立长期合作机制,深化合作内容。跟踪军工集团战略布局与技术发展趋势,深化战略合作,积极争取在浙江省设立区域性总部、转化基地或研发机构,布局宽带与智慧海洋工程、北斗卫星导航应用、商业航天发射基地、民用航空发动机配套、大飞机重要部件配套、民用无人机系列、新一代超算中心、量子通信和测控等一批重大产业化项目。建立军民融合产业项目库,每年谋划和实施一批有重大带动作用的重大产业项目。吸引省外军工企业参与浙江省军民融合产业发展,合作建设一批军民融合重大产业项目。发挥浙江科技大市场的作用,搭建军民融合技术成果交易平台,支持军工央企集团举办专场"军转民"技术竞价(拍卖)活动,促进军民两用技术成果转化产业化。支持省内高校积极参与军民融合产业发展,承担军工项目。依托国家、省"千人计划""万人计划"和省领军型创新创业团队引进培育计划等人才项目,培育引进军民融合高端人才。制定鼓励军工技术成果转化民用的政策和分配激励机制,多渠道、多途径引进高端领军人才和管理团队。建立人才柔性使用机制,通过项目合作、互聘兼职等方式,促进高层次人才共享共用。支持各地与军工央企集团开展干部相互挂职交流,围绕合作领域,选派干部定向挂职。落实高水平建设人才强省行动纲要相关政策,创造有利于人才发展的环境。

(四)开展精准对接活动

支持有条件的地方建设军民融合产业公共服务平台,加强与国家军民融合公共服务信息平台、军工行业和军队军民融合信息与咨询服务平台衔接。建立供需信息征集和发布机制,编制年度"民参军"技术和产品推荐目录、军用技术转民用推广目录,组织军民融合产业项目精准对接。举办军民两用技术创新应用大赛,引进和转化一批军民融合创新成果,孵化和培育一批军民融合创新企业(团队)。通过政府购买服务等方式培育和扶持一批军民融合信息对接、技术转化、项目引进、企业培训等的中介服务机构,开展专业化服务。

三、保障措施

(一)加强组织保障

发挥军民融合产业相关领域专家的作用,在基础研究、技术开发、产业发展、成果转化、项目落地等方面提供战略咨询、决策论证等服务。省经信委要会同省委人才工作机构和省发展改革、科技、财政、人力社保、国土资源、地税、统计等部门加强协同配合,建立工作协调机制,做好军民融合产业发展的宏观指导、规划引导和工作协调。各市政府要结合本地实际,加强组织领导,完善配套措施,抓好贯彻落实。

(二)加大财政支持力度

加大省工业和信息化发展财政专项资金对军民融合产业发展扶持力度,重点支持省级军民融合产业示范基地、重大军民融合产业项目、重点军工科研生产项目和军工技术转化服务机构。鼓励各地安排相应的发展资金,加大对军民融合产业发展扶持力度,支持企业科技创新和成果转化,支持军工单位科技人员带着科技成果创办、领办、合办科技型企业。对新取得武器装备承制单位资格证、武器装备科研生产许可证、武器装备质量管理体系认证、武器装备科研生产单位保密资格认证且实际开展生产销售的单位,各地可根据实际情况给予支持。对参与军工装备总体、关键分系统、核心配套产品研制项目的企业,各地可按项目研发合同经费给予一定比例的补助。对获得国家国防技术发明奖、国防科学技术进步奖的企事业单位和个人,各地可根据实际情况给予适当鼓励。落实好军品销售增值税免税等政策。

(三)加强项目用地保障

被省政府确认为省级军民融合产业重点项目的,由当地优先安排用地指标,在完成供地后,按规定给予新增建设用地计划指标奖励;3年内按第一档享受分类分档城镇土地使用税减免优惠;自用房产纳税确有困难的,报经税务部门批准,3年内可免征房产税。对军工央企集团与浙江省高校、科研院所、民营企业联合建设重点实验室、研发机构、检测平台等,其土地用途符合《划拨用地目录》规定的公益性科研机构用地的,可以行政划拨方式供地。对军工央企集团与民营企业兴办配套工业研发、产品研试和生产的产业研发中心,按规划确定的土地用途,以招拍挂出让方式供应。对具有明显带动作用,属于基础关键领域、前沿科技领域的重大军民融合产业项目,各地在规划、建设、环评等方面要提供精准服务,必要时一事一议。

(四)加强产业基金引导

发挥各级政府产业基金引导作用,吸引带动军工集团、金融机构和社会资本设立军民融合产业投资基金,支持在浙江省新设立的军工混合所有制企业发展,推动重大军民融合项目布局浙江省,满足军民融合重点产业、军民两用技术成果转化产业化、军工单位混合改制重组等投融资需求。

(五)强化激励落实

省经信委、省统计局要逐步建立和完善军民融合产业统计体系,开展军民融合产业发展的统计、监测和评估工作。及时总结各地的好经验好做法,适时对各地军民融合产业发展情况进行通报。

浙江省人民政府办公厅

2018 年 3 月 20 日

浙江省人民政府办公厅关于促进小微企业
创新发展的若干意见

浙政办发〔2018〕59号

各市、县(市、区)人民政府,省政府直属各单位:

为认真贯彻落实《中华人民共和国中小企业促进法》等法律法规,全面落实党中央、国务院和省委、省政府决策部署,滚动实施"小微企业三年成长计划",不断优化发展环境,激发民间活力和创造力,着力破解小微企业发展面临的突出困难和问题,鼓励和支持小微企业参与大湾区大花园大通道大都市区建设等重大战略,促进小微企业创新发展,经省政府同意,现提出如下意见。

一、加快推进小微企业融资创新

鼓励商业银行大力发展社区支行、小微专营支行和科技支行等各类特色支行,制定小微企业专项信贷计划,实行贷款风险补偿金制度。建立小微企业差别化监管机制,对小微企业贷款的不良率容忍度可比平均贷款不良率容忍度高出2个百分点,法人银行机构切实做到"三个不低于"(小微企业贷款增速不低于各项贷款平均增速、小微企业贷款户数不低于上年同期户数、小微企业申贷获得率不低于上年同期水平)。引导商业银行改革考核机制,将小微企业贷款增量列入考核内容。(责任单位:浙江银监局、省财政厅、人行杭州中心支行,列第一位的为牵头单位,其他单位按职责分工负责,下同)

创新小微企业用款还款方式,推广无还本续贷类、随借随还循环类和中长期流动资金类贷款产品,有效解决贷款资金期限错配等问题。进一步规范应急转贷资金运行机制,完善地方政府应急转贷资金管理,推行市场化运行,提高应急转贷资金使用效率,加大对暂时困难企业的贷款周转支持。引导银行业金融机构对市场前景好、经营诚信但暂时有困难的企业不断贷、不抽贷。(责任单位:人行杭州中心支行、省经信委、省财政厅、省金融办、浙江银监局)

积极支持省内法人金融机构发行小微专项金融债。积极使用再贷款、再贴息等政策工具,提高金融对小微企业支持能力。采取风险补偿和以奖代补等方式,鼓励和引导各类金融机构进一步加大对小微企业融资需求的支持力度,降低融资成本。依托中国人民银行征信中心中征应收账款融资服务平台和动产融资统一登记公示系统,支持小微企业通过应收账款、存货、设备、知识产权、金融资产等动产融资。(责任单位:省金融办、省经信委、省财政厅、人行杭州中心支行、浙江银监局)

引导符合条件的小微企业根据自身实际,到证券交易所、"新三板"、浙江股权交易中心等上市挂牌。鼓励小微企业积极运用资产证券化、公司债、银行间市场债等多样化融资工具,有效满足企业发展资金需求。推动风险投资、创业投资、股权投资、并购重组等私募金融在金融特色小镇集聚发展,努力实现创新创业主体和项目与地方资本市场的有效对接。发挥上市公司并购重组产业整合作用,推动项目本地投资,带动区域产业和小微企业发展。发挥上市公司以大带小的作用,实现打造一个大企业、带动一个产业链、形成一个产业集群的目标。(责任单位:省金融办)

加快政府产业基金投资运作和项目落地,鼓励各级政府产业基金参股在浙江设立且主要投资浙江省的市场化基金,重点支持浙江省八大万亿产业领域的小微企业,参股子基金投资比例按照有关基金管理办法规定执行。各级服务业发展引导资金要向小微企业投资项目建设适当倾斜。(责任单位:省经信委、省发展改革委、省科技厅、省财政厅、省商务厅)

二、全面落实和创新财税支持政策

对有特殊困难,不能按期缴纳税款且符合税法规定条件的小微企业,经税务机关批准可以延期缴纳税款,最长不得超过3个月。对小微企业发生的符合规定的公益性捐赠支出,在年度利润总额12%以内部分,准予在计算应纳税所得额时扣除;超过年度利润总额12%的部分,准予结转以后3年内在计算应纳税所得额时扣除。小微企业缴纳房产税、城镇土地使用税确有困难且符合税法规定条件的,可依法给予减免。(责任单位:省国税局、省地税局)

建立行政事业性收费和政府性基金目录清单制度并予以公示,目录清单之外,一律不得向小微企业收费。涉及小微企业的省定行政事业性收费和实行政府定价管理的经营服务收费有上下限幅度的,一律按下限标准执行。(责任单位:省财政厅、省物价局)

支持小微企业用足用好省商务促进专项资金和中央外经贸发展专项资金对国际性展会的补助政策,同等条件下优先支持小微企业参展项目;支持小微企业通过广交会、华交会、义博会等展会开拓国际市场,有条件的展会要设立浙江省小微企业专区。(责任单位:省商务厅、省财政厅)

加大个体工商户转型升级为企业("个转企")和小微企业转型升级为规模以上企业("小升规")的支持力度。"个转企"过程中,办理土地、房屋权属划转时,投资主体、经营场所、经营范围不变,且符合国家税收政策规定的,免征契税、免收交易手续费。"小升规"企业按照有关文件规定,继续享受财政支持、税费优惠、社保费率下浮和社保补贴、亩均评价过渡期等扶持政策。(责任单位:省工商局、省财政厅、省人力社保厅、省国土资源厅、省地税局、省国税局)

扩大享受企业所得税优惠的小型微利企业范围,在2019年12月31日前,将符合条件的小微企业年应纳税所得额上限由30万元提高到50万元。符合科技型中小微企业条件的创新型小微企业,开展研发活动中实际发生的研发费用,未形成无形资产计入当期损益的,在按规定据实扣除的基础上,在2017年1月1日至2019年12月31日期间,再按照本年度实际发生额的75%在税前加计扣除;形成无形资产的,在上述期间内按照无形资产成本的175%在税前摊销。国家出台新的涉企税收优惠政策,按新的优惠政策执行。(责任单位:省国税局、省地税局、省经信委、省科技厅)

三、大力支持新兴产业发展

加强新兴产业培育,在八大万亿产业中重点遴选一批初创型、科技型、外向型、品牌型小微企业,建立梯次培育库,实行定制化联系帮扶,推进科技研发、专业知识、工匠技能合作共享,建立科技型小微企业动态管理机制。采取市场化运作方式,吸引社会资本投入,探索发起设立天使基金、种子基金等多元化微型企业股权投资基金,优化产业结构,壮大产业规模,提高企业核心竞争力。(责任单位:省工商局、省科技厅、省商务厅)

高校、科研院所等事业单位科研人员携带科研项目、成果或技术离岗创办小微企业的,与单位签订离岗协议,明确离岗期间双方权利义务关系、社会保险、科研成果归属、收益分配等事项后,可在6年内保留人事关系,报组织人事部门备案。归国留学生、境外人才创办科技型小微企业,可参照相关人才政策在启动资金、子女就学等方面予以全力支持。支持小微企业申报技能大师工作室,对被认定为省级技能大师工作室的,按规定给予 5 万元经费支持,主要用于培训设施设备购买及技能推广等。其他小微企业技能大师工作室,由当地政府给予相应的经费支持。大力推进小微企业数字化转型发展,加快实施以"互联网+""大数据+""智能化+"为核心的小微企业改造提升工程。积极推动小微企业上云,协调云服务商对小微企业提供技术、资源等支撑。培育一批个性化定制、云制造、虚拟生产、创意设计等新业态小微企业。(责任单位:省人力社保厅、省经信委、省教育厅、省科技厅、省财政厅)

加快小微企业发展平台建设。坚持政府投入和社会资本相结合,重点建设一批产业创新服务综合体,加快推进特色小镇建设,全面推进工业园、科创园(科技园)等各类小微企业园的规划建设和改造提升。鼓励开发区、产业聚集区规划建设多层工业厂房和科技企业孵化器,供小微企业进行生产、研发、设计、经营多功能复合利用。标准厂房用地按工业用途管理。科技企业孵化器实行只租不售、租金管制、租户审核、转让限制的,其用地可按科教用途管理。鼓励各地出台支持政策,在规划许可的前提下,积极盘活商业用房、工业厂房、企业库房、物流设施和家庭住所、租赁房等资源,为创业者提供低成本办公场所和居住条件。鼓励各地在土地利用年度计划指标中安排部分指标,定向用于支持建设小微企业园区。小微企业园区建成运营 3 年内,按第一档享受分类分档城镇土地使用税减免优惠,纳税确有困难的,经主管地税机关批准,可给予减免房产税优惠。对经认定的国家级、省级科技企业孵化器分别给予 200 万元和 100 万元的奖励。(责任单位:省经信委、省财政厅、省科技厅、省国土资源厅、省地税局、省工商局,各设区市政府)

四、全面优化创新发展环境

进一步便利小微企业市场准入,对"最多跑一次"改革事项实行动态梳理和发布,全面推行"互联网+政务服务",构建在线咨询、网上办理、证照快递送达的"零上门"机制。全面推进登记全程电子化和电子营业执照应用,开展个体工商户、未开业企业、无债权债务企业简易注销登记和"证照分离"改革试点工作。全面推进在特色小镇、科技孵化园区、众创空间等区域内的创客,允许其按工位号登记注册。完善国家企业信用信息公示系统(浙江),加快建设全省小微企业名录库,引导小微企业规范诚信经营。(责任单位:省工商局,其他省级有关单位)

发挥政府采购对小微企业的支持作用。负有编制部门预算职责各部门,在满足机构自身运转和提供公共服务基本需求的前提下,应当预留本部门年度采购项目预算总额的 30%以上,专门面向中小微企业采购,其中预留给小型和微型企业的比例不低于 60%。对于非专门面向中小企业的项目,对小型和微型企业产品予以 6%—10%的价格扣除,用扣除后的价格参与评审。(责任单位:省财政厅、省经信委)

坚持倒逼与引领相结合,建立完善小微企业转型升级长效机制。全面实施"低小散"块状行业整治提升行动。到 2020 年,每年整治和淘汰以"四无"(无证无照、无安全保障、无合法场所、无环保措施)为重点的"低小散"问题企业(作坊)10000 家以上、新改扩建标准厂房 1000 万平方米以上、新增小微企业园 100 家以上,全省"低小散"问题企业(作坊)得到全面整治。每年创建 30 个"小而精、小而新、小而专、小而美、小而特"的小微企业集群。(责任单位:省经信委、省建设厅、省环保厅、省安监局、省工商局)

深入实施"百名领军型企业家、千名成长型企业家、万名企业经营管理人才"的企业家素质提升"百千万"培训工程,重点开展现代技术、现代金融、现代管理等知识培训,全面增强企业家发现机会、整合资源、持续创新、创造价值、回馈社会的能力。(责任单位:省工商局、省经信委)

五、进一步强化组织保障

各级政府要加强对小微企业创新发展工作的领导，建立健全支持小微企业创新发展的协调服务机制。各级工商(市场监管)部门、经信部门要加强沟通协调，形成工作合力，持续深入开展小微企业成长之星、服务小微企业优秀项目(创新举措)认定和小微企业成长服务活动等，共同为小微企业创新发展营造良好政策环境。(责任单位：省工商局、省经信委，其他省级有关单位，各设区市政府)

推进小微企业创新发展工作的落实，建立目标责任体系，把相关目标任务分解到各地、各有关部门，与"小微企业三年成长计划"同部署、同推进、同考核。省工商局、省经信委要健全工作机制，按照职责分工，加强督促检查，完善工作成效排序通报制度，定期通报工作推进和完成情况，不定期组织第三方机构对各市工作推进情况和工作实效进行绩效评估。对执行政策不力、落实政策不到位、年度计划未完成的地方和单位进行通报。(责任单位：省工商局、省经信委、省财政厅，各设区市政府)

大力弘扬企业家精神，营造重商、亲商、安商、富商的良好氛围。各地、各有关部门要充分发挥媒体作用，大力宣传小微企业各类创业创新的典型，着力破除制约小微企业创新发展的思维桎梏，最大限度凝聚促进小微企业创新发展的共识和合力。(责任单位：省经信委、省工商局，各设区市政府)

各地、各有关部门要认真贯彻落实本意见精神，在清理现有政策的基础上，制定切实可行的实施意见和配套政策，明确具体目标、实施步骤和保障措施，确保各项工作落到实处。省政府将就贯彻落实情况适时组织开展督促检查。

本意见发布实施后，以往规定与本意见不一致的，以本意见为准。

浙江省人民政府办公厅

2018 年 6 月 12 日

浙江省人民政府办公厅关于建设民航强省的若干意见

浙政办发〔2018〕67 号

各市、县(市、区)人民政府,省政府直属各单位:

民航业是经济社会发展基础性、战略性和先导性的朝阳产业,是区域经济转型发展的重要支撑和引擎。为促进浙江省民航业高质量发展,加快建设民航强省,经省政府同意,现提出如下若干意见:

一、总体要求

坚持全省统筹、省市协同,政府引领、市场主导,平台驱动、特色发展的原则,做强做大航空产业,把浙江省建设成为基础设施现代化、航空运输全球化、通航运营常态化、保障服务品质化、航空产业规模化的民航强省。

到 2022 年,民航发展水平显著提升,综合实力位居全国前列,基本建成民航强省。累计完成机场建设投资 600 亿元以上,新增航站楼面积 80 万平方米,总体保障能力适度超前。杭、甬、温国际机场通达轨道交通并规划高铁进站。拥有航线 600 条以上,其中国际及地区航线超过 120 条。年旅客、货邮吞吐量分别达到 1 亿人次、150 万吨,均进入全国前 5 位。杭州萧山国际机场年旅客吞吐量进入全球前 40 位。建成 20 个以上 A 类通用机场,驻浙通用航空器达到 200 架以上,年飞行量达到 10 万小时,构建全省"空中一小时交通圈"。民航运输持续安全,空域管理更加精细,航班准点率提升到 80%以上,全省航空服务覆盖率达到 100%。省机场集团资产规模达到 1000 亿元。全省航空制造业产值超过 1500 亿元,通用航空经济规模超过 600 亿元。

到 2035 年,全面建成航空服务全省覆盖、航空网络全球通达、行业布局全产业链、发展水平全国领先的民航强省。杭州萧山国际机场打造成为国际门户枢纽机场和全国航空快件中心,提升宁波栎社、温州龙湾国际机场特色区域枢纽功能,增强支线机场保障能力,构建设施一流、功能完备、便捷高效的全省民用机场体系。国内航线通达各省会城市、主要旅游城市及中西部偏远城市;国际航线连接"一带一路"沿线主要国家,覆盖全球重要政治经济中心和旅游集散城市。通用机场布局合理,低空航线形成网络,通用航空实现常态化飞行,创建全国通用航空发展示范省。民航安全发展战略深入实施,打造民航飞行、空防和地面"三位一体"安全监管体系。创建满意机场、智慧机场,民航服务品质全面提升,争创全国一流服务品牌。做强做大省机场集团,打造成为全国乃至全球一流民航企业。建成杭州、宁波、温州国家临空经济示范区,宁波、绍兴国家通用航空产业综合示范区和舟山航空产业园等,促进航空产业集聚发展。

二、促进民航运输发展

(一)加快运输机场建设

服务国家"一带一路"战略和长三角世界级城市群发展,加快杭、甬、温国际机场扩容提升,实施杭州萧山国际机场三期、宁波栎社国际机场三期和温州龙湾国际机场、台州机场改扩建等重大项目,建成嘉兴、丽水机场,增强基础设施保障能力,促进省内重要机场与上海等周边大型机场协同发展,共建长三角世界级机场群。

(二)构筑机场集疏运体系

加快推进高铁、城际铁路、地铁连接枢纽机场,将杭、甬、温国际机场打造成为大型立体综合交通枢纽。加强支线机场与高速公路、高铁站等的连接,提高支线机场集散能力。实行跨区域、跨运输方式的联程联网售票,促进多式联运体系建设。

(三)完善航空运输网络

发展壮大本土和驻浙基地航空公司,打造杭、甬、温国际机场运营枢纽基地。完善杭州萧山国际机场国际门户功能,提高宁波栎社、温州龙湾区域枢纽机场国际化水平,重点开发"一带一路"沿线国家和洲际航线,培育一批航空快线、精品航线和全货机航线,构建空中开放廊道。

(四)加快航空物流发展

支持国内知名货运航空公司入驻并发展壮大,开展空铁、空陆等多式联运试点,构建四通八达的物流体系。鼓励社会资本组建货运航空公司,培育航空物流龙头企业。重点推动杭州、宁波、温州、嘉兴、义乌航空货运发展。加快空港物流园、航空物流基地、综合保税区等基础设施建设,促进航空物流快速发展。

三、率先发展通用航空

(一)构建通用机场网络

实施通用机场"县县通"工程,统筹布局应急救援、医疗救护等直升机临时起降点,兼顾海岛、偏远山区、产业园区、5A级旅游景区等通用机场建设,因地制宜发展水上通用机场。推进通用机场配套设施建设,加快构建通用航空飞行服务保障体系。

(二)培育通用航空市场

开辟低空航线,发展岛际航空和短途运输,构建美丽空中廊道。支持公务航空发展,打造长三角区域公务机飞行基地。促进通用航空在工业、国土资源、环保等领域应用。推动"通航+"融合发展,加快航空旅游、飞行营地、航空体验、培训基地等项目建设,开展各类航空运动、赛事活动。

(三)建设航空特色小镇

主要依托A类通用机场,围绕航空先进制造、航空运营服务、通航旅游休闲、飞行运动体验等领域,培育建德千岛湖、新昌万丰等一批航空特色小镇,打造创业创新平台。

四、强化机场运行保障

(一)增强安全管理能力

深化平安民航建设,严格落实属地管理和行业监管责任,完善生产运行、公共安全等安保设施,加强风险防控和隐患治理机制,提高空防反恐和安全监管水平。推进机场应急救援体系建设,健全全省机场应急救援大型设备共享机制。建立跨部门、跨领域的通用航空联合监管模式,确保低空飞行安全有序。

(二)提升机场服务品质

全面改进机场服务设施,完善航班延误信息通报制度,规范航班延误服务,创新"互联网+"机场服务模式,打造智慧机场。推广应用新技术、新材料,建设绿色机场。深化空域精细化管理改革,持续提高航班准点率。

五、提升航空产业实力

（一）打造临空经济示范区

依托杭、甬、温国际机场,推进杭州、宁波国家临空经济示范区建设,积极创建温州国家临空经济示范区,统筹机场作业区与临空经济示范区规划,大力发展航空总部、智慧物流、跨境电子商务、高端冷链、航空快递、生物医药等临空经济,促进机场与城市、空港与园区融合发展。

（二）加强飞机研制能力

加快舟山航空产业园,绍兴通用飞机、台州无人机制造基地建设,推进波音 737 飞机完工和交付中心等项目实施。依托通用飞机制造龙头企业,实施通用飞机整机制造项目。加快提升航空关键零部件、配套新材料等特色优势领域发展,做强航空制造产业。引进一批飞机研发制造企业,重点研制军用、行业级等大中型无人机系列产品。

（三）培育产业龙头企业

支持省内实力强、基础好的企业加强中外合作、自主研发,瞄准国内外行业领先的航空企业,通过并购、控股等多种方式,迅速形成产业发展能力,打造一批具有核心竞争力的航空产业龙头企业,提高航空产业发展水平。

（四）做强航空发展平台

支持省机场集团发挥民航强省建设主平台作用,推进全省机场协同发展。做强机场投资建设及运营管理主业,统筹临空经济、通用航空、投融资等板块发展,组建临空经济开发、通用航空、航空租赁等公司平台,形成"一主多联"战略发展格局。

六、加强政策扶持和要素保障

（一）加大资金扶持力度

积极争取国家民航发展基金补助。保持各地政府现有扶持政策,完善国际航线专项资金管理办法,统筹支持全省机场开拓国际航线,对重点扶持培育的航线航班、新开通航班等,机场所在地政府给予专项资金补助等政策支持,省机场集团相应给予减免起降费等优惠。各级政府统筹整合各类资金扶持政策,加大对通用机场建设、通用航空公益性飞行服务作业和通用航空企业的支持力度。机场所在地政府要落实主体责任,加大民航发展资金投入。支持各级政府通过建设基地或购买服务的方式,开展航空应急救援服务。对基地航空公司、通用航空运营企业及航空制造企业按规定落实税收优惠政策。

（二）统筹保障建设用地

落实民用机场国有划拨土地改性增资政策。优先安排民航建设重大项目土地指标,适当降低民航建设项目列入省重点项目的门槛。对符合省重大产业项目申报标准的民航项目,优先纳入省重大产业项目库,按规定给予用地指标奖励。实施土地、机场资源利用等倾斜政策,鼓励国有、民营资本投资民航业。机场所在地政府要加强征地拆迁等政策处理工作。

（三）拓宽金融服务渠道

积极争取国家预算内资金和国家政策性贷款的支持,鼓励投融资平台以市场化方式参与机场项目建设。支持省机场集团建立相关产业发展基金,通过参股、并购等方式参与通用航空发展。完善政府和社会资本合作(PPP)建设模式,引导社会资本参与民航强省建设。推动设立航空租赁公司,支持航空企业通过融资租赁等方式加快发展。

（四）强化人才队伍建设

加大民航行业监管、空中交通管制、飞行、航空制造等航空高端及紧缺型人才的培养引进力度。积极引进国内外知名航空类高校、科研机构来浙办学，鼓励本地有条件的院校开设航空类专业。支持民航职业院校、民航企业采取办学输出、校企合作等形式，整合全省民航教育资源，成立民航研究机构，建设人才培训基地。完善人才扶持政策，对新引进符合条件的航空高端人才和急需紧缺人才，在落实户口、子女入学、安家补贴、住房保障等方面依照相关规定给予政策扶持。对在浙创新创业的航空高端人才，择优推荐申报国家和省市各类人才工程，并按规定落实相应政策待遇。打造航空产业孵化基地，建设联合研究中心和重点实验室（工程中心），对高层次人才或团队来浙实施科技成果转化，经评审认定后给予项目资金奖励或补助。

七、加强体制机制保障

充分发挥省民航强省建设领导小组及其办公室作用，加强领导和统筹协调。整合民航属地管理职能，健全民航发展组织网络。建立完善政府与军航民航机构会商机制，统筹协调空域管理、机场建设、航线开发等重大事项。组织编制民航强省建设相关规划并督促实施。建立健全机场社会公共事务管理体制，强化机场治安综合治理。健全地方政府部门与查验部门协同机制，提高通关便利化水平。

浙江省人民政府办公厅

2018 年 7 月 5 日

浙江省人民政府办公厅关于加快推进
"标准地"改革的实施意见

浙政办发〔2018〕73 号

各市、县(市、区)人民政府,省政府直属各单位:

为全面落实省委、省政府"最多跑一次"改革的决策部署,深化资源要素配置市场化改革,撬动企业投资项目"最多跑一次"改革迭代升级,增创市场有效、政府有为、企业有利、百姓受益的体制机制新优势,大力推动高质量发展,经省政府同意,现就加快推进"标准地"改革提出如下实施意见:

一、工作目标

2018 年底前,各设区市所辖的省级以上经济技术开发区(园区)、省级以上高新技术产业开发区(园区)、省级产业集聚区、省级特色小镇等重点区域新批工业用地不低于 30%按照"标准地"制度供地,以"标准地"制度供地的企业投资项目实现开工前审批最多 100 天;2019 年在上述重点区域全面推行工业项目"标准地"制度,并探索向其他投资项目延伸推广。

二、重点任务

(一)完成"标准地"区域评估工作

在符合土地利用总体规划、城乡规划前提下,省级以上经济技术开发区(园区)、省级以上高新技术产业开发区(园区)、省级产业集聚区、省级特色小镇等重点区域,全面完成区域能评、区域规划环评、区域防洪影响评价、区域水土保持方案报告书编制、区域水资源论证、区域压覆重要矿产资源评估和区域地质灾害危险性评估等。各地根据区域有关评估情况,完善项目准入要求,并向社会公布负面清单;探索逐步扩大区域有关评估覆盖面。严格执行"净地"出让规定,确保具备项目开工必需的通水、通电、通路等基本条件。(责任单位:省发展改革委、省国土资源厅、省科技厅、省环保厅、省建设厅、省水利厅、省商务厅、省能源局,各市、县〔市、区〕政府)

(二)构建"标准地"出让指标体系

制订发布全省新增工业项目"标准地"指导性指标,研究建立指标动态调整机制。各市、县(市、区)要按照新增工业项目"标准地"指导性指标,根据产业准入、功能区划和相关区域评估要求,合理提高标准,细化行业分类,强化能耗、污染物排放等总量控制,明确当地新增工业项目"标准地"的投资、能耗、环境、建设、亩均税收等控制性指标。(责任单位:省国土资源厅、省发展改革委、省经信委、省科技厅、省环保厅、省建设厅、浙江省税务局、省能源局,各市、县〔市、区〕政府)

(三)明确"标准地"出让承诺履约要求

各地新增工业项目"标准地"出让时,有关部门要按照地块所在区域的相关控制性指标,提前明确具体标准和操作导引,并由国土资源部门发布出让公告。探索创新工业用地竞价方式,在符合相关法定条件下鼓励企业竞报亩均税收等指标。各地要制订完善项目竣工验收、达产复核及不动产登记办理等具体办法。用地企业取得"标准地"后,要同时与有关部门签订国有建设用地使用权出让合同和"标准地"投资建设协议,明确用地标准、履约标准、违约责任等。(责任单位:各市、县〔市、区〕政府)

(四)推进"标准地"与代办制、承诺制等改革联动

发展改革部门牵头做好企业投资项目服务工作,建立"标准地"项目前期辅导服务机制,加强项目前期精准指导。相关部门可为"标准地"项目提供全流程代办服务。按照国家有关规定,对通过事中事后监管能够纠正不符合审批条件的行为且不会产生严重后果的审批事项,实行告知承诺制。公布实行告知承诺制的审批事项清单及具体要求,申请人对照清单和要求作出书面承诺的,审批部门可以直接作出审批决定。鼓励有条件的地区建立"标准地"与"多规合一"改革联动机制。(责任单位:省发展改革委等省级有关部门,各市、县〔市、区〕政府)

(五)建立"标准地"全过程监管体系

有关部门要按照一般企业投资项目开工前审批最多100天的要求,全面压缩全流程审批时间。根据谁主管、谁负责的原则,建立覆盖项目建设、竣工验收、达产复核、股权变更等环节监测核查机制,实施协同监管,按约定予以奖惩。项目正常运营后,转为按"亩均论英雄"综合评价管理。开展"标准地"企业投资项目信用监管试点,探索建立"标准地"企业投资项目信用评价体系,对严重失信的用地企业实施联合惩戒。探索建立"标准地"项目全过程信用档案,将企业落实承诺行为信息记入信用档案并依法公开,作为企业享受差别化优惠政策的重要参考。(责任单位:省发展改革委、省国土资源厅、省经信委、省科技厅、省环保厅、省建设厅、省商务厅、浙江省税务局、省能源局等,各市、县〔市、区〕政府)

(六)探索"标准地"改革扩面

鼓励各地对已取得工业用地使用权的企业投资改扩建项目执行"标准地"制度。鼓励将"标准地"指标纳入司法处置程序的存量工业用地使用权拍卖条件。探索将"标准地"制度向生产性服务业等项目延伸。(责任单位:省发展改革委、省国土资源厅、省经信委、省科技厅、省环保厅、省建设厅、省商务厅、浙江省税务局、省能源局,各市、县〔市、区〕政府)

(七)建立"标准地"标准化体系

围绕事前定标准、事中作承诺、事后强监管等关键环节,研究制定"标准地"操作流程、工作指引、协议文本等标准,规范"标准地"出让环节。(责任单位:省质监局、省发展改革委)

三、工作要求

(一)加强组织领导

建立省发展改革委牵头的"标准地"改革工作协调推进机制,重点研究协调"标准地"改革重大事宜,加强综合协调、统筹指导和组织实施等工作。省级有关部门要根据职责分工,指导各地落实"标准地"改革相关举措。各市、县(市、区)政府要加强对"标准地"改革的组织领导,建立相应的工作机制,上下联动,细化工作措施,合力推进改革。

(二)强化督查考核

对"标准地"改革工作实行节点管控、倒排时间、挂图作战。根据以"最多跑一次"改革撬动重点领域改革的要求,将"标准地"改革纳入对各地、省级有关部门改革实绩等考核的重要内容,推动一般企业投资项目实现开工前审批最多100天。省发展改革委、省国土资源厅要负责日常督促指导,对各地新批工业用地"标准

地"供地情况进行考核。对推进成效显著的给予激励,对工作滞后的给予通报批评,确保改革顺利推进。

(三)加大宣传力度

各地、各部门要广泛宣传"标准地"改革,及时准确发布改革信息和政策解读,正确引导社会预期。认真总结推广先进经验、典型做法,营造良好的舆论氛围和社会环境。

浙江省人民政府办公厅

2018 年 7 月 20 日

浙江省人民政府办公厅关于印发浙江省工程建设项目审批制度改革试点工作实施方案的通知

浙政办发〔2018〕81号

各市、县(市、区)人民政府,省政府直属各单位:

《浙江省工程建设项目审批制度改革试点工作实施方案》已经省政府同意,现印发给你们,请结合实际认真贯彻执行。

浙江省人民政府办公厅

2018 年 8 月 14 日

浙江省工程建设项目审批制度改革试点工作实施方案

为贯彻落实党中央、国务院关于深化"放管服"改革、优化营商环境的部署要求和省委、省政府关于深化"最多跑一次"改革、推进政府数字化转型的决策部署,全面推进浙江省工程建设项目审批制度改革试点工作,根据《国务院办公厅关于开展工程建设项目审批制度改革试点的通知》(国办发〔2018〕33号),制定本实施方案。

一、总体要求

(一)指导思想

高举习近平新时代中国特色社会主义思想伟大旗帜,全面贯彻党的十九大和省第十四次党代会精神,以推进政府治理体系和治理能力现代化为目标,深入实施省委、省政府关于深化"最多跑一次"改革、推进政府数字化转型的决策部署,对工程建设项目审批制度进行全流程、全覆盖改革,整合办理环节,优化审批流程,努力构建科学、便捷、高效的工程建设项目审批体系,打造最优营商环境。

(二)改革内容

改革覆盖工程建设项目审批全过程(包括从立项到竣工验收和公共设施接入服务);主要是房屋建筑和城市基础设施等工程,不包括特殊工程和交通、水利、能源等领域的重大工程;覆盖行政许可等审批事项和技术审查、中介服务、市政公用服务以及备案等其他类型事项,推动工程建设项目审批流程优化和标准化。

（三）工作目标

以房屋建筑和城市基础设施等工程建设项目为主要对象，围绕各个审批阶段大力整合审批办理环节，促进多部门、全过程审批办理流程协调统一和深度融合。到 2018 年底，各设区市基本建成工程建设项目审批制度框架和管理系统，一般工程建设项目全流程审批时间压减至 100 个工作日以内；到 2019 年 6 月底，基本建成全省统一的工程建设项目审批和管理体系，努力把浙江省建设成为工程建设项目审批事项最少、报批流程最简、办事效率最高、群众和企业获得感最强的省份。

二、优化审批流程

（一）优化审批阶段

将工程建设项目审批流程主要划分为立项用地规划许可、工程建设许可、施工许可、竣工验收等四个阶段，各地可按照"只少不多"原则对审批阶段进行简化优化。其中，立项用地规划许可阶段主要包括项目审批核准备案、选址意见书核发、用地预审、用地规划许可等。工程建设许可阶段主要包括设计方案审查、建设工程规划许可证核发等。施工许可阶段主要包括人防、消防、防雷等设计审核确认和施工许可证核发等。竣工验收阶段主要包括规划、国土资源、人防、消防、防雷等验收及竣工验收备案等。其他行政许可、涉及安全的强制性评估、中介服务、市政公用服务以及备案等事项纳入相关阶段办理或与相关阶段并行推进。

（二）全面整合立项用地规划许可阶段办理环节

加强各类空间规划的协调衔接，推动"多规合一"。推广"标准地"制度改革经验，建立健全出让用地建设条件一次性集成公布、企业按条件建设、各部门依职权和条件监管的工作机制。用地建设条件应包括规划条件和人防、消防、绿色建筑等指标要求。实行选址意见书和用地预审意见书联动办理。实行建设用地规划许可证即时办理制度，以出让方式取得国有建设用地使用权的建设项目凭建设项目批准、核准、备案文件和出让合同即时领取；以划拨方式取得国有建设用地使用权的建设项目凭建设项目批准、核准、备案文件即时办理。

（三）全面整合工程建设许可阶段办理环节

对景观风貌重点管控区域外的一般企业投资工业类项目和小型工程项目，由建设单位和设计单位按照建设条件进行承诺，不再单独组织设计方案审查；对景观风貌重点管控区域内的工程建设项目，或者景观风貌重点管控区域外但对景观风貌影响较大的工程建设项目，建立一家牵头、多部门参与的设计方案联审机制，联审通过且已依法进行公示的即核发建设工程规划许可证，其他部门不再对设计方案进行单独审查。景观风貌重点管控区域范围和对景观风貌影响较大的工程建设项目范围由市、县（市）政府确定公布。

（四）全面整合施工许可阶段办理环节

按照统一标准、集中服务、结果互认、依法监管的思路，全面推行由建设、人防、消防和气象等部门通过政府购买服务，共同委托施工图综合审查机构进行在线联审，分专业出具审查报告，各部门依据专业审查报告作出准予行政许可决定，作出准予行政许可决定后，建设单位凭施工合同、监理合同（委托监理工程）和落实工程质量安全措施的承诺，即时一并办理施工许可证、质量安全监督手续和人防工程质量监督手续。各地要根据业务需要，及时引进市外施工图综合审查机构，增加机构数量，形成有序竞争的格局。

（五）全面整合竣工验收阶段办理环节

全面推进"竣工测验合一"改革，按照统一标准、联合测绘，以测带核、核审分离，多验整合、依法监管的思路，积极培育竣工综合测绘机构，由建设单位委托测绘机构进行竣工综合测绘，并将工程实体测量结果与联合批准的施工图进行比对,出具竣工综合测绘报告及图件。建设、规划、国土资源、人防、消防、气象和市政公用等单位可依据竣工综合测绘报告、专业检测报告等技术资料和其他必要材料直接办理。实行竣工验收备案一次办理,整合各类专项竣工验收备案办理环节。对申报材料齐全、符合法定形式和要求的,竣工验收备案即时办理。

(六)科学分类管理

按照投资主体、类别和规模,将工程建设项目划分为政府投资房屋建筑类项目、政府投资城市基础设施工程类项目、企业投资民用建筑类项目(不含小型工程项目)、企业投资工业类项目(不含小型工程项目)和企业投资小型工程项目等五大类(小型工程项目指建筑面积不大于 5000 平方米、建筑高度不大于 8 米、功能单一、技术要求简单的工程建设项目)。政府投资房屋建筑类项目和城市基础设施工程类项目原则上按四个阶段整合办理环节;企业投资民用建筑类项目和列入核准目录的企业投资工业类项目,原则上按后三个阶段为主整合办理环节;企业投资核准目录以外的工业类项目原则上按后两个阶段为主整合办理环节。对按"标准地"制度出让的工业项目、企业投资小型工程项目和带设计方案出让的其他工程项目,要进一步合并、精简办理事项,缩短办理时间。

(七)细化分类指导

对技术审核类许可,重点推动技术审核的专业化,利用专业机构实现"多审合一";对容量管控类许可,重点转变审查方式,突出指标控制,以事前定指标、事后强监测方式提升监管效能;对其他类许可,重点运用互联网、大数据技术,推动办理结果数据共享和达成条件后的在线即时办理。

三、精简审批环节

(一)减少审批事项

实行全省统一的审批事项清单管理,各级政府及相关部门不得擅自增加任何审批事项。对于能够用征求部门意见方式替代的审批事项,调整为政府内部协作事项。工业项目中的民用建筑不再单独进行民用建筑节能评估。将消防设计审核、人防设计审查、防雷设计审核等技术审查并入施工图设计文件审查,相关部门不再进行技术审查。取消施工合同、中标价备案事项。取消施工许可条件中的资金证明、无拖欠工程款承诺书等。取消单独办理的质量安全监督手续和人防工程质量监督手续环节,与施工许可证一并办理。不具有联动控制功能消防设施的建筑工程申报消防验收时,可不提供消防设施检测报告。建筑工程通过消防验收后进行局部内装修,且装修时未增设、改动消防设施的,申报装修消防验收时可不提供消防设施检测报告。取消单独办理的城镇燃气工程、城市道路工程、环境卫生设施和城镇排水与污水处理设施等专项竣工验收备案环节,与房屋建筑工程和市政基础设施工程竣工验收备案一并办理。企业投资的房屋建筑工程,建设单位可自主决定发包方式。

(二)协调审批权限

按照方便企业和群众办事的原则,进一步协调工程建设项目审批权限。对同类项目不同部门审批层级存在差异的审批事项,依法下放审批权限,积极推行审批事项同级化、属地化。承接下放审批事项的下级机关要加强力量配备,保障审批高效运行。相关部门要加强沟通协调,制定配套措施,完善监管制度,开展指导培训,提高审批效能。

(三)整合优化评价事项

在省级以上各类经济开发区(含高新技术开发区、工业园区、开发区等,下同)、产业集聚区、特色小镇以及县级以上政府确定的其他区域,可以根据需要对企业投资工程建设项目涉及的环境影响、节能、地震安全性、地质灾害危险性、压覆重要矿产资源、水土保持、防洪影响、水资源论证、考古调查勘探、交通影响、雷电灾害风险等事项,实行区域评价制度。对省级以上各类经济开发区、产业集聚区和省级特色小镇等特定区域,全面实施"区域能评+区块能耗标准""区域环评+环境标准"改革。除按照法律法规规定需要开展地震安全性评价的建设工程外,其他工程建设项目依据地震动参数区划图或者地震小区划图确定的抗震设防要求进行设计。

(四)调整审批时序

落实取消下放行政审批事项有关要求,环境影响评价、节能评价、地震安全性评价等评价事项不作为项目审批或核准条件,按照法律法规规定需要开展地震安全性评价的,地震安全性评价在工程设计前完成即可,其他评价事项在施工许可前完成即可。可以将用地预审意见或国有建设用地使用权出让合同作为使用土地证明文件申请办理建设工程规划许可证,用地批准手续在施工许可前完成即可。将供水、供电、燃气、热力、排水、通信等市政公用基础设施报装提前到施工许可证核发后办理,在工程施工阶段完成相关设施建设,竣工验收后直接办理接入事宜。各地要将市政公用基础设施接入服务纳入统一监管,实行服务承诺制,明确服务标准和办事流程,规范服务收费。

(五)推行告知承诺制

对通过事中事后监管能够纠正不符合审批条件的行为且不会产生严重后果的审批事项,实行告知承诺制。各地要公布实行告知承诺制的审批事项清单及具体要求,申请人按照要求作出书面承诺的,有关部门可以直接作出行政许可决定。对已经实施区域评价的工程建设项目,相应的审批事项实行告知承诺制。对工业企业"零土地"技术改造项目实行审批目录清单管理,清单以外项目实行承诺验收制度。设计单位应当依据全省统一的建筑面积计算规则进行计算,建筑设计方案中文字标明的建筑面积等技术经济指标应当与图纸所示一致,并符合建设条件要求。

四、完善审批体系

(一)"一张蓝图"统筹项目实施

各市要加快建立"多规合一"业务协同平台,以"多规合一"的"一张蓝图"为基础,健全各类规划统筹和协调机制,强化项目前期策划,加速项目生成。建立多部门建设条件集成机制,建设单位落实建设条件要求,相关部门加强监督管理和考核评估。

(二)"一个系统"实施统一管理

在深化"最多跑一次"改革、推进政府数字化转型战略部署总体框架下,依托浙江政务服务网和全省投资项目在线监管平台的统一赋码,整合施工图联审系统、"竣工测验合一"办理系统和其他相关业务办理系统,建设工程建设项目全流程审批管理系统,实行建设用地红线图、工程设计方案图、施工图和竣工测绘图以及建设全过程监管影像等资料一网归集、传输和存储,并基于"一项一码"与全省投资项目在线审批监管平台互联互通、融合应用,做到审批过程、审批结果实时传送,实现统一受理、并联审批、实时流转、跟踪督办、信息共享。工程建设项目审批管理系统的建设既要满足工程建设项目审批全流程在线办理信息共享的需要,也要充分考虑工程全寿命期质量安全管理对工程信息采集的需要。

(三)"一个窗口"提供综合服务

深化一窗受理、集成服务改革,进一步调整优化窗口设置,整合各部门和各市政公用单位分散设立的服务窗口,设立工程建设项目(投资项目)审批综合服务窗口。积极推广无差别全科受理。进一步健全进驻部门与办理窗口联动机制,提高现场办理能力。

(四)"一张表单"整合申报材料

各地要对工程建设项目各个审批阶段确定一家牵头部门,建立并联审批统筹协调制度,实行一家牵头、并联审批、限时办结,由牵头部门组织协调相关部门严格按照限定时间完成审批。牵头部门在全省审批事项"八统一"要求的基础上,按照事项、环节、材料只减不增的原则,进一步梳理各阶段的审批审查事项范围和联合办理流程,分阶段制定统一的办事指南、申报表单和申报材料清单,实行一份办事指南、一张申请表单、一套申报材料,完成多项审批的运作模式,并落实到工程建设项目审批管理系统业务办理流程。不同审批阶段的审批部门应当共享申报材料,不得要求申请人重复提交。

(五)"一套机制"规范审批运行

建立健全工程建设项目审批配套制度,明确部门职责,制定工作规程,规范审批行为,确保审批各阶段、各环节无缝衔接。同步推进改革涉及的相关地方性法规、规章和规范性文件立改废工作。建立审批协调机制,协调解决部门意见分歧。建立督办督查制度,实时跟踪审批办理情况,对全过程进行督查。

五、强化监管服务

(一)加强事中事后监管

各地要按照依法、精准、高效的原则,积极探索建立与工程建设项目审批制度改革相适应的监管体系,明确监管内容和方式。全面推行"双随机、一公开"监管,加大监督检查力度,严肃查处违法违规行为。对实行告知承诺制的审批事项,要依法制定监督检查办法,在规定时间内对申请人和有关当事人履行承诺情况进行检查,对申请人未履行承诺的,撤销行政审批决定,并依法追究申请人和有关当事人的相应责任。

(二)加强信用体系建设

建立工程建设项目审批信用信息平台,建立黑名单制度,将企业和中介机构从业人员违法违规、不履行承诺的不良行为记入诚信档案并向社会公开,构建一处失信、处处受限的联合惩戒机制。做好省公共信用信息服务平台与工程建设项目审批管理系统的对接工作。

(三)推进中介服务提速增效

清理规范行政审批中介服务事项,健全行政审批中介服务体系,建成统分结合的浙江网上中介超市。推进中介机构脱钩改制,开放中介服务市场,培育具有多种资质的综合性中介机构或中介机构联合体,构建开放、高效、有序的中介服务体系,进一步提升中介服务质量和效率。强化行业主管部门监管责任,加大对中介机构的监管力度。

(四)建立工程建设项目审批代办制度

建立专业、专职、高效的政府代办队伍,全面推广代办制度,工程建设项目审批由发展改革部门牵头服务,涉及经信、国土资源、规划、建设、环保等相关部门的由发展改革部门代跑。建立环评、能评等审批中间环节由职能部门代办制度。

(五)加强组织领导

成立以省政府主要领导为组长的工程建设项目审批制度改革试点工作领导小组,完善工作机制,明确任务分工,压实工作责任。各地要成立相应的组织机构,切实加强对本地区改革试点工作的组织领导和统筹协调,制定改革方案,细化目标任务,落实责任部门,调配人员力量,做好资金保障。交通、水利等领域工程建设项目审批制度改革实施方案由省发展改革委、省交通运输厅、省水利厅等部门负责制定,并同步推进实施。

（六）强化督查考核

将工程建设项目审批制度改革作为"最多跑一次"改革的重要内容,列入省政府部门绩效考评管理。依托"最多跑一次"改革,建立专项督查考核制度,对未认真履行职责、工作明显滞后的地区,要启动追责机制。各地要建立相应的考核督查机制,强化制度刚性,确保改革顺利推进。

（七）加强舆论宣传

各地、各有关部门要充分利用报纸、广播、电视、网络等媒体加强对工程建设项目审批制度改革试点工作的宣传,引导企业和社会公众充分知晓改革内容,准确把握相关政策,自觉应用改革成果。各地在改革推进过程中遇到的新情况、新问题,要及时协调解决,处理结果及时报送省级有关部门;需要省级部门帮助解决的,及时向省级有关部门提出。

浙江省人民政府办公厅关于深化产教融合的实施意见

浙政办发〔2018〕106 号

各市、县(市、区)人民政府,省政府直属各单位:

为进一步深入实施浙江省产教融合和高等教育强省战略,促进教育链、人才链与产业链、创新链有机衔接,全面提升教育水平和人力资源质量,根据《国务院办公厅关于深化产教融合的若干意见》(国办发〔2017〕95 号)要求,经省政府同意,现提出如下实施意见。

一、总体要求

以习近平新时代中国特色社会主义思想为指导,全面贯彻党的十九大和省第十四次党代会精神,深化教育领域综合改革,发挥企业重要主体作用,鼓励社会多元主体参与。力争到 2025 年,产教融合发展长效机制基本建立,培育 10 个以上在全国具有广泛知名度和影响力的产教融合联盟,建成 100 个以上装备水平国内一流、产教深度融合的实验实习实训基地,培育 300 家以上产教融合型企业,实施 500 个以上产学合作协同育人项目。到 2035 年,总体实现产教统筹融合,校企协同育人机制全面推行,需求导向人才培养模式健全完善,支撑高质量发展的现代人力资源体系全面建立,职业教育、高等教育对创新发展和产业升级的贡献显著增强。

二、统筹教育和产业融合发展

(一)统筹产教融合发展规划

将产教融合发展纳入全省经济社会发展总体规划以及区域发展、产业发展、城市建设和重大生产力布局规划,同步推进产教融合发展政策制定、要素支持和重点项目建设。促进高等教育融入全省创新体系建设,将产教融合发展情况列入浙江省创新型城市(县、区)和工业强县(市、区)建设的重要内容,优化调整考评体系。(责任单位:省发展改革委、省经信厅、省教育厅、省科技厅、省人力社保厅等,列第一位的为牵头单位,下同;各市、县〔市、区〕政府)

(二)统筹布局高等教育和职业教育资源

推进高等教育布局与区域发展战略对接,向重点产业园区集中。建设一批集产学研创于一体的重点实验室、工程技术中心、企业技术中心、产教融合协同创新基地。着力推进杭州城西科创大走廊、沪嘉杭金科创走廊、甬江科创大走廊建设,加强与长三角地区科教资源的协作。扶持一批示范性应用型本科高校,推进本科高校二级学院产教融合试点,深化四年制高职人才培养试点,支持每个设区市重点建设 1 所高职学校,扶持每个县(市、区)建设 1 所高质量中职学校(含技工院校)。统筹推进高教园区与经济技术开发区、高新技术产业开发区等联动发展。加大山海协作技术人才支持和人力资源开发,加强对口支援及帮扶省份人力资源开发和产教合作。(责任单位:省教育厅、省发展改革委、省经信厅、省科技厅、省财政厅、省人力社保厅、各市、

县〔市、区〕政府）

（三）推动学科专业建设与产业转型升级相适应

制定专项学科专业建设规划，建立紧密对接产业链、创新链的学科专业体系。加快推进面向未来技术和产业的新工科、新联盟体系建设，促进专业学科交叉融合。推进人才类型结构、专业人才培养目标定位与课程体系调整。推进重点实验室、重大工程中心、大科学装置和实训基地共同发展，支持建设若干综合性国家科学中心、产业创新中心和制造业创新中心。（责任单位：省教育厅、省发展改革委、省经信厅、省科技厅、省人力社保厅）

（四）健全需求导向的人才培养结构调整机制

加快推进教育领域"最多跑一次"改革，坚持准入条件透明化、审批范围最小化，强化人力资源市场对人才供给的有效调节。建立人才需求预测预警机制，编制并动态调整《浙江省急需紧缺职业（工种）目录》。注重发挥行业组织人才需求预测、用人单位职业能力评价作用，定期公布专业就业状况，把市场供求比例、就业质量作为学校设置调整学科专业、确定培养规模的重要依据。新增招生计划、项目资金安排向承担重大战略任务、推行产教统筹融合、试行校企协同育人的高校和学科专业倾斜。（责任单位：省人力社保厅、省教育厅）

三、强化企业重要主体作用

（一）拓宽企业参与途径

鼓励企业以独资、合资、合作等方式依法参与举办职业教育、高等教育。支持有条件的省级以上产业园区和职业学校、普通高校合作举办混合所有制性质的分校或产业学院。支持有条件的国有企业办好做强职业学校，支持行业龙头企业与学校合作建设特色学院或职业技能培训机构，鼓励科技型企业设立人才工作站。各地对在职业学校、普通高校设立研发中心或者实习实训基地的企业，可给予适当支持；对设立研发总部的龙头骨干企业可采取"一事一议"制度。（责任单位：省经信厅、省教育厅、省科技厅、省财政厅、省人力社保厅、省国资委、省工商联，各市、县〔市、区〕政府）

（二）深化"引企入教"改革

推进校企合作制度化，实施"百校千企"和"千企万师"工程。支持企业深度参与职业学校、普通高校教育教学改革，鼓励职业学校、普通高校和企业建立人才联合培养机制。职业学校新设专业原则上应有相关行业企业参与。推行面向企业真实生产环境的任务式、项目化培养模式，支持职业学校通过场地、设备租赁等方式与企业共建生产性实训基地和职业技能竞赛训练场地。（责任单位：省教育厅、省经信厅、省人力社保厅、省工商联）

（三）以企业为主体推进协同创新和成果转化

推进产业创新服务综合体建设，支持行业龙头企业和高校联合建设产业学院、重点实验室、工程研究中心、"双创"示范基地等。支持企业、学校共同组建技术研究院、产业技术联盟等协同创新组织。完善科技计划管理，鼓励高校将企业一线实际需求作为工程技术研究选题的重要来源，高校、科研机构牵头申请的应用型、工程技术研究项目，原则上应有行业企业参与成果转化、示范应用。完善高校科研后评价体系，将成果转化成效作为项目和人才评价重要内容。（责任单位：省科技厅、省发展改革委、省经信厅、省教育厅、省财政厅）

（四）强化企业在岗职工教育培训

落实企业职工培训制度，鼓励企业加大职工教育培训投入。企业发生的职工教育经费支出不超过工资薪金总额8%的部分准予在计算企业所得税应纳税额时扣除，超过部分准予在以后纳税年度结转扣除；其中用于一线职工教育培训的经费比例不低于70%。将落实企业职工培训制度情况列入创新型企业等评价内容。鼓励企业完善职工继续教育体系,鼓励农民工积极参与学历与能力提升计划。有条件的企业可制定在岗职工学历进修、技能等级提升奖励办法。积极做好化解过剩产能转岗人员再就业培训工作。(责任单位:省总工会、省经信厅、省科技厅、省人力社保厅、省国资委、省工商联、浙江省税务局)

四、推进产教融合人才培养模式改革

(一)将劳动实践融入基础教育

加强中小学生职业认知、职业体验和生活教育,将动手实践内容纳入中小学相关课程和学生综合素质评价体系,普通高中适当增加职业技术教育内容。鼓励职业学校、普通高校、行业龙头企业等实验实习实训基地向中小学校开放,组织开展专家学者、劳动模范、大国工匠进校园活动,支持学校聘请劳动模范和高技能人才兼职授课。组织基础教育阶段学校与职业学校合作开发和实施劳动技术课程与职业体验课程,鼓励依托企业、职业学校建设中小学生职业体验中心。(责任单位:省教育厅、省总工会)

(二)推进产教协同育人

支持高校面向产业升级需求建设工程师学院和行业(产业)特色学院,扩大高素质创新人才和技术技能人才培养规模。支持企业和职业学校开设订单班、联合班。积极推行现代学徒制和企业新型学徒制,开发学徒制省级管理服务平台,制定推广学徒制工作规范和教学标准。大力发展校企双制、工学一体的技工教育。鼓励推行理论实践一体化教学法。支持学校、企业、行业组织联合开发专业课程标准,将职业标准和行业技术规范纳入课程体系。对接企业生产服务智能化流程,加快职业教育专业教学内容和方法智能化、数字化改造。积极推进专业学位研究培养模式改革,主动对接各地重点产业和企业需求。强化实践教学,应用型本科高校学生在校期间参加实习实训时间累计不少于1年,其中相关专业学生到企业实习不少于半年,职业学校实践性教学课时不少于总课时的50%。支持应用型本科高校、职业学校建立学生创新创业或学科(技能)竞赛成果转换课程学分制度。(责任单位:省教育厅、省人力社保厅、省总工会)

(三)加强产教融合师资队伍建设

实施职业学校"双师双能型"教师队伍建设计划,完善相关认定标准和办法,加强本科和研究生层次职教师资培养培训。严格落实职业学校专业教师赴企业实践每5年累计不少于半年、新入职专业教师前两年须赴企业集中实践锻炼至少半年以上的制度。完善职业学校、普通高校教师实践假期制度,支持在职教师定期到企业实践锻炼。完善职业学校、普通高校教师资格标准和专业技术职务评聘办法,按照国家部署探索将行业企业从业经历作为取得职业学校专业课教师资格的必要条件。支持学校聘请行业企业专家和能工巧匠,支持教师与企业技术专家双向流动、依规取酬,支持企业和学校建立专业人才双向聘任制度。落实科技人员取得职务科技成果转化现金奖励有关个人所得税政策。推行全员岗位聘任制和绩效考核分配制。(责任单位:省教育厅、省科技厅、省人力社保厅、浙江省税务局)

(四)深化考试招生制度改革

推进中等职业学校与应用型本科高校一体化、四年制高等职业教育等人才培养试点,促进中职高职衔接、高职本科衔接,鼓励高校、科研机构参与专业学位研究生联合培养,进一步完善职业学校教育人才多样化成长渠道。提高高等职业学校招收中等职业学校毕业生、应用型本科高校招收职业学校毕业生比例。推进高等职业学校分类招生考试改革,完善"文化素质+职业技能"评价方式。鼓励有工作实践经历的人员参加应用型本科高校或高等职业学校的单独考试招生,完善应用型本科高校或高等职业学校的单独招生考试,完善应

用型本科高校和高等职业学校免试录取技能拔尖人才的招生办法。(责任单位:省教育厅、省发展改革委、省人力社保厅)

（五）鼓励企业参与学校治理

完善理事会制度,鼓励引入行业企业、科研机构、社会组织等多方参与。支持组建由行业组织、重点企业等参加的学校理(董)事会、专业建设委员会、校企合作委员会。职业学校吸纳合作关系紧密、稳定发展企业的代表加入理(董)事会,参与学校重大事项的审议。扩大学校人事管理、教师职称评聘、收入分配等方面的自主权。推动学校优化内部治理,下移管理重心和学术权力,充分体现一线教学科研机构自主,积极发展跨学科、跨专业的教学和科研组织,鼓励设立产教融合的管理、协调和服务机构。加强普通高校应用型学科建设,建立面向行业企业共性关键性问题的集中攻关机制。(责任单位:省教育厅、省人力社保厅)

（六）创新教育培训服务供给

推广"互联网+职业培训"、线上线下结合的教学模式,支持建设基于互联网的远程职业教育培训基地。探索学校和行业企业课程学分转换互认,鼓励学校与教育培训机构、行业企业联合开发优质教育资源,将立体化、可选择的产业技术课程和职业培训纳入政府购买服务范围。(责任单位:省教育厅、省财政厅、省人力社保厅)

五、促进产教供需对接

（一）畅通产教供需对接渠道

建立地方政府对接高校、高校对接企业,促进地方创新发展和产业转型、促进高校内涵建设水平提升的"双对接、双促进"机制,建立高校省市共建、部门共建机制。支持行业组织制定深化产教融合工作计划,指导"双师双能型"教师培养,参与制定学校专业建设规划,预测行业技术技能人才需求,发布行业就业状况、行业岗位职业能力标准等。加强高校服务能力建设,培养产教融合服务组织(企业),提供社会化专业化规范化中介服务。建立产教融合信息服务平台,向各类主体提供精准化信息发布、检索等服务。探索建立产教融合效能统计评价体系,委托社会第三方机构开展产教融合效能评价。(责任单位:省发展改革委、省经信厅、省教育厅、省人力社保厅,各市、县〔市、区〕政府)

（二）加强实习实训平台建设

建设一批区域性公共实训中心和专业实训基地。加强国家和省级高技能人才培训基地、世界技能大赛集训基地和技能大师工作室建设。鼓励行业企业将最新设备和技术投入实训基地,健全学生到企业实习实训制度,支持规模以上企业原则上按职工总数的2%—3%安排专业对口岗位接纳学生实习,企业因接收学生实习所实际发生的与取得收入有关的合理支出,依法在计算应纳税所得额时扣除。鼓励各地对现有省级高水平实训基地进行改造升级,加快基础技能公共实训平台建设。鼓励和引导企业、学校、社会培训机构参与建设实训基地和平台,对考核认定的实训基地,有条件的地方可给予一定经费补助或奖励。推进实习实训规范化,保障学生享有获得合理报酬等合法权益,对获得国家认定的技术技能证书的学生给予一定奖励。(责任单位:省发展改革委、省经信厅、省教育厅、省财政厅、省人力社保厅,各市、县〔市、区〕政府)

（三）组建培育一批产教融合联盟

组建10个以上由学校、企业、科研机构等组成的省级示范性产教融合联盟,由行业部门指导推行实体化运作。推动产教融合联盟内的学校在专业设置、师资建设、人才培养、技术研发、实训基地等方面整体提升,依托产教融合联盟做强一批龙头骨干企业,形成若干专业特色显著、产业链条完整、市场规模庞大的优势产业群。完善职业教育集团发展机制,开展多元主体共建职业教育集团的改革试点,探索建立以行业为纽带、专业为支撑的紧密型职业教育集团,形成一批具有示范引领作用的骨干职业教育集团。(责任单位:省发展改革委、省经信厅、省教育厅、省科技厅、省人力社保厅)

六、完善产教融合政策支持体系

(一)落实财政税收政策

省财政统筹安排产业发展、科教类专项资金和有关财政性资金,不断加大对产业发展急需学科专业、公共实训平台和产教融合试点建设的支持力度。进一步发挥政府产业基金投资作用,引导投资机构和社会资本加大产教融合项目投资。通过政府和社会资本合作(PPP)模式支持产教融合基础设施建设和公共服务供给。完善财政生均拨款制度,探索建立职业教育、高等教育生均财政经费相对稳定增长机制和分类支持机制。省级以上重点实验室、重大工程中心、大科学装置和实训基地等所需科研仪器设备优先纳入政府集中采购目录,简化采购流程。企业通过经认定的公益性社会团体或县级以上政府及其部门向学校捐赠的,其捐赠按照税法规定予以税前扣除。落实从事学历教育的学校提供教育服务有关免征增值税等政策。(责任单位:省财政厅、浙江省税务局,各市、县〔市、区〕政府)

(二)落实土地政策

企业单独投资或企业与政府合作建设学校的建设用地,按教育科研用地管理,符合《划拨用地目录》的,可通过划拨方式供地,鼓励企业自愿以出让、租赁方式取得土地。鼓励各地通过免收建设规费、返还老校区资产置换地方收益等方式,支持学校产教融合项目建设。各地应将新建重点实验室、重大工程中心、大科学装置和实训基地用地视为教育科研划拨用地,给予优先保障。(责任单位:省自然资源厅、省发展改革委、省教育厅、省科技厅,各市、县〔市、区〕政府)

(三)强化金融支持

鼓励金融机构支持产教融合项目,引导银行业金融机构开发适合产教融合项目特点的多元化融资品种。支持符合条件的产教融合项目对接中国政企合作投资基金和国际金融组织。支持符合条件的企业在资本市场进行股权融资、债券融资,加大实习实训基地等产教融合项目投资。由职业学校集中统一安排的学期性实习学生保险,按照《浙江省工伤保险条例》及相关配套规定执行。加快发展学生实习责任保险和人身意外伤害保险,支持保险公司针对现代学徒制、企业新型学徒制等开发保险产品。(责任单位:省金融监管局、省发展改革委、省教育厅、省财政厅、人行杭州中心支行、浙江银保监局筹备组)

(四)开展产教融合建设试点

实施省产教融合发展工程,编制省重点产业和战略性新兴产业产教融合人才培养实施方案,支持省级产教融合项目优先申报国家产教融合发展工程项目。对报经省政府同意、纳入国家规划建设的产教融合项目,同等享受国家级重大创新载体建设任务政策。支持中心城市和重点学校、行业龙头企业积极争取国家产教融合试点,对承担试点任务的责任主体在产教融合项目、专项资金安排等方面给予优先支持。开展产教融合型企业评定,对产教融合型企业在新技术改造、新产品开发等方面给予优先支持。组织开展产教融合型城市、学校和企业的第三方评价。(责任单位:省发展改革委、省经信厅、省教育厅、省科技厅、省财政厅、省人力社保厅,各市、县〔市、区〕政府)

(五)加强国际交流合作

支持学校参与或配合企业在"一带一路"沿线国家和地区建立办学机构、研发机构、技术技能人才培养培训基地和教育合作平台。鼓励高校引进海外高层次人才和优质教育资源,开发符合国情、国际适用的校企合作培养人才和协同创新模式。支持职业学校、普通高校中外合作办学,有条件的职业学校与国际高水平应用型大学建立交流合作关系。探索构建应用技术教育创新国际合作网络,推动一批中外学校和企业结对联合培养国际化应用型人才。支持职业学校参加、举办世界技能大赛,按照国际先进标准选拔培养高技能人才。(责任单位:省教育厅、省发展改革委、省人力社保厅)

七、组织实施

健全产教融合实施机制,营造产教融合发展良好环境。建立发展改革、经信、教育、科技、财政、人力社保、国有资产监督管理、金融监管、税务等有关部门和代表性产教融合联盟、职业教育集团或企业参加的产教融合协调机制,推进工作落实。各设区市政府要结合本地实际制定具体实施办法。建立深化产教融合督促检查机制,完善企业软投入统计调查制度,对重点任务和重点项目加大督查力度,强化事中监督管理和事后评估验收,及时通报反馈。深化高校专业技术职务评聘制度改革,充分落实高校用人自主权。加快收入分配、企业用人制度等相关配套改革,加强政策激励,凝聚学校主动服务经济社会发展、企业重视"投资于人"的普遍共识,积极营造全社会充分理解、大力支持、深入参与产教融合发展的良好氛围。

浙江省人民政府办公厅

2018 年 11 月 14 日

浙江省人民政府办公厅关于推进电子商务
与快递物流协同发展的实施意见

浙政办发〔2018〕120号

各市、县(市、区)人民政府,省政府直属各单位:

为提高浙江省电子商务与快递物流协同发展水平,根据《国务院办公厅关于推进电子商务与快递物流协同发展的意见》(国办发！2018"1号)精神,经省政府同意,现提出如下实施意见。

一、完善产业政策,创造良好环境

(一)以"最多跑一次"为牵引深化"放管服"改革

简化快递业务经营许可程序,改革快递企业年度报告制度,实施快递末端网点备案管理,实现许可备案事项网上统一办理。加强事中事后监管,推行"双随机、一公开"监管。发挥行业协会作用,推动出台行业自律公约,鼓励企业签署自律承诺书,促进行业健康发展。引导电子商务、物流和快递等平台型企业健全平台服务协议、交易规则和信用评价制度,切实维护公平竞争秩序,保障消费者合法权益。(责任单位:省邮政管理局、省商务厅,列第一位的为牵头单位,下同)

(二)创新产业支持政策

创新公共服务设施管理方式,明确智能快件箱、快递末端综合服务场所的公共属性,为专业化、公共化、平台化、集约化的快递末端网点提供用地保障等配套政策。将快递服务场所、智能信报箱纳入公共服务设施配建要求,新建小区、楼宇、园区等应当根据实际情况对快递企业进场提供便利。加快构建县、乡、村三级物流体系,推广浦江县对快递下乡给予资金补助等经验,解决好快递物流"最后一公里"问题。(责任单位:省发展改革委、省财政厅、省自然资源厅、省建设厅、省商务厅、省邮政管理局,各市、县〔市、区〕政府)

(三)加强规划协同引领

认真落实《浙江省电子商务产业发展"十三五"规划》《浙江省物流业发展"十三五"规划》等,加强相关规划间的有效衔接和统一管理,构建适应电子商务发展的快递物流服务体系。总结推广杭州市电子商务与快递物流协同发展经验。健全地方规划体系,将快递物流业发展规划纳入城市基础设施建设发展规划。(责任单位:省商务厅、省发展改革委、省自然资源厅、省建设厅、省交通运输厅、省邮政管理局,各市、县〔市、区〕政府)

二、加强协同发展,促进产业融合

(一)推进农村电子商务物流发展

开展农村电子商务服务站(点)提升改造工程,拓展服务网点功能,利用服务网点开展快递存取业务,完善末端物流网络。合理规划和布局农村物流基础设施,在有条件的地区建设农村电子商务物流配送中心或中转站。整合农村现有运输资源,探索发展"移动互联网+众包"模式。发展产地预冷、冷冻运输、冷库仓储、定制配送等全冷链物流,为生鲜农产品电子商务发展提供物流配送支撑。打造农村物流品牌,鼓励先进模式应用,提升农村物流企业运营服务水平。(责任单位:省商务厅、省交通运输厅、省农业农村厅、省邮政管理局)

(二)优化社区电子商务物流发展

鼓励各地将智能快件箱建设纳入便民服务等民生工程项目库,大力推进社区、高等院校、商务中心、地铁站等物流末端节点布局。支持传统信报箱智能化改造,推动邮政普遍服务与快递服务一体化发展。鼓励快递企业开展投递服务合作,建设快递末端综合服务场所,开展联收联投。鼓励快递物流企业、电子商务企业与连锁商业机构、便利店、物业服务企业、高等院校开展合作,促进服务资源统筹利用,提供集约化配送、网订店取等多样化、个性化服务。(责任单位:省邮政管理局、省商务厅,各市、县〔市、区〕政府)

三、优化物流布局,完善基础设施

(一)加强基础设施用地保障

各地在土地利用总体规划和年度用地计划中统筹安排快递物流基础设施建设用地,鼓励优先利用批而未供土地。在不改变用地主体、规划条件的前提下,利用存量房产和土地资源建设电子商务快递物流项目的,可在 5 年内保持土地原用途和权利类型不变;5 年期满后需办理相关用地手续的,可采取协议方式办理。支持利用工业企业旧厂房、旧仓库和存量土地建设快递物流服务设施。(责任单位:省自然资源厅,各市、县〔市、区〕政府)

(二)加强基础设施网络建设

引导快递物流企业完善基础设施网络布局,加强快件处理中心、航空及陆运集散中心和基层网点等网络节点建设,构建层级合理、规模适当、需求匹配的电子商务快递物流网络。(责任单位:省发展改革委、省商务厅、省邮政管理局,各市、县〔市、区〕政府)

(三)推进园区建设与升级

推动电子商务园区与快递物流园区协同发展,形成产业集聚效应,提高区域辐射能力。稳步推进快递物流园区建设,推动快递物流园区在杭州、温州、嘉兴及义乌等地集聚发展,协同打造萧山长三角快递物流产业园。鼓励传统物流园区适应电子商务和快递业发展需求转型升级,提升仓储、运输、配送、信息等综合管理和服务水平。(责任单位:省商务厅、省发展改革委、省邮政管理局,各市、县〔市、区〕政府)

四、强化规范运营,优化通行管理

(一)推动快递物流配送车辆规范运营

各地邮政管理部门要会同公安、交通运输等部门,依法对快递服务车辆进行规范管理,推动快递服务车辆标准化。切实加强对快递服务车辆驾驶人交通安全教育,支持快递企业为快递服务车辆统一购买交通意外险。推广湖州城市末端配送智能化模式经验。各相关部门要建立信息日常沟通和执法检查联动机制,定期交流快递服务车辆的管理情况。(责任单位:省邮政管理局、省公安厅、省交通运输厅,各市、县〔市、区〕政府)

(二)便利配送车辆通行

完善城市配送车辆通行管理政策,合理确定通行区域和时段,对快递服务车辆给予通行便利。完善商业区、居住区、高等院校等区域快递物流车辆停靠、装卸等设施,推广分时停车、错时停车等措施,进一步提高停车设施利用率。(责任单位:省公安厅、省建设厅、省交通运输厅、省邮政管理局,各市、县〔市、区〕政府)

五、加大创新力度,提高运行效率

(一)提高科技应用水平

进一步加大快递物流装备研发力度,加快推进智能传感器、工业机器人等智能产品在物流装备中的应用,不断提升快递物流装备自动化、专业化水平。推动移动互联网、大数据、云计算等现代信息技术在电子商务与快递物流领域的应用,大力推进库存前置、智能分仓、科学配载、线路优化,努力实现信息协同化、服务智能化。(责任单位:省邮政管理局、省发展改革委、省经信厅)

(二)促进供应链协同发展

鼓励企业集成应用各类信息技术,发展仓配一体化服务,整合共享上下游资源,促进商流、物流、信息流、资金流等无缝衔接和高效流动。推进工业互联网平台应用,提高电子商务企业与快递物流企业供应链协同效率。引导电子商务企业与快递物流企业加强系统互联和业务联动,共同提高数据共享和信息系统安全防护水平。鼓励物流企业参与制造业物流业务整合,实现物流与制造联动发展。(责任单位:省发展改革委、省经信厅、省商务厅、省邮政管理局,各市、县〔市、区〕政府)

六、坚持绿色理念,推动持续发展

(一)发展绿色生态链

鼓励电子商务企业与快递物流企业开展供应链绿色流程再造,提高资源复用率,降低企业成本。加强能源管理,建立绿色节能低碳运营管理流程和机制,在仓库、分拨中心、数据中心、管理中心等场所推广应用节水、节电、节能等新技术新设备,提高能源利用效率。(责任单位:省发展改革委、省经信厅、省商务厅、省邮政管理局)

(二)推广绿色包装

推广应用绿色包装技术和材料,推进快递物流包装物减量化。开展绿色包装试点示范,培育绿色发展典型企业,加强政策支持和宣传推广。鼓励电子商务平台开展绿色消费活动,提供绿色包装物选择,依不同包装物分类定价,建立积分反馈、绿色信用等机制,引导消费者使用绿色包装或减量包装。探索包装回收和循环利用,建立包装生产者、使用者和消费者等多方协同回收利用体系。(责任单位:省发展改革委、省商务厅、省邮政管理局)

(三)鼓励绿色配送

鼓励企业综合运用电子商务交易、物流配送等信息,优化调度,减少车辆空载和在途时间。鼓励快递物流领域加快推广使用新能源汽车和满足更高排放标准的燃油汽车,逐步提高新能源汽车使用比例。(责任单位:省发展改革委、省经信厅、省商务厅、省邮政管理局,各市、县〔市、区〕政府)

各地、各有关部门要充分认识推进电子商务与快递物流协同发展的重要意义,加强组织领导和统筹协调,明确责任分工,强化工作落实。省商务厅、省邮政管理局要会同有关部门加强工作指导,确保各项措施落实到位。

浙江省人民政府办公厅

2018 年 12 月 27 日

2019 浙江工业发展报告
ZHEJIANG INDUSTRIAL DEVELOPMENT REPORT

附　录

2019 中国企业 500 强浙江企业入围名单

名 次	企 业 名 称	性 质	营 收 / 亿元
45	阿里巴巴集团控股有限公司	民营	3768.44
58	浙江吉利控股集团有限公司	民营	3285.21
64	物产中大集团股份有限公司	国有	3005.38
90	青山控股集团有限公司	民营	2265.01
115	海亮集团有限公司	民营	1736.42
130	浙江恒逸集团有限公司	民营	1473.93
135	浙江省交通投资集团有限公司	国有	1376.91
139	天能电池集团有限公司	民营	1320.86
143	浙江荣盛控股集团有限公司	民营	1286.00
154	超威集团	民营	1203.24
165	万向集团公司	民营	1121.00
169	浙江省兴合集团有限责任公司	民营	1105.11
186	杭州钢铁集团有限公司	国有	1031.49
202	杭州汽轮动力集团有限公司	国有	953.26
204	浙江省能源集团有限公司	国有	936.47
218	中天控股集团有限公司	民营	900.16
221	杭州锦江集团有限公司	民营	889.94
222	雅戈尔集团股份有限公司	民营	879.26
229	奥克斯集团有限公司	民营	860.03
232	传化集团有限公司	民营	851.33
234	宁波金田投资控股有限公司	民营	839.90
240	广厦控股集团有限公司	民营	812.68
260	正泰集团股份有限公司	民营	704.64
274	远大物产集团有限公司	民营	660.25
275	浙江省建设投资集团股份有限公司	国有	656.75
305	浙江省国际贸易集团有限公司	国有	583.89

名　次	企　业　名　称	性　质	营收 / 亿元
307	中基宁波集团股份有限公司	民营	578.79
316	德力西集团有限公司	民营	563.08
318	宁波均胜电子股份有限公司	民营	561.81
322	杭州市实业投资集团有限公司	国有	550.52
369	杉杉控股有限公司	民营	464.10
377	红狮控股集团有限公司	民营	451.88
397	人民电器集团有限公司	民营	432.15
400	浙江富冶集团有限公司	民营	430.01
405	浙江前程投资股份有限公司	民营	425.67
414	浙江中成控股集团有限公司	民营	416.86
425	富通集团有限公司	民营	401.53
455	宁波富邦控股集团有限公司	民营	371.61
466	卧龙控股集团有限公司	民营	365.36
469	浙江宝业建设集团有限公司	民营	361.45
481	浙江龙盛控股有限公司	民营	350.25
497	新凤鸣集团股份有限公司	民营	326.59
499	浙江昆仑控股集团有限公司	民营	323.78

2019 中国民营企业 500 强浙江企业入围名单

排 名	企 业 名 称	行 业	营收／万元
11	浙江吉利控股集团有限公司	汽车制造业	32852088
18	青山控股集团有限公司	黑色金属冶炼和压延加工业	22650146
25	海亮集团有限公司	有色金属冶炼和压延加工业	17364210
28	浙江恒逸集团有限公司	化学纤维制造业	14472200
30	天能集团	电气机械和器材制造业	13212338
33	浙江荣盛控股集团有限公司	化学原料和化学制品制造业	12859958
37	超威集团	电气机械和器材制造业	12032383
44	万向集团公司	汽车制造业	11210043
64	中天控股集团有限公司	房屋建筑业	9008285
65	杭州锦江集团有限公司	有色金属冶炼和压延加工业	8899377
66	雅戈尔集团股份有限公司	纺织服装、服饰业	8792583
70	奥克斯集团有限公司	电气机械和器材制造业	8600343
73	传化集团有限公司	综合	8513267
75	宁波金田投资控股有限公司	有色金属冶炼和压延加工业	8398973
79	广厦控股集团有限公司	房屋建筑业	8126846
91	浙江桐昆控股集团有限公司	化学纤维制造业	7193504
94	正泰集团股份有限公司	电气机械和器材制造业	7046353
101	网易(杭州)网络有限公司	互联网和相关服务	6715645
120	中基宁波集团股份有限公司	商务服务业	5764381
125	德力西集团有限公司	电气机械和器材制造业	5630751
126	宁波均胜电子股份有限公司	汽车制造业	5618093
156	杭州娃哈哈集团有限公司	酒、饮料和精制茶制造业	4688838
162	和润集团有限公司	农副食品加工业	4588337
167	红狮控股集团有限公司	非金属矿物制品业	4518823
177	人民电器集团有限公司	电气机械和器材制造业	4321491
179	浙江富冶集团有限公司	有色金属冶炼和压延加工业	4300130

续表

排　名	企　业　名　称	行　业	营收／万元
183	浙江前程投资股份有限公司	批发业	4256698
188	浙江中成控股集团有限公司	房屋建筑业	4168570
196	富通集团有限公司	计算机、通信和其他电子设备制造业	4015346
222	宁波富邦控股集团有限公司	综合	3716128
224	华峰集团有限公司	化学原料和化学制品制造业	3696292
225	浙江明日控股集团股份有限公司	零售业	3682761
228	卧龙控股集团有限公司	电气机械和器材制造业	3653562
231	浙江宝业建设集团有限公司	房屋建筑业	3614536
232	浙江新湖集团股份有限公司	综合	3573586
233	华仪集团有限公司	电气机械和器材制造业	3562778
239	浙江龙盛控股有限公司	化学原料和化学制品制造业	3502530
249	龙元建设集团股份有限公司	房屋建筑业	3306628
255	新凤鸣集团股份有限公司	化学纤维制造业	3265877
264	森马集团有限公司	纺织服装、服饰业	3160129
268	万丰奥特控股集团有限公司	汽车制造业	3110927
274	华东医药股份有限公司	医药制造业	3066337
294	利时集团股份有限公司	橡胶和塑料制品业	2895648
301	海外海集团有限公司	商务服务业	2801874
302	巨星控股集团有限公司	通用设备制造业	2800590
305	得力集团	文教、工美、体育和娱乐用品制造业	2764200
306	浙江升华控股集团有限公司	批发业	2750607
312	浙江元立金属制品集团有限公司	金属制品业	2724649
313	祥生实业集团有限公司	综合	2705700
314	花园集团有限公司	综合	2674240
320	太平鸟集团有限公司	商务服务业	2639268
323	伟星集团有限公司	综合	2627213
328	舜宇集团有限公司	计算机、通信和其他电子设备制造业	2593185
332	多弗国际控股集团有限公司	综合	2576743
337	华立集团股份有限公司	综合	2533227
339	三花控股集团有限公司	通用设备制造业	2529667

续表

排　名	企 业 名 称	行 业	营收／万元
358	三鼎控股集团有限公司	纺织业	2376920
363	浙江大华技术股份有限公司	软件和信息技术服务业	2366569
366	纳爱斯集团有限公司	其他制造业	2353330
394	西子联合控股有限公司	专用设备制造业	2207570
398	浙江方远控股集团有限公司	房屋建筑业	2198757
402	浙江东南网架集团有限公司	金属制品业	2181759
403	德华集团控股股份有限公司	木材加工和木、竹、藤、棕、草制品业	2178868
411	海越能源集团股份有限公司	批发业	2141260
412	兴惠化纤集团有限公司	纺织业	2131698
416	杭州滨江房产集团股份有限公司	房地产业	2111547
419	泰地控股集团有限公司	仓储业	2109148
420	浙江宝利德股份有限公司	零售业	2101903
421	宁波申洲针织有限公司	纺织服装、服饰业	2095021
422	振石控股集团有限公司	商务服务业	2093988
423	农夫山泉股份有限公司	酒、饮料和精制茶制造业	2091073
426	腾达建设集团股份有限公司	建筑安装业	2087972
440	杭州东恒石油有限公司	批发业	2056202
448	天洁集团有限公司	专用设备制造业	2027783
454	华翔集团股份有限公司	汽车制造业	2021156
457	浙江富春江通信集团有限公司	计算机、通信和其他电子设备制造业	2004891
459	浙江协和集团有限公司	黑色金属冶炼和压延加工业	1997819
460	大自然钢业集团有限公司	黑色金属冶炼和压延加工业	1993354
466	曙光控股集团有限公司	房屋建筑业	1978437
468	亚厦控股有限公司	建筑装饰和其他建筑业	1973907
472	万事利集团有限公司	纺织服装、服饰业	1957347
473	奥康集团有限公司	皮革、毛皮、羽毛及其制品和制鞋业	1950224
476	浙江中南建设集团有限公司	房屋建筑业	1933820
482	万马联合控股集团有限公司	零售业	1911317
485	温州法派服饰股份有限公司	纺织服装、服饰业	1901532
487	胜达集团有限公司	造纸和纸制品业	1896428

续表

排 名	企 业 名 称	行 业	营收/万元
490	浙江正凯集团有限公司	纺织业	1891611
492	鸿翔控股集团有限公司	房屋建筑业	1880791
494	天颂建设集团有限公司	房屋建筑业	1877269
497	宁波博洋控股集团有限公司	纺织业	1870652
499	浙江建华集团有限公司	批发业	1862655
500	浙江国泰建设集团有限公司	房屋建筑业	1858575

2018 浙江省综合百强企业名单

名次	企业名称	地区	营业收入/万元	名次	企业名称	地区	营业收入/万元
1	浙江吉利控股集团有限公司	杭州	27826459	26	雅戈尔集团股份有限公司	宁波	6654041
2	物产中大集团股份有限公司	杭州	27621748	27	奥克斯集团有限公司	宁波	6493012
3	阿里巴巴集团控股有限公司	杭州	25026600	28	传化集团有限公司	杭州	6317160
4	海亮集团有限公司	绍兴	16259643	29	浙江省建设投资集团股份有限公司	杭州	6236450
5	青山控股集团有限公司	温州	16158784	30	杭州滨江房产集团股份有限公司	杭州	6150000
6	绿城中国控股有限公司	杭州	14633345	31	正泰集团股份有限公司	温州	6017696
7	万向集团公司	杭州	12662384	32	德力西集团有限公司	温州	5258941
8	天能电池集团有限公司	湖州	11277583	33	浙江桐昆控股集团有限公司	嘉兴	5058084
9	浙江省交通投资集团有限公司	杭州	11081387	34	杭州娃哈哈集团有限公司	杭州	4643785
10	浙江荣盛控股集团有限公司	杭州	10663705	35	杉杉控股有限公司	宁波	4203413
11	浙江恒逸集团有限公司	杭州	10470453	36	杭州海康威视数字技术股份有限公司	杭州	4190548
12	中国石油化工股份有限公司镇海炼化分公司	宁波	10317659	37	中航国际钢铁贸易有限公司	宁波	4187447
13	杭州汽轮动力集团有限公司	杭州	10293092	38	浙江中成控股集团有限公司	绍兴	4070972
14	超威电源有限公司	湖州	10268301	39	人民电器集团有限公司	温州	4034049
15	远大物产集团有限公司	宁波	10152254	40	浙江省国际贸易集团有限公司	杭州	3844124
16	浙江省兴合集团有限责任公司	杭州	10045944	41	杭州市实业投资集团有限公司	杭州	3817570
17	中国石化销售有限公司浙江石油分公司	杭州	9845891	42	中基宁波集团股份有限公司	宁波	3798145
18	杭州钢铁集团有限公司	杭州	9361757	43	杭州华东医药集团有限公司	杭州	3653071
19	杭州锦江集团有限公司	杭州	8553673	44	华仪集团有限公司	温州	3510126
20	浙江中烟工业有限责任公司	杭州	8300925	45	卧龙控股集团有限公司	绍兴	3475874
21	浙江省能源集团有限公司	杭州	8134373	46	富通集团有限公司	杭州	3453862
22	广厦控股集团有限公司	杭州	8048522	47	浙江宝业建设集团有限公司	绍兴	3423621
23	银亿集团有限公司	宁波	7830148	48	浙江前程投资股份有限公司	宁波	3407529
24	中天控股集团有限公司	杭州	7612358	49	浙江富冶集团有限公司	杭州	3396477
25	宁波金田投资控股有限公司	宁波	7059927	50	宁波富邦控股集团有限公司	宁波	3380633

名次	企业名称	地区	营业收入/万元	名次	企业名称	地区	营业收入/万元
51	红狮控股集团有限公司	金华	3330775	76	三鼎控股集团有限公司	金华	2046637
52	浙江昆仑控股集团有限公司	杭州	3301926	77	华翔集团股份有限公司	宁波	2007452
53	精功集团有限公司	绍兴	3241386	78	浙江省商业集团有限公司	杭州	2004002
54	华峰集团有限公司	温州	3226386	79	银泰商业(集团)有限公司	杭州	1993769
55	浙江龙盛控股有限公司	绍兴	2829564	80	浙江宝利德股份有限公司	杭州	1964035
56	万丰奥特控股集团有限公司	绍兴	2800605	81	奥康集团有限公司	温州	1953018
57	宁波均胜电子股份有限公司	宁波	2660560	82	万马联合控股集团有限公司	杭州	1950751
58	巨化集团有限公司	衢州	2655910	83	兴惠化纤集团有限公司	杭州	1898885
59	利时集团股份有限公司	宁波	2653455	84	浙江英特药业有限责任公司	杭州	1890691
60	森马集团有限公司	温州	2612789	85	浙江大华技术股份有限公司	杭州	1884446
61	太平鸟集团有限公司	宁波	2582437	86	浙江东南网架集团有限公司	杭州	1876376
62	浙江省海港投资运营集团有限公司	舟山	2551561	87	西子联合控股有限公司	杭州	1832933
63	中策橡胶集团有限公司	杭州	2539167	88	宁波申洲针织有限公司	宁波	1808525
64	浙江中南控股集团有限公司	杭州	2520922	89	维科控股集团股份有限公司	宁波	1801934
65	升华集团控股有限公司	湖州	2518851	90	龙元建设集团股份有限公司	宁波	1787338
66	花园集团有限公司	金华	2345925	91	农夫山泉股份有限公司	杭州	1779067
67	得力集团有限公司	宁波	2308832	92	海天建设集团有限公司	金华	1733230
68	纳爱斯集团有限公司	丽水	2304301	93	杭州东恒石油有限公司	杭州	1682542
69	浙江元立金属制品集团有限公司	丽水	2296534	94	宁波博洋控股集团有限公司	宁波	1677996
70	新凤鸣集团股份有限公司	嘉兴	2296328	95	浙江建华集团有限公司	杭州	1655357
71	舜宇集团有限公司	宁波	2243958	96	宁波华东物资城市场建设开发有限公司	宁波	1639800
72	华立集团股份有限公司	杭州	2234794	97	人本集团有限公司	温州	1604002
73	巨星控股集团有限公司	杭州	2205600	98	浙江协和集团有限公司	杭州	1600725
74	三花控股集团有限公司	绍兴	2201641	99	浙江富春江通信集团有限公司	杭州	1595178
75	万华化学(宁波)有限公司	宁波	2085426	100	胜达集团有限公司	杭州	1580468

2018 浙江省制造业百强企业名单

名次	企业名称	地区	营业收入/万元	名次	企业名称	地区	营业收入/万元
1	浙江吉利控股集团有限公司	杭州	27826459	26	杭州华东医药集团有限公司	杭州	3653071
2	海亮集团有限公司	绍兴	16259643	27	华仪集团有限公司	温州	3510126
3	青山控股集团有限公司	温州	16158784	28	卧龙控股集团有限公司	绍兴	3475874
4	万向集团公司	杭州	12662384	29	富通集团有限公司	杭州	3453862
5	天能电池集团有限公司	湖州	11277583	30	浙江富冶集团有限公司	杭州	3396477
6	浙江荣盛控股集团有限公司	杭州	10663705	31	宁波富邦控股集团有限公司	宁波	3380633
7	浙江恒逸集团有限公司	杭州	10470453	32	红狮控股集团有限公司	金华	3330775
8	中国石油化工股份有限公司镇海炼化分公司	宁波	10317659	33	精功集团有限公司	绍兴	3241386
9	杭州汽轮动力集团有限公司	杭州	10293092	34	华峰集团有限公司	温州	3226386
10	超威电源有限公司	湖州	10268301	35	浙江龙盛控股有限公司	绍兴	2829564
11	杭州钢铁集团有限公司	杭州	9361757	36	万丰奥特控股集团有限公司	绍兴	2800605
12	杭州锦江集团有限公司	杭州	8553673	37	宁波均胜电子股份有限公司	宁波	2660560
13	浙江中烟工业有限责任公司	杭州	8300925	38	巨化集团有限公司	衢州	2655910
14	宁波金田投资控股有限公司	宁波	7059927	39	利时集团股份有限公司	宁波	2653455
15	雅戈尔集团股份有限公司	宁波	6654041	40	森马集团有限公司	温州	2612789
16	奥克斯集团有限公司	宁波	6493012	41	中策橡胶集团有限公司	杭州	2539167
17	传化集团有限公司	杭州	6317160	42	升华集团控股有限公司	湖州	2518851
18	正泰集团股份有限公司	温州	6017696	43	花园集团有限公司	金华	2345925
19	德力西集团有限公司	温州	5258941	44	得力集团有限公司	宁波	2308832
20	浙江桐昆控股集团有限公司	嘉兴	5058084	45	纳爱斯集团有限公司	丽水	2304301
21	杭州娃哈哈集团有限公司	杭州	4643785	46	浙江元立金属制品集团有限公司	丽水	2296534
22	杉杉控股有限公司	宁波	4203413	47	新凤鸣集团股份有限公司	嘉兴	2296328
23	杭州海康威视数字技术股份有限公司	杭州	4190548	48	舜宇集团有限公司	宁波	2243958
24	人民电器集团有限公司	温州	4034049	49	华立集团股份有限公司	杭州	2234794
25	杭州市实业投资集团有限公司	杭州	3817570	50	巨星控股集团有限公司	杭州	2205600

名次	企业名称	地区	营业收入/万元	名次	企业名称	地区	营业收入/万元
51	三花控股集团有限公司	绍兴	2201641	76	浙江天圣控股集团有限公司	绍兴	1287771
52	万华化学(宁波)有限公司	宁波	2085426	77	浙江航民实业集团有限公司	杭州	1260075
53	三鼎控股集团有限公司	金华	2046637	78	宁波乐金甬兴化工有限公司	宁波	1236940
54	华翔集团股份有限公司	宁波	2007452	79	精工控股集团有限公司	绍兴	1212189
55	奥康集团有限公司	温州	1953018	80	星星集团有限公司	台州	1209507
56	万马联合控股集团有限公司	杭州	1950751	81	浙江古纤道新材料股份有限公司	绍兴	1164546
57	兴惠化纤集团有限公司	杭州	1898885	82	东方日升新能源股份有限公司	宁波	1145176
58	浙江大华技术股份有限公司	杭州	1884446	83	开氏集团有限公司	杭州	1126176
59	浙江东南网架集团有限公司	杭州	1876376	84	宁波方太厨具有限公司	宁波	1067023
60	西子联合控股有限公司	杭州	1832933	85	浙江海正药业股份有限公司	台州	1057153
61	宁波申洲针织有限公司	宁波	1808525	86	浙江永利实业集团有限公司	绍兴	1054201
62	农夫山泉股份有限公司	杭州	1779067	87	利欧集团股份有限公司	台州	1052923
63	宁波博洋控股集团有限公司	宁波	1677996	88	宁波中华纸业有限公司	宁波	966605
64	人本集团有限公司	温州	1604002	89	浙江华友钴业股份有限公司	嘉兴	965322
65	浙江协和集团有限公司	杭州	1600725	90	浙江富陵控股集团有限公司	绍兴	944169
66	浙江富春江通信集团有限公司	杭州	1595178	91	杭州金鱼电器集团有限公司	杭州	939595
67	胜达集团有限公司	杭州	1580468	92	新和成控股集团有限公司	绍兴	914658
68	广博控股有限公司	宁波	1577296	93	浙江南都电源动力股份有限公司	杭州	863681
69	海天塑机集团有限公司	宁波	1527109	94	博威集团有限公司	宁波	835296
70	天洁集团有限公司	绍兴	1471976	95	浙江中财管道科技股份有限公司	绍兴	831383
71	万邦德新材股份有限公司	湖州	1463546	96	罗蒙集团股份有限公司	宁波	830965
72	振石控股集团有限公司	嘉兴	1458659	97	杭州制氧机集团有限公司	杭州	830783
73	闻泰通讯股份有限公司	嘉兴	1395704	98	西湖电子集团有限公司	杭州	824463
74	新光控股集团有限公司	金华	1385733	99	杭州东华链条集团有限公司	杭州	815347
75	富丽达集团控股有限公司	杭州	1334495	100	公牛集团股份有限公司	宁波	788424

2018浙江省成长性最快百强企业名单

名次	企业名称	地区	营业收入/万元	名次	企业名称	地区	营业收入/万元
1	浙江华友钴业股份有限公司	嘉兴	965322	26	华峰集团有限公司	温州	3226386
2	杭州鑫富科技有限公司	杭州	192268	27	浙江恒逸集团有限公司	杭州	10470453
3	传化集团有限公司	杭州	6317160	28	杭州制氧机集团有限公司	杭州	830783
4	利时集团股份有限公司	宁波	2653455	29	绿城物业服务集团有限公司	杭州	502723
5	宁波中华纸业有限公司	宁波	966605	30	浙江富冶集团有限公司	杭州	3396477
6	万华化学(宁波)有限公司	宁波	2085426	31	宁波方太厨具有限公司	宁波	1067023
7	东方日升新能源股份有限公司	宁波	1145176	32	杭州钢铁集团有限公司	杭州	9361757
8	阿里巴巴集团控股有限公司	杭州	25026600	33	浙江吉利控股集团有限公司	杭州	27826459
9	万邦德新材股份有限公司	湖州	1463546	34	江山欧派门业股份有限公司	衢州	100974
10	青山控股集团有限公司	温州	16158784	35	新凤鸣集团股份有限公司	嘉兴	2296328
11	宁波金田投资控股有限公司	宁波	7059927	36	杭州海康威视数字技术股份有限公司	杭州	4190548
12	浙江元立金属制品集团有限公司	丽水	2296534	37	浙江龙盛控股有限公司	绍兴	2829564
13	舜宇集团有限公司	宁波	2243958	38	花园集团有限公司	金华	2345925
14	双林集团股份有限公司	宁波	694042	39	红狮控股集团有限公司	金华	3330775
15	杭州市实业投资集团有限公司	杭州	3817570	40	浙江桐昆控股集团有限公司	嘉兴	5058084
16	公牛集团股份有限公司	宁波	788424	41	太平鸟集团有限公司	宁波	2582437
17	利欧集团股份有限公司	台州	1052923	42	浙江省交通投资集团有限公司	杭州	11081387
18	兴源环境科技股份有限公司	杭州	303182	43	华立集团股份有限公司	杭州	2234794
19	杭州锦江集团有限公司	杭州	8553673	44	农夫山泉股份有限公司	杭州	1779067
20	喜临门家具股份有限公司	绍兴	318736	45	巨星控股集团有限公司	杭州	2205600
21	宁波均胜电子股份有限公司	宁波	2660560	46	浙江力博控股集团有限公司	绍兴	610209
22	杭州汽轮动力集团有限公司	杭州	10293092	47	得力集团有限公司	宁波	2308832
23	浙江长城电工科技股份有限公司	湖州	458395	48	亿帆医药股份有限公司	杭州	437329
24	浙江大华技术股份有限公司	杭州	1884446	49	宁波帅特龙集团有限公司	宁波	493025
25	宁波乐金甬兴化工有限公司	宁波	1236940	50	胜达集团有限公司	杭州	1580468

名次	企业名称	地区	营业收入/万元	名次	企业名称	地区	营业收入/万元
51	富通集团有限公司	杭州	3453862	76	三花控股集团有限公司	绍兴	2201641
52	海天塑机集团有限公司	宁波	1527109	77	浙江绍兴苏泊尔生活电器有限公司	绍兴	527158
53	浙江荣盛控股集团有限公司	杭州	10663705	78	森马集团有限公司	温州	2612789
54	浙江华海药业股份有限公司	台州	500200	79	宁波博洋控股集团有限公司	宁波	1677996
55	中策橡胶集团有限公司	杭州	2539167	80	升华集团控股有限公司	湖州	2518851
56	普天东方通信集团有限公司	杭州	490993	81	万向集团公司	杭州	12662384
57	浙江南都电源动力股份有限公司	杭州	863681	82	德力西集团有限公司	温州	5258941
58	博威集团有限公司	宁波	835296	83	浙江东南网架集团有限公司	杭州	1876376
59	浙江古纤道新材料股份有限公司	绍兴	1164546	84	富润控股集团有限公司	绍兴	670065
60	银亿集团有限公司	宁波	7830148	85	杭州华东医药集团有限公司	杭州	3653071
61	宁波申洲针织有限公司	宁波	1808525	86	闻泰通讯股份有限公司	嘉兴	1395704
62	振石控股集团有限公司	嘉兴	1458659	87	杭州宏海纺织有限公司	杭州	137106
63	横店集团东磁有限公司	金华	725151	88	兴惠化纤集团有限公司	杭州	1898885
64	雅戈尔集团股份有限公司	宁波	6654041	89	狮丹努集团股份有限公司	宁波	628329
65	正泰集团股份有限公司	温州	6017696	90	杉杉控股有限公司	宁波	4203413
66	精工控股集团有限公司	绍兴	1212189	91	万事利集团有限公司	杭州	724193
67	浙江海越股份有限公司	绍兴	1150248	92	浙江奥鑫控股集团有限公司	杭州	671340
68	天能电池集团有限公司	湖州	11277583	93	人本集团有限公司	温州	1604002
69	富丽达集团控股有限公司	杭州	1334495	94	宁波圣龙(集团)有限公司	宁波	613350
70	宁波宝新不锈钢有限公司	宁波	788386	95	华翔集团股份有限公司	宁波	2007452
71	华仪集团有限公司	温州	3510126	96	百隆东方股份有限公司	宁波	595221
72	新和成控股集团有限公司	绍兴	914658	97	浙江海正药业股份有限公司	台州	1057153
73	三鼎控股集团有限公司	金华	2046637	98	万丰奥特控股集团有限公司	绍兴	2800605
74	卧龙控股集团有限公司	绍兴	3475874	99	海亮集团有限公司	绍兴	16259643
75	浙江阳光照明电器集团股份有限公司	绍兴	503823	100	宁波富邦控股集团有限公司	宁波	3380633

2019 年度浙江省装备制造业重点领域首台(套)产品公示名单

序号	产品	企业名称	属地(县)
国内首台(套)			
1	9HA 燃机余热锅炉	杭州锅炉集团股份有限公司	杭州市
2	WGSP-42000/CO-25000 型一氧化碳深冷分离装置	杭州杭氧股份有限公司	临安区
3	10 万 m3/h 空分装置配套用汽轮机	杭州汽轮机股份有限公司	杭州市
省内首台(套)			
1	高端透平压缩机控制系统	杭州和利时自动化有限公司	杭州市
2	40000 杯/小时无菌液态食品(联杯)包装数字化智能装备	杭州中亚机械股份有限公司	杭州市
3	9HA.01 烟气旁路系统	杭州杭锅通用设备有限公司	余杭区
4	MQL-8201 碳平衡油耗仪	浙江浙大鸣泉科技有限公司	杭州市
5	气体热式质量流量计及其计量管理系统/JGM 系列(G1.6~G40)	金卡智能集团股份有限公司	乐清市
6	智能晶圆自动光学(AOI)芯片检测装备(JWL-AAOI12806)	嘉兴景焱智能装备技术有限公司	嘉善县
7	模块化混合循环地热发电站	浙江开山压缩机股份有限公司	衢州市
8	基于 MRC 三级节流制冷和液氮洗技术的焦炉尾气制氢合成气联产 LNG 装置	杭州福斯达深冷装备股份有限公司	余杭区
9	S-250N 全自动粉体材料高精度成型机	天通吉成机器技术有限公司	海宁市
10	国产核心组件控制器	浙江中控研究院有限公司	杭州市
11	ZJ-AM-5775BH 自动运模机	浙江中捷缝纫科技有限公司	玉环市
12	4LZD-5.0ZB1 型履带式谷物收获秸秆打捆一体机	中联重机浙江有限公司	临海市
13	QWJ-60 全自动气雾剂灌装生产线	浙江新亚迪制药机械有限公司	台州市
14	隔热杯智能成型包装线	浙江新德宝机械有限公司	平阳县
15	700 吨/日级垃圾智能化焚烧成套装备	杭州新世纪能源环保工程股份有限公司	杭州市
16	精密数控滚齿智能制造成套装备 YGS3612CCNCII	浙江振兴阿祥集团有限公司	湖州市
17	多工位伺服冲压液压机	湖州机床厂有限公司	湖州市
18	自适应式随形控冷智能铸造数字工作站	金华市宝琳工贸有限公司	金华市
19	无骨架变频定子线	嘉兴格鲁博机械有限公司	嘉兴市
20	LT-A01 新型轻质陶瓷复合材料	浙江立泰复合材料股份有限公司	德清县

续表

序号	产品	企业名称	属地(县)
21	连续式宽幅双螺旋智能分切机	浙江豪盛印刷机械有限公司	瑞安市
22	ZB1260S 单张式全自动手提袋制袋机	浙江正博印刷机械有限公司	瑞安市
23	大型烟气换热装置	浙江鼎诚环保科技有限公司	湖州市
24	12KW 高速激光切割机	奔腾激光(温州)有限公司	温州市
25	MXZX-005 高速高效复合磨抛试验台直径 1100×300mm	杭州杭机股份有限公司	临安区
26	九轴五联动数控工具磨床 BPX6	台州北平机床有限公司	温岭市
27	少齿数特殊齿形数控滚齿机	浙江陀曼智造科技有限公司	新昌县
28	全自动高速多色理管中心(BY 系列)	浙江自力机械有限公司	新昌县
29	多功能双组分纺粘热熔非织造布生产联合机 (CL-BS-≥1600mm-RZ&RF)	浙江朝隆纺织机械股份有限公司	温州市
30	绿色创新 4E30 欧Ⅲ柴油机	浙江新柴股份有限公司	新昌县
31	聚酯树脂生产线成套设备	台州市众力化工设备制造有限公司	临海市
32	机器人高精密减速器 SHPR-20E	浙江双环传动机械股份有限公司	玉环市
33	JLF-3G10TD 增压直喷发动机	浙江义利汽车零部件有限公司	义乌市
34	大型工业有机固废高效热解集成处置装备	浙江亿可利环保科技有限公司	平湖市
35	千万吨级综采工作面高压智能型大流量乳化液泵站 BRW630/37.5 型	浙江中煤机械科技有限公司	乐清市
36	JGF-CF 型连续式超薄玻璃钢化炉	杭州精工机械有限公司	余杭区
37	双面深度协同交互式数控成型液压机 YDF20	浙江德孚机械股份有限公司	武义县
38	外齿数控加工用高效高性能精密复杂筒式拉削系统	恒锋工具股份有限公司	海盐县
39	五轴自动焊接机器人	浙江斯柯特科技有限公司	丽水市
40	X 射线计算机体层摄影设备 /ScintCareCT64	明峰医疗系统股份有限公司	绍兴市
41	割草机滚刀智能成型机 /FZ-CX001	浙江凡左科技有限公司	金华市
42	JFGSL-200 新型全自动铝合金固溶时效炉	浙江今飞凯达轮毂股份有限公司	金华市
43	汽车电机定 /转子制造全自动智能化生产线成套设备	巨力自动化设备(浙江)有限公司	嘉兴市
44	高性能碳化硅基陶瓷吹氧管	长兴云峰炉料有限公司	长兴县
45	YJTPS600 型高速剑杆毛巾织机	浙江越剑智能装备股份有限公司	柯桥区
46	全自动高效织缝翻一体袜机	浙江叶晓针织机械有限公司	诸暨市
47	绿茶自动清洁化加工成套设备	浙江春江茶叶机械有限公司	富阳区
48	复合式热封机构和辊板式铝塑铝泡罩包装机	浙江迦南小蒋科技有限公司	平阳县
49	氢燃料电池发电机 C01-30/3530/35 千瓦	爱德曼氢能源装备有限公司	嘉善县

续表

序号	产品名称及型号、规格	企业名称	地区
50	JXMC 型含尘烟气超低排放净化用模块化单元组合大型袋式除尘器	浙江洁宇环保装备科技有限公司	海宁市
51	HZFCXT-001 型生活垃圾智能化分类处理系统成套设备	杭州富阳惠众环保科技有限公司	富阳区
52	环保浮置式破碎处理集成系统 H/F-20*12*20	义乌新一代矿机科技开发股份有限公司	义乌市
53	大型高性能无筛网超细艾砂磨机（ALC-1500(3900)L）	浙江艾领创矿业科技有限公司	金华市
54	大型灯泡贯流式水轮发电机组	浙江金轮机电实业有限公司	金华市
55	直流大电流断路器温升与特性试验台	乐清市先驱自动化设备有限公司	乐清市
56	智能型模块化 D-□/132 单相电力变压器	浙江江山变压器股份有限公司	江山市
57	智能高位拣选车	杭叉集团股份有限公司	临安区
58	HL202-Y60 型车铣复合中心	浙江恒大数控机床制造有限公司	桐庐县
59	智能全自动四轴磨齿机	浙江缙云韩立锯业有限公司	缙云县
60	全自动转子轴检测设备(LY4)	浙江联宜电机有限公司	东阳市
61	骨多肽智能生产线	浙江天联机械有限公司	温州市
62	可满足低温爆破的无缝仪表板用聚丙烯复合材料 P1M4I-B01	中广核俊尔新材料有限公司	温州市
63	YS246 型高稳定性大纹针电子提花机	浙江羊山纺织机械有限公司	柯桥区
64	2ZG-8KZ 型自配套侧深施肥装置的株距可调不等距高速水稻插秧机	浙江锦禾农业科技有限公司	常山县
65	SLSRPE-DN300 钢骨架聚乙烯复合管材生产装备	浙江双林机电科技有限公司	德清县
66	60-18 号合金钢组合辙叉	浙江贝尔通信集团有限责任公司	龙游县
67	新能源汽车双源电液泵转向应急系统	全兴精工集团有限公司	诸暨市
68	大型全自动加气混凝土生产线	瑞安市瑞港机械有限公司	瑞安市
69	SG-03 太阳能水上浮置式固定发电系统	同景新能源科技(江山)有限公司	江山市
70	直流复合支柱绝缘子 FZSW-±500/51	浙江金凤凰电力科技有限公司	上虞区
71	多功能管道提升机	浙江鼎力机械股份有限公司	德清县
72	全衬里高温耐磨循环油浆泵	嘉利特荏原泵业有限公司	瑞安市
73	基于微型电机的节能型共轴直驱式智能圆刀裁剪机 RCS-11	浙江乾麟缝制设备有限公司	丽水市
74	应用于大尺寸半导体材料及光学玻璃的智能化精密研磨抛光设备	浙江森永光电设备有限公司	嘉兴市
75	T65 数控车床	浙江海德曼智能装备股份有限公司	玉环市
76	大功率超薄无线充电线圈全自动生产成套设备	浙江田中精机股份有限公司	嘉善县
77	全模全带宽的多通道 5G 室分系统(NPRU)	三维通信股份有限公司	杭州市
78	远程工控化智能涂装生产线	浙江华立智能装备股份有限公司	德清县

序号	产品名称及型号、规格	企业名称	地区
79	卧式自动化液压红冲流水线	浙江彪马自动化设备有限公司	临海市
80	高速精密数控的链条一体化组装成套装备	江山金链精密科技有限公司	江山市
81	垃圾焚烧专用全氟 GGH 设备	浙江东氟塑料科技有限公司	衢州市
82	高精度振镜扫描式激光快速裁剪装备	拓卡奔马机电科技有限公司	临海市
83	无油涡旋压缩机	浙江蓝德华燕动力有限公司	上虞区
84	高效净化静音型新风机	浙江普瑞泰环境设备有限公司	仙居县
85	UJ33 锚钻一体化多功能三臂掘进钻机	浙江志高机械股份有限公司	衢州市
86	MH 高效节能环保液压圆锥破碎机	埃里斯克矿山工程机械有限公司	诸暨市
87	四代核电钠冷快堆堆芯用包壳管燃料组件	浙江久立特材科技股份有限公司	湖州市
88	高功率三相储能逆变器 SOLAXX3-Hybrid	浙江艾罗网络能源技术有限公司	桐庐县
89	CIGS 薄膜太阳能电池 PVD 钼沉积设备	浙江上方电子装备有限公司	绍兴市
90	高纯化工气体用焊接钢瓶	浙江金象科技有限公司	东阳市
91	基于新标准新规范要求的国内首艘 2 万吨级江海直达船	浙江增洲造船有限公司	舟山市
92	新型齿轮多级驱动双闸板楔式闸阀	浙江汉威阀门制造有限公司	云和县
93	新型保温三螺杆泵	浙江威肯特智能机械有限公司	丽水市
94	大部件车载定位调姿对接系统	浙江日发航空数字装备有限责任公司	新昌县
95	新能源汽车变速器(T30F)	浙江鑫可精密机械有限公司	台州市
96	油田水处理及回用成套技术装备	浙江金龙自控设备有限公司	瑞安市
97	BMF 新型高效薄膜蒸发器	浙江万享科技股份有限公司	长兴县
98	F60 电喷舷外机	浙江安奇迪动力机械有限公司	台州市
99	超高温(200℃)浓硫酸长寿命长轴烟气脱硫液下泵	宣达实业集团有限公司	永嘉县
100	YKS3612Ⅳ双直驱高速数控滚齿机	浙江日创机电科技有限公司	湖州市
101	QJRB800-1 四轴码垛机器人	浙江钱江机器人有限公司	温岭市
102	多工位全自动水泵叶轮激光焊接机	浙江嘉泰激光科技股份有限公司	温州市
103	基于大数据分析的屠宰及肉制品加工智能成套装备(RBTX-30)	浙江瑞邦智能装备股份有限公司	嘉兴市
104	高效节能的旋转模发泡成型机	金华启创智能设备有限公司	金华市

2018 年浙江省优秀工业新产品(新技术)项目名单

序号	企业名称	新产品、新技术名称	所属地区
合计:166 项			
一等奖:15 项			
1	杭州安恒信息技术股份有限公司	面向电子银行的 Web 漏洞扫描系统	杭州市
2	浙江恒石纤维基业有限公司	2.0 兆瓦风电叶片用高模量单向织物 E7-UD1250	桐乡市
3	浙江富润印染有限公司	高品质全棉针织军品面料染整工艺研发及应用	诸暨市
4	浙江华源颜料股份有限公司	高耐温包覆型氧化铁黄颜料	德清县
5	巨石集团有限公司	高性能汽车刹车片用玻璃纤维短切原丝	桐乡市
6	浙江大维高新技术股份有限公司	脉冲 DSP 控制系统	金华市
7	浙江金龙纸业有限公司	高戳穿复合瓦楞纸板	龙游县
8	浙江亚通焊材有限公司	3D 打印专用钛基及铁基金属合金粉体的研究开发	杭州市
9	浙江小伦制药机械有限公司	全自动在位清洗装置的滚筒式包衣机	温州市
10	浙江硕华生命科学研究股份有限公司	一种移液管及其生产工艺技术开发	德清县
11	浙江双环传动机械股份有限公司	机器人高精密减速器 SHPR-20E	玉环县
12	浙江中控技术股份有限公司	面向石化行业的 TCS-900 安全控制系统	杭州市
13	天通吉成机器技术有限公司	CPG360 可转位刀片磨削中心	海宁市
14	浙江三花制冷集团有限公司	直流无刷电机排水泵	新昌县
15	杰克缝纫机股份有限公司	高行程智能绷缝机	台州市
二等奖:46 项			
16	中策橡胶集团有限公司	超低滚阻轿车轮胎研发	杭州市
17	浙江华峰氨纶股份有限公司	高耐碱氨纶纤维	瑞安市
18	浙江和也健康科技有限公司	新型高能旋磁按摩椅	安吉县
19	浙江华生科技股份有限公司	高强抗冲击充气材料	海宁市
20	浙江特美新材料股份有限公司	高光降焦保健水松纸	龙游县
21	农夫山泉股份有限公司	茶饮料的研究与开发	杭州市
22	浙江易锋机械有限公司	汽车空调压缩机 11PXE14 活塞	桐乡市

序号	企业名称	新产品、新技术名称	所属地区
23	浙江梅盛实业股份有限公司	超真生态皮面料	柯桥区
24	杭州沈氏节能科技股份有限公司	滚花式螺旋波纹管高效同轴换热器	建德市
25	浙江巍华化工有限公司	间三氟甲基苯酚	东阳市
26	道明光学股份有限公司	烫印型车牌级反光膜	永康市
27	浙江天正电气股份有限公司	TGM3E 电子式塑料外壳式断路器	乐清市
28	浙江禾欣新材料有限公司	沙发用绿色生态无溶剂聚氨酯合成革	嘉兴市
29	浙江晶科能源有限公司	21%效率 P 型单晶 PERC 电池	海宁市
30	浙江贝尔轨道装备有限公司	地铁 60-9 号合金钢组合辙叉	龙游县
31	嘉善华瑞赛晶电气设备科技有限公司	复合型阳极饱和电抗器	嘉善县
32	天通控股股份有限公司	新型高磁导率铁氧体磁片 TRF1000M 材料	海宁市
33	桐昆集团浙江恒通化纤有限公司	双面毛逸纤维	桐乡市
34	仙鹤股份有限公司	烘焙型工艺包装原纸	衢州市
35	浙江明泉工业涂装有限公司	MQTZ 环保高效型长型材涂装设备(生产线)	德清县
36	海宁市新艺机电有限公司	双层刀双环圆刀	海宁市
37	衢州华友钴新材料有限公司	4.4V 大粒径四氧化三钴开发项目	衢州市
38	浙江硕而博化工有限公司	六甲基二硅氮烷产业化生产技术	衢州市
39	浙江恒达新材料股份有限公司	低定量阻菌医用原纸	龙游县
40	浙江博菲电气股份有限公司	3MW 风力发电机专用复合槽楔	海宁市
41	横店集团东磁股份有限公司	无线充电用高磁导率 FS500 铁氧体片	东阳市
42	浙江龙游新西帝电子有限公司	低噪声电视信号接收天线	龙游县
43	东方菱日锅炉有限公司	亚临界参数余热锅炉技术的研发	嘉兴市
44	浙江荣泰科技企业有限公司	基于潜伏性环氧树脂体系的高性能绝缘材料	嘉兴市
45	海宁纺织机械有限公司	针织面料多功能机械整理数字化成套装备	海宁市
46	浙江特种电机股份有限公司	YMZT851 系列车用涡旋式压缩机永磁同步电机	嵊州市
47	正阳实业投资有限公司	轻轨双斜斜切割机	永康市
48	瑞立集团瑞安汽车零部件有限公司	定时回流空气干燥器	瑞安市
49	浙江罗奇泰克电子有限公司	电光源一体 LED 铝基线路板	磐安县
50	杭州杭氧股份有限公司	10100m³/h(氧)空气分离设备(KDON-101500/77850 型空分设备)	临安市
51	浙江昀丰新材料科技股份有限公司	全自动硅切方机	金华市

续表

序号	企业名称	新产品、新技术名称	所属地区
52	浙江畅尔智能装备股份有限公司	四工位十二主轴联动数控复合机床	缙云县
53	浙江亚太机电股份有限公司	X80集成式电子驻车EPB制动系统总成	萧山区
54	浙江正泰电器股份有限公司	NXA系列万能式断路器	乐清市
55	浙江振兴阿祥集团有限公司	高效精密数控滚齿机	湖州市
56	浙江浦江缆索有限公司	Φ5.35-127悬索桥主缆单元索股	嘉善县
57	京马电机有限公司	JME-1型强吸力、低噪声、高效油烟机电动机	桐乡市
58	诺力智能装备股份有限公司	PTE15电动搬运车	长兴县
59	义乌市易开盖实业公司	圆形易开盖高速注胶及固化系统	义乌市
60	浙江康德药业集团股份有限公司	氨酚麻美干混悬剂	衢州市
61	浙江江山变压器股份有限公司	S13-M.RL-□/10型硅钢立体卷铁心配电变压器	江山市
三等奖：105项			
62	杭州航民达美染整有限公司	涤纶粘胶混纺的绿色节能环保印染	萧山区
63	浙江国泰萧星密封材料股份有限公司	低逸散阀座组合填料	萧山区
64	福达合金材料股份有限公司	电动汽车继电器用触点材料	温州市
65	浙江红蜻蜓鞋业股份有限公司	U形支撑系统防扭伤鞋	永嘉县
66	浙江超威创元实业有限公司	低温高倍率性能锂离子电池组的开发	长兴县
67	德华兔宝宝装饰新材股份有限公司	定制家居用高平整度生态板	德清县
68	浙江三星新材股份有限公司	屏蔽信号源的透明门体技术	德清县
69	浙江泰普森休闲用品有限公司	高强超细涤纶短纤帐篷面料	德清县
70	浙江捷众科技股份有限公司	201-00001新型汽车电机塑料齿轮	柯桥区
71	浙江荣晟环保纸业股份有限公司	低定量全废纸瓦楞芯纸	平湖市
72	桐乡市中维化纤有限公司	全消光涤纶长丝熔体直纺柔性关键技术及产品研发项目	桐乡市
73	浙江晨泰科技股份有限公司	新型低功耗智能电能表	温州市
74	保一集团有限公司	缓冲可调型倾斜式止回阀	永嘉县
75	天能电池集团有限公司	高能量石墨烯复合改性铅基动力电池	长兴县
76	浙江天草生物科技股份有限公司	甜菊糖苷	安吉县
77	浙江荣晟环保纸业股份有限公司	低定量全废纸牛皮卡纸	平湖市
78	浙江海利得新材料股份有限公司	PET高清喷绘材料	海宁市
79	杭州国泰环保科技股份有限公司	浓缩污泥脱水与燃料化技术	萧山区

序号	企业名称	新产品、新技术名称	所属地区
80	中广核俊尔新材料有限公司	汽车发动机周边专用高性能聚酰胺工程塑料	温州市
81	浙江汇隆新材料股份有限公司	聚乳酸(PLA)纤维	德清县
82	浙江松华新材股份有限公司	PTFE超大规格高性能模压棒	德清县
83	浙江乾门科技股份有限公司	带可控手柄实现靠背自躺功能的新型休闲椅	安吉县
84	浙江生辉照明有限公司	集成式智能无线音视频LED灯	嘉兴市
85	浙江凯耀照明股份有限公司	智能恒照度面板灯	海宁市
86	绍兴女儿红酿酒有限公司	管道输送、大罐储存、微氧呼吸工艺生产女儿红特型黄酒(半干型、半甜型)	上虞区
87	浙江五洲新春集团股份有限公司	E5061ADR0130 B叶片环新产品	新昌县
88	浙江中元磁业股份有限公司	高剩磁微特电机磁钢	东阳市
89	华友新能源科技(衢州)有限公司	高性能锂离子电池用三元前驱体(NCM523)的开发及产业化	衢州市
90	浙江乐叶光伏科技有限公司	高效双面双玻组件	衢州市
91	意尔康股份有限公司	高抗压耐寒TPU舒缓弹性保暖鞋	青田县
92	中电科技德清华莹电子有限公司	4G智能手机用射频声表面波滤波器	德清县
93	浙江万丰奥威汽轮股份有限公司	花式新型特种涂装车轮	新昌县
94	浙江荣亚工贸有限公司	智能化阳光房	永康市
95	浙江凯丰新材料股份有限公司	精密薄板工业垫纸	龙游县
96	浙江伟星新型建材股份有限公司	玻璃纤维缠绕增强热塑性塑料管道系统	临海市
97	浙江台佳电子信息科技有限公司	VR投显用高折射率晶圆级玻璃基片	临海市
98	浙江中山化工集团股份有限公司	苯达松合成新工艺	长兴县
99	宏达高科控股股份有限公司	A932拉伸渐变色材料	海宁市
100	浙江明士达新材料有限公司	新一代防氧化金色装饰膜	海宁市
101	浙江富润印染有限公司	涤莫代尔仿古面料染整关键技术的研发及应用	诸暨市
102	横店集团得邦照明股份有限公司	一种支持Beacon的组网蓝牙灯	东阳市
103	浙江辰鸿纺织品科技股份有限公司	高耐日晒卷帘	德清县
104	浙江立泰复合材料股份有限公司	热压烧结大尺寸碳化硼陶瓷	德清县
105	长兴制药股份有限公司	一步法生物合成左旋多巴原料药的关键工艺技术研究及产业化	长兴县
106	浙江富胜达科技有限公司	无APEO生态环保经编麂皮绒的开发与产业化	嘉兴市
107	浙江田中精机股份有限公司	无线耳机充电座线圈绕线机	嘉善县
108	义乌华鼎锦纶股份有限公司	具有吸湿透气消光特征的毛毛虫形纤维	义乌市

续表

序号	企业名称	新产品、新技术名称	所属地区
109	浙江真爱毯业科技有限公司	Viloft 纤维拉舍尔毛毯	义乌市
110	浙江博来工具有限公司	无刷电机控制器可拆卸式打磨抛光机	武义县
111	龙游县金怡热电有限公司	烟气净化及余热回收系统在热电联产上的应用	龙游县
112	浙江科力车辆控制系统有限公司	新能源车热循环系统用无刷直流磁力泵总成	江山市
113	杭叉集团股份有限公司	A 系列 1.2-2 吨基本型托盘堆垛车 CDD12/14/16/20-ABC1S	临安市
114	宏秀电气有限公司	带计量的重合闸断路器	乐清市
115	浙江通达磁业有限公司	LED 用磁性材料	海宁市
116	海宁市粤海彩印有限公司	高复合强度无溶剂复合膜	海宁市
117	浙江仙居君业药业有限公司	雌酚酮创新工艺	仙居县
118	浙江万达汽车方向机股份有限公司	B11D 电动四向调节转向管柱	萧山区
119	圣邦集团有限公司	高效节能汽车起重机成套液压元件研发及产业化	温州市
120	浙江华峰合成树脂有限公司	抗染色服装革用湿法聚氨酯树脂	瑞安市
121	浙江中科正方电子技术有限公司	ZF-MK201BCM-200200/ZB212/ZB299/MK207RKE 新能源商用车控制模块及智能仪表	金华市
122	台州市东部数控设备有限公司	C400K 斜床身数控车床	温岭市
123	浙江元创橡胶履带有限公司	高耐磨抗撕裂农用橡胶履带	三门县
124	银江股份有限公司	城市交通超能计算平台关键技术及应用	杭州市
125	浙江浙大鸣泉科技有限公司	MQL-8201 碳平衡油耗仪	杭州市
126	浙江正泰仪器仪表有限责任公司	三相电子式多功能电能表	乐清市
127	浙江德福精密驱动制造有限公司	基于新型热处理工艺生产的等速传动轴	平湖市
128	横店集团得邦工程塑料有限公司	A60 球泡灯高雾度光扩散材料	东阳市
129	浙江保康轮毂制造有限公司	基于一体式辐条圈固结构的高强度汽车旋压轮毂	武义县
130	浙江固特气动科技股份有限公司	高密封气动旋转圆盘阀	龙游县
131	浙江西子富沃德电机有限公司	GETM3.5D 永磁同步无齿轮曳引机	临安市
132	精工阀门有限公司	14" Class900、16" Class900 轨道式双向强制密封球阀	温州市
133	浙江美硕电气科技股份有限公司	防冲击转换型电磁继电器	乐清市
134	永兴特种不锈钢股份有限公司	S31050 尿素级不锈钢管坯	湖州市
135	浙江东尼电子股份有限公司	无线充电器用收发线圈	湖州市
136	浙江万丰科技开发股份有限公司	全自动还原生产线	嵊州市
137	浙江肯得机电股份有限公司	NBC-270/350D/500D 等系列工业多功能气保焊新产品	台州市

序号	企业名称	新产品、新技术名称	所属地区
138	合隆防爆电气有限公司	HLBD57 智能型防爆 LED 灯	乐清市
139	漂莱特(中国)有限公司	具有薄壳结构的强碱阴树脂	德清县
140	浙江圣博康药业有限公司	多维元素分散片(21)	德清县
141	衢州顺络电路板有限公司	埋容埋阻电路板	衢州市
142	浙江好络维医疗技术有限公司	支持远程三级医疗慢病管理的便携式心电采集仪	杭州市
143	浙江正泰电器股份有限公司	NXM-125、160、320、630、800、1000、1600 塑壳断路器	乐清市
144	浙江金石包装有限公司	新型直线易撕复合膜	乐清市
145	浙江久立特材科技股份有限公司	示范快堆用 CN-1515 不锈钢包壳管	湖州市
146	浙江晶通塑胶有限公司	静音石塑地板	桐乡市
147	浙江联宜电机有限公司	重型轮椅车直流电机	东阳市
148	浙江安德电器有限公司	嵌入式家用燃气灶	永康市
149	浙江恒立数控科技股份有限公司	金属卷板自动开卷系统(技术)	德清县
150	浙江高精锻压股份有限公司	GCS1-200 型 2000kN 数控开式伺服压力机	嵊州市
151	浙江正理生能科技有限公司	超低温复叠式热泵热水机及其智能控制系统	乐清市
152	金华春光橡塑科技股份有限公司	电控吸尘软管	磐安县
153	三变科技股份有限公司	SFZ11-120000/132 有载调压电力变压器	三门县
154	浙江皇冠科技有限公司	发酵法高产天然虾青素技术	杭州市
155	环球阀门集团有限公司	新型抗冲刷截止阀	永嘉县
156	天信仪表集团有限公司	TBQM 型气体涡轮流量计	苍南县
157	海盐星辰工具有限公司	超高强度活扳手	海盐县
158	浙江斯菱汽车轴承股份有限公司	三代轮毂轴承单元 BBS3077QA	新昌县
159	常山县双明轴承有限公司	重卡汽车轴承套圈	常山县
160	珀莱雅化妆品股份有限公司	玉米醇溶蛋白制备萝卜硫素皮克林抗污染微乳的技术研究	杭州市
161	杭州康德权饲料有限公司	微囊包膜半胱胺	余杭区
162	金三角电力科技股份有限公司	非晶合金电力变压器	乐清市
163	浙江瑞邦智能装备股份有限公司	基于追溯体系及肉品质量控制的自动化屠宰设备验收材料	嘉兴市
164	浙江白马实业有限公司	BCS43 专业减震环保割灌机	金华市
165	金华市宏昌电器有限公司	高精度洗衣机用进水阀自动投放装置	金华市
166	浙江义乌星耀风机有限公司	Wg 系列高效节能型炼钢转炉干法除尘煤气轴流鼓风机	义乌市

2019 中国软件与信息技术服务综合竞争力百强企业浙江企业入围名单

排名	公司名称
2	阿里巴巴(中国)有限公司
11	杭州海康威视数字技术股份有限公司
27	宁波均胜电子股份有限公司
30	浙江大华技术股份有限公司
32	完美世界股份有限公司
53	中控科技集团有限公司
56	恒生电子股份有限公司
68	银江股份有限公司
74	新华三技术有限公司
79	浙大网新科技股份有限公司

2019 年(第 32 届)中国电子元件百强企业名单
浙江企业入围名单

总排名	企业名称	2018 年主营业务收入(千元)	主营的电子元件产品
4	富通集团有限公司	35894565	光电线缆
15	横店集团东磁有限公司	7629345	磁性元件、电感器件
17	浙江富春江通信集团有限公司	19961420	光电线缆
22	浙江长城电子科技集团有限公司	5065000	光电线缆
31	天通控股股份有限公司	2610217	软磁元件
35	杭州富生电器有限公司	2387681	微特电机
51	杭州日月电器股份有限公司	1365281	电接插件
52	温州意华接插件股份有限公司	1387671	电接插件
54	合兴汽车电子股份有限公司	1217131	连接器
55	浙江永贵电器股份有限公司	1283322	连接器
59	新亚电子股份有限公司	895557	电子线材
78	宁波科宁达工业有限公司	815344	稀土永磁元件
79	宁波碧彩实业有限公司	719534	薄膜电容器
80	浙江万马天屹通信线缆有限公司	709309	光电线缆
83	杭州微光电子股份有限公司	577754	微特电机
87	宁波福特继电器有限公司	513290	继电器
93	宁波天波港联电子有限公司	375506	控制继电器
95	浙江天乐集团有限公司	696085	电声配件
97	中电科技德清华莹电子有限公司	529611	声表面波器件

2019 年中国电子信息百强企业浙江企业入围名单

排名	企业名称
14	杭州海康威视数字技术股份有限公司
20	宁波均胜电子股份有限公司
28	富通集团有限公司
34	舜宇集团有限公司
36	浙江大华技术股份有限公司
49	新华三技术有限公司
51	浙江富春江通信集团有限公司
54	万马联合控股集团有限公司
60	闻泰通讯股份有限公司
62	浙江晶科能源有限公司
77	东方曰升新能源股份有限公司
92	横店集团东磁有限公司
94	浙江南都电源动力股份有限公司

2018 年浙江省"隐形冠军"企业名单

杭州市

杭州宝晶生物股份有限公司
浙江图讯科技股份有限公司
杭州华澜微电子股份有限公司
杭州博达伟业公共安全技术股份有限公司
杭州华利实业集团有限公司
浙江方大智控科技有限公司

宁波市

宁波中车新能源科技有限公司
宁波菲仕电机技术有限公司

温州市

浙江炜冈机械有限公司
温州朝隆纺织机械有限公司
浙江嘉泰激光科技股份有限公司
浙江金石包装有限公司

湖州市

浙江宇清热工科技股份有限公司
浙江爱诺生物药业股份有限公司

嘉兴市

恒锋工具股份有限公司
浙江荣泰科技企业有限公司

绍兴市

浙江双鸟机械有限公司
浙江中柴机器有限公司

金华市

浙江大德药业集团有限公司
永康市华鹰衡器有限公司
浙江闪铸三维科技有限公司
东阳富仕特磁业有限公司

衢州市

浙江亿洋工具制造有限公司

台州市

浙江沪龙科技股份有限公司
浙江格凌实业有限公司

舟山市

舟山晨光电器有限公司

丽水市

浙江鸿星文具有限公司

2018 年浙江省"创新型示范中小企业"名单

杭州市(14 家)

杭州好克光电仪器有限公司

杭州星华反光材料股份有限公司

中翰盛泰生物技术股份有限公司

杭州天翼智慧城市科技有限公司

杭州世创电子技术股份有限公司

杭州铁城信息科技有限公司

杭州吉达汽车配件有限公司

杭州博达伟业公共安全技术股份有限公司

杭州遥望网络股份有限公司

杭州亚太智能装备有限公司

杭州联众医疗科技股份有限公司

杭州慧芯智识科技有限公司

杭州得诚电力科技股份有限公司

浙江托普云农科技股份有限公司

宁波市(15 家)

宁波市鸿腾机电有限公司

宁波菲仕电机技术有限公司

宁波合力制动系统有限公司

宁波澳玛特高精冲压机床股份有限公司

宁波培源股份有限公司

宁波市哈雷换热设备有限公司

宁波德科精密模塑有限公司

宁波中意液压马达有限公司

慈溪市天行电器有限公司

宁波舜韵电子有限公司

百琪达智能科技(宁波)股份有限公司

宁波德业日用电器科技有限公司

宁波贝德尔电讯电机有限公司

宁波市令通电信设备有限公司

宁海县鹰峤电气有限公司

温州市(12 家)

温州奇胜阀门制造有限公司

乐清市嘉得电子有限公司

浙江凯迪仕实业有限公司

浙江亿德科技有限公司

浙江华基生物技术有限公司

圣特立集团有限公司

浙江华安安全设备有限公司

浙江钜士安防科技股份有限公司

百灵气动科技有限公司

浙江美森电器有限公司

浙江通明电器股份有限公司

浙江飞友康体设备有限公司

湖州市(11 家)

浙江爱诺药业股份有限公司

浙江德清科赛塑料制品有限公司

浙江杭摩合成材料股份有限公司

美高电气科技有限公司

浙江七星电容器有限公司

浙江润阳新材料科技股份有限公司

苏迅电梯有限公司

浙江永裕竹业股份有限公司

湖州冠炯机电科技有限公司

浙江宝鸿新材料股份有限公司

湖州锐格物流科技有限公司

嘉兴市(4 家)

嘉兴宝仕龙集成家居有限公司

浙江耀阳新材料科技有限公司

浙江莎特勒新材料股份有限公司

浙江皮意纺织有限公司

绍兴市 (10 家)

浙江科恩电器有限公司

浙江恒道科技有限公司

绍兴东湖高科股份有限公司

浙江国祥股份有限公司

绍兴市新丝路布业有限公司

浙江锦盛新材料股份有限公司

浙江天行健水务有限公司

浙江元盛塑业股份有限公司

浙江港龙织造科技有限公司

绍兴中纺联检验技术服务有限公司

金华市 (11 家)

东晶电子金华有限公司

浙江超人科技股份有限公司

浙江白马实业有限公司

浙江鉴丰电子科技有限公司

浙江大维高新技术股份有限公司

浙江中科磁业有限公司

浙江千禧龙纤特种纤维股份有限公司

永康市开源动力工具有限公司

浙江中科正方电子技术有限公司

浙江天晟建材股份有限公司

浙江星月电器有限公司

衢州市 (9 家)

浙江联能电气有限公司

浙江爱吉仁科技股份有限公司

浙江云翠茶业发展有限公司

开化瑞达塑胶科技有限公司

浙江常发粮油食品有限公司

浙江盼家门业有限公司

浙江耐特玻璃科技股份有限公司

衢州耐佳特车业有限公司

浙江先导精密机械有限公司

舟山市 (4 家)

浙江光明塑料机械有限公司

舟山市大众胶带有限公司

浙江省舟山玩具厂

浙江澳利亚船艇有限公司

台州市 (9 家)

浙江鑫帆暖通智控股份有限公司

浙江明筑新材料有限公司

台州市东部数控设备有限公司

浙江飞越机电有限公司

浙江富华新材料科技有限公司

台州汇正汽车电机有限公司

浙江鑫可精密机械有限公司

浙江大自然旅游用品有限公司

浙江三凯机电有限公司

丽水市 (8 家)

丽水欧意阀门有限公司

浙江金丰机械设备有限公司

浙江凯恩电池有限公司

浙江木佬佬玩具工艺品有限公司

浙江天竹工贸有限公司

龙泉市中泰汽车空调有限公司

浙江万丰金马逊科技有限公司

晨龙集团有限责任公司

2018 年浙江省(第 25 批)省级企业技术中心名单

序号	企业技术中心名称
制造业和高技术服务业类省级企业技术中心	
1	浙江国自机器人技术有限公司企业技术中心
2	浙江青莲食品股份有限公司企业技术中心
3	中源家居股份有限公司企业技术中心
4	浙江丰宇海洋生物制品有限公司企业技术中心
5	浙江本立科技股份有限公司企业技术中心
6	合兴汽车电子股份有限公司企业技术中心
7	浙江东邦药业有限公司企业技术中心
8	福莱特玻璃集团股份有限公司企业技术中心
9	星威国际家居有限公司企业技术中心
10	浙江博蓝特半导体科技股份有限公司企业技术中心
11	浙江天马轴承集团有限公司企业技术中心
12	杭州泰一指尚科技有限公司企业技术中心
13	浙江美大实业股份有限公司企业技术中心
14	合盛硅业股份有限公司企业技术中心
15	欧诗漫生物股份有限公司企业技术中心
16	浙江绿岛科技有限公司企业技术中心
17	浙江捷众科技股份有限公司企业技术中心
18	洋紫荆油墨(浙江)有限公司企业技术中心
19	浙江怡和卫浴有限公司企业技术中心
20	浙江奥翔药业股份有限公司企业技术中心
21	台州宝利特鞋业有限公司企业技术中心
22	浙江裕华木业有限公司企业技术中心
23	湖州纳尼亚实业有限公司企业技术中心
24	浙江晨泰科技股份有限公司企业技术中心

续表

序号	企业技术中心名称
25	浙江海德曼智能装备股份有限公司企业技术中心
26	温州意华接插件股份有限公司企业技术中心
27	浙江永泰隆电子股份有限公司企业技术中心
28	浙江博菲电气股份有限公司企业技术中心
29	浙江盾安热工科技有限公司企业技术中心
30	浙江凯耀照明股份有限公司企业技术中心
31	浙江国祥股份有限公司企业技术中心
32	浙江正元地理信息有限责任公司企业技术中心
33	国威科技有限公司企业技术中心
34	浙江东尼电子股份有限公司企业技术中心
35	浙江联洋新材料股份有限公司企业技术中心
36	浙江天宁合金材料有限公司企业技术中心
37	诚达药业股份有限公司企业技术中心
38	浙江同辉纺织股份有限公司企业技术中心
39	杭州东信网络技术有限公司企业技术中心
40	浙江上风高科专风实业有限公司企业技术中心
41	浙江凯丰新材料股份有限公司企业技术中心
42	宏秀电气有限公司企业技术中心
43	浙江东经科技股份有限公司企业技术中心
44	浙江天子股份有限公司企业技术中心
45	浙江森歌电器有限公司企业技术中心
46	万马科技股份有限公司企业技术中心
47	台邦电机工业集团有限公司企业技术中心
48	浙江金晟环保股份有限公司企业技术中心
49	浙江双友物流器械股份有限公司企业技术中心
50	浙江光跃环保科技股份有限公司企业技术中心
51	浙江华基环保科技有限公司企业技术中心
52	浙江铭博汽车部件股份有限公司企业技术中心
53	浙江晨丰科技股份有限公司企业技术中心
54	浙江白马实业有限公司企业技术中心

续表

序号	企业技术中心名称
55	长兴旗滨玻璃有限公司企业技术中心
56	浙江博世华环保科技有限公司企业技术中心
57	英特换热设备(浙江)有限公司企业技术中心
58	浙江正泰智能电气有限公司企业技术中心
59	浙江丰帆数控机械有限公司企业技术中心
60	浙江通达光学有限责任公司企业技术中心
61	浙江亿田智能厨电股份有限公司企业技术中心
62	杭州科百特过滤器材有限公司企业技术中心
63	浙江康德药业集团股份有限公司企业技术中心
64	海正药业(杭州)有限公司企业技术中心
65	杭州世创电子技术股份有限公司企业技术中心
66	温州市康尔微晶器皿有限公司企业技术中心
67	星际控股集团有限公司企业技术中心
68	浙江英特来光电科技有限公司企业技术中心
69	浙江欧迪恩传动科技股份有限公司企业技术中心
70	浙江炊大王炊具有限公司企业技术中心
71	台州市东部数控设备有限公司企业技术中心
72	浙江汇锋新材料股份有限公司企业技术中心
73	宏胜饮料集团有限公司企业技术中心
74	巨邦集团有限公司企业技术中心
75	浙江东音泵业股份有限公司企业技术中心
76	浙江鸿星文具有限公司企业技术中心
77	杭州娃哈哈精密机械有限公司企业技术中心
78	浙江中元磁业股份有限公司企业技术中心
79	浙江荣晟环保纸业股份有限公司企业技术中心
80	浙江奋飞橡塑制品有限公司企业技术中心
81	湖州久鼎电子有限公司企业技术中心
82	浙江保康轮毂制造有限公司企业技术中心
83	和勤通信技术有限公司企业技术中心
84	新凤鸣集团湖州中石科技有限公司企业技术中心

序号	企业技术中心名称
85	宁波永新光学股份有限公司企业技术中心
86	宁波光明橡塑有限公司企业技术中心
87	宁波路宝科技实业集团有限公司企业技术中心
88	宁波海伯集团有限公司企业技术中心
89	宁波环球广电科技有限公司企业技术中心
90	浙江雅迪机车有限公司企业技术中心
91	宁波家联科技股份有限公司企业技术中心
92	宁波利时日用品有限公司企业技术中心
93	宁波百仕高联合工业有限公司企业技术中心
建设行业省级企业技术中心	
1	宁波住宅建设集团股份有限公司企业技术中心
2	中科盛博建设集团有限公司企业技术中心
3	浙江中屹建设集团有限公司企业技术中心
4	恒德建设有限公司企业技术中心
5	浙江花园建设集团有限公司企业技术中心
6	浙江宝盛建设集团有限公司企业技术中心
7	瑞洲建设集团有限公司企业技术中心

2018 年浙江省第二批行业云应用示范平台名单

序号	企业名称	平台名称
1	税友软件集团股份有限公司	税友财税云服务平台
2	杭州联汇科技股份有限公司	广播新媒体融合云平台
3	杭州顺网科技股份有限公司	顺网云
4	同盾科技有限公司	同盾智能风控、分析决策云平台
5	浙江瓦栏文化创意有限公司	印花设计服务云平台
6	杭州新迪数字工程系统有限公司	制造云——研发设计与供应链协同云服务平台
7	浙江仟和网络科技有限公司	点我达即时物流平台
8	浙江天心天思智能科技有限公司	Linker+ 汽配产业服务云平台
9	杭州安恒信息技术股份有限公司	安恒天池云安全管理平台
10	台州市天网网络有限公司	模具外协云加工平台

2018 年浙江省第二批上云标杆企业名单

序号	企 业 名 称
1	浙江春风动力股份有限公司
2	祖名豆制品股份有限公司
3	浙江卫星石化股份有限公司
4	建新赵氏集团有限公司
5	先登高科电气有限公司
6	杭州博盾习言科技有限公司
7	杭州海兴电力科技股份有限公司
8	宁波三星智能电气有限公司
9	杭州老板电器股份有限公司
10	浙江华海药业股份有限公司
11	浙江横店影视城有限公司
12	杭州大王椰控股集团家居科技有限公司
13	康奈集团有限公司
14	浙江天能能源科技股份有限公司
15	浙江华治数聚科技股份有限公司
16	今飞控股集团有限公司
17	浙江泰普森实业集团有限公司
18	乐歌人体工学科技股份有限公司
19	浙江东尼电子股份有限公司
20	浙江航天恒嘉数据科技有限公司
21	宁波弘泰水利信息科技有限公司
22	浙江东经科技股份有限公司
23	杭州首展科技有限公司
24	宁波鲍斯能源装备股份有限公司
25	宁波高松电子有限公司
26	广博集团股份有限公司

续表

序号	企 业 名 称
27	华翔集团股份有限公司
28	金华金字火腿有限公司
29	镇海石化工业贸易有限责任公司
30	森林包装集团股份有限公司
31	浙江集商优选电子商务有限公司
32	利欧集团浙江泵业有限公司
33	宁波伟立机器人科技股份有限公司
34	宁波德曼压缩机有限公司
35	浙江振兴阿祥集团有限公司
36	雅戈尔集团股份有限公司
37	宁波江丰生物信息技术有限公司
38	布劳恩电梯有限公司
39	浙江欧诗漫集团有限公司
40	宁波拓普集团股份有限公司
41	浙江三一装备有限公司
42	浙江九洲药业股份有限公司
43	华立科技股份有限公司
44	宁波新胜中压电器有限公司
45	浙江五芳斋实业股份有限公司
46	栋梁铝业有限公司
47	浙江高速信息工程技术有限公司
48	永艺家具股份有限公司
49	浙江优特轴承有限公司
50	升华集团控股有限公司
51	日月重工股份有限公司
52	曼卡龙珠宝股份有限公司
53	浙江红蜻蜓鞋业股份有限公司
54	浙江盾安新能源发展有限公司
55	浙江爱仕达电器股份有限公司
56	浙江明牌珠宝股份有限公司
57	浙江国镜药业有限公司

续表

序号	企 业 名 称
58	浙江山山家食品产业发展有限公司
59	浙江安美德汽车配件有限公司
60	浙江云朵网科技股份有限公司
61	奥克斯空调股份有限公司
62	浙江钱江摩托股份有限公司
63	华祥(中国)高纤有限公司
64	浙江实达实工业购科技有限公司
65	安吉卡贝隆家具有限公司
66	浙江巨人控股有限公司
67	浙江格家网络技术有限公司
68	宁波长隆国泰集团有限公司
69	杰克缝纫机股份有限公司
70	顶康科技有限公司
71	浙江绿森信息科技集团有限公司
72	嘉利特荏原泵业有限公司
73	起步股份有限公司
74	和勤通信技术有限公司
75	太平鸟集团有限公司
76	宁波合力模具科技股份有限公司
77	新海科技集团有限公司
78	湖州久鼎电子有限公司
79	浙江创盛光能源有限公司
80	宁波金帅集团有限公司
81	浙江白马实业有限公司
82	宁波美侬咖啡机有限公司
83	银亿集团有限公司
84	台州艾迪西盛大暖通科技有限公司
85	浙江陀曼智造科技有限公司
86	浙江中新电力工程建设有限公司
87	宁波炜业科技有限公司
88	浙江雅虎汽车部件有限公司

2018 年浙江省第四批大数据应用示范企业名单

序号	企业名称
1	浙江邦盛科技有限公司
2	浙江博圣生物技术股份有限公司
3	浙江用友软件有限公司
4	杭州海兴电力科技股份有限公司
5	浙江托普云农科技股份有限公司
6	杭州市民卡有限公司
7	浙江达峰科技有限公司
8	浙江高速信息工程技术有限公司
9	杭州博盾习言科技有限公司
10	浙江陀曼智造科技有限公司
11	浙江臻善科技股份有限公司
12	浙江学海教育科技有限公司
13	杭州美创科技有限公司
14	浙江浙大万维科技有限公司
15	心怡科技股份有限公司
16	宁波太平鸟时尚服饰股份有限公司
17	浙江联运知慧科技有限公司
18	浙江佳环电子有限公司
19	新凤鸣集团股份有限公司
20	浙江申通快递有限公司
21	超威电源有限公司
22	利欧集团浙江泵业有限公司
23	浙江国贸云商企业服务有限公司
24	杭州世平信息科技有限公司

续表

序号	企 业 名 称
25	报喜鸟控股股份有限公司
26	浙江集商优选电子商务有限公司
27	杭州杭丝时装集团有限公司
28	浙江红蜻蜓鞋业股份有限公司
29	浙江万马奔腾新能源产业有限公司
30	宁波公众信息产业有限公司
31	诺力智能装备股份有限公司

后　记

　　本报告作为浙江省内唯一反映全省工业经济情况的权威性年度报告,以其全面性、系统性、及时性、准确性和前瞻性的特点,深刻分析当前宏观经济环境、产业发展趋势以及经济热点问题,为政府宏观经济决策、行业发展引导、企业经营管理、学者理论实证研究提供有益参考,进一步扩大经信系统工作的社会影响力,得到社会各界的一致好评。在进一步延续和深化往年编辑出版经验的基础上,为持续客观反映全省工业经济年度运行状况,全面科学总结浙江省工业经济发展经验,我们继续组织编撰了《2019 浙江工业发展报告》(后简称《报告》)。

　　《报告》分为综合篇、产业篇、专题篇、地市篇和政策篇五个部分。综合篇反映浙江省工业经济总体运行情况及工业强省建设战略思想;产业篇反映各大产业的年度运行情况及发展态势;专题篇研究当前工业经济领域焦点性、前瞻性的热点问题;地市篇反映 11 个地市及义乌市的年度工业经济运行、重大活动及经济部署;政策篇为浙江省工业领域相关的年度重要政策汇编。

　　《报告》编辑工作开展以来,得到了全省各级政府机关、高等院校以及广大企业的大力支持和帮助,受到浙江省工业和信息化研究院之江产经智库项目资助,在此由衷感谢以下单位:浙江省人民政府办公厅、浙江省应急管理厅,以及浙江省经济和信息化厅各处室、各厅属单位和 11 个地市及义乌市经济和信息化局等。

　　由于数据资料收集整理工作量较大,组织编纂时间有限,难免有不足和疏漏之处,敬请指正。

编　者

2019 年 12 月 20 日